LET'S CAST OFF

Inhalt

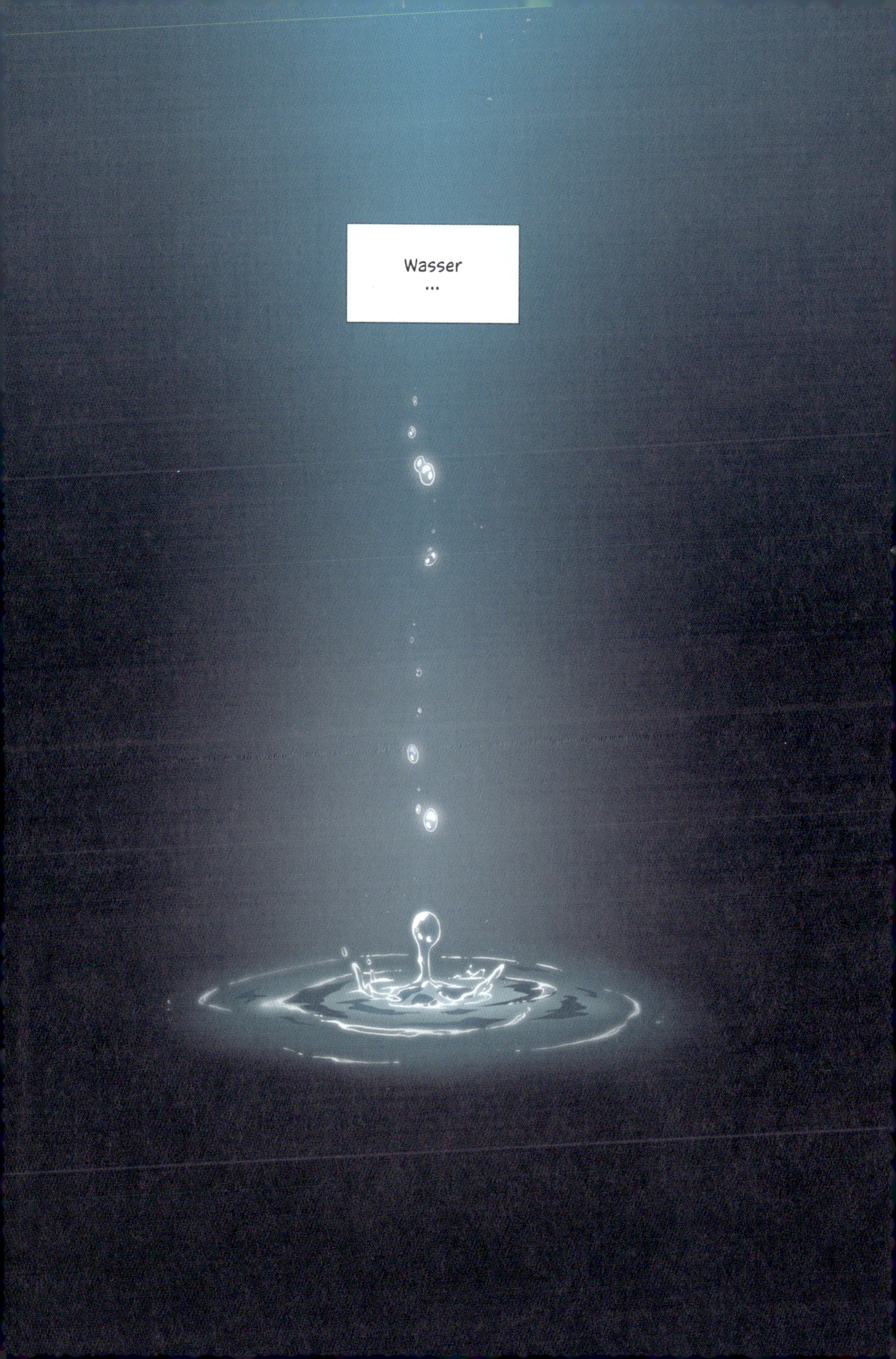
Wasser
...

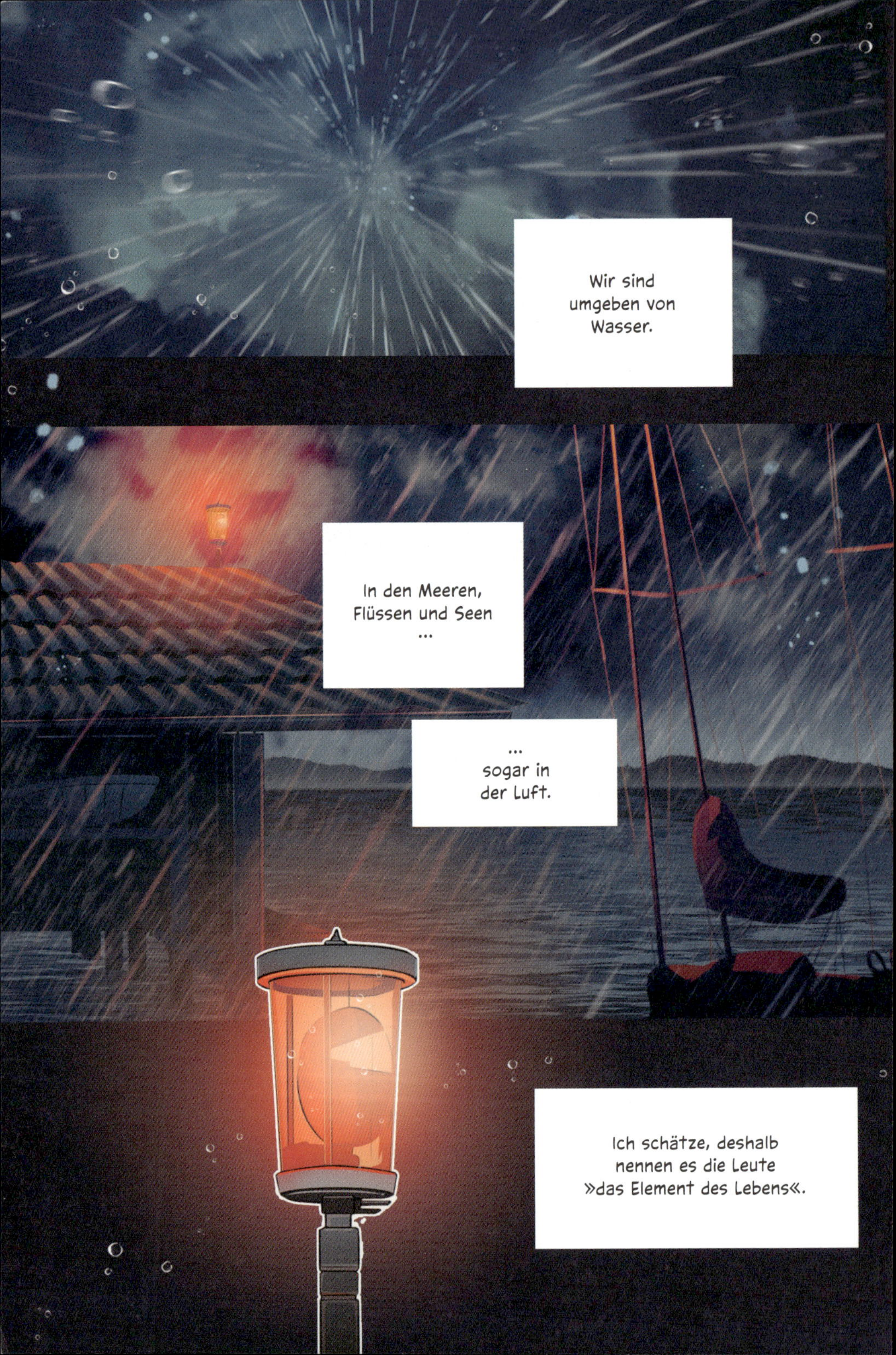
Wir sind umgeben von Wasser.
In den Meeren, Flüssen und Seen ...
... sogar in der Luft.
Ich schätze, deshalb nennen es die Leute »das Element des Lebens«.

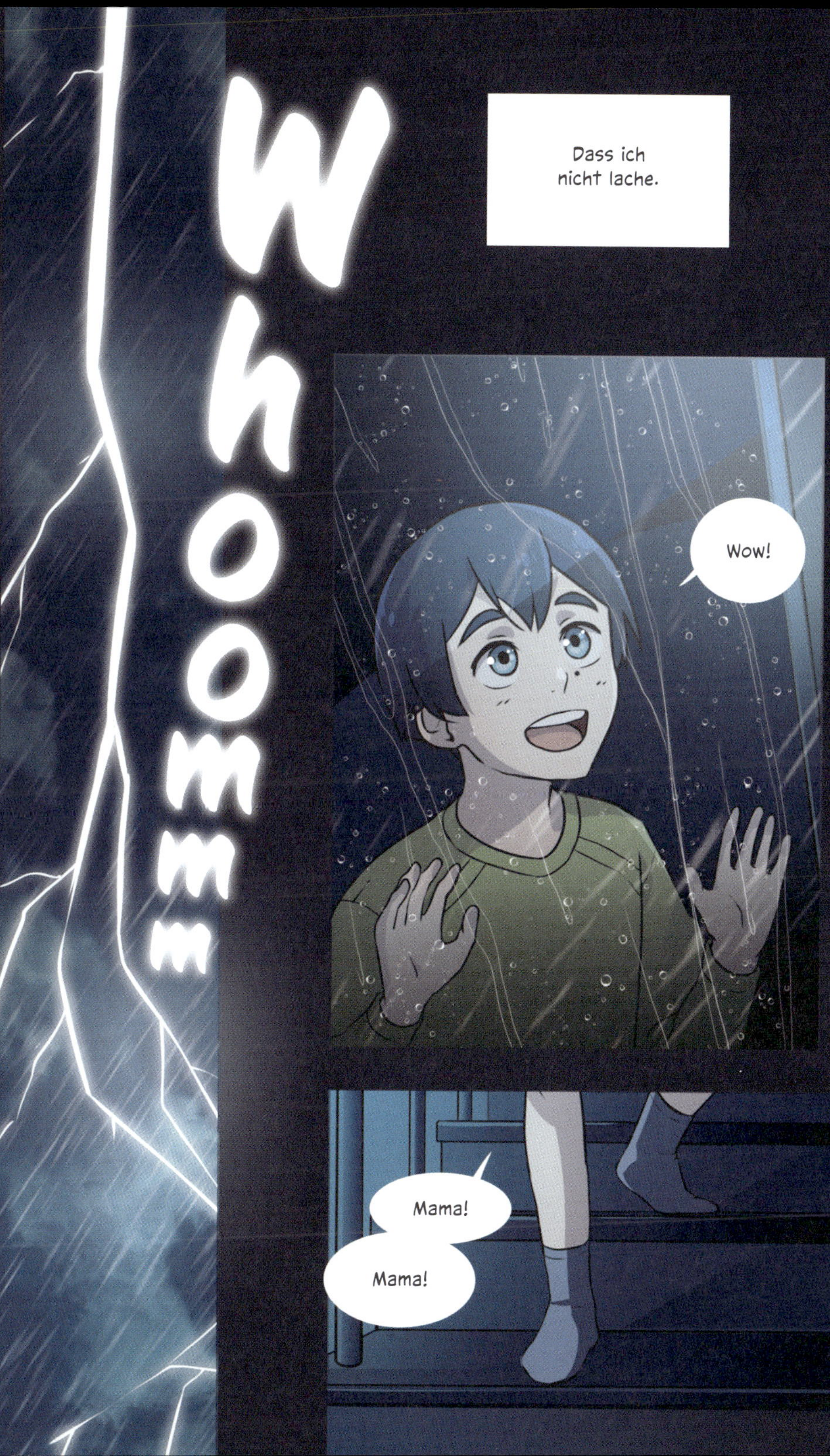
Whoommm
Dass ich nicht lache.
Wow!
Mama!
Mama!

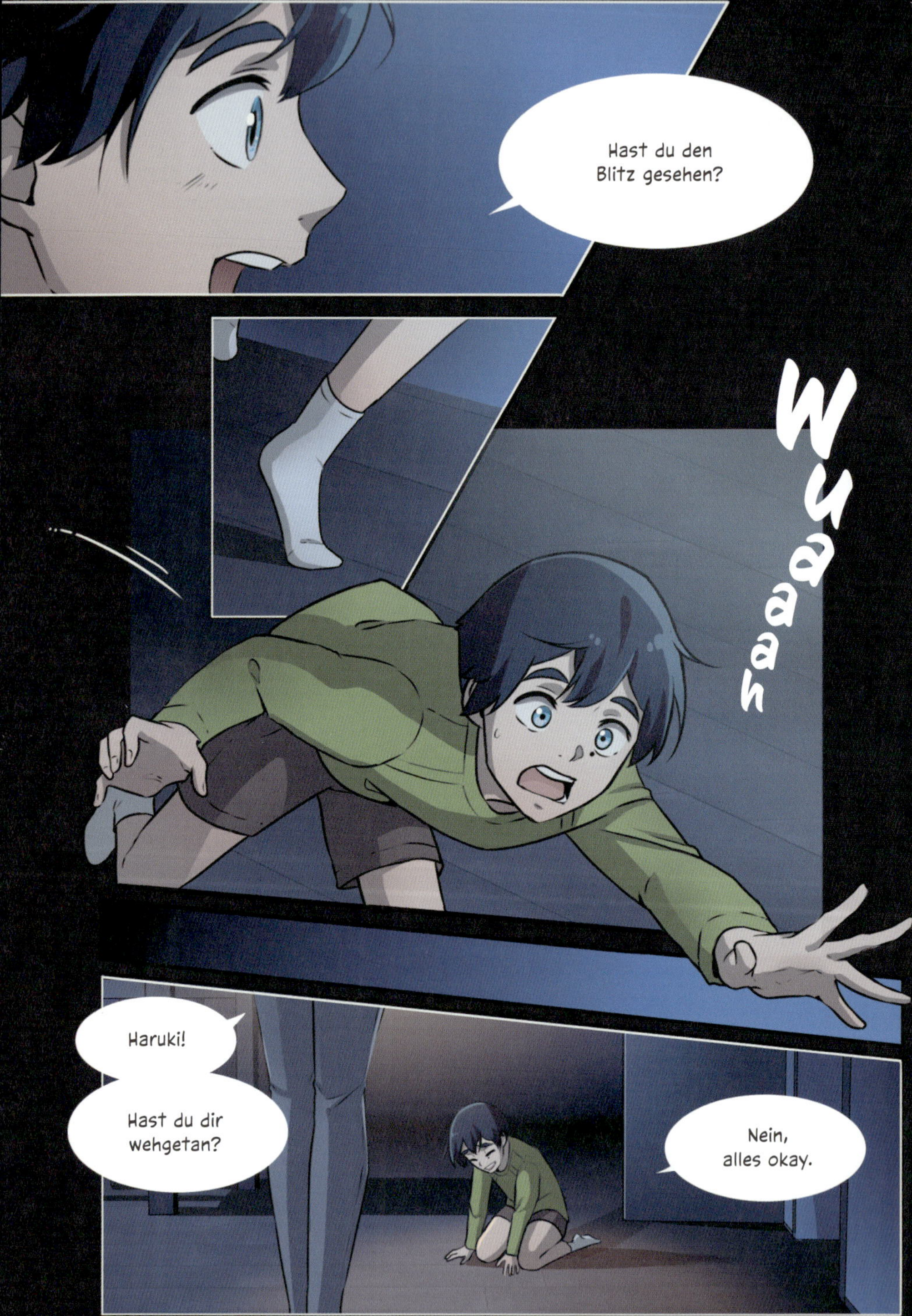
Hast du den
Blitz gesehen?
Wuaaaah
Haruki!
Hast du dir
wehgetan?
Nein,
alles okay.

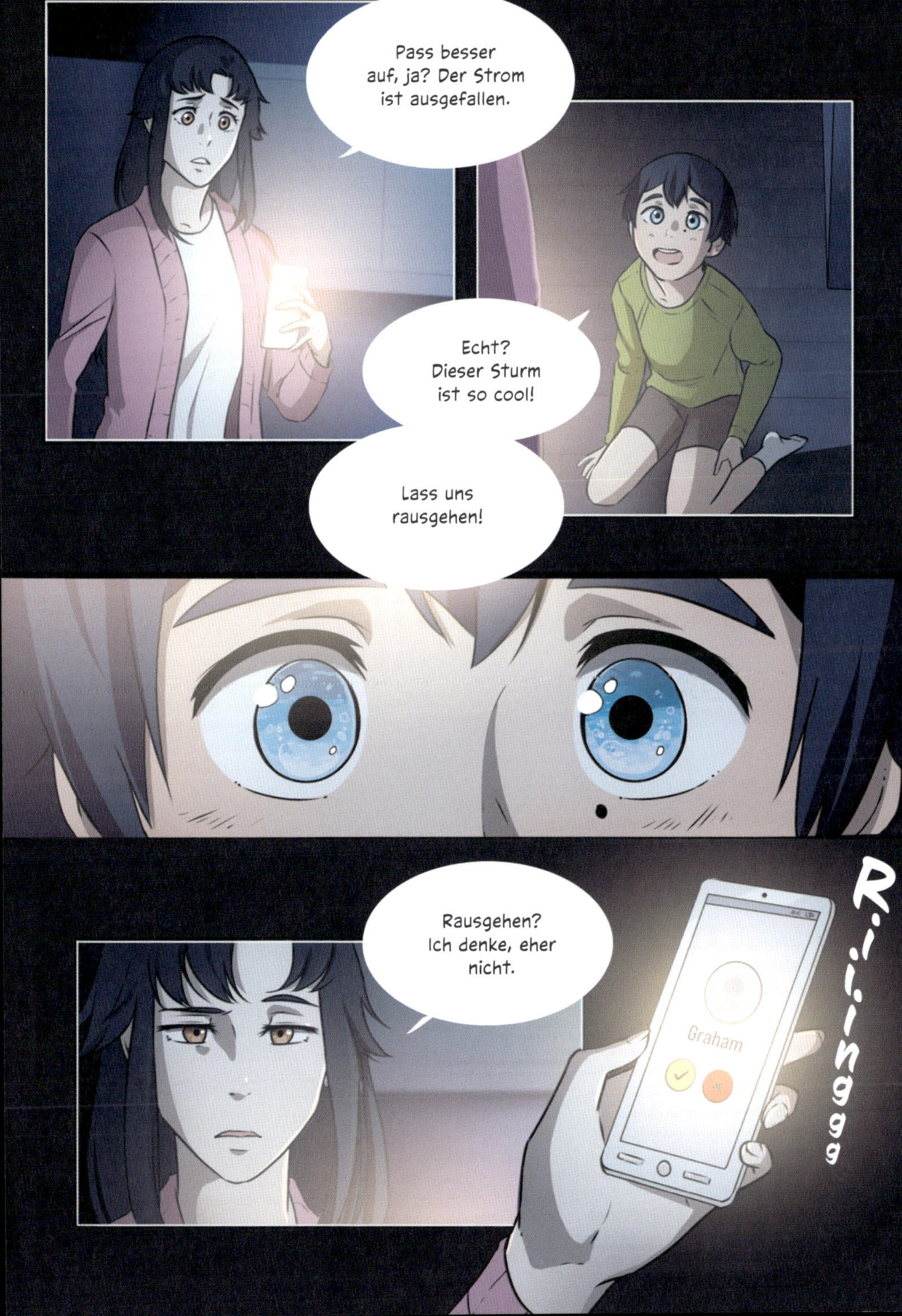
Pass besser auf, ja? Der Strom ist ausgefallen.
Echt? Dieser Sturm ist so cool!
Lass uns rausgehen!
Rausgehen? Ich denke, eher nicht.
Graham
R.i.i.i.inggg

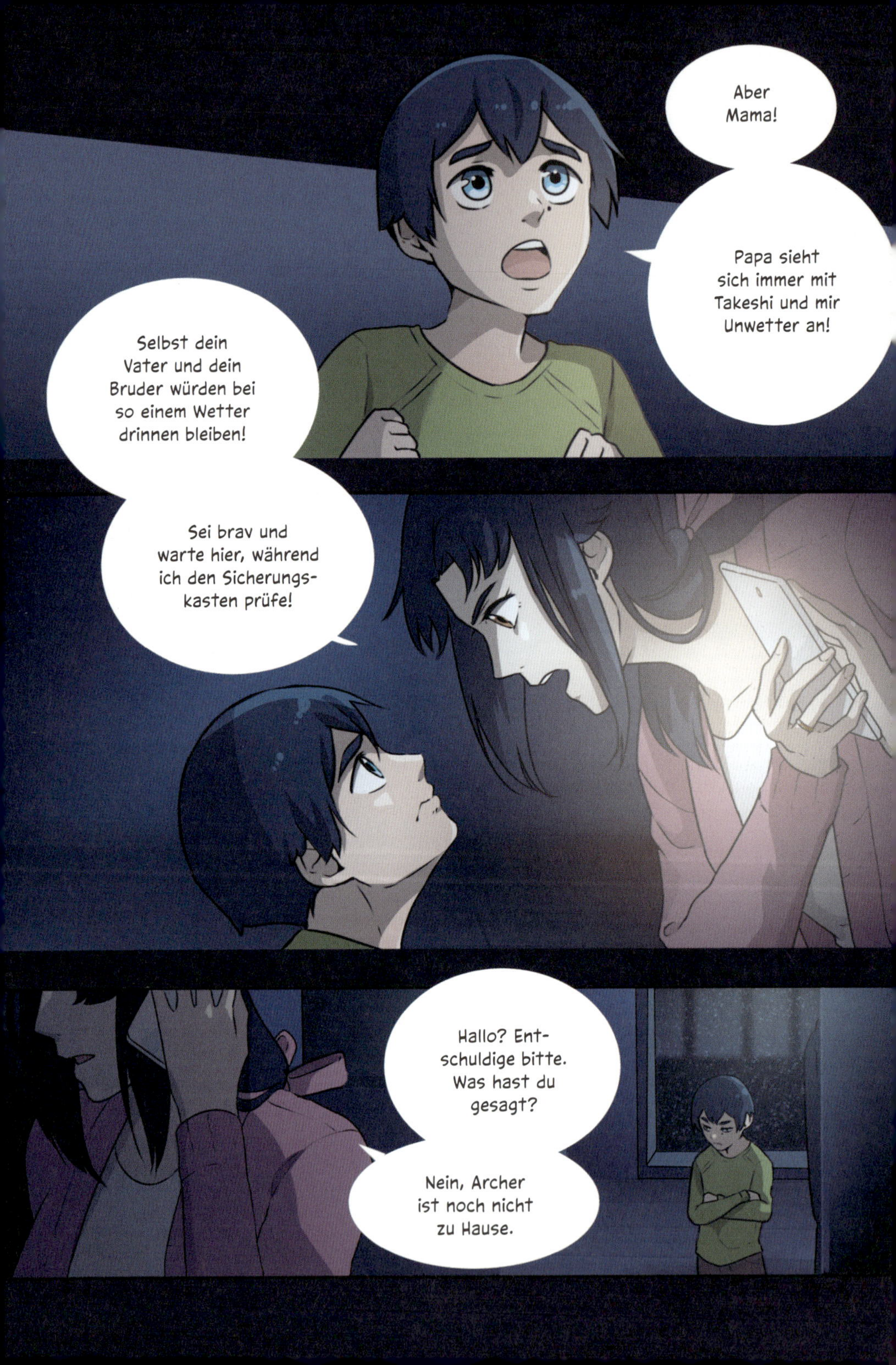
Aber Mama!
Papa sieht sich immer mit Takeshi und mir Unwetter an!
Selbst dein Vater und dein Bruder würden bei so einem Wetter drinnen bleiben!
Sei brav und warte hier, während ich den Sicherungs-kasten prüfe!
Hallo? Ent-schuldige bitte. Was hast du gesagt?
Nein, Archer ist noch nicht zu Hause.

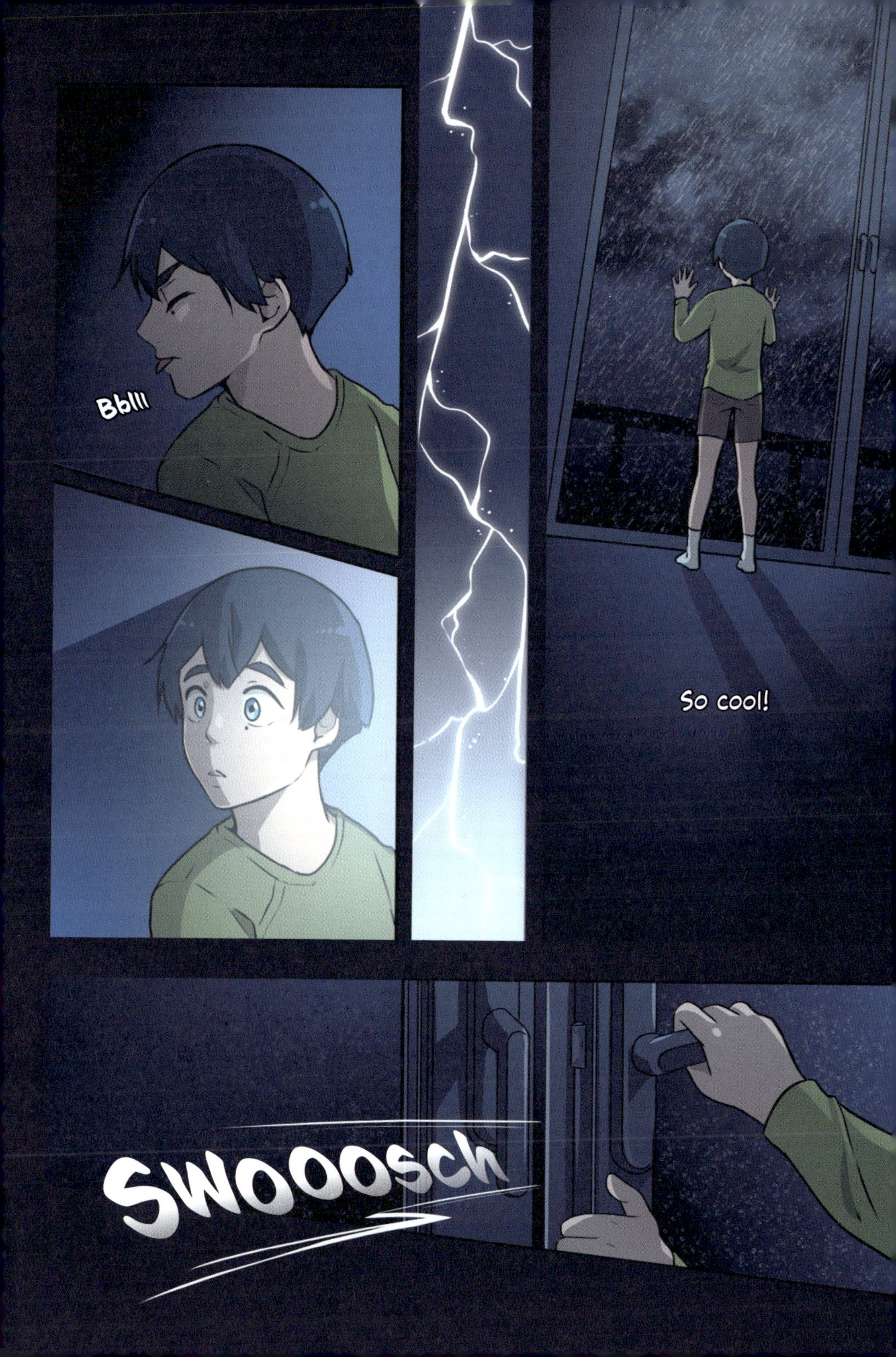
Bblll
So cool!
SWOOOSCH

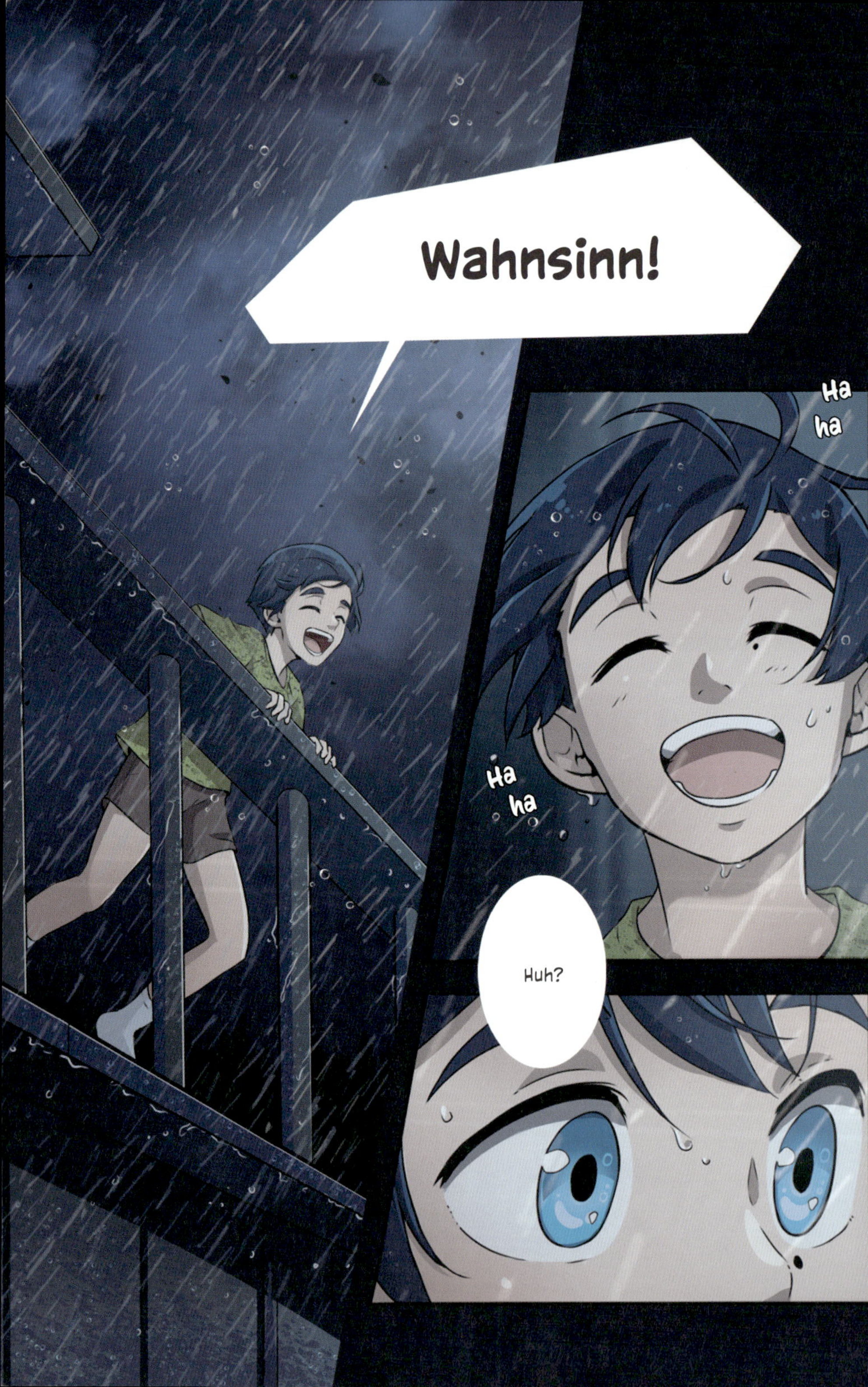
Wahnsinn!
Ha ha
Ha ha
Huh?

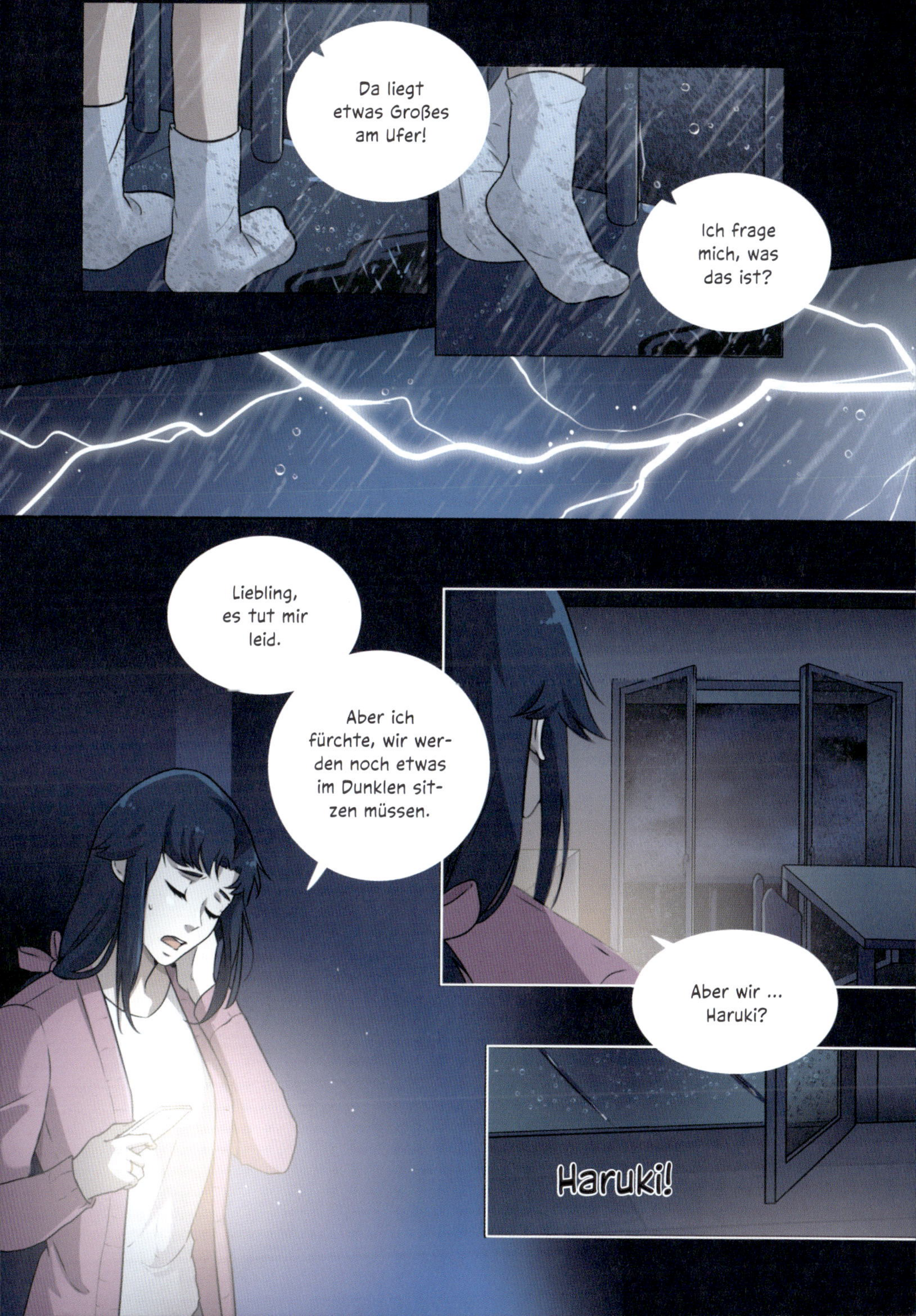
Da liegt etwas Großes am Ufer!
Ich frage mich, was das ist?
Liebling, es tut mir leid.
Aber ich fürchte, wir werden noch etwas im Dunklen sitzen müssen.
Aber wir ... Haruki?
Haruki!

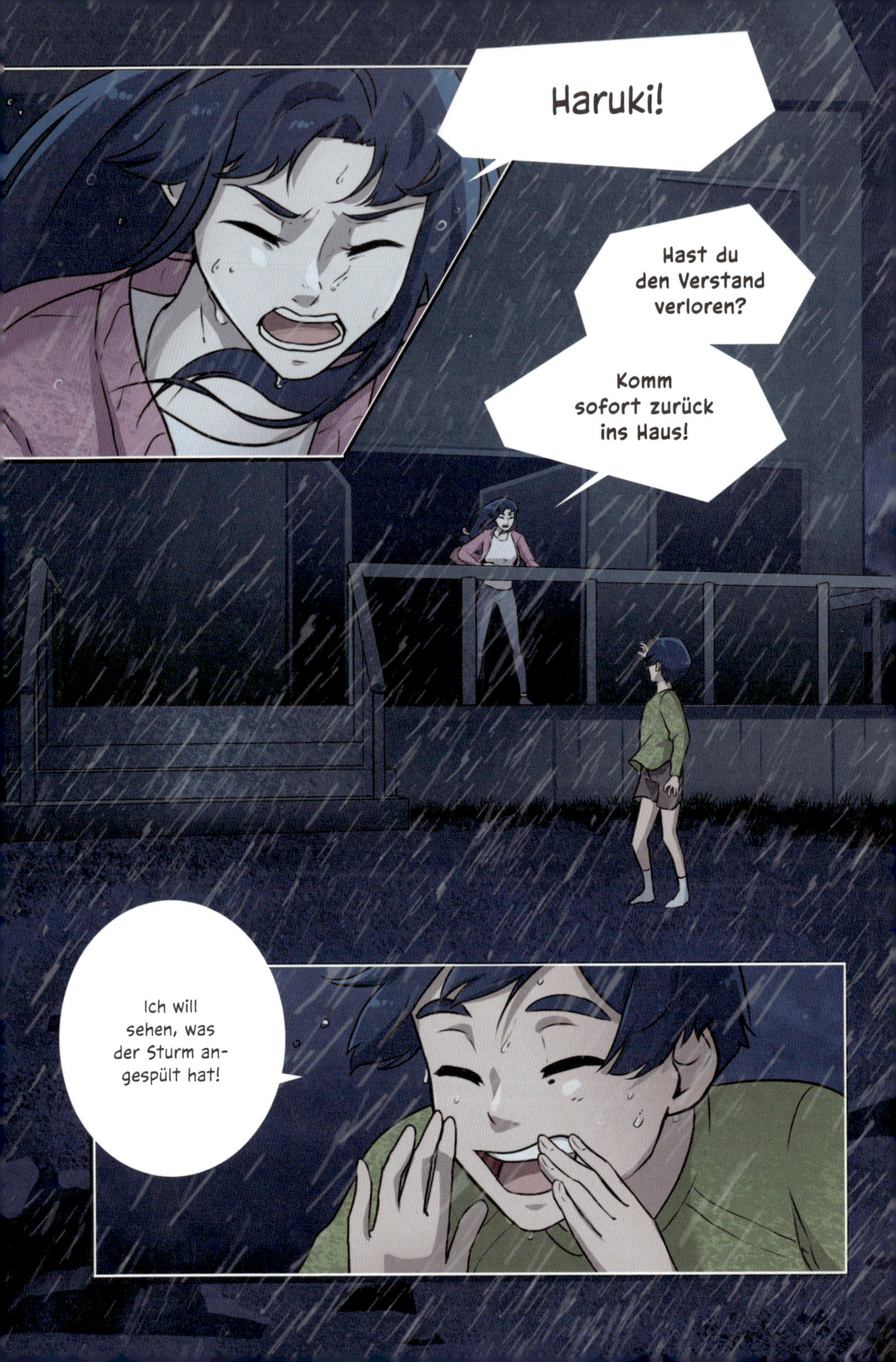
Haruki!
Hast du den Verstand verloren?
Komm sofort zurück ins Haus!
Ich will sehen, was der Sturm angespült hat!

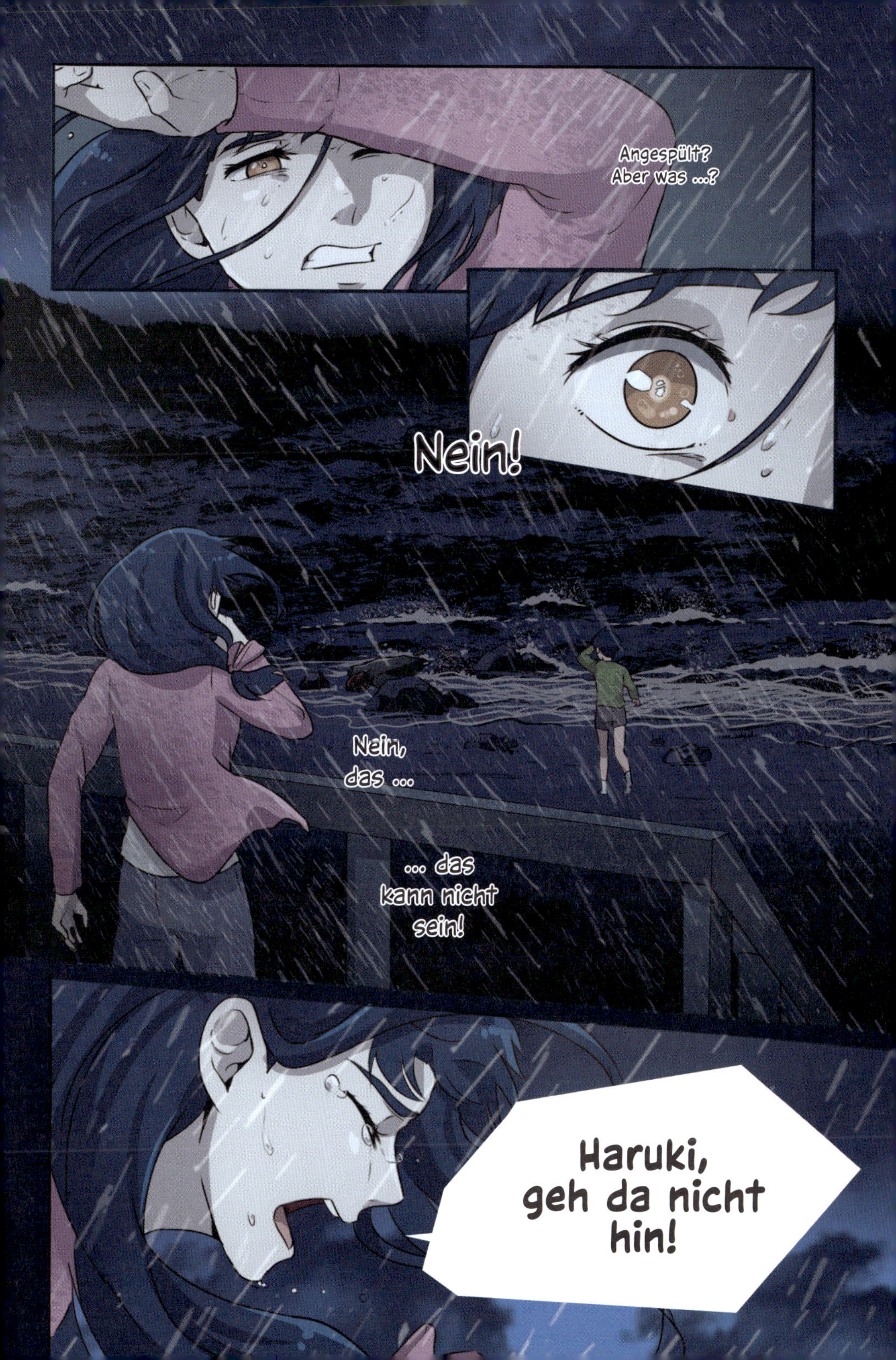
Angespült?
Aber was ...?
Nein!
Nein,
das ...
... das
kann nicht
sein!
Haruki,
geh da nicht
hin!

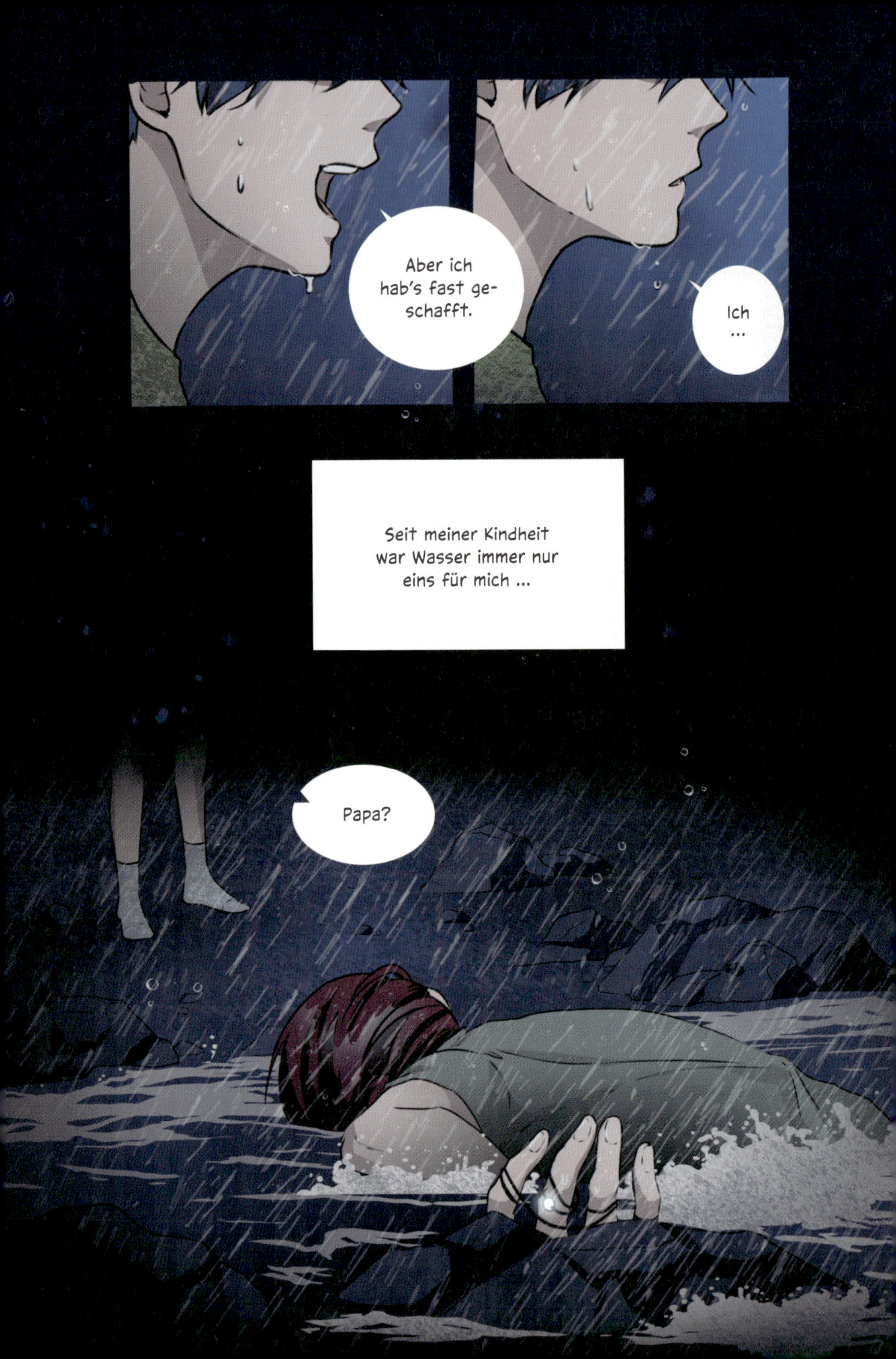
Aber ich hab's fast geschafft.
Ich ...
Seit meiner Kindheit war Wasser immer nur eins für mich ...
Papa?

... ein Fluch.

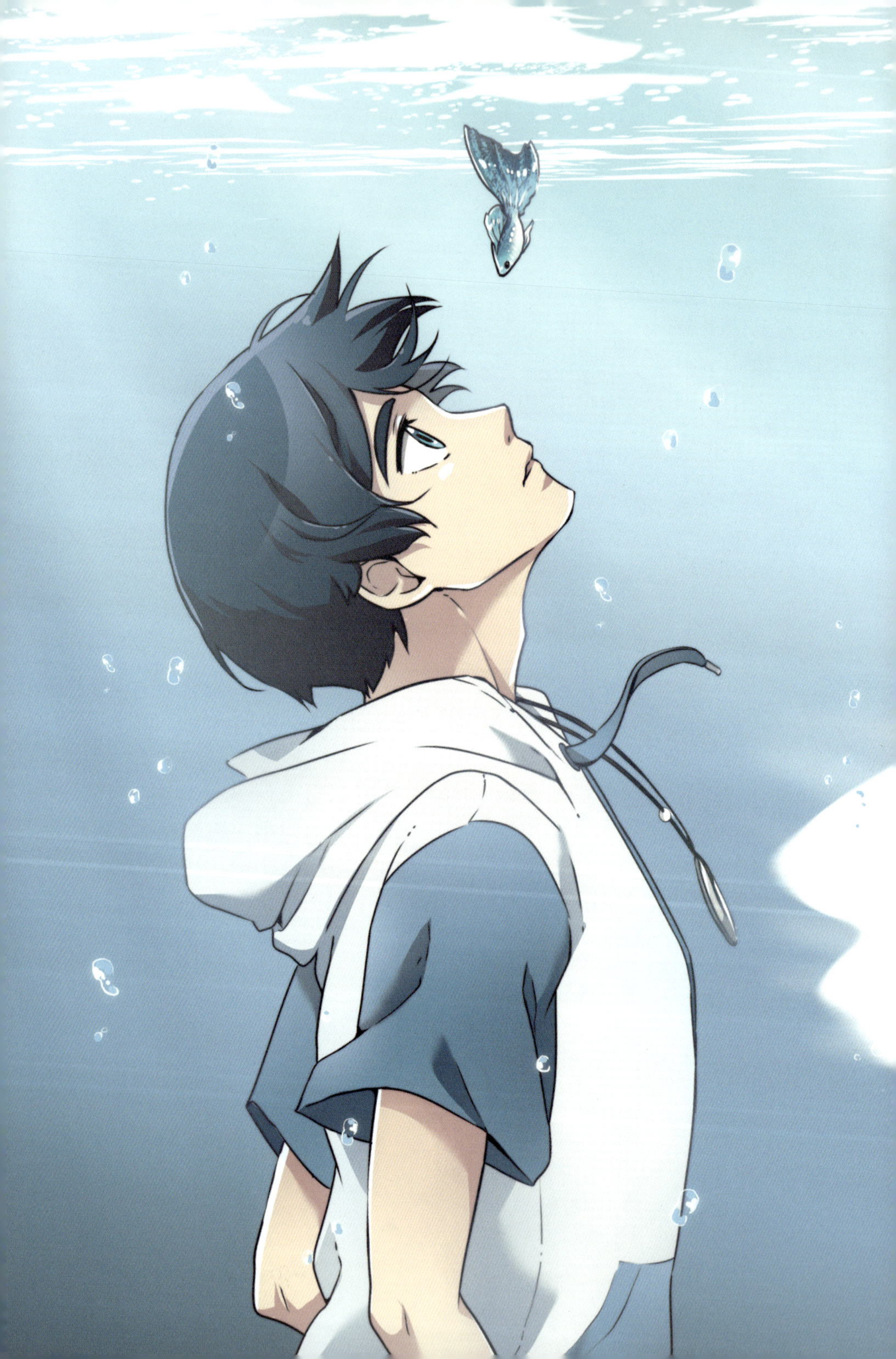

Kapitel 1

Mensch oder Guppy?

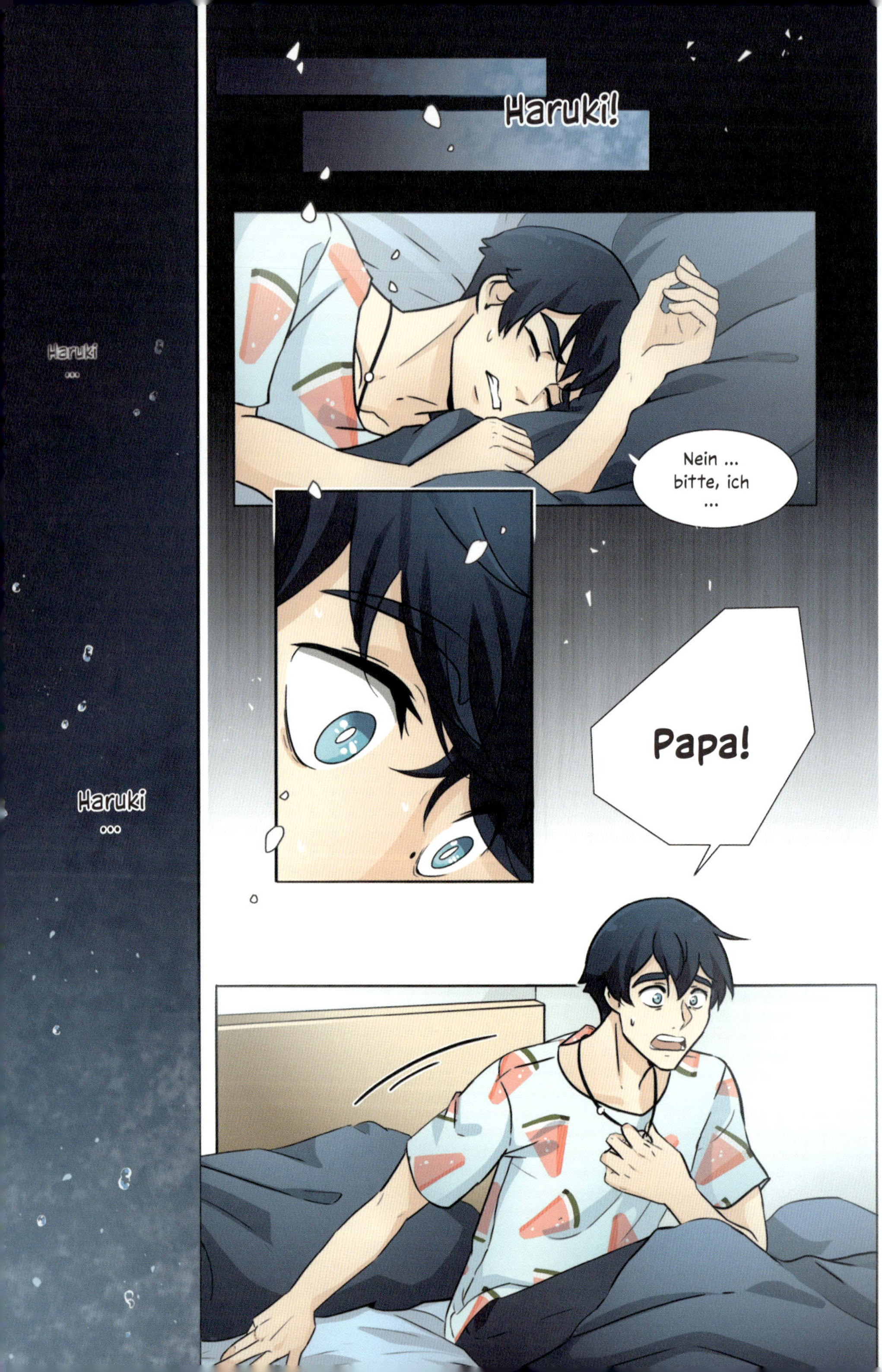
Haruki!
Haruki ...
Haruki ...
Nein ... bitte, ich ...
Papa!

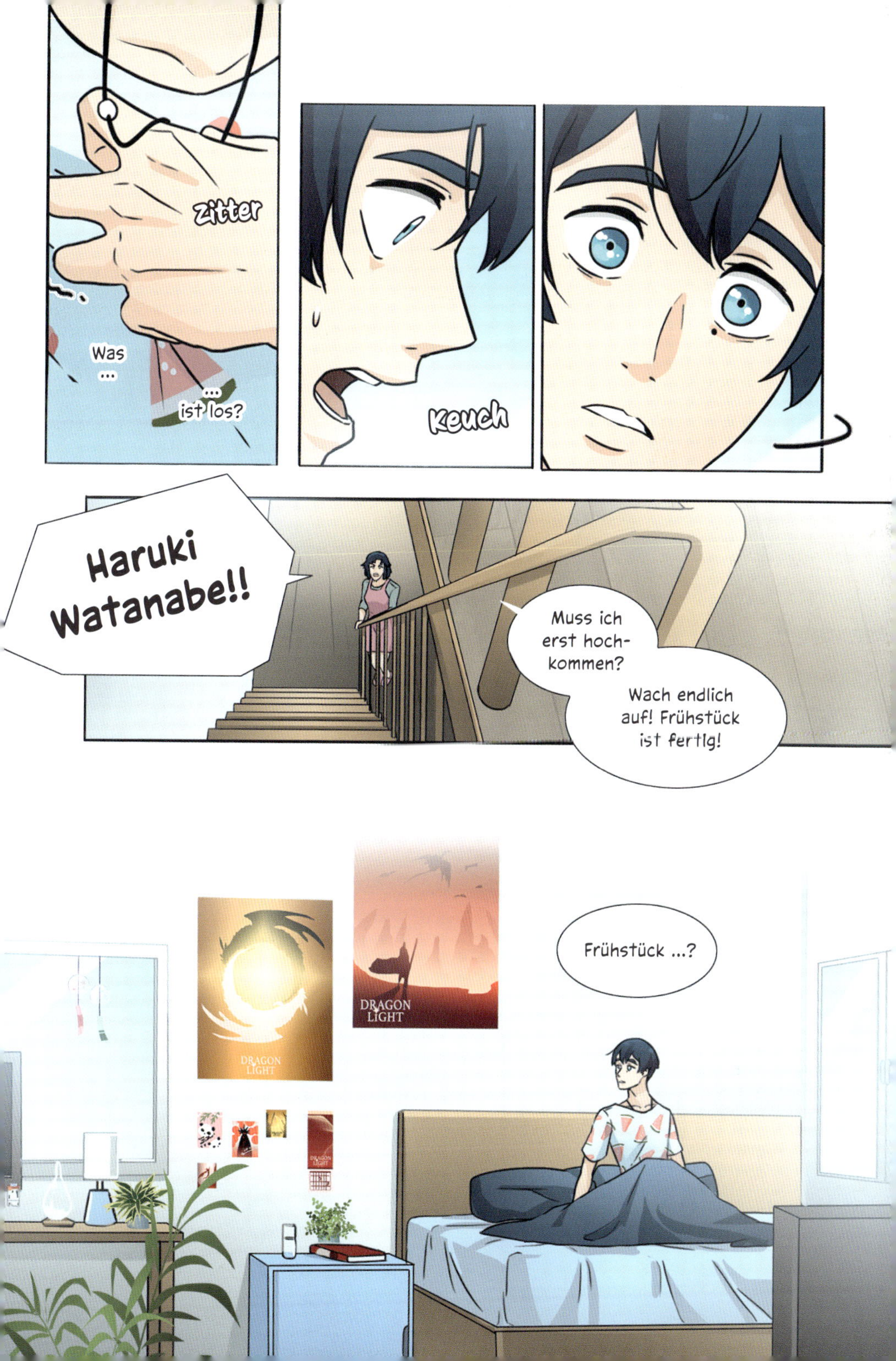
Zitter
Was ...
... ist los?
Keuch
Haruki Watanabe!!
Muss ich erst hoch-kommen?
Wach endlich auf! Frühstück ist fertig!
DRAGON LIGHT
DRAGON LIGHT
Frühstück ...?

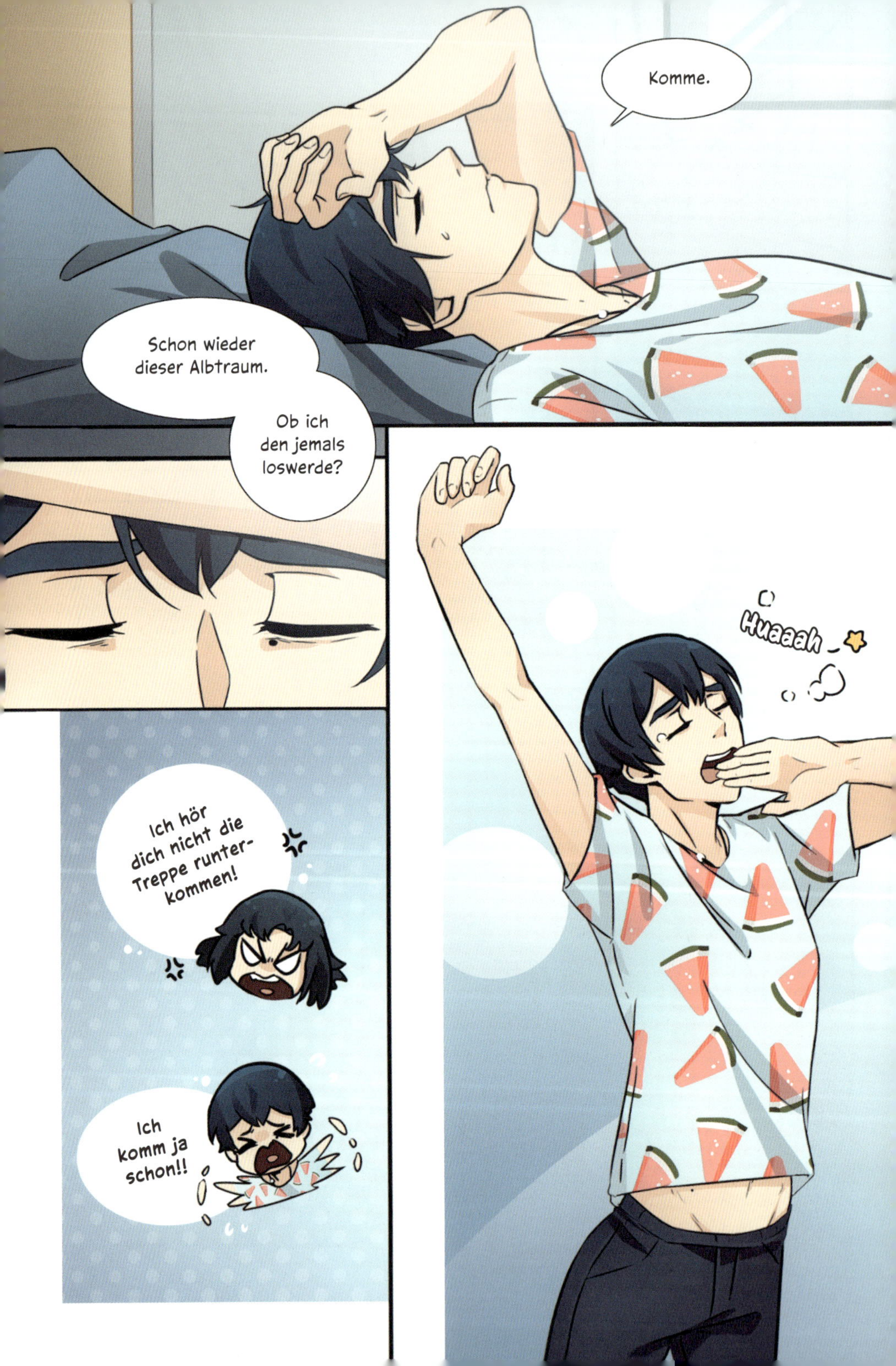
Komme.
Schon wieder dieser Albtraum.
Ob ich den jemals loswerde?
Ich hör dich nicht die Treppe runterkommen!
Ich komm ja schon!!
Huaaah

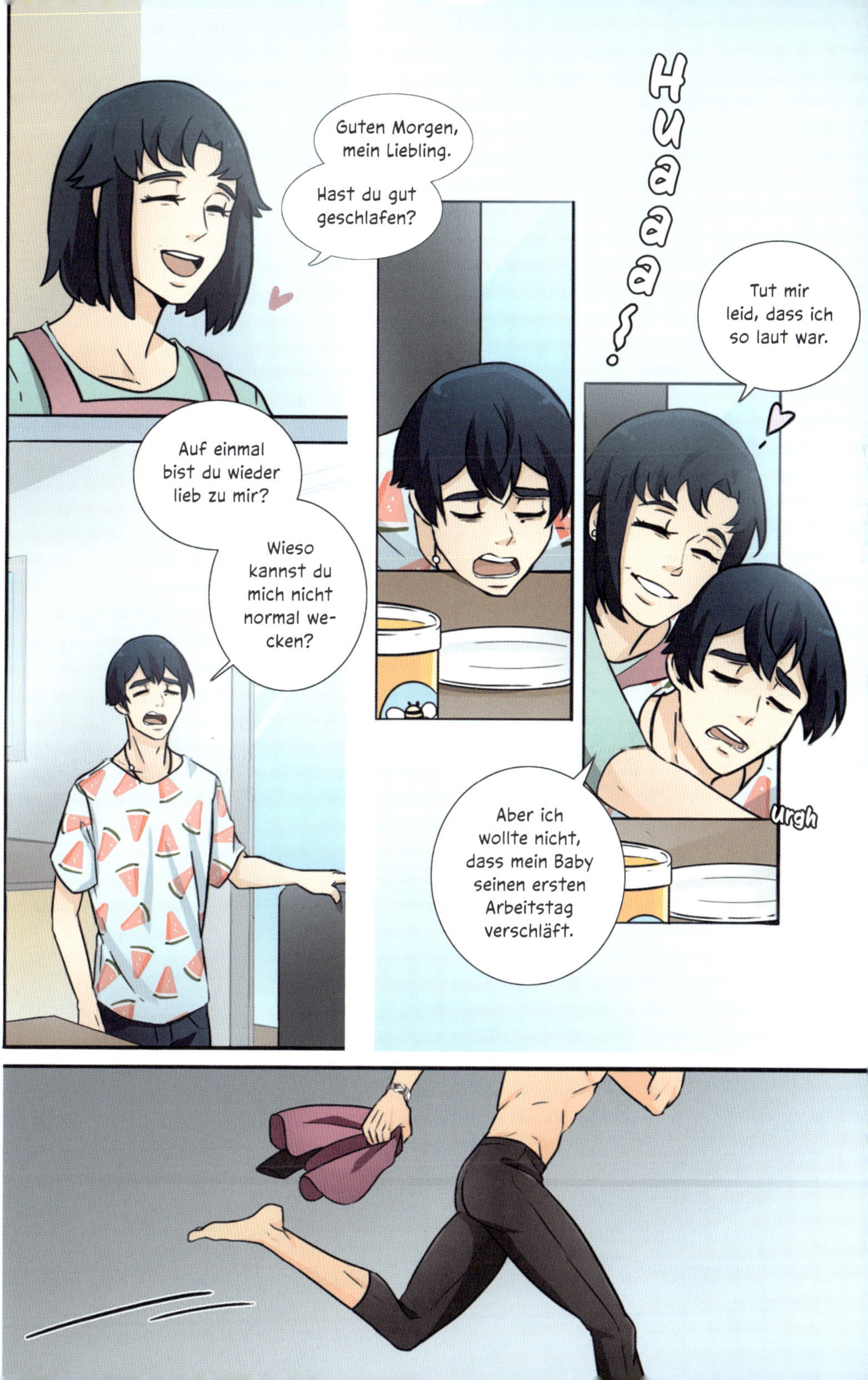
Guten Morgen, mein Liebling.
Hast du gut geschlafen?
Huaaa?!
Auf einmal bist du wieder lieb zu mir?
Wieso kannst du mich nicht normal wecken?
Tut mir leid, dass ich so laut war.
Aber ich wollte nicht, dass mein Baby seinen ersten Arbeitstag verschläft.
urgh

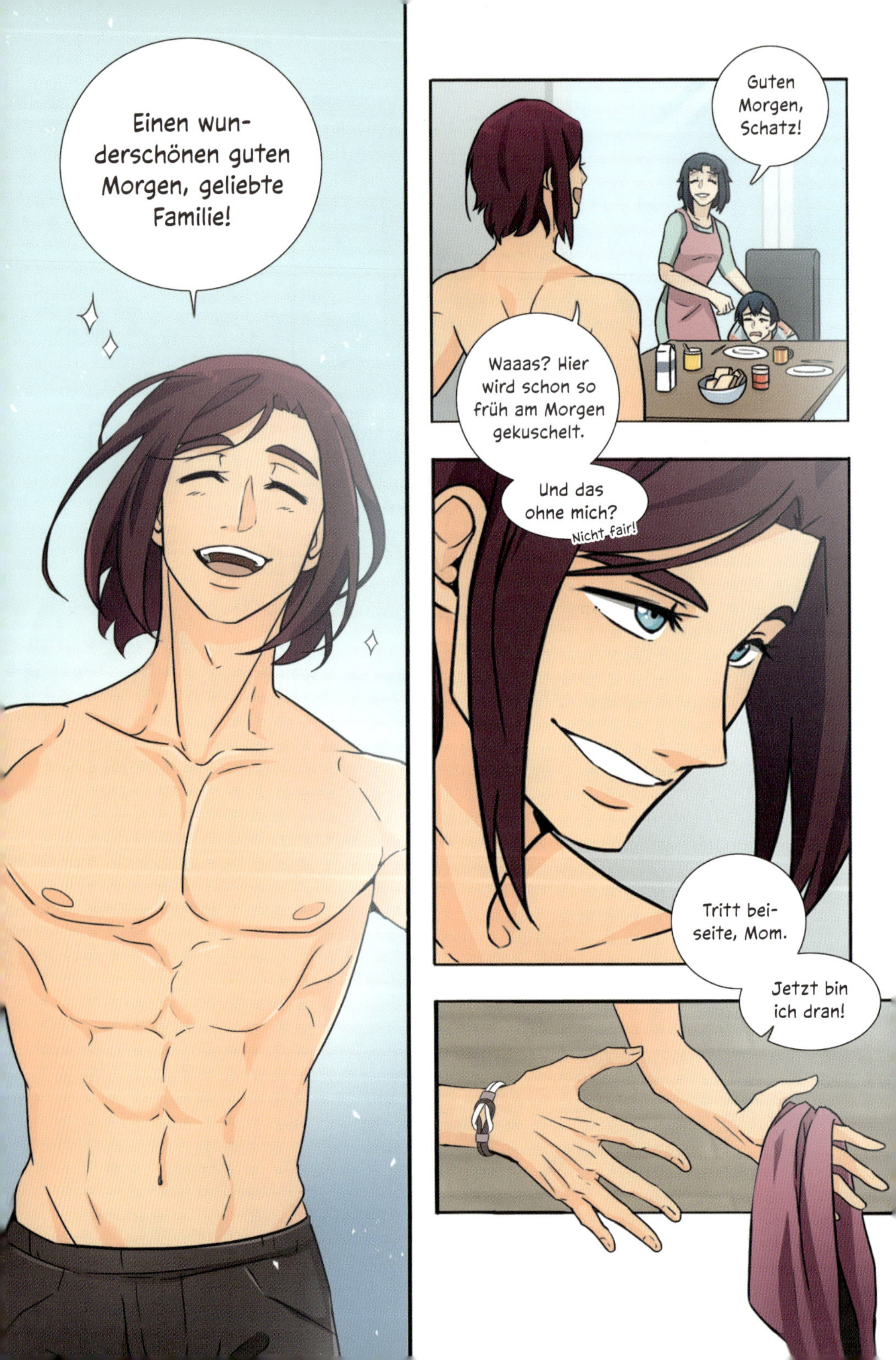
Einen wunderschönen guten Morgen, geliebte Familie!
Guten Morgen, Schatz!
Waaas? Hier wird schon so früh am Morgen gekuschelt.
Und das ohne mich?
Nicht fair!
Tritt beiseite, Mom.
Jetzt bin ich dran!

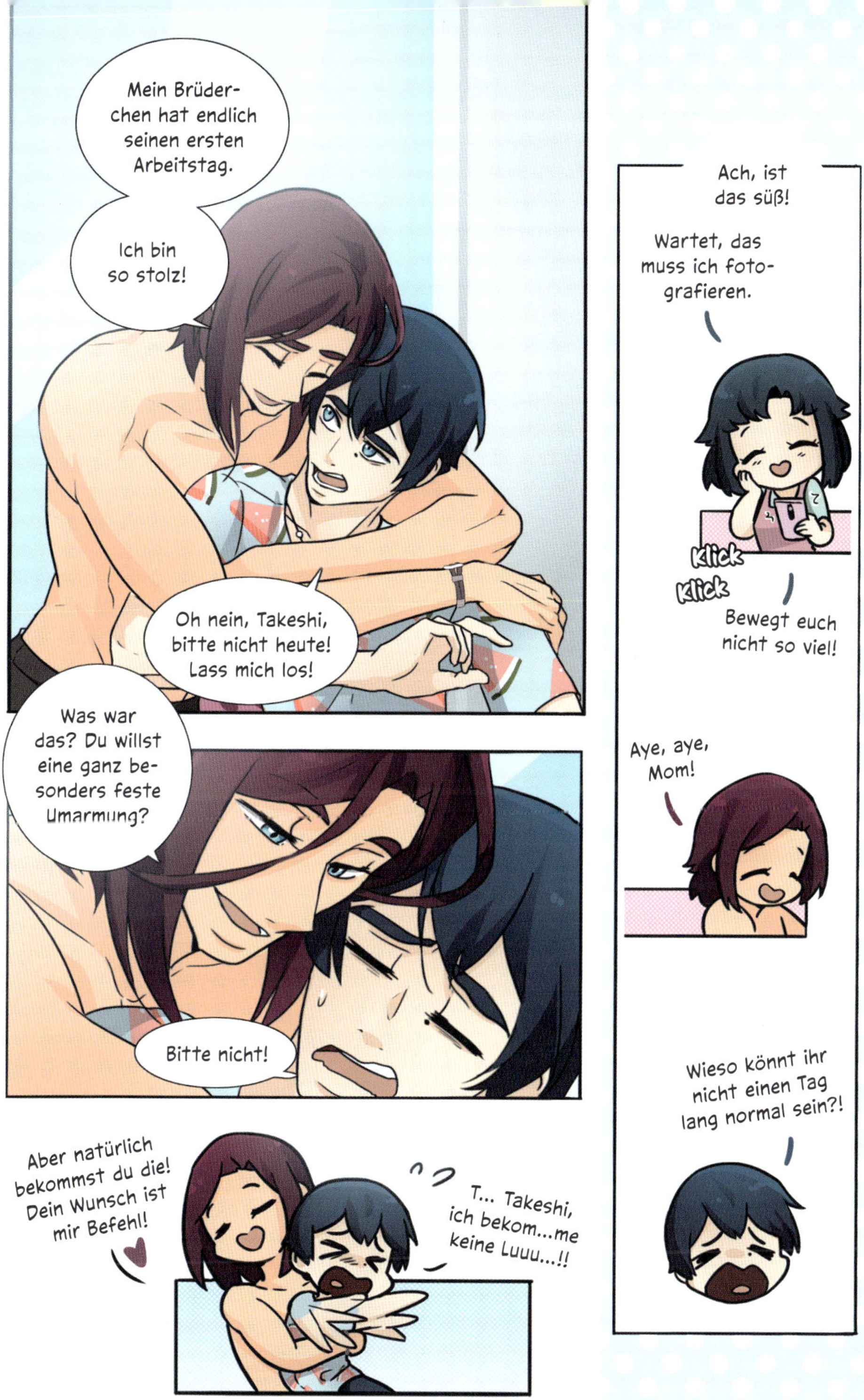
Mein Brüderchen hat endlich seinen ersten Arbeitstag.
Ich bin so stolz!
Oh nein, Takeshi, bitte nicht heute! Lass mich los!
Was war das? Du willst eine ganz besonders feste Umarmung?
Bitte nicht!
Aber natürlich bekommst du die! Dein Wunsch ist mir Befehl!
T... Takeshi, ich bekom...me keine Luuu...!!
Ach, ist das süß!
Wartet, das muss ich fotografieren.
Klick
Klick
Bewegt euch nicht so viel!
Aye, aye, Mom!
Wieso könnt ihr nicht einen Tag lang normal sein?!

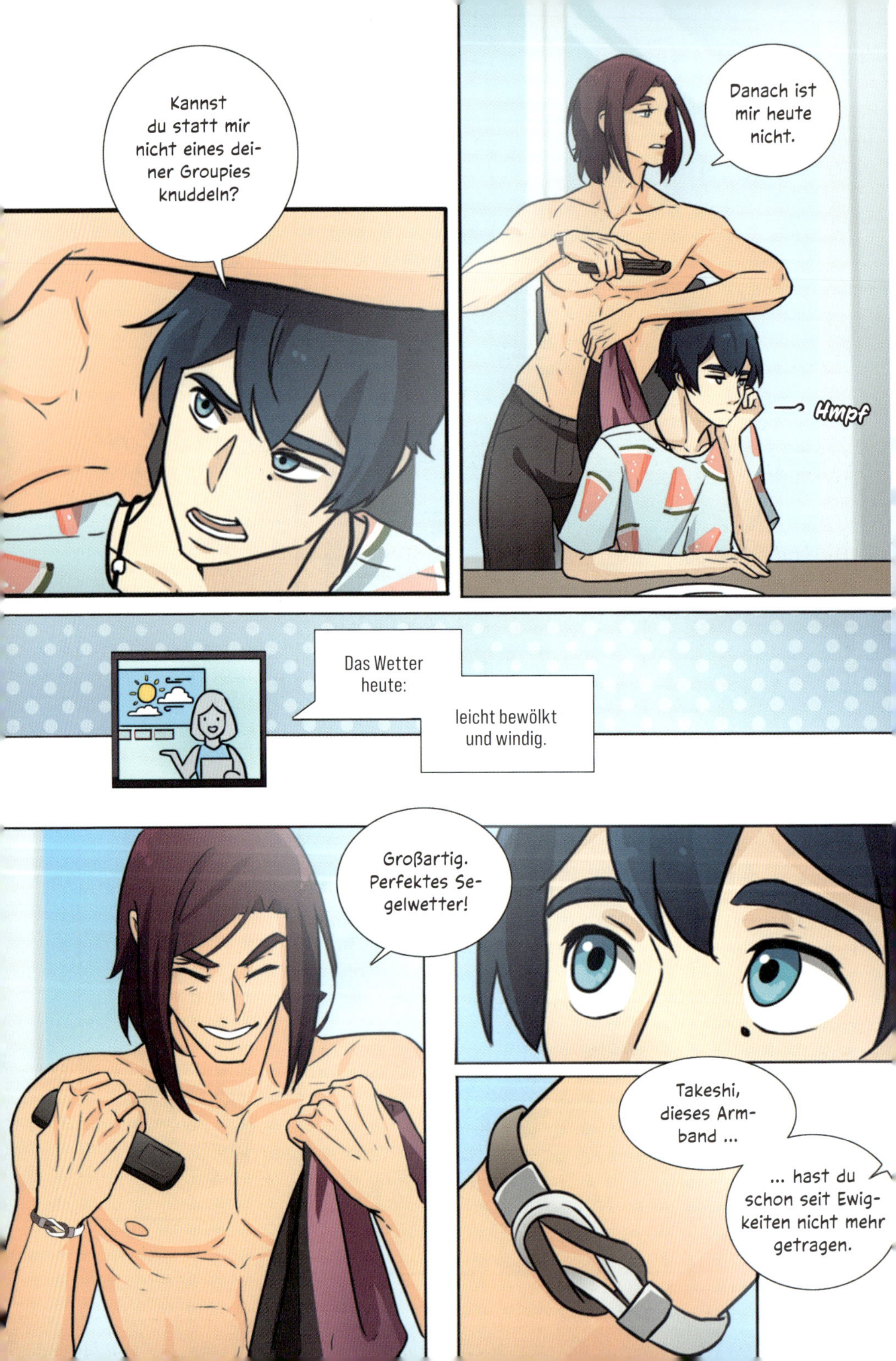

Kannst du statt mir nicht eines deiner Groupies knuddeln?
Danach ist mir heute nicht.
Hmpf
Das Wetter heute:
leicht bewölkt und windig.
Großartig. Perfektes Segelwetter!
Takeshi, dieses Armband ...
... hast du schon seit Ewigkeiten nicht mehr getragen.

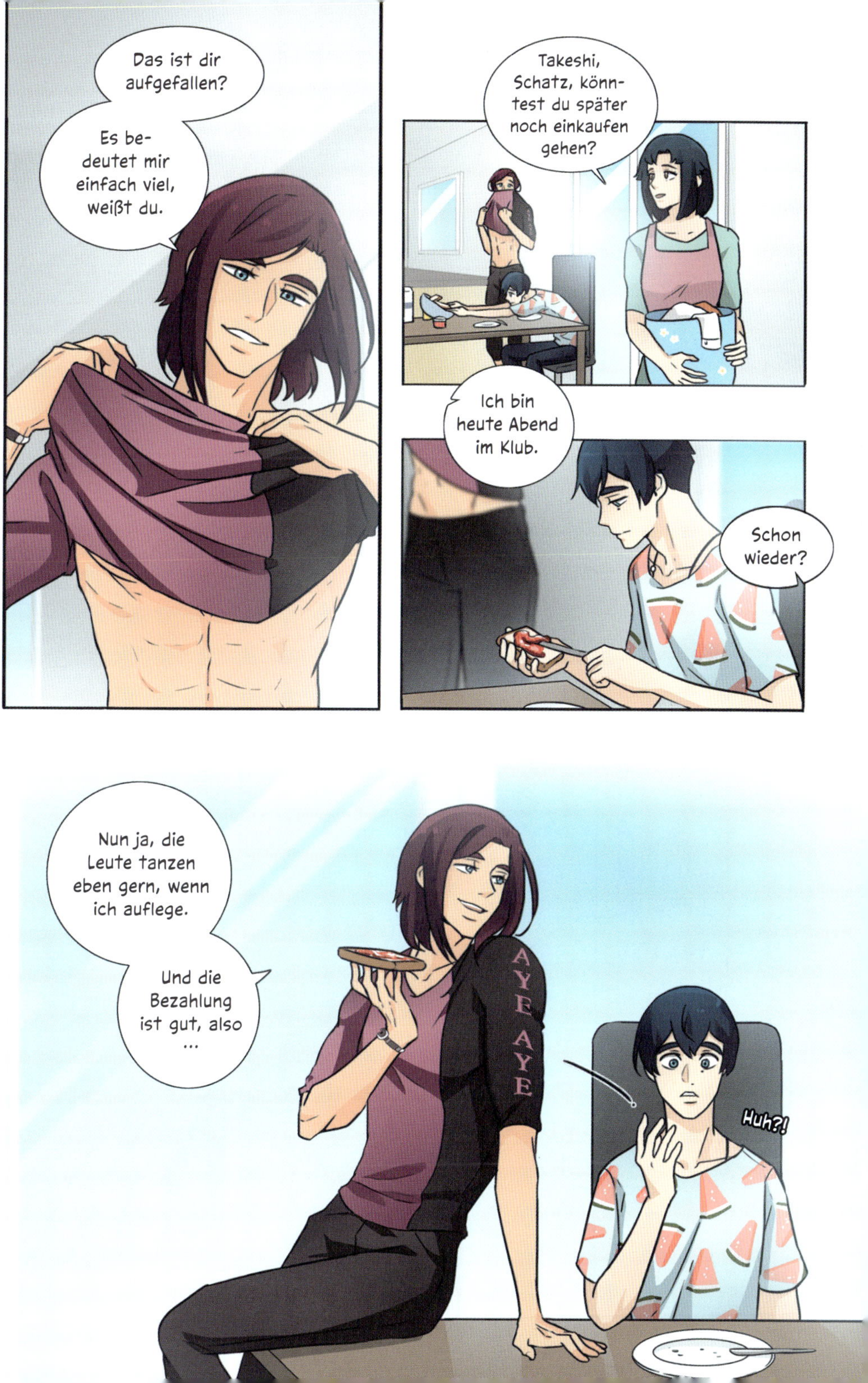
Das ist dir aufgefallen?
Es bedeutet mir einfach viel, weißt du.
Takeshi, Schatz, könntest du später noch einkaufen gehen?
Ich bin heute Abend im Klub.
Schon wieder?
Nun ja, die Leute tanzen eben gern, wenn ich auflege.
Und die Bezahlung ist gut, also ...
AYE AYE
Huh?!

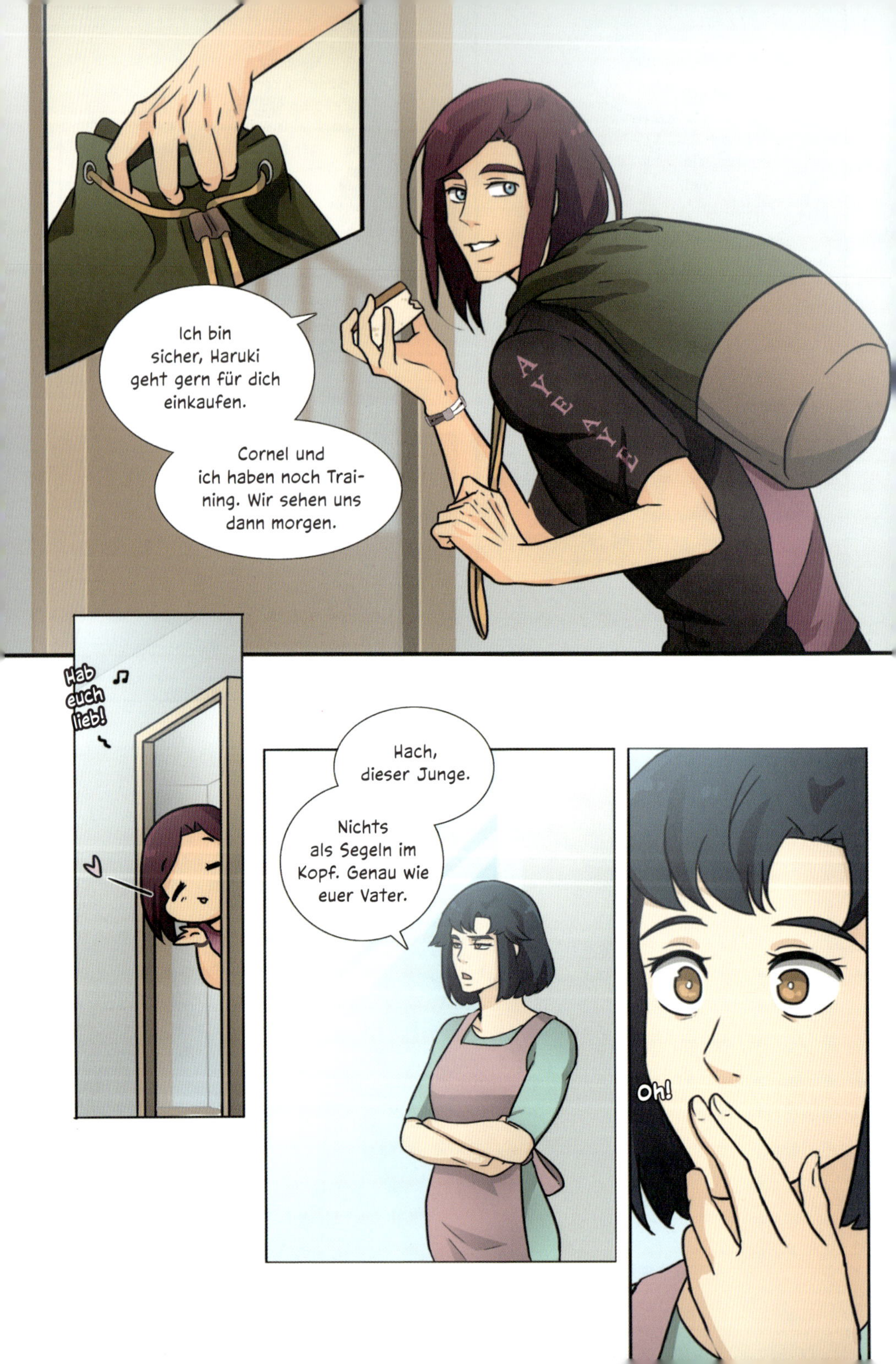
Ich bin sicher, Haruki geht gern für dich einkaufen.
Cornel und ich haben noch Training. Wir sehen uns dann morgen.
AYE AYE
Hab euch lieb!
Hach, dieser Junge.
Nichts als Segeln im Kopf. Genau wie euer Vater.
Oh!

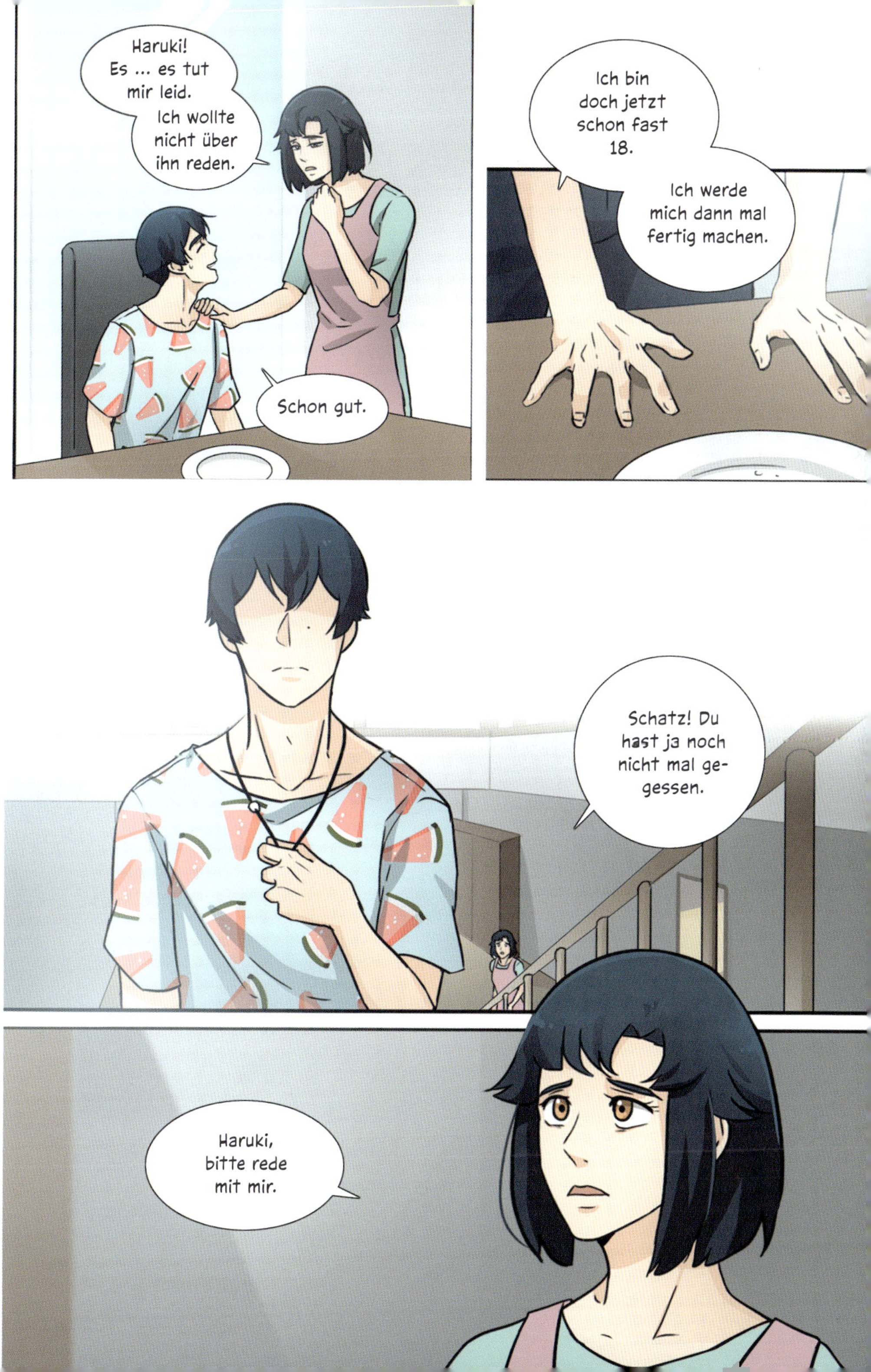
Haruki! Es ... es tut mir leid.
Ich wollte nicht über ihn reden.
Schon gut.
Ich bin doch jetzt schon fast 18.
Ich werde mich dann mal fertig machen.
Schatz! Du hast ja noch nicht mal gegessen.
Haruki, bitte rede mit mir.

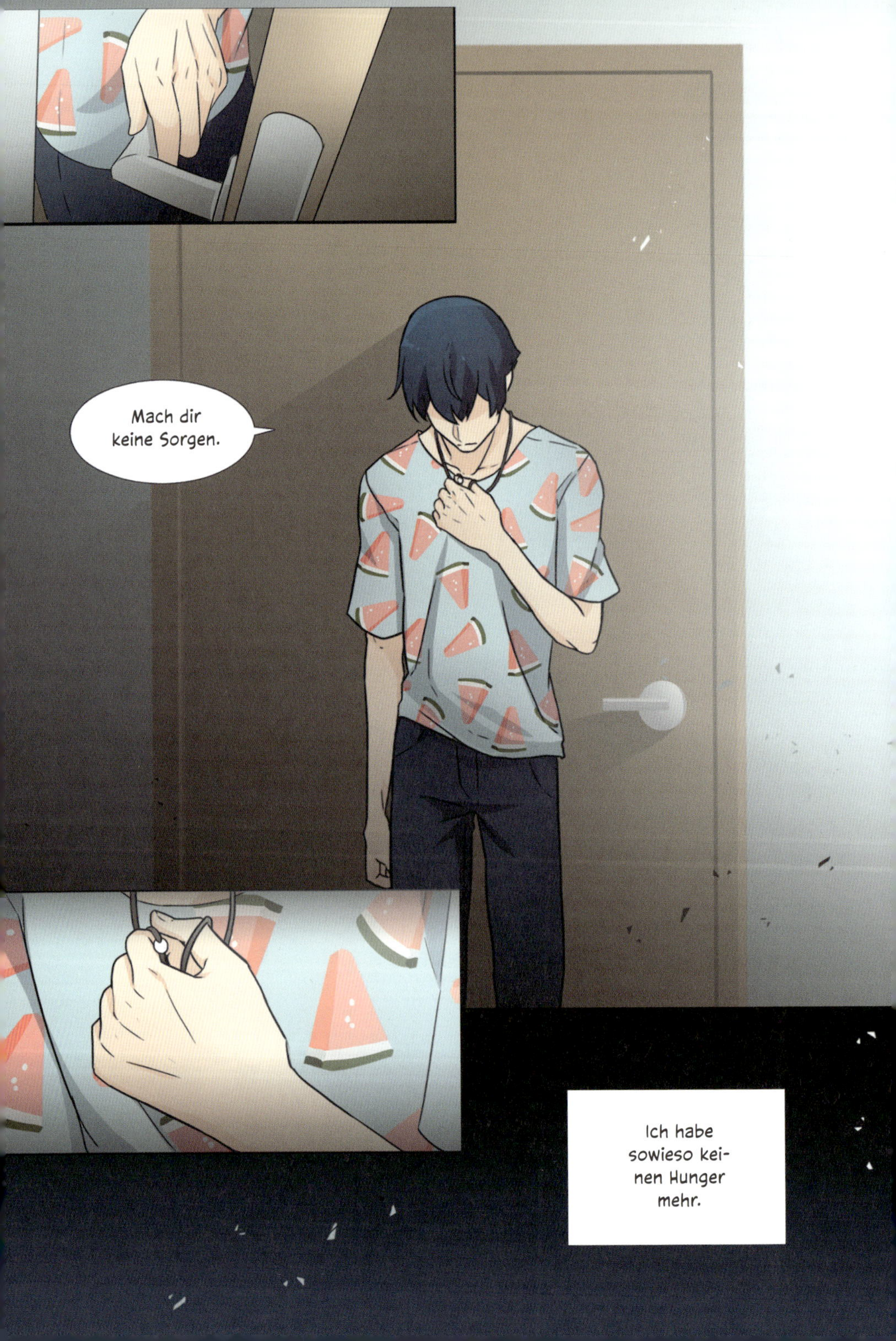
Mach dir keine Sorgen.
Ich habe sowieso keinen Hunger mehr.

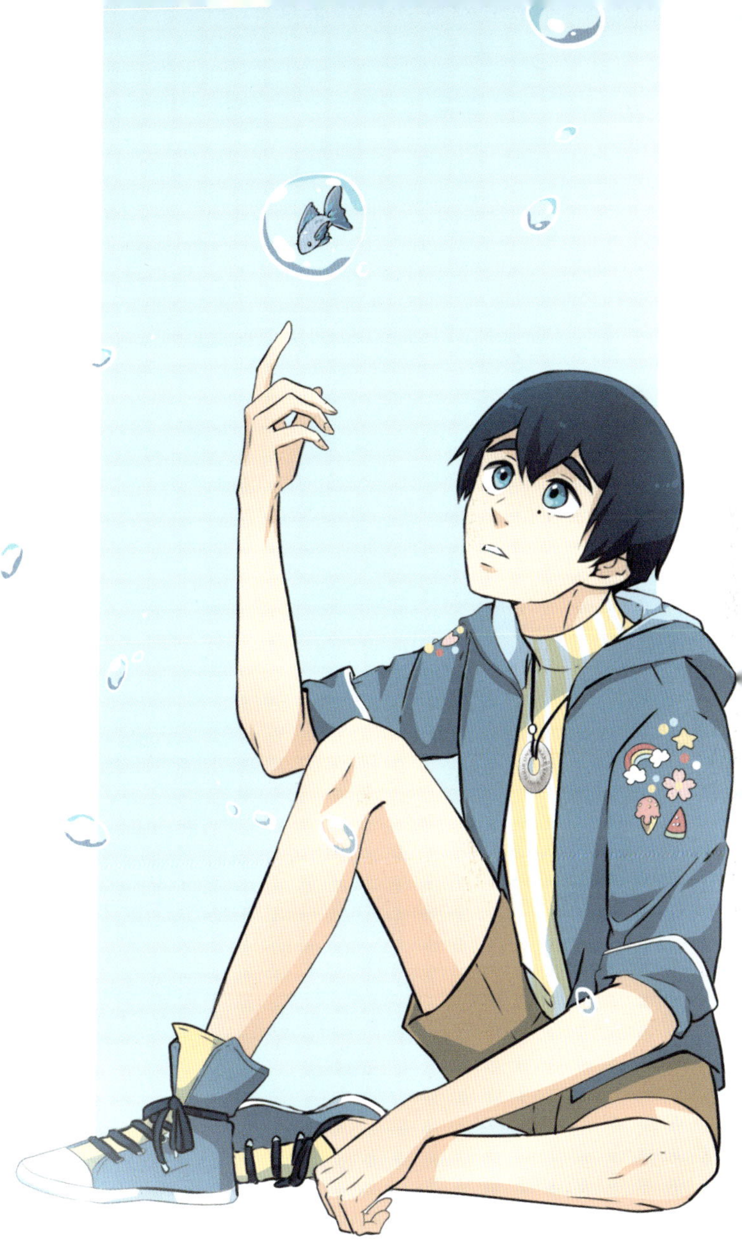

LET'S CAST OFF

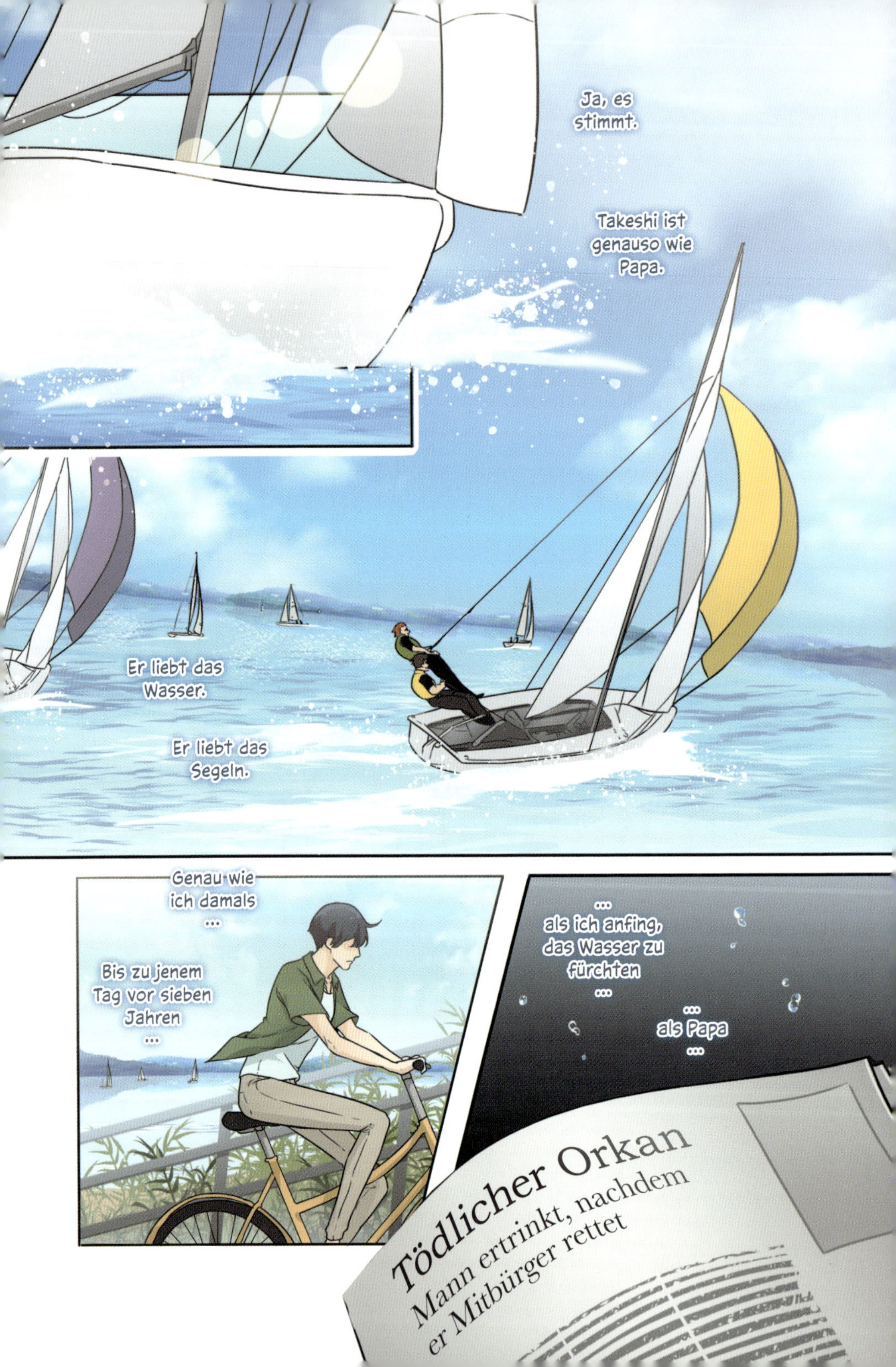
Ja, es stimmt.
Takeshi ist genauso wie Papa.
Er liebt das Wasser.
Er liebt das Segeln.
Genau wie ich damals ...
Bis zu jenem Tag vor sieben Jahren ...
... als ich anfing, das Wasser zu fürchten ...
... als Papa ...
Tödlicher Orkan
Mann ertrinkt, nachdem er Mitbürger rettet

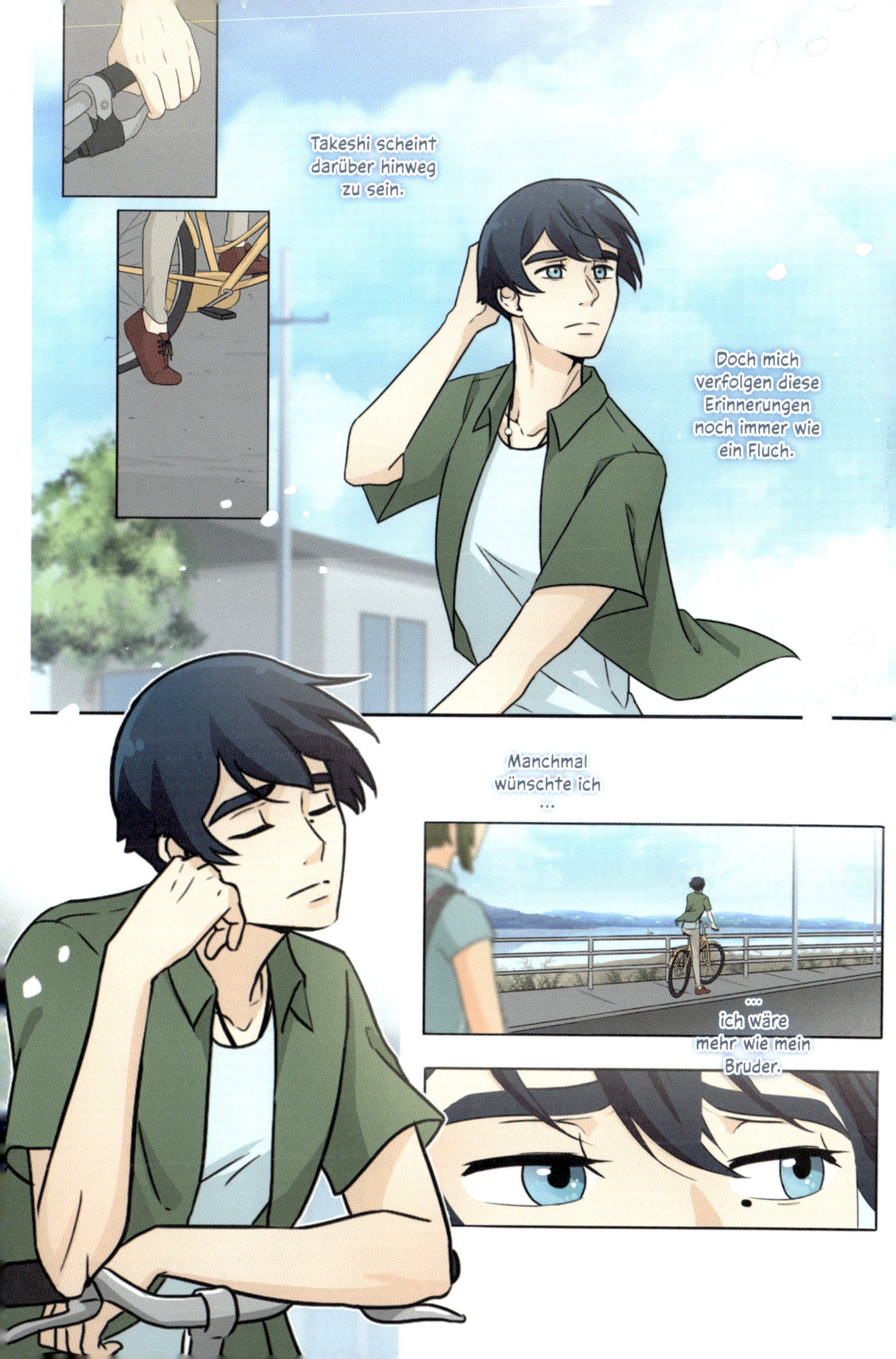
Takeshi scheint darüber hinweg zu sein.
Doch mich verfolgen diese Erinnerungen noch immer wie ein Fluch.
Manchmal wünschte ich …
… ich wäre mehr wie mein Bruder.

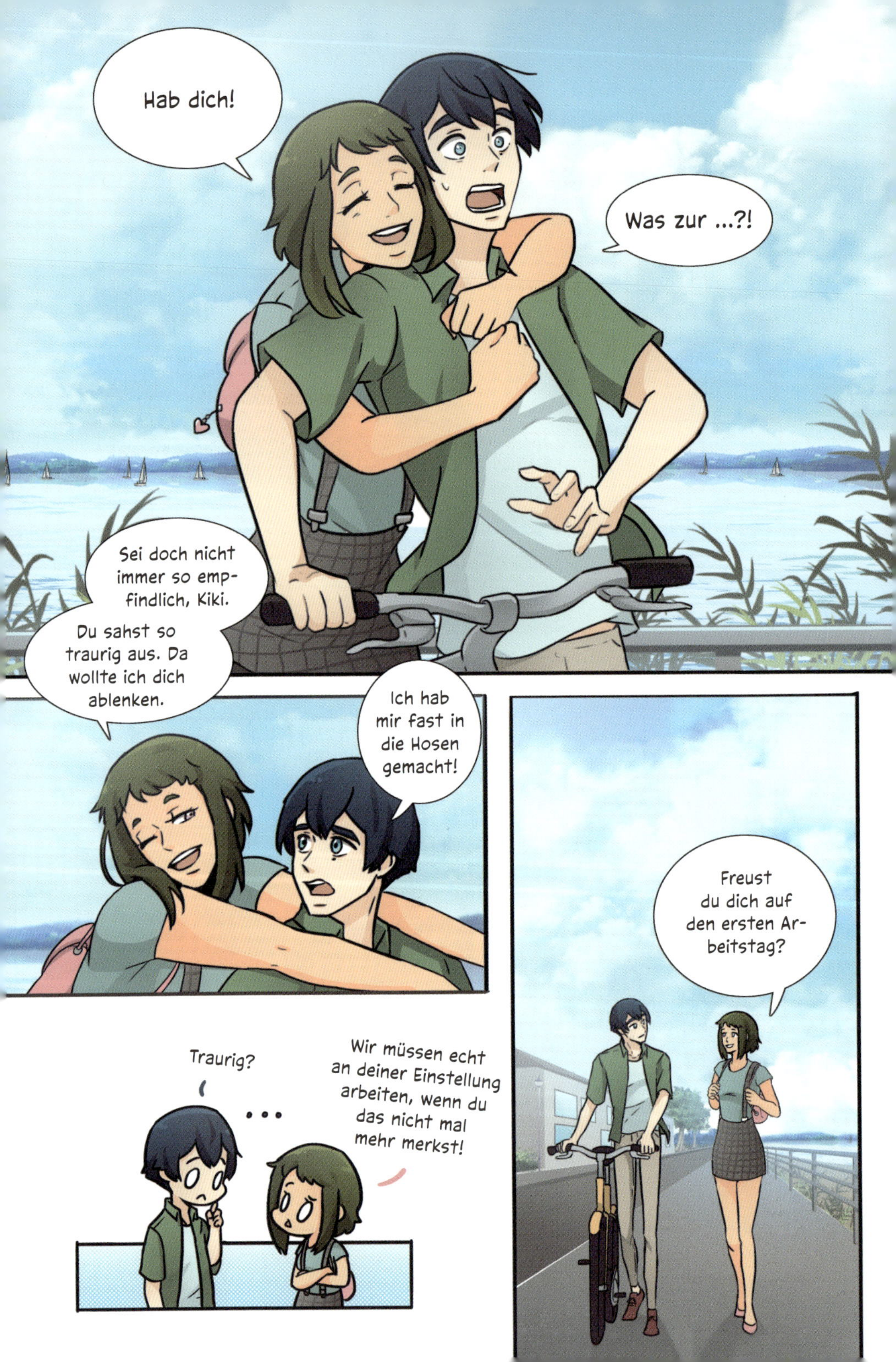
Hab dich!
Was zur ...?!
Sei doch nicht immer so empfindlich, Kiki.
Du sahst so traurig aus. Da wollte ich dich ablenken.
Ich hab mir fast in die Hosen gemacht!
Traurig?
...
Wir müssen echt an deiner Einstellung arbeiten, wenn du das nicht mal mehr merkst!
Freust du dich auf den ersten Arbeitstag?

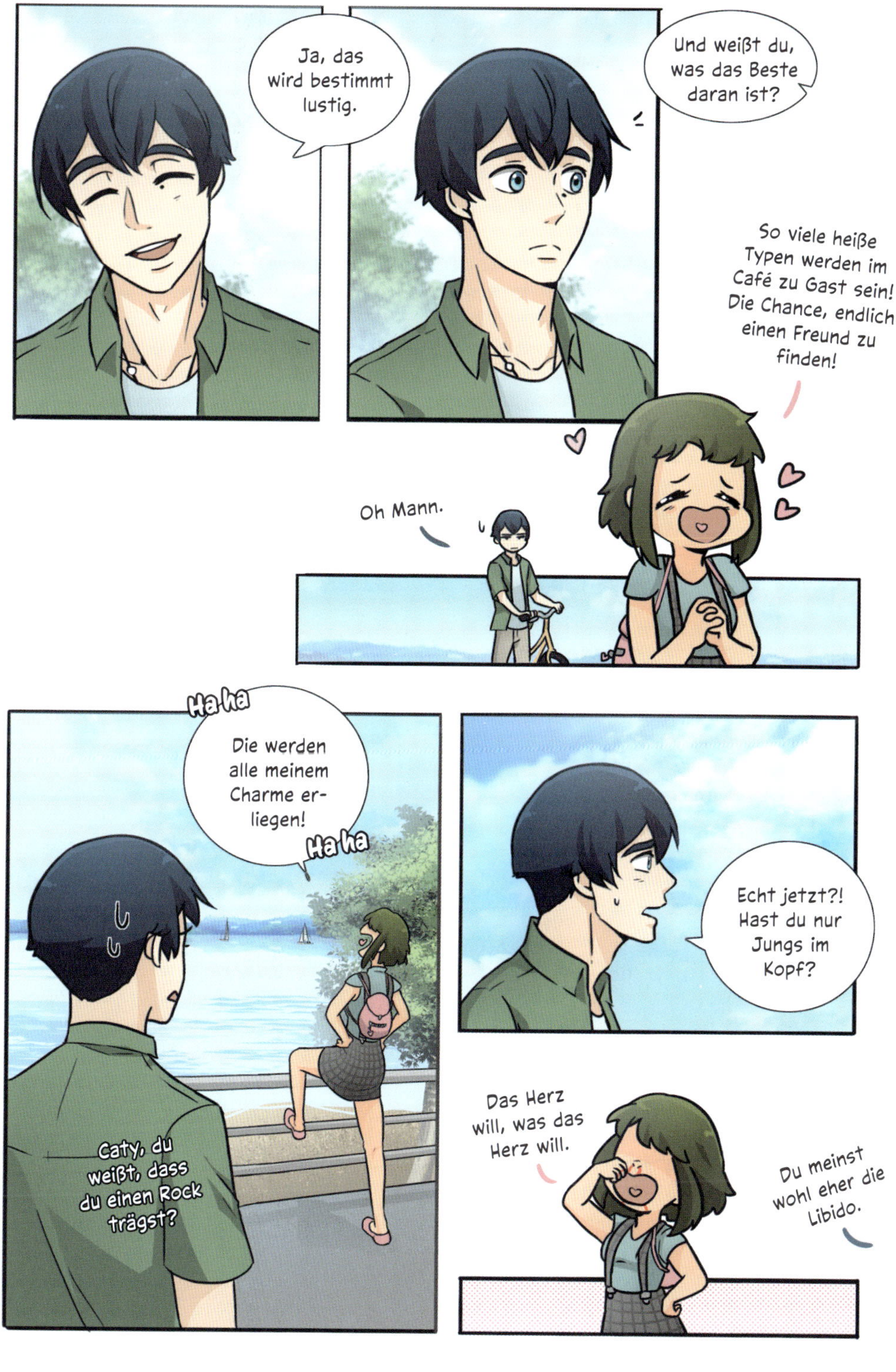
Ja, das wird bestimmt lustig.
Und weißt du, was das Beste daran ist?
So viele heiße Typen werden im Café zu Gast sein! Die Chance, endlich einen Freund zu finden!
Oh Mann.
Ha ha
Die werden alle meinem Charme erliegen!
Ha ha
Caty, du weißt, dass du einen Rock trägst?
Echt jetzt?! Hast du nur Jungs im Kopf?
Das Herz will, was das Herz will.
Du meinst wohl eher die Libido.

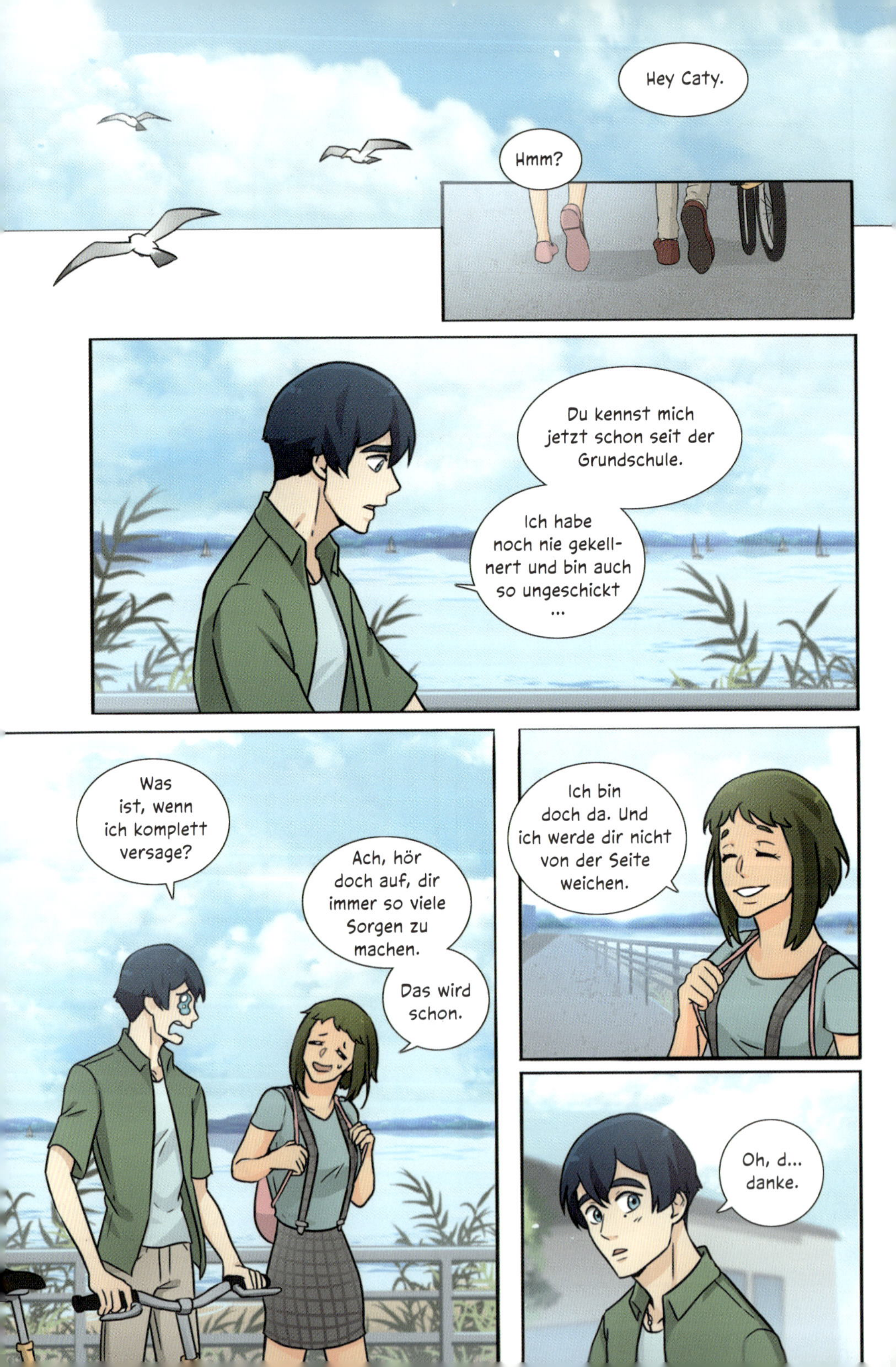
Hey Caty.
Hmm?
Du kennst mich jetzt schon seit der Grundschule.
Ich habe noch nie gekell-nert und bin auch so ungeschickt ...
Was ist, wenn ich komplett versage?
Ach, hör doch auf, dir immer so viele Sorgen zu machen.
Das wird schon.
Ich bin doch da. Und ich werde dir nicht von der Seite weichen.
Oh, d... danke.

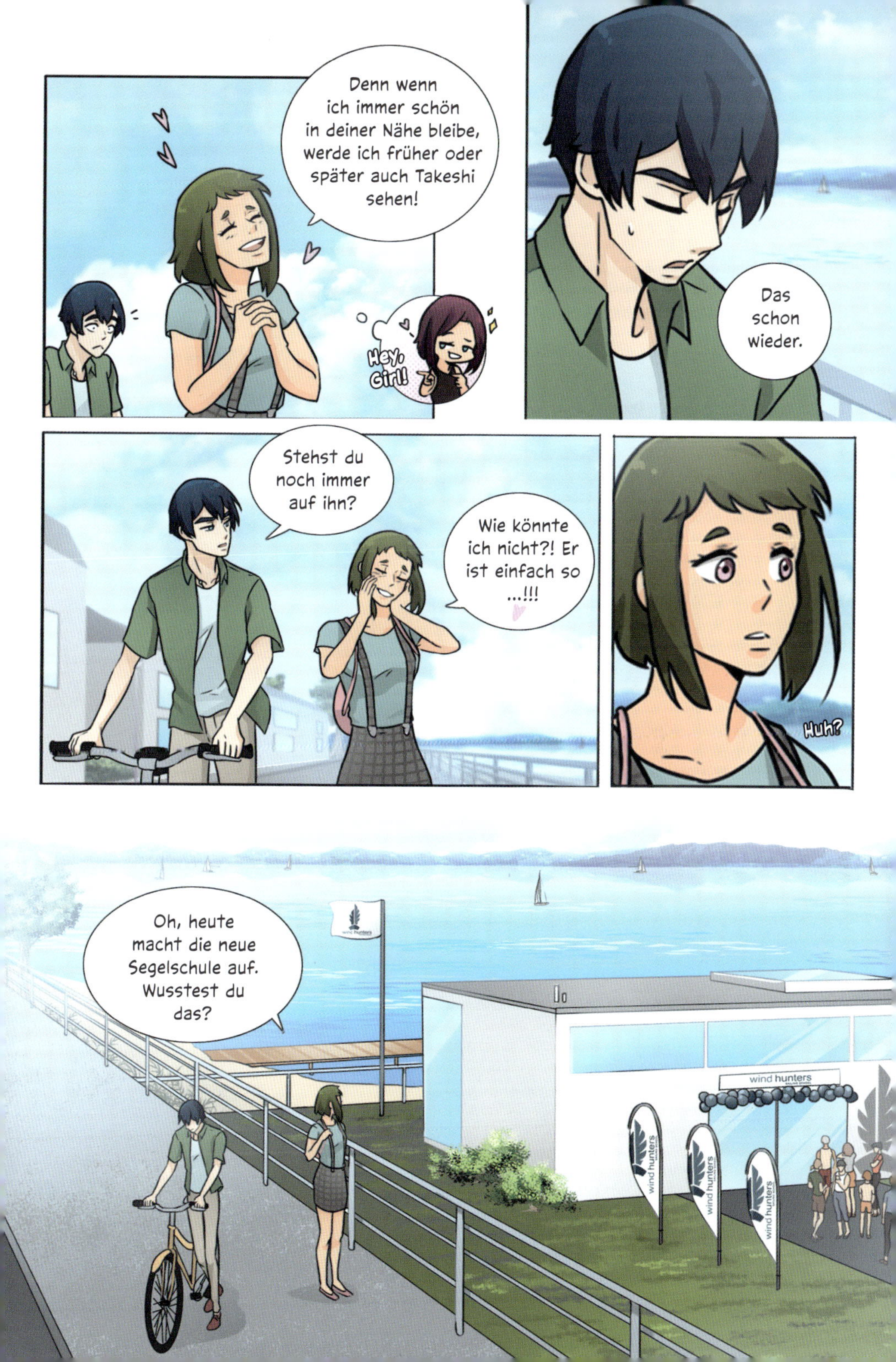
Denn wenn ich immer schön in deiner Nähe bleibe, werde ich früher oder später auch Takeshi sehen!
Hey, Girl!
Das schon wieder.
Stehst du noch immer auf ihn?
Wie könnte ich nicht?! Er ist einfach so ...!!!
Huh?
Oh, heute macht die neue Segelschule auf. Wusstest du das?
wind hunters

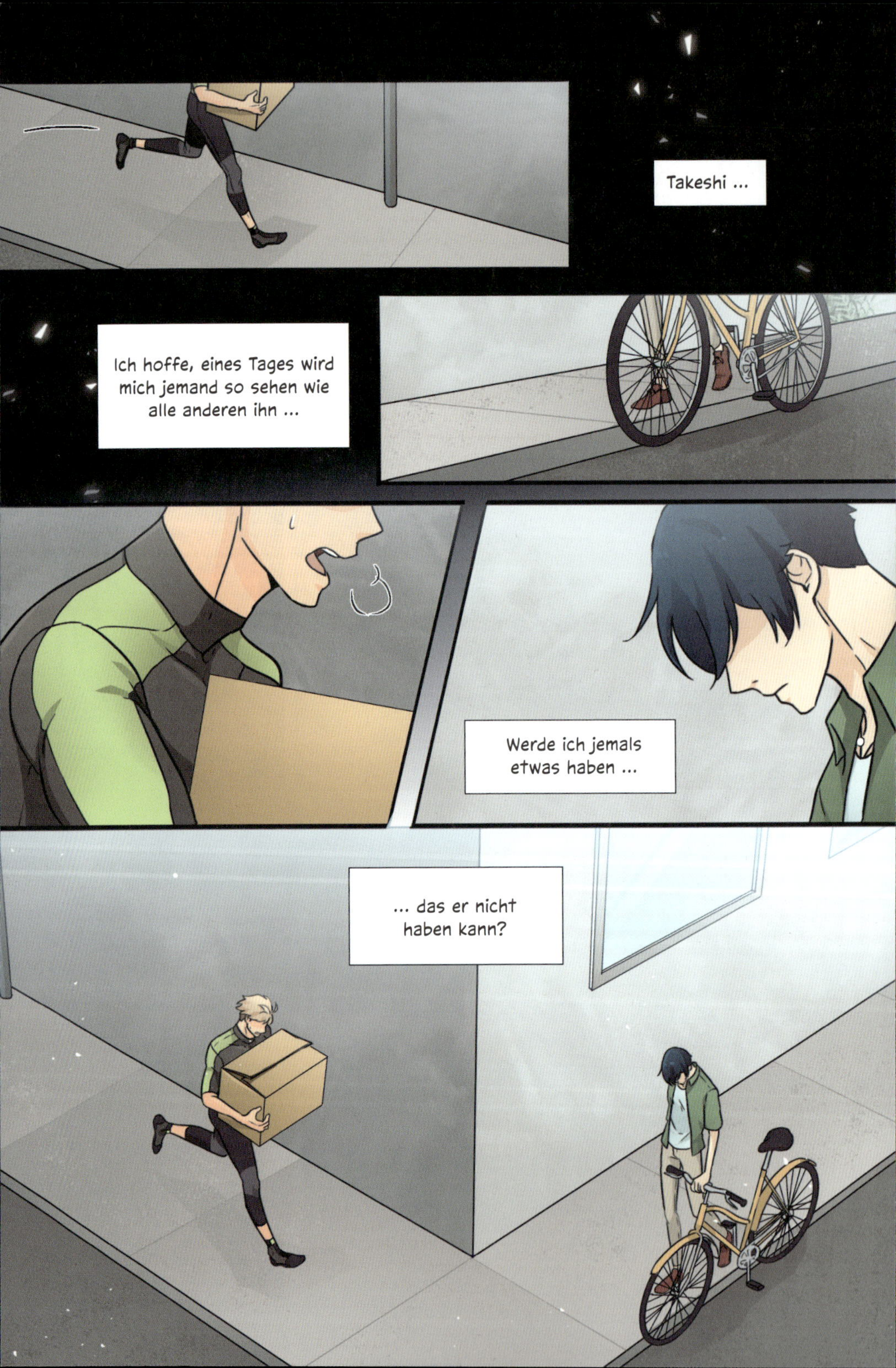
Takeshi ...
Ich hoffe, eines Tages wird mich jemand so sehen wie alle anderen ihn ...
Werde ich jemals etwas haben ...
... das er nicht haben kann?

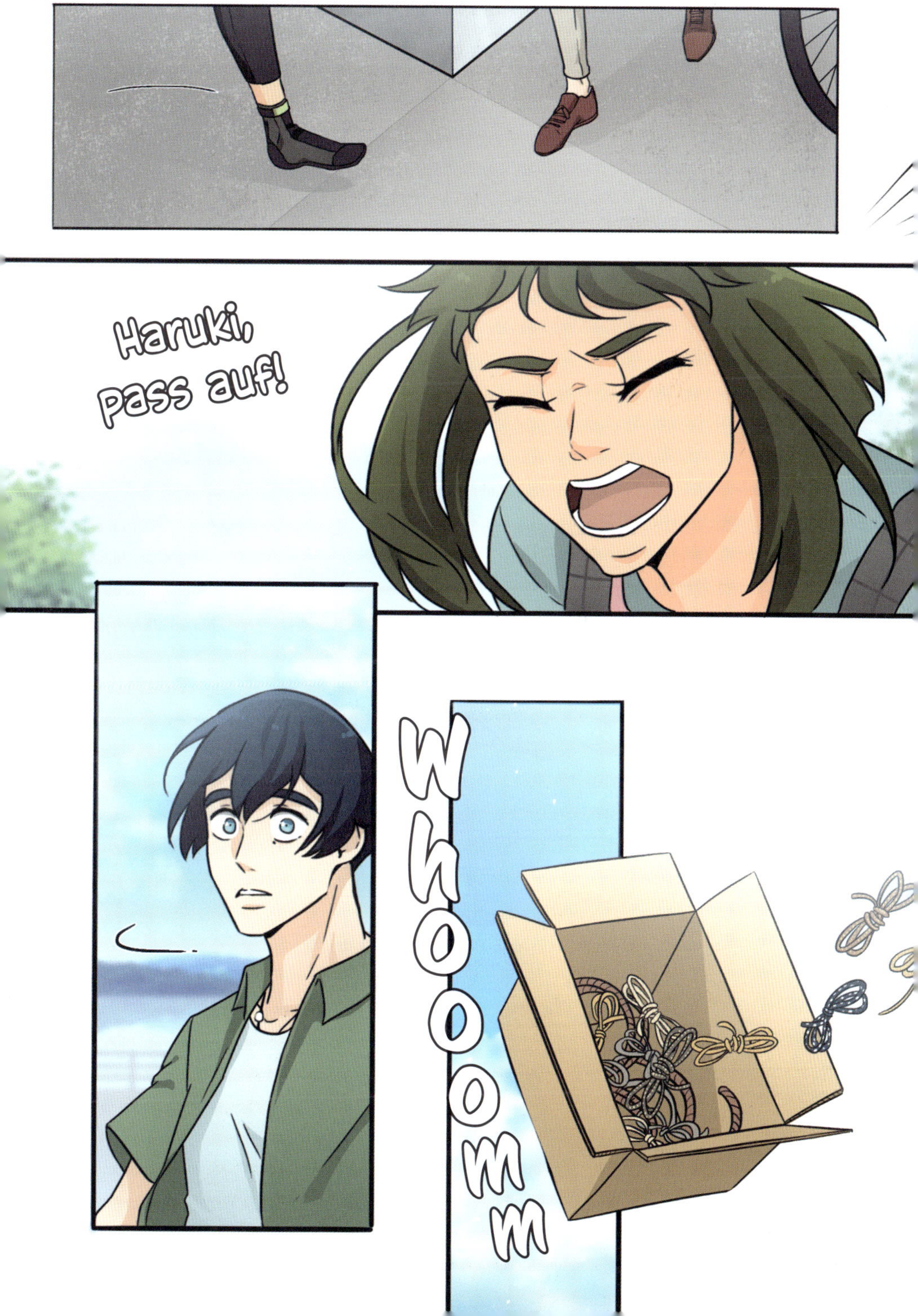
Haruki, pass auf!
Whooomm

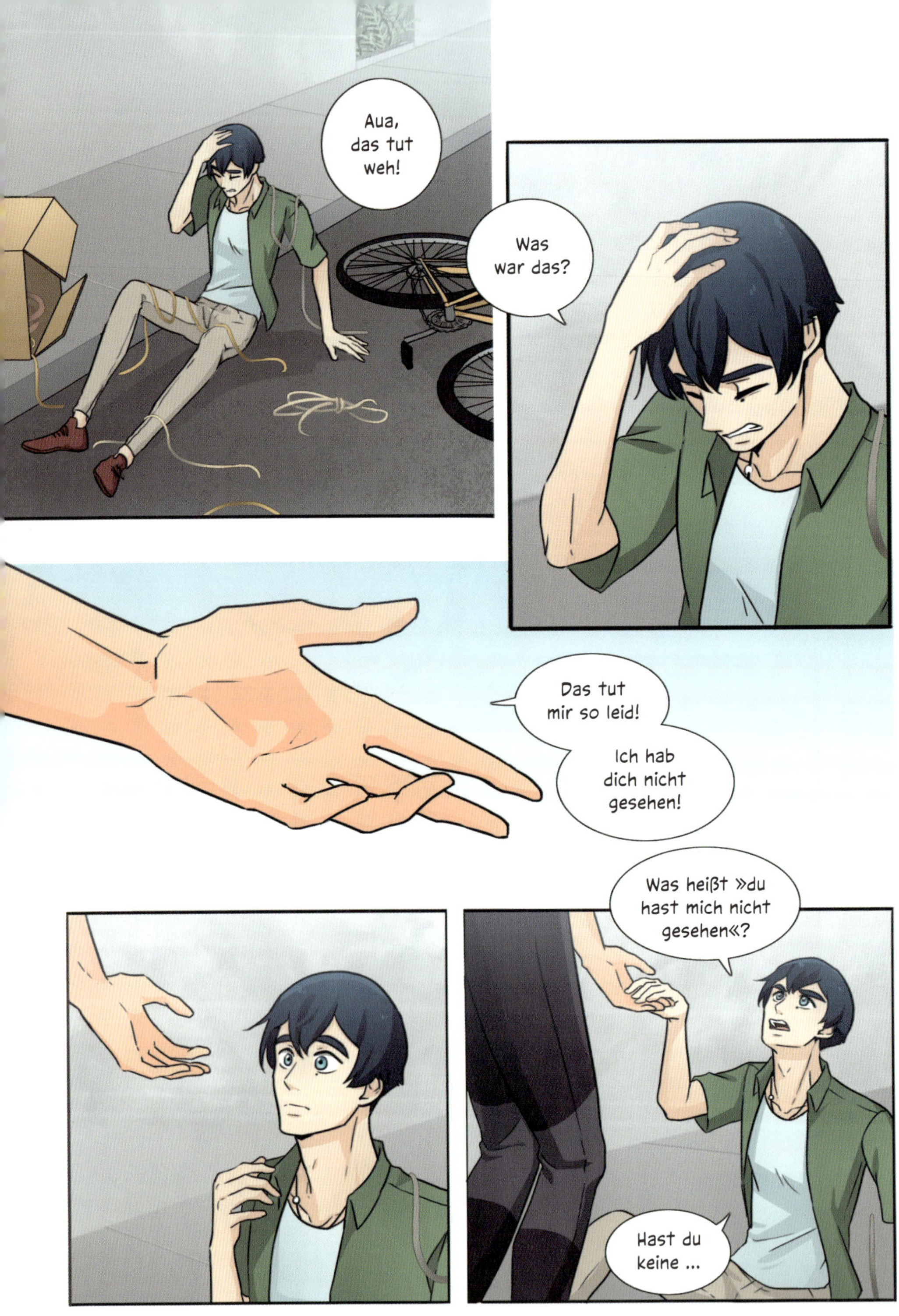
Aua, das tut weh!
Was war das?
Das tut mir so leid!
Ich hab dich nicht gesehen!
Was heißt »du hast mich nicht gesehen«?
Hast du keine ...

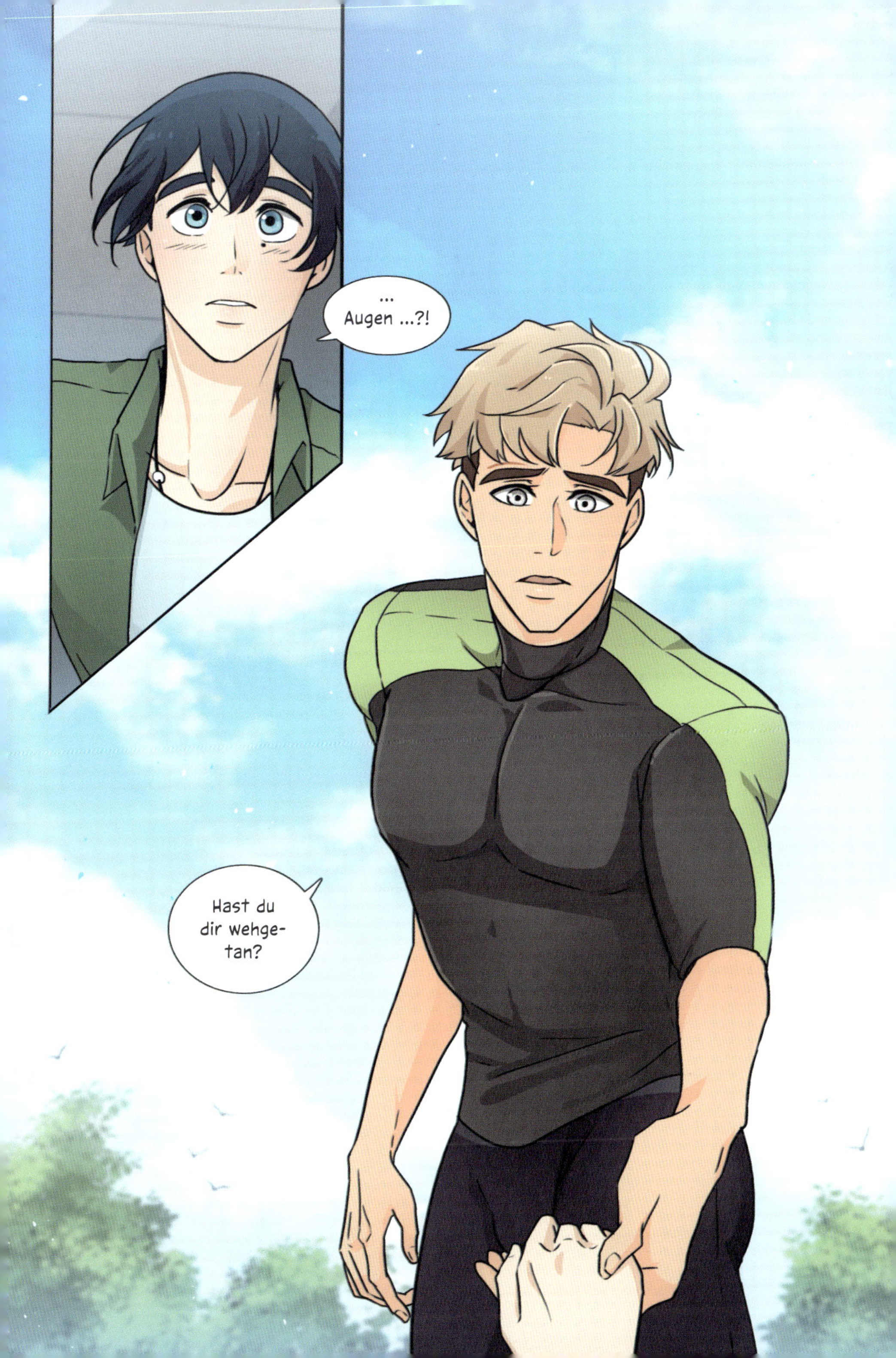
...
Augen ...?!
Hast du dir wehge-tan?

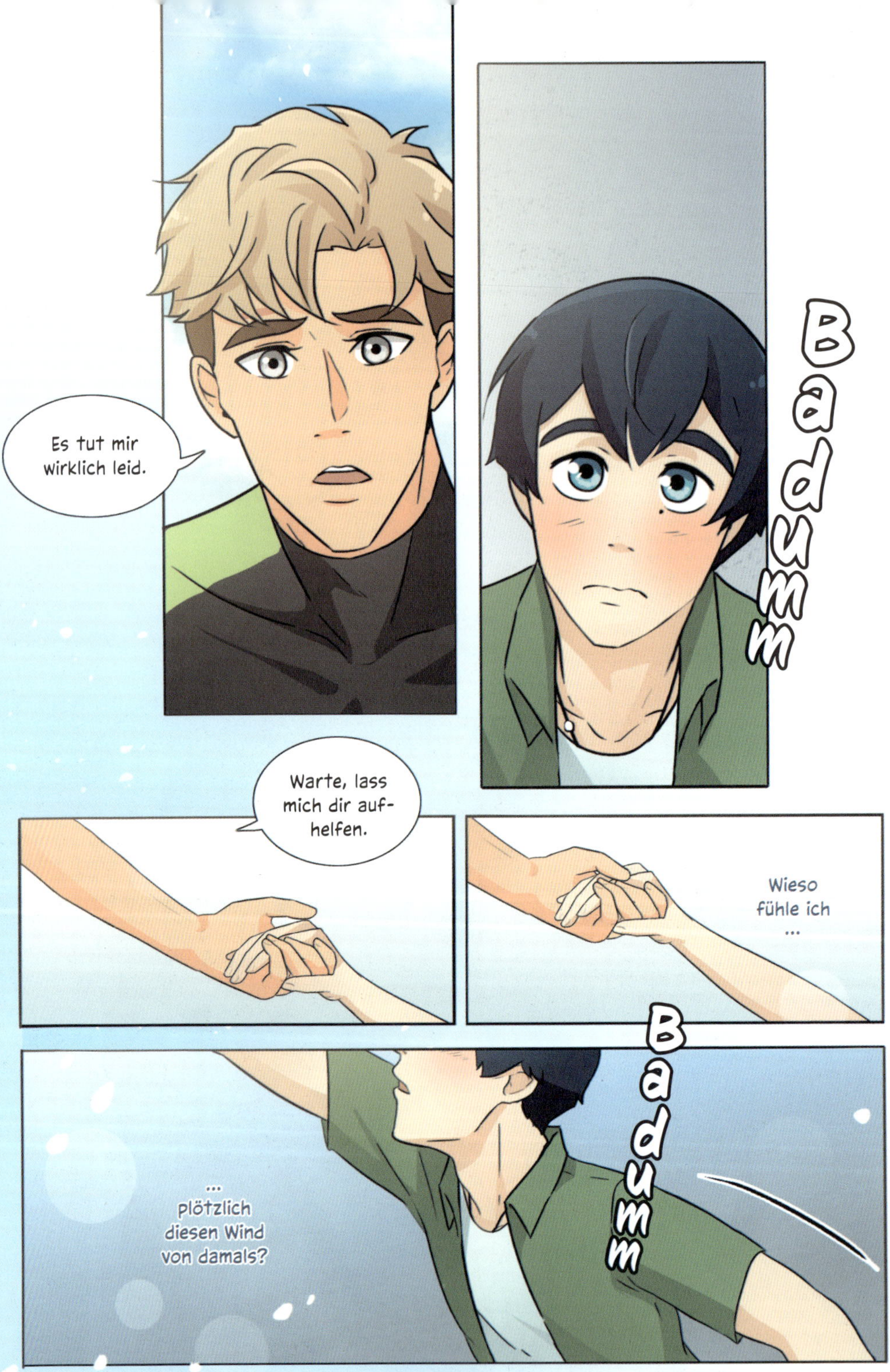
Es tut mir wirklich leid.
Badumm
Warte, lass mich dir auf-helfen.
Wieso fühle ich ...
Badumm
... plötzlich diesen Wind von damals?

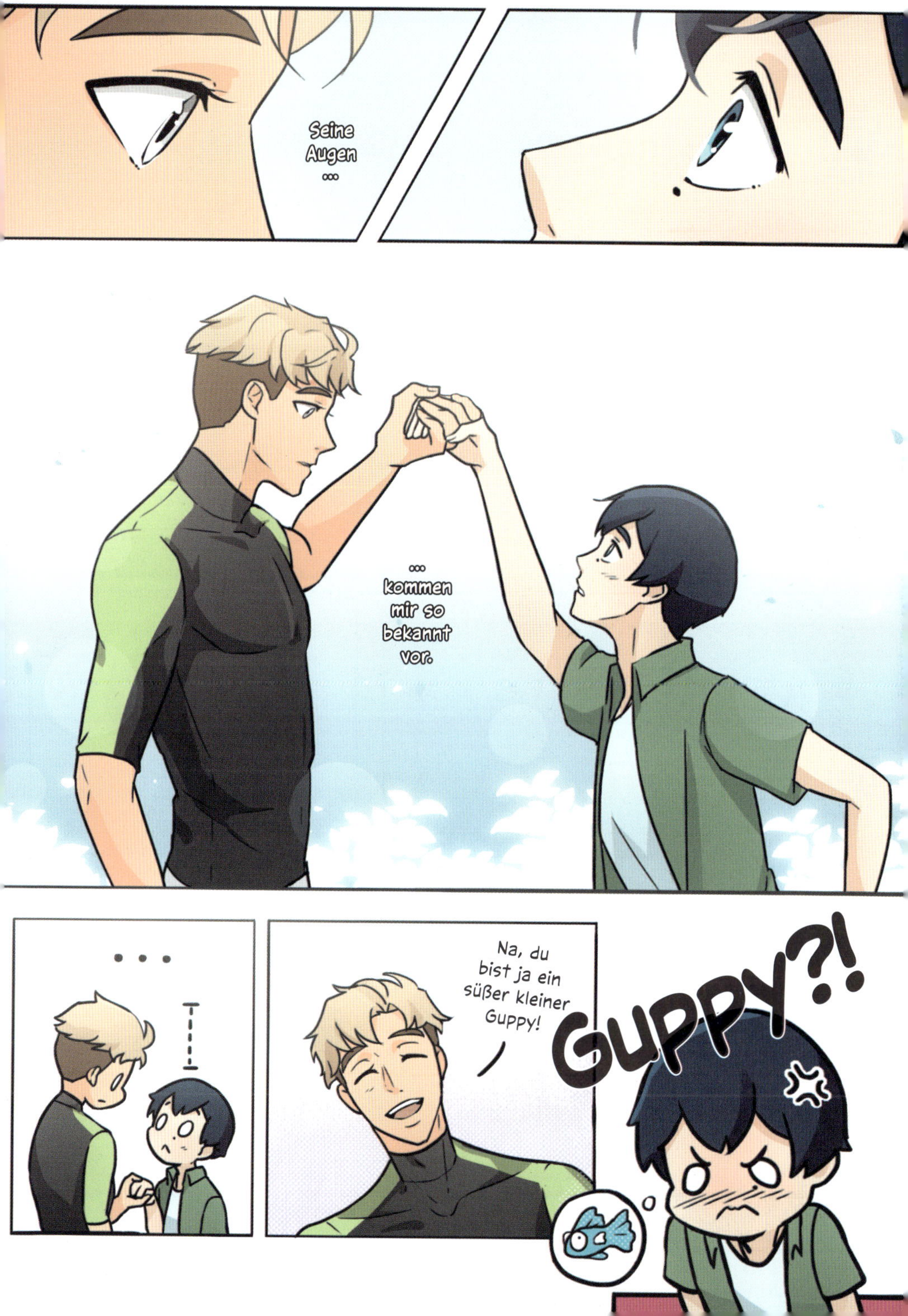

Seine Augen …
… kommen mir so bekannt vor.
• • •
!
Na, du bist ja ein süßer kleiner Guppy!
GUPPY?!

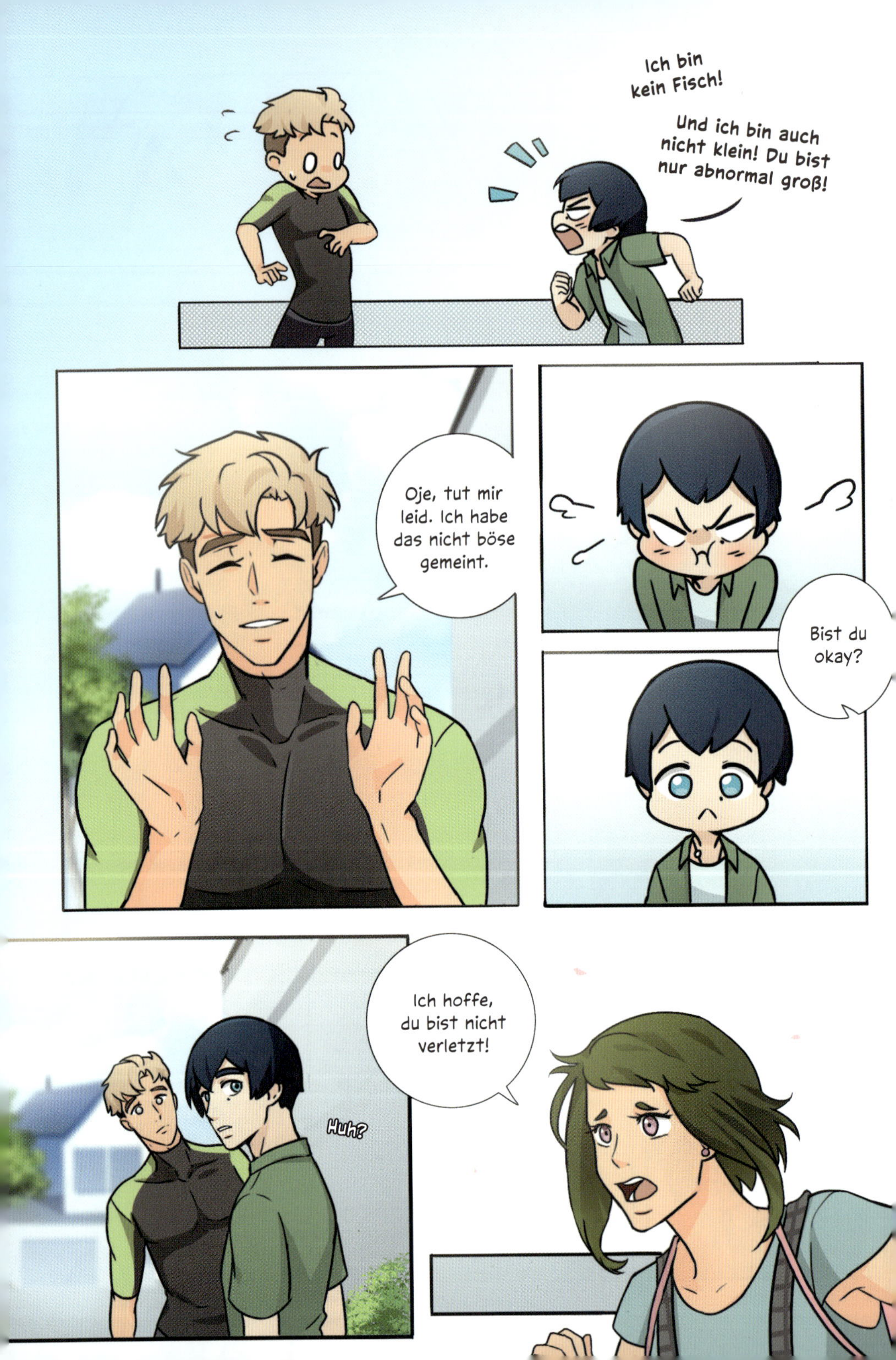
Ich bin kein Fisch!
Und ich bin auch nicht klein! Du bist nur abnormal groß!
Oje, tut mir leid. Ich habe das nicht böse gemeint.
Bist du okay?
Ich hoffe, du bist nicht verletzt!
Huh?

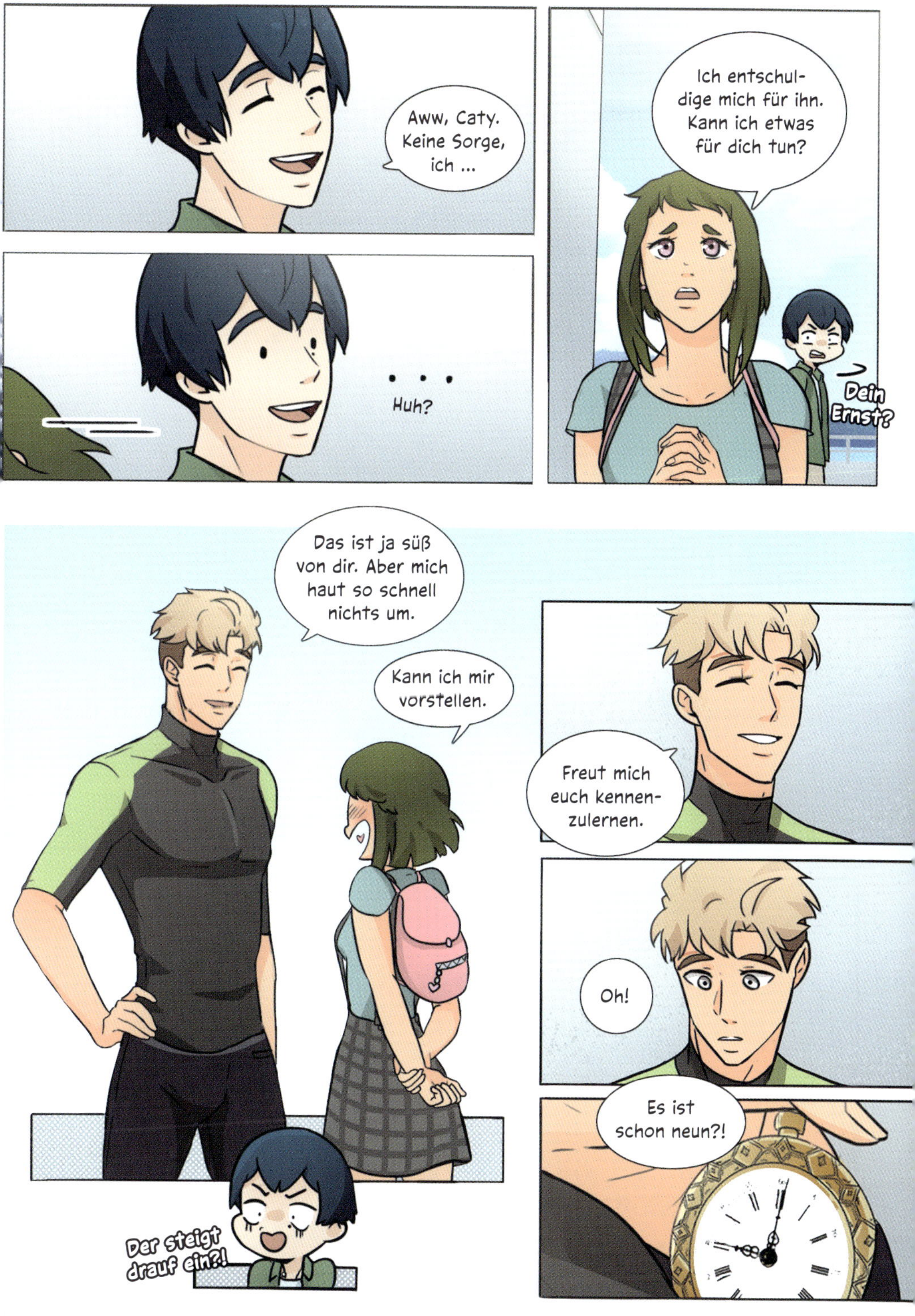
Aww, Caty. Keine Sorge, ich ...
Ich entschuldige mich für ihn. Kann ich etwas für dich tun?
. . .
Huh?
Dein Ernst?
Das ist ja süß von dir. Aber mich haut so schnell nichts um.
Kann ich mir vorstellen.
Der steigt drauf ein?!
Freut mich euch kennenzulernen.
Oh!
Es ist schon neun?!

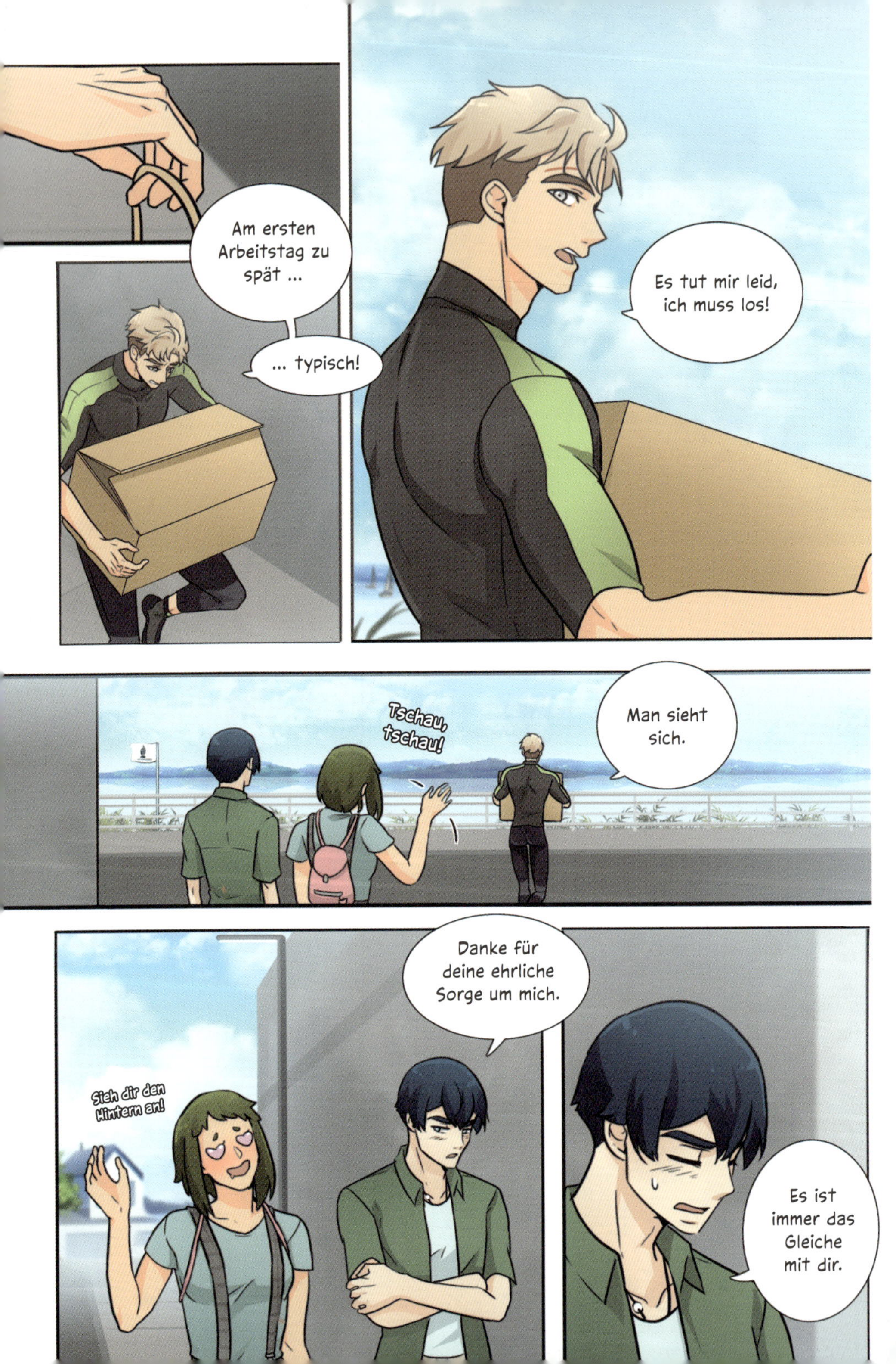
Am ersten Arbeitstag zu spät ...
... typisch!
Es tut mir leid, ich muss los!
Tschau, tschau!
Man sieht sich.
Sieh dir den Hintern an!
Danke für deine ehrliche Sorge um mich.
Es ist immer das Gleiche mit dir.

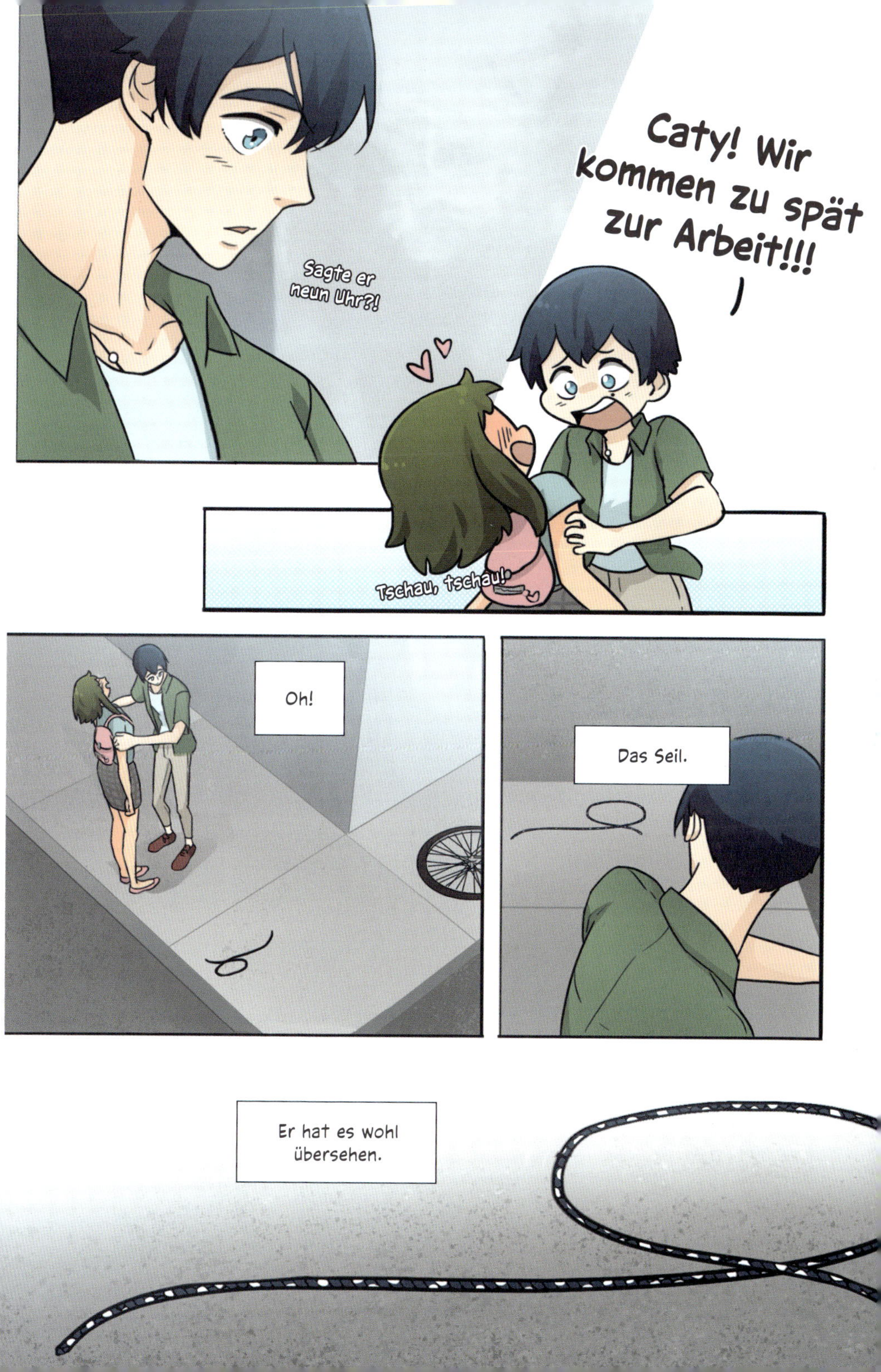
Sagte er neun Uhr?!
Caty! Wir kommen zu spät zur Arbeit!!!
Tschau, tschau!
Oh!
Das Seil.
Er hat es wohl übersehen.

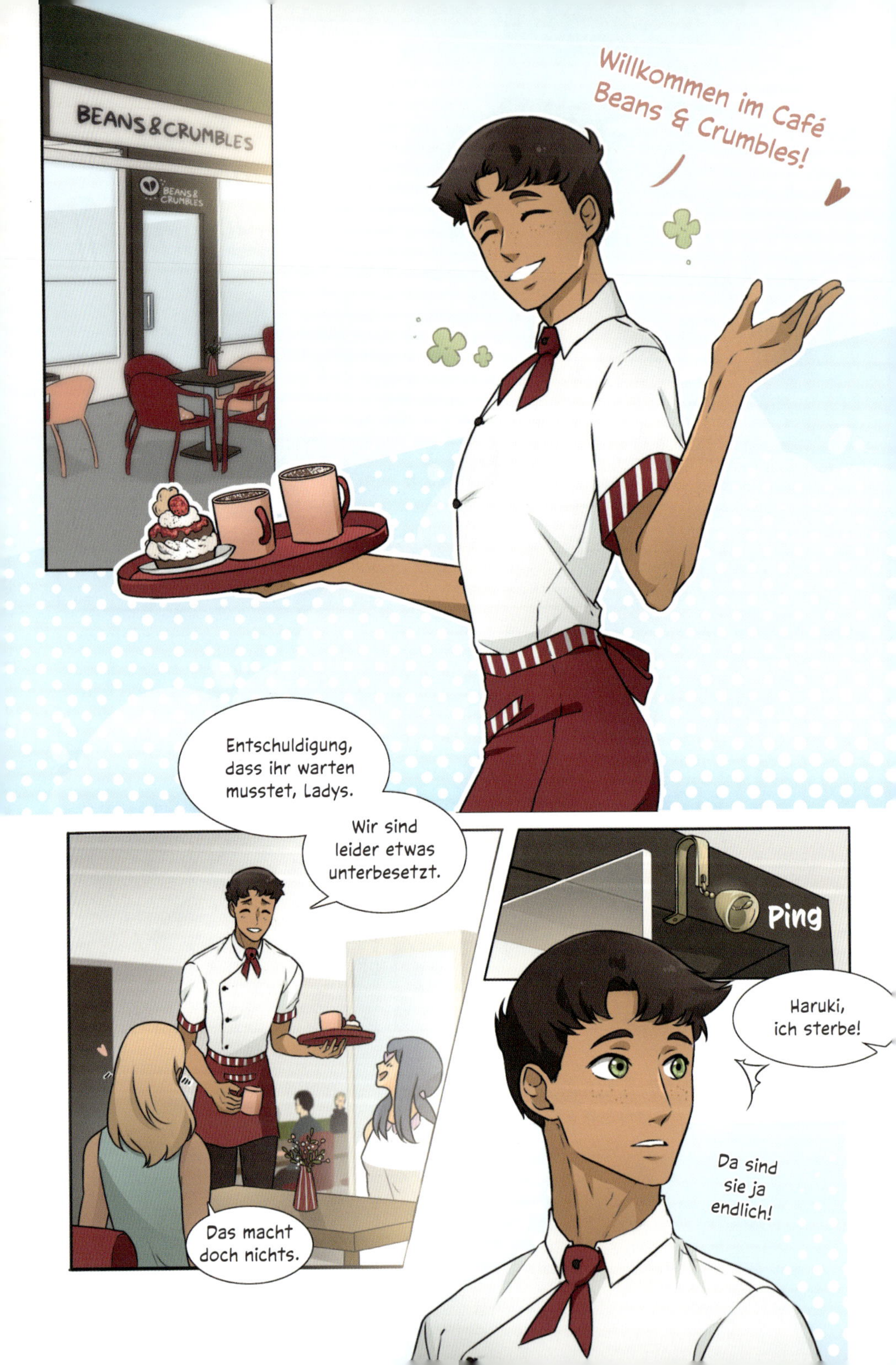
BEANS&CRUMBLES
BEANS & CRUMBLES
Willkommen im Café Beans & Crumbles!
Entschuldigung, dass ihr warten musstet, Ladys.
Wir sind leider etwas unterbesetzt.
Das macht doch nichts.
Ping
Haruki, ich sterbe!
Da sind sie ja endlich!

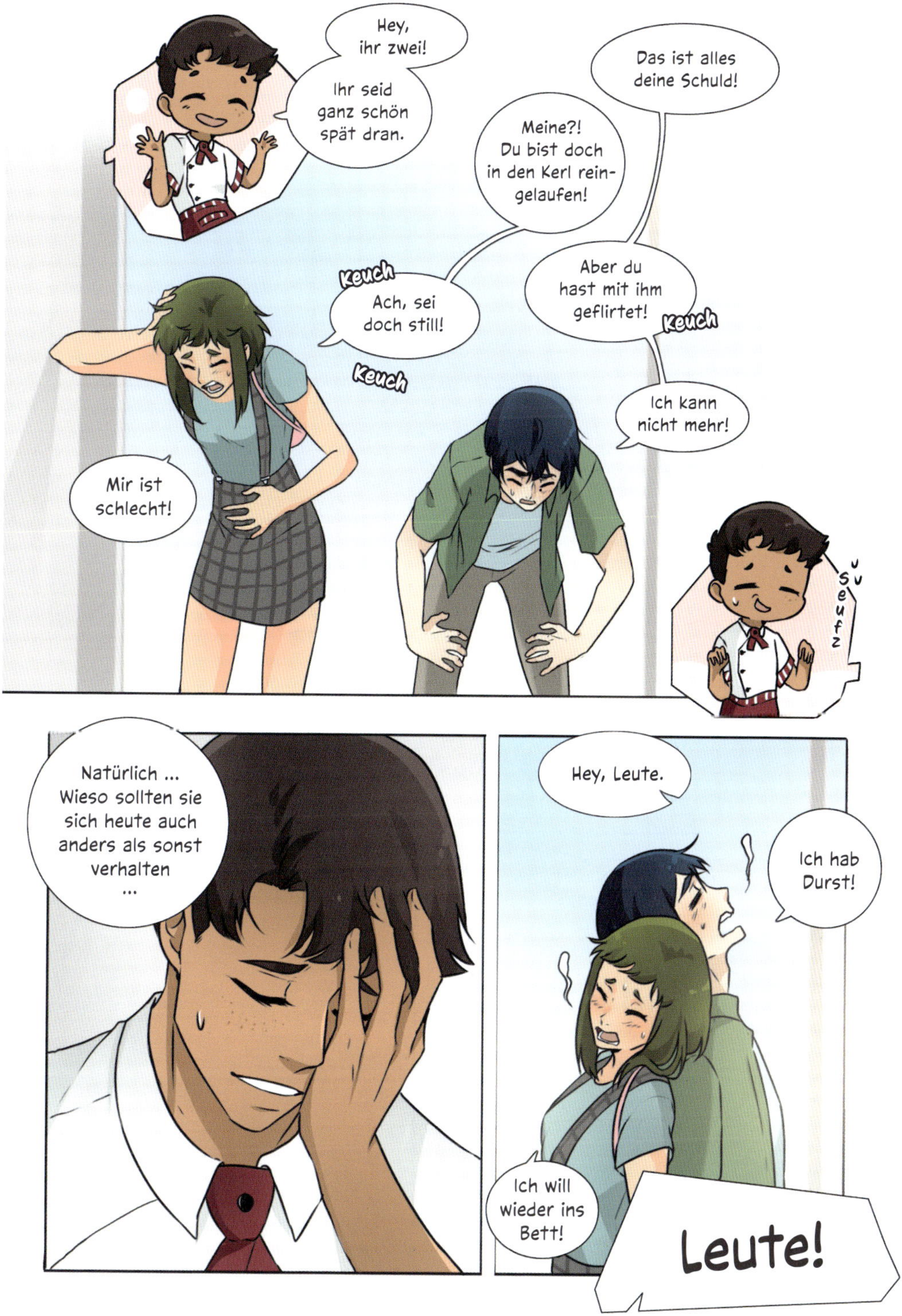
Hey, ihr zwei!
Ihr seid ganz schön spät dran.
Das ist alles deine Schuld!
Meine?! Du bist doch in den Kerl rein-gelaufen!
Aber du hast mit ihm geflirtet!
Keuch
Ach, sei doch still!
Keuch
Keuch
Ich kann nicht mehr!
Mir ist schlecht!
Seufz
Natürlich ... Wieso sollten sie sich heute auch anders als sonst verhalten ...
Hey, Leute.
Ich hab Durst!
Ich will wieder ins Bett!
Leute!

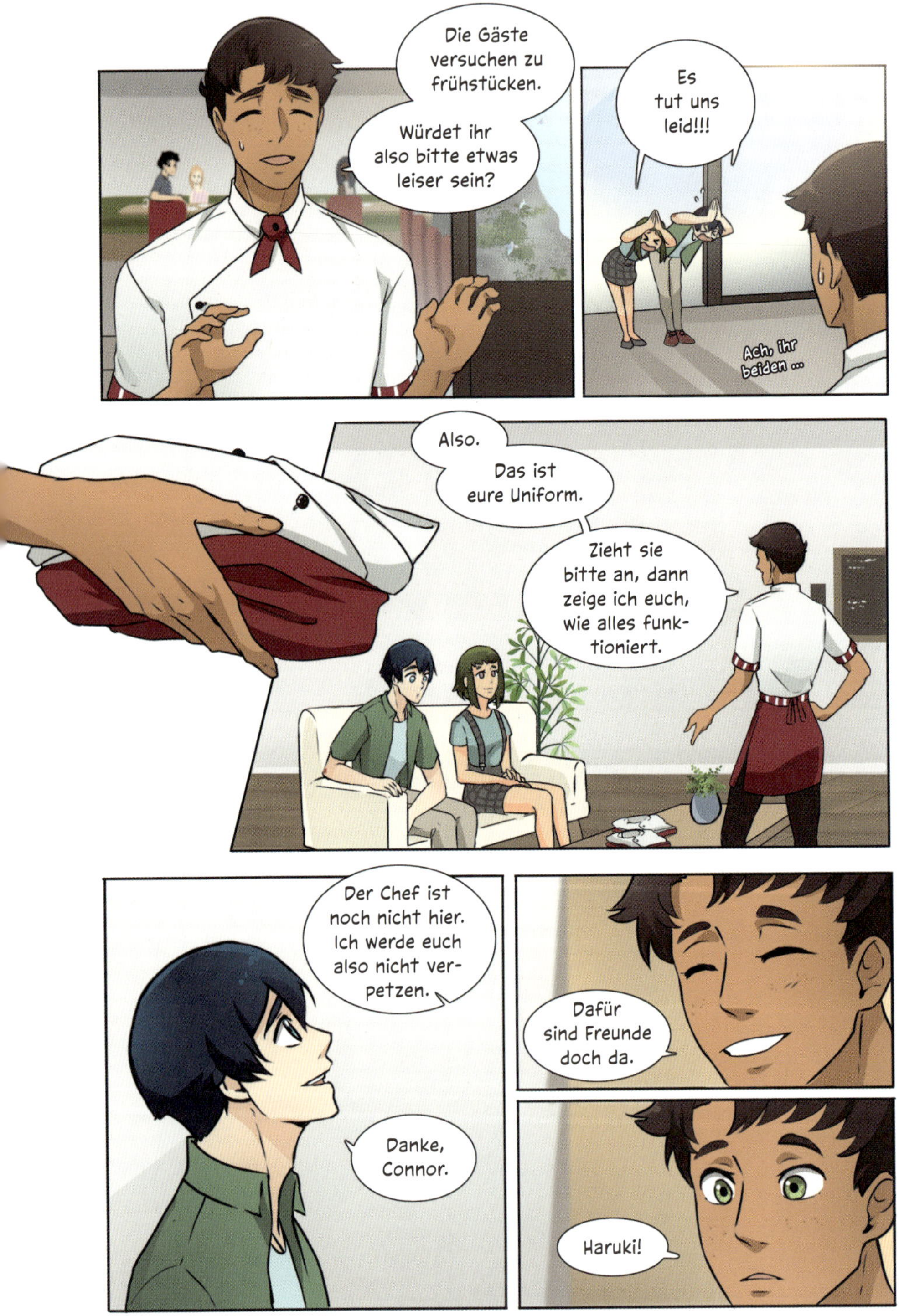
Die Gäste versuchen zu frühstücken.
Würdet ihr also bitte etwas leiser sein?
Es tut uns leid!!!
Ach, ihr beiden ...
Also.
Das ist eure Uniform.
Zieht sie bitte an, dann zeige ich euch, wie alles funk-tioniert.
Der Chef ist noch nicht hier. Ich werde euch also nicht ver-petzen.
Dafür sind Freunde doch da.
Danke, Connor.
Haruki!

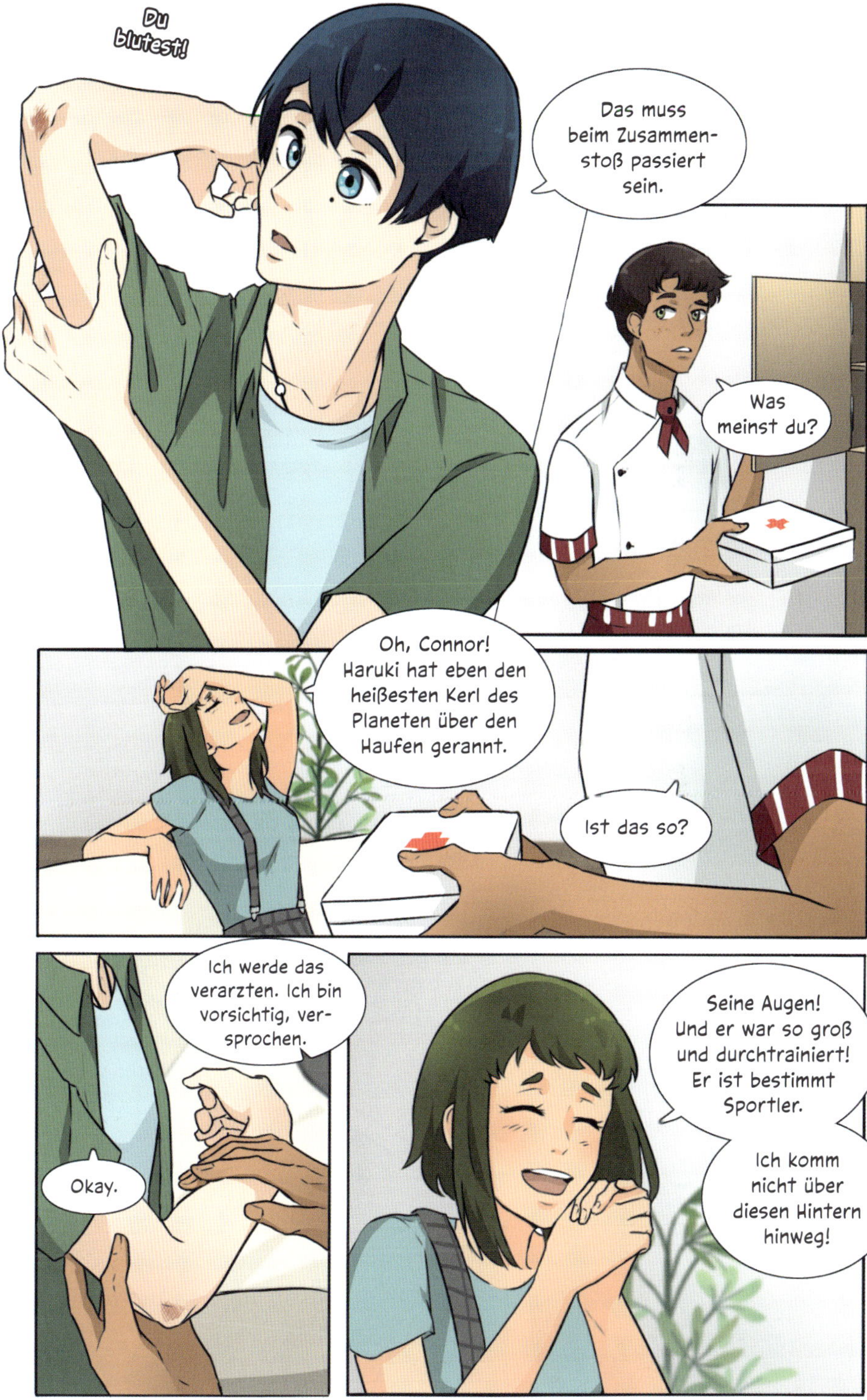

Du blutest!
Das muss beim Zusammen-stoß passiert sein.
Was meinst du?
Oh, Connor! Haruki hat eben den heißesten Kerl des Planeten über den Haufen gerannt.
Ist das so?
Ich werde das verarzten. Ich bin vorsichtig, ver-sprochen.
Okay.
Seine Augen! Und er war so groß und durchtrainiert! Er ist bestimmt Sportler.
Ich komm nicht über diesen Hintern hinweg!

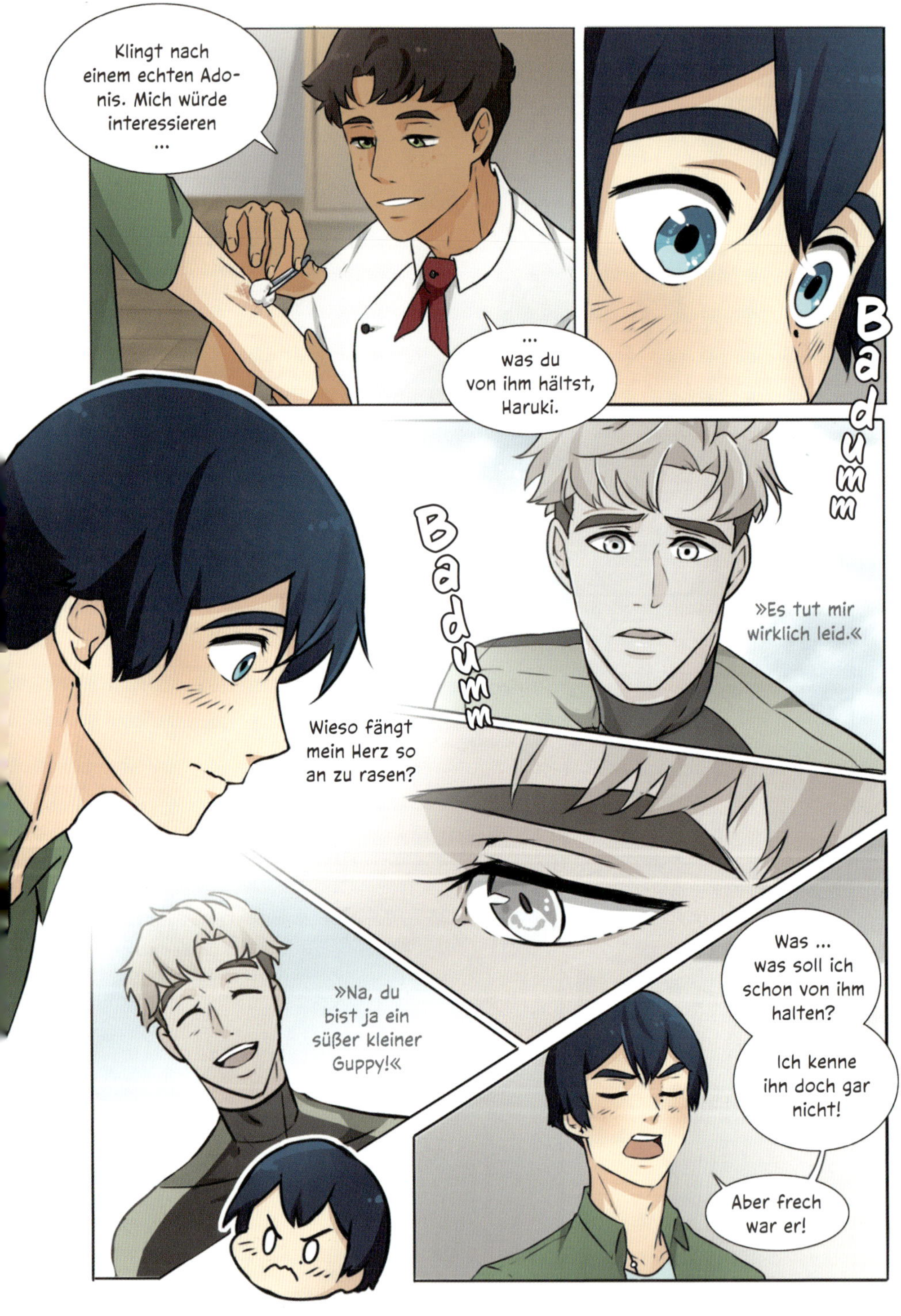
Klingt nach einem echten Adonis. Mich würde interessieren ...
... was du von ihm hältst, Haruki.
Badumm
Badumm
»Es tut mir wirklich leid.«
Wieso fängt mein Herz so an zu rasen?
»Na, du bist ja ein süßer kleiner Guppy!«
Was ... was soll ich schon von ihm halten?
Ich kenne ihn doch gar nicht!
Aber frech war er!

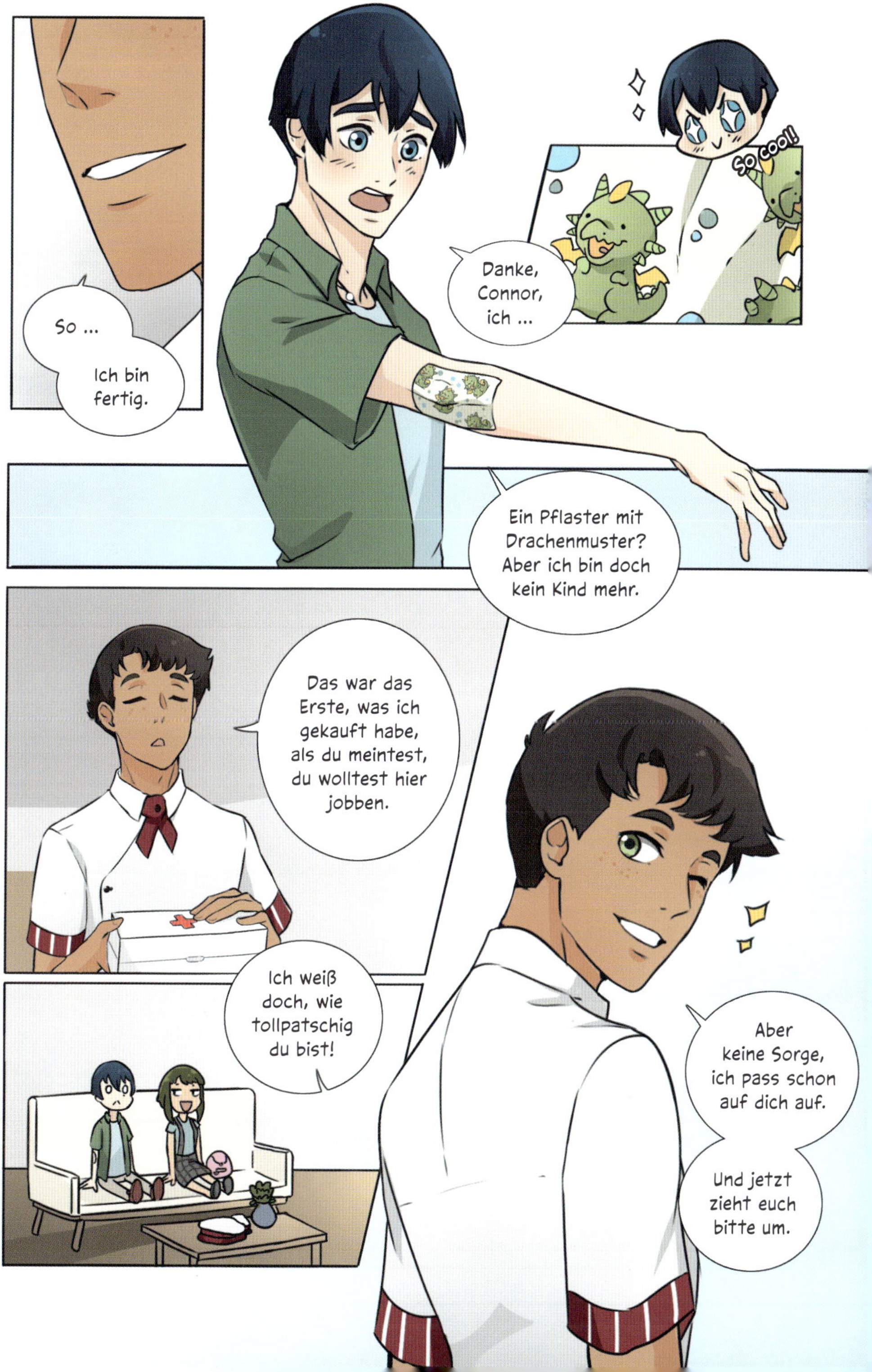
So ...
Ich bin fertig.
Danke, Connor, ich ...
SO COOL!
Ein Pflaster mit Drachenmuster? Aber ich bin doch kein Kind mehr.
Das war das Erste, was ich gekauft habe, als du meintest, du wolltest hier jobben.
Ich weiß doch, wie tollpatschig du bist!
Aber keine Sorge, ich pass schon auf dich auf.
Und jetzt zieht euch bitte um.

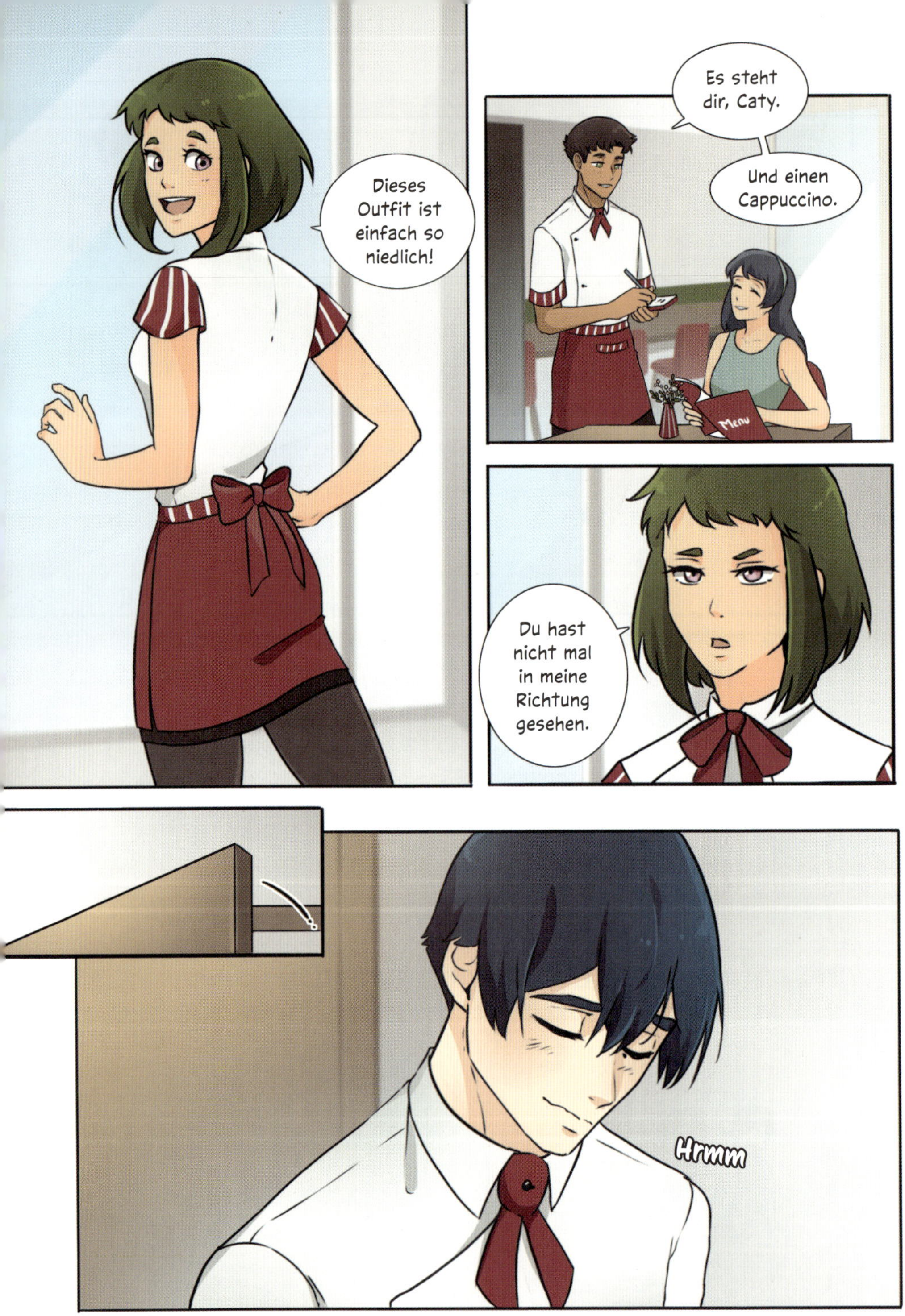
Dieses Outfit ist einfach so niedlich!
Es steht dir, Caty.
Und einen Cappuccino.
Menu
Du hast nicht mal in meine Richtung gesehen.
Hrmm

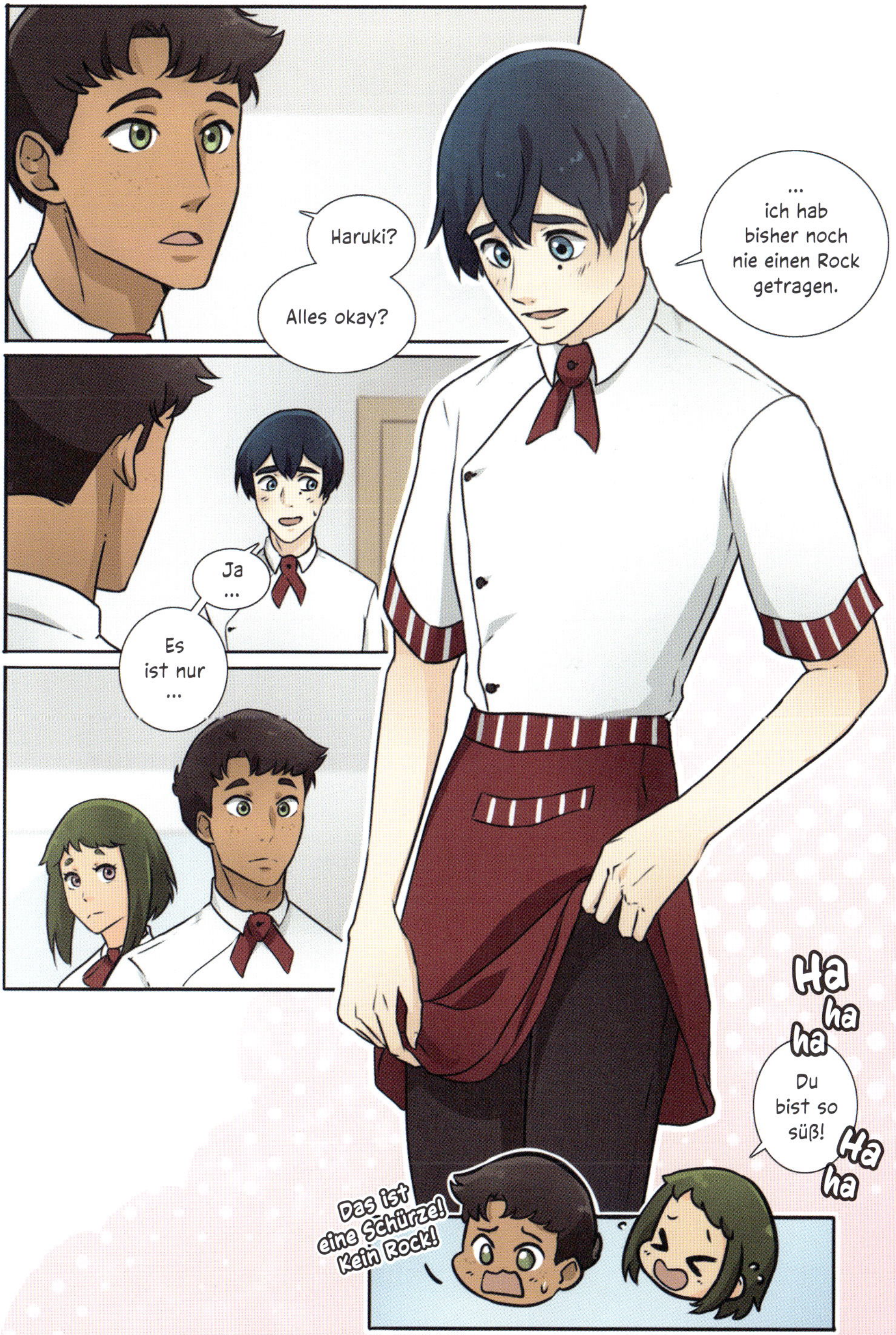
Haruki?
Alles okay?
... ich hab bisher noch nie einen Rock getragen.
Ja ...
Es ist nur ...
Das ist eine Schürze! Kein Rock!
Ha ha ha
Du bist so süß!
Ha ha

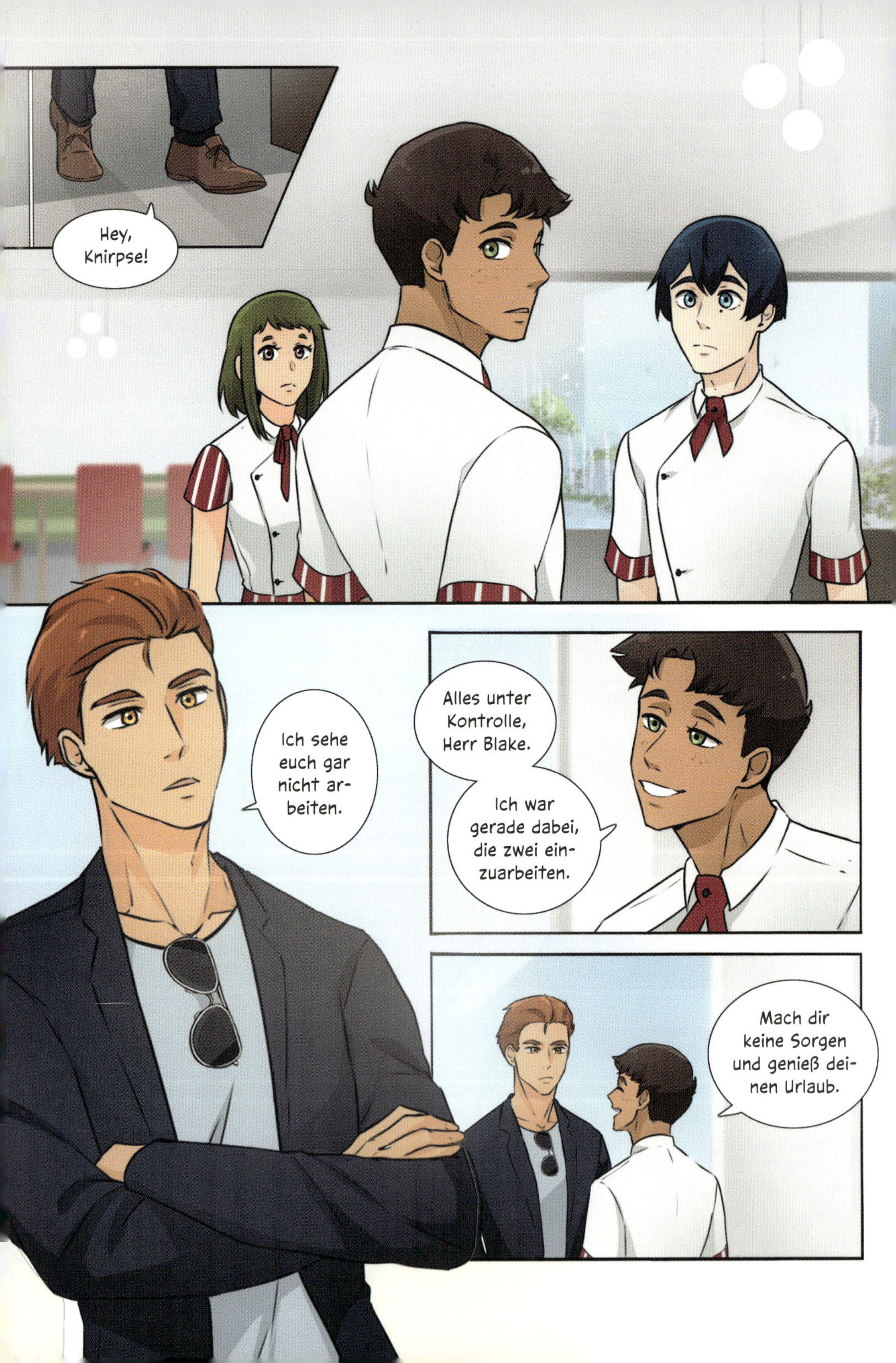
Hey, Knirpse!
Ich sehe euch gar nicht arbeiten.
Alles unter Kontrolle, Herr Blake.
Ich war gerade dabei, die zwei einzuarbeiten.
Mach dir keine Sorgen und genieß deinen Urlaub.

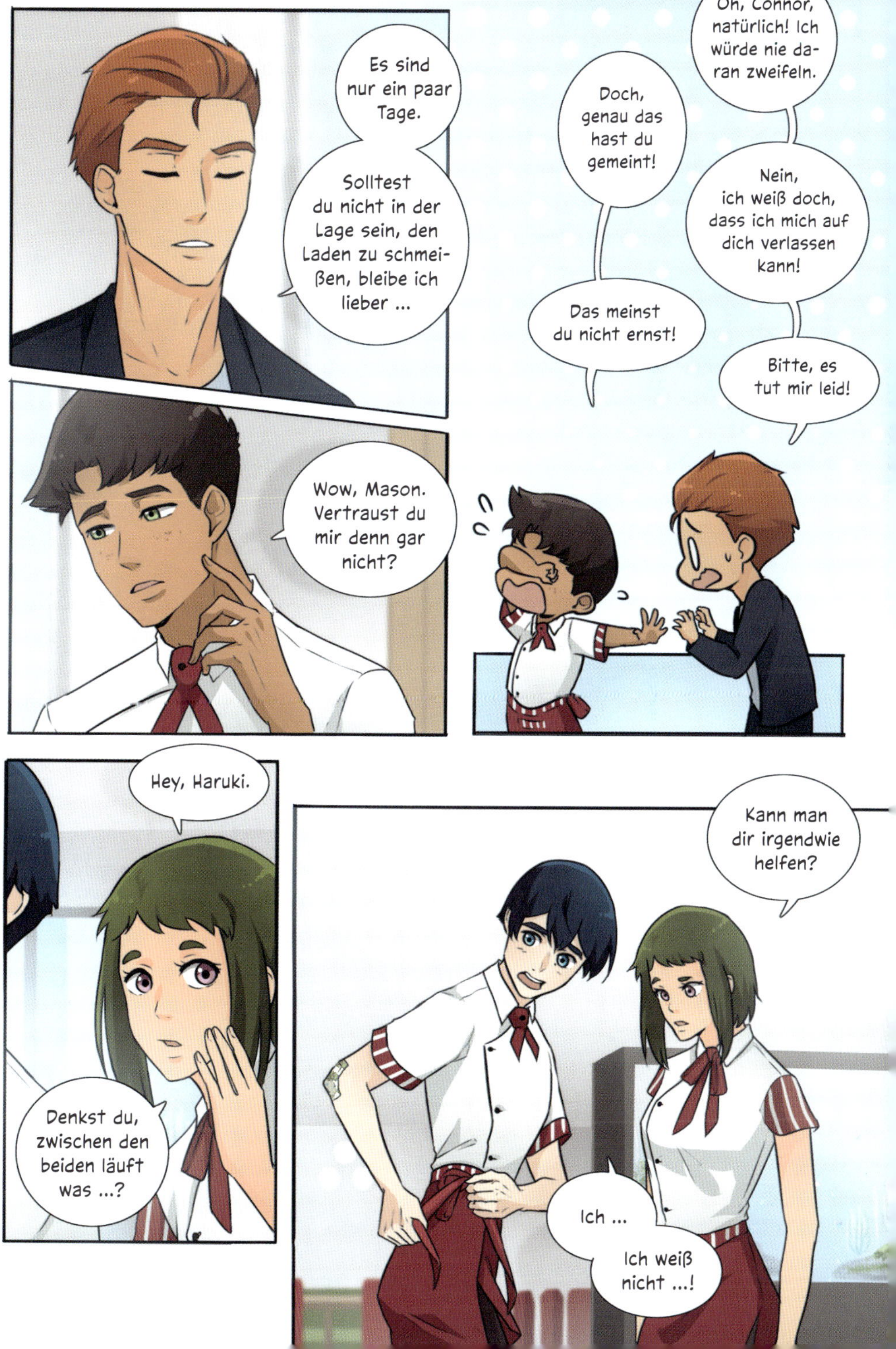
Es sind nur ein paar Tage.
Solltest du nicht in der Lage sein, den Laden zu schmeißen, bleibe ich lieber …
Oh, Connor, natürlich! Ich würde nie daran zweifeln.
Doch, genau das hast du gemeint!
Nein, ich weiß doch, dass ich mich auf dich verlassen kann!
Das meinst du nicht ernst!
Bitte, es tut mir leid!
Wow, Mason. Vertraust du mir denn gar nicht?
Hey, Haruki.
Denkst du, zwischen den beiden läuft was …?
Kann man dir irgendwie helfen?
Ich …
Ich weiß nicht …!

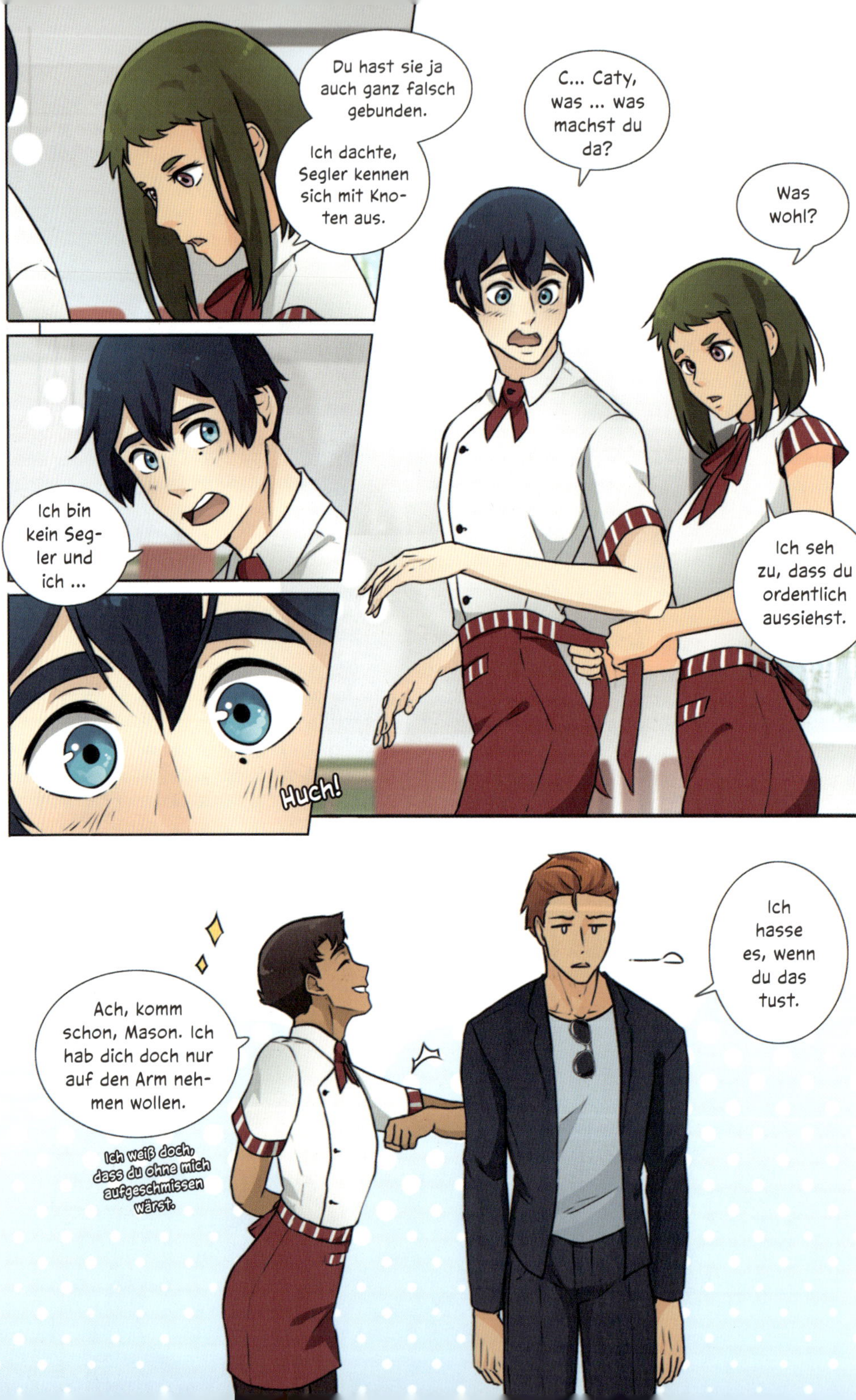
Du hast sie ja auch ganz falsch gebunden.
Ich dachte, Segler kennen sich mit Knoten aus.
C... Caty, was ... was machst du da?
Was wohl?
Ich bin kein Segler und ich ...
Ich seh zu, dass du ordentlich aussiehst.
Huch!
Ach, komm schon, Mason. Ich hab dich doch nur auf den Arm nehmen wollen.
Ich weiß doch, dass du ohne mich aufgeschmissen wärst.
Ich hasse es, wenn du das tust.

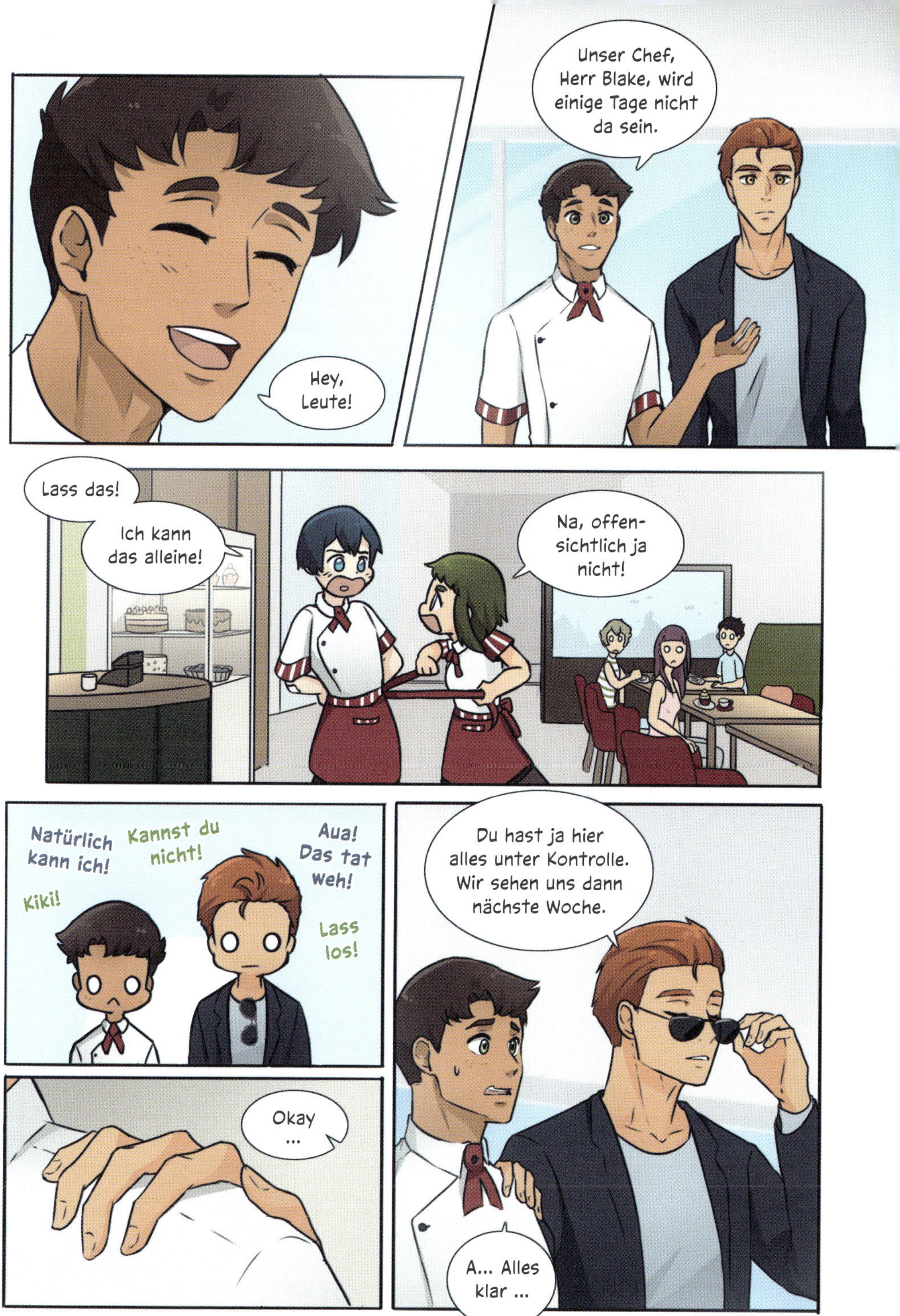
Hey,
Leute!
Unser Chef,
Herr Blake, wird
einige Tage nicht
da sein.
Lass das!
Ich kann
das alleine!
Na, offen-
sichtlich ja
nicht!
Natürlich
kann ich!
Kannst du
nicht!
Aua!
Das tat
weh!
Kiki!
Lass
los!
Du hast ja hier
alles unter Kontrolle.
Wir sehen uns dann
nächste Woche.
Okay
...
A... Alles
klar ...

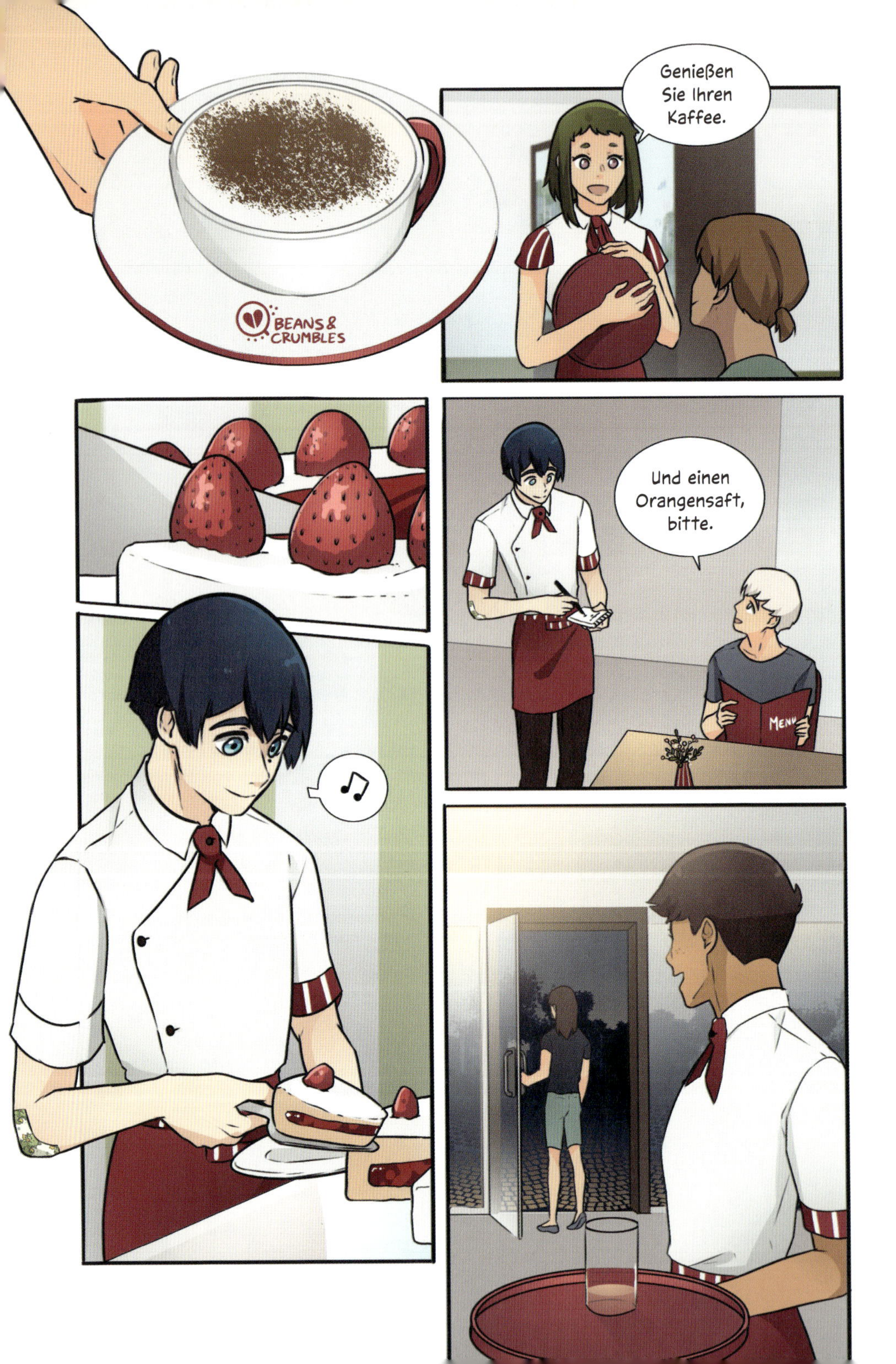
BEANS & CRUMBLES
Genießen Sie Ihren Kaffee.
Und einen Orangensaft, bitte.
MENU
♫

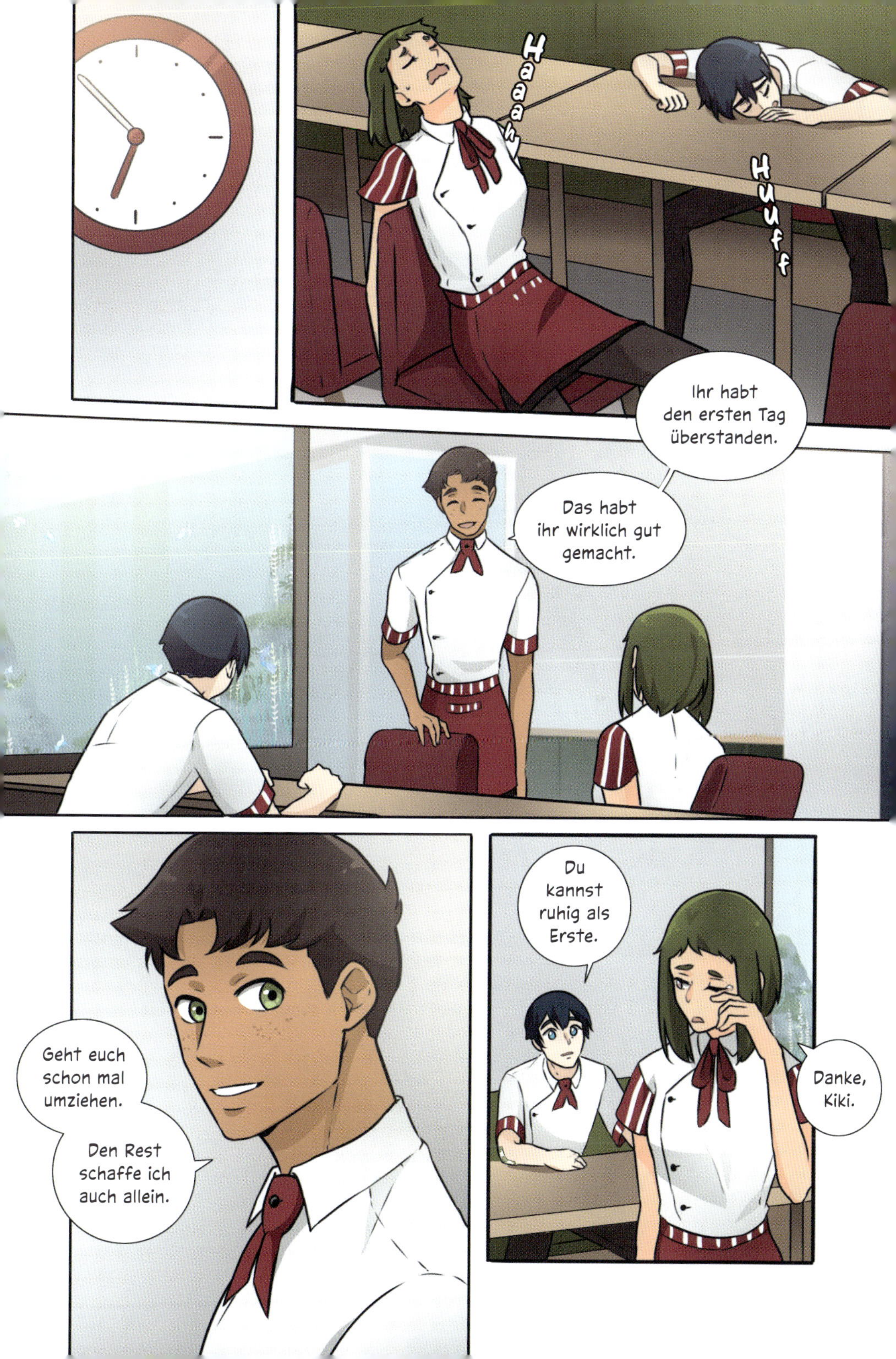
Haaaah
Huuff
Ihr habt den ersten Tag überstanden.
Das habt ihr wirklich gut gemacht.
Geht euch schon mal umziehen.
Den Rest schaffe ich auch allein.
Du kannst ruhig als Erste.
Danke, Kiki.

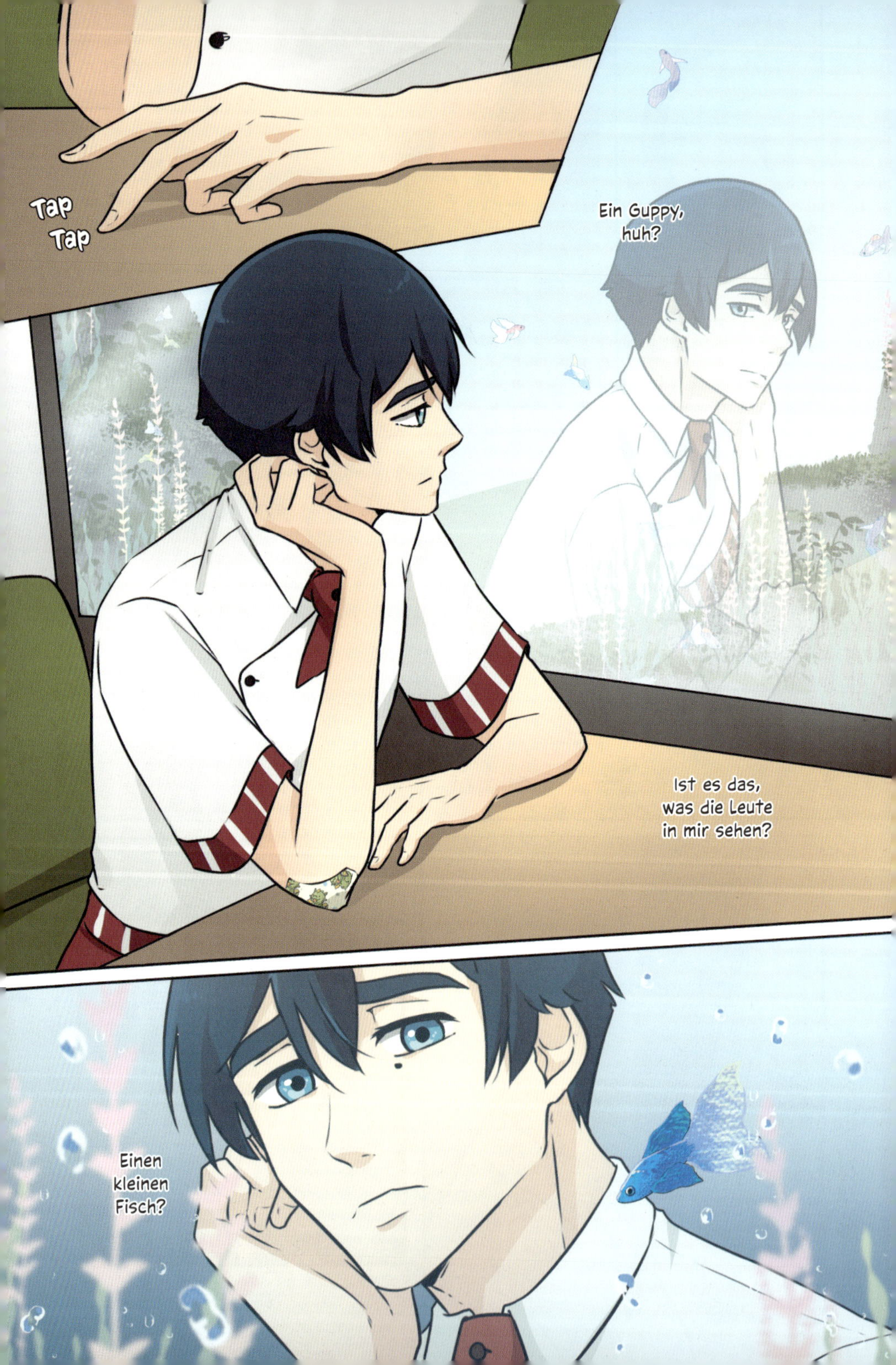
Tap
Tap
Ein Guppy, huh?
Ist es das, was die Leute in mir sehen?
Einen kleinen Fisch?

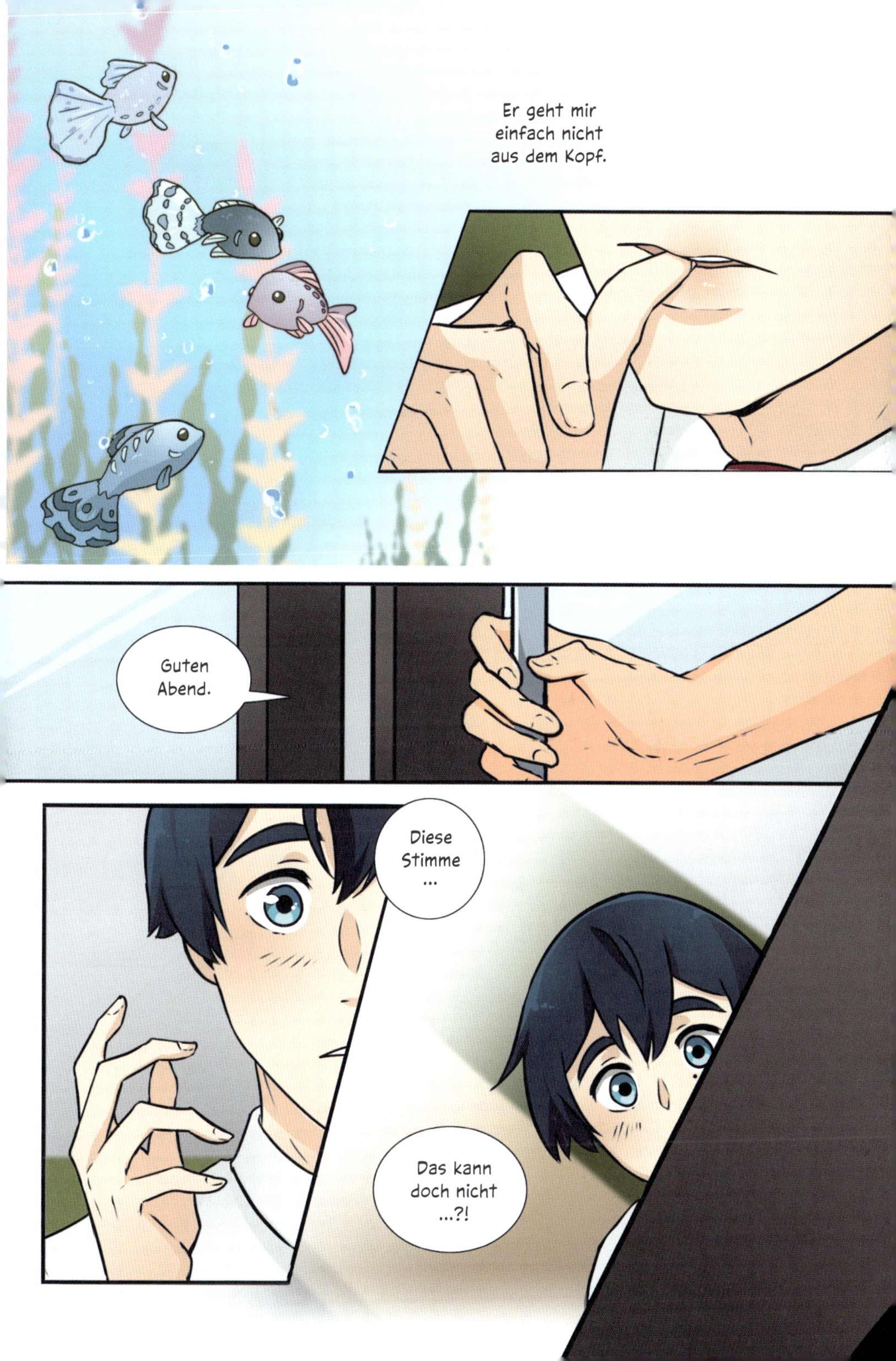
Er geht mir einfach nicht aus dem Kopf.
Guten Abend.
Diese Stimme …
Das kann doch nicht …?!

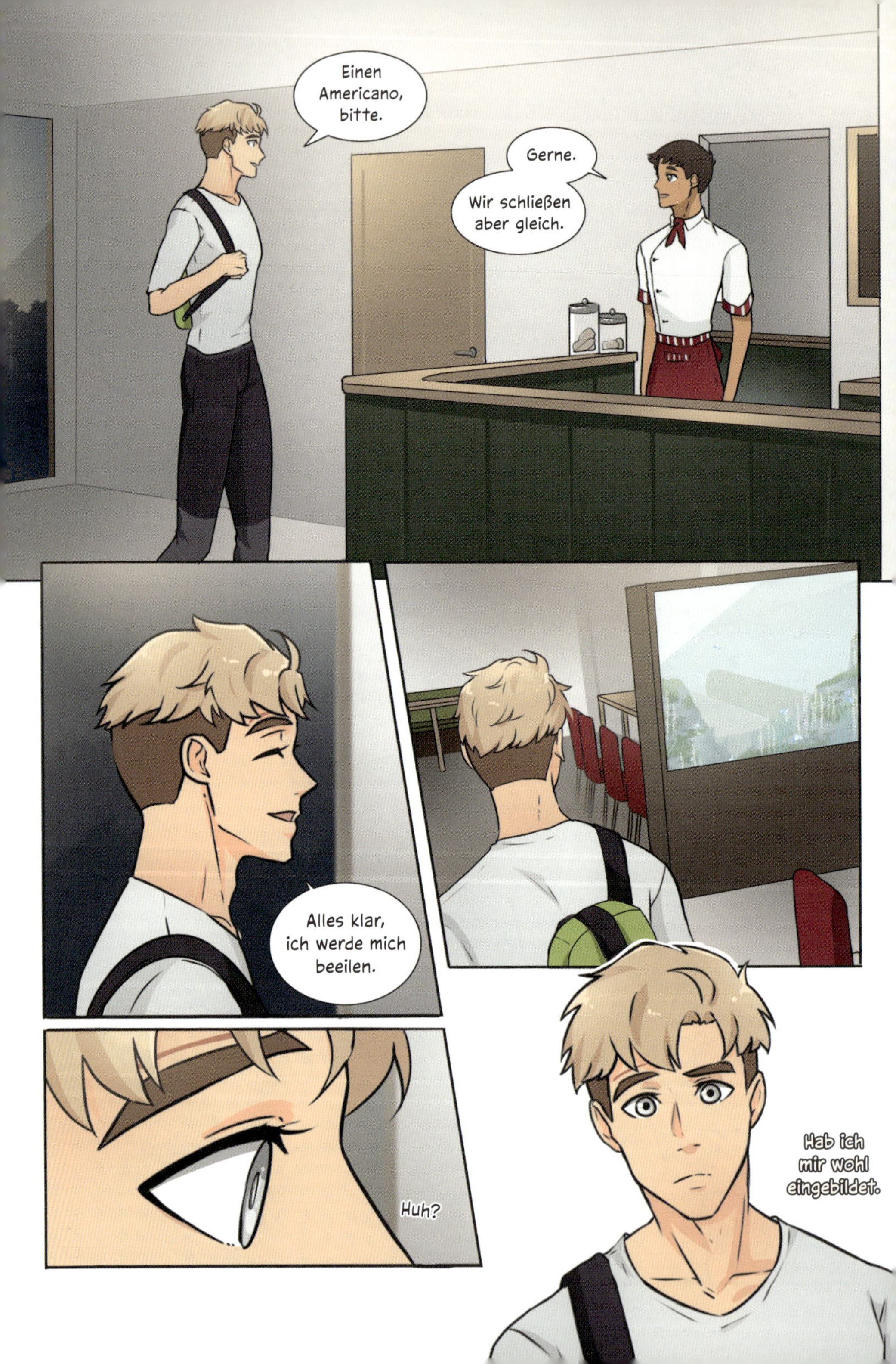
Einen Americano, bitte.
Gerne.
Wir schließen aber gleich.
Alles klar, ich werde mich beeilen.
Huh?
Hab ich mir wohl eingebildet.

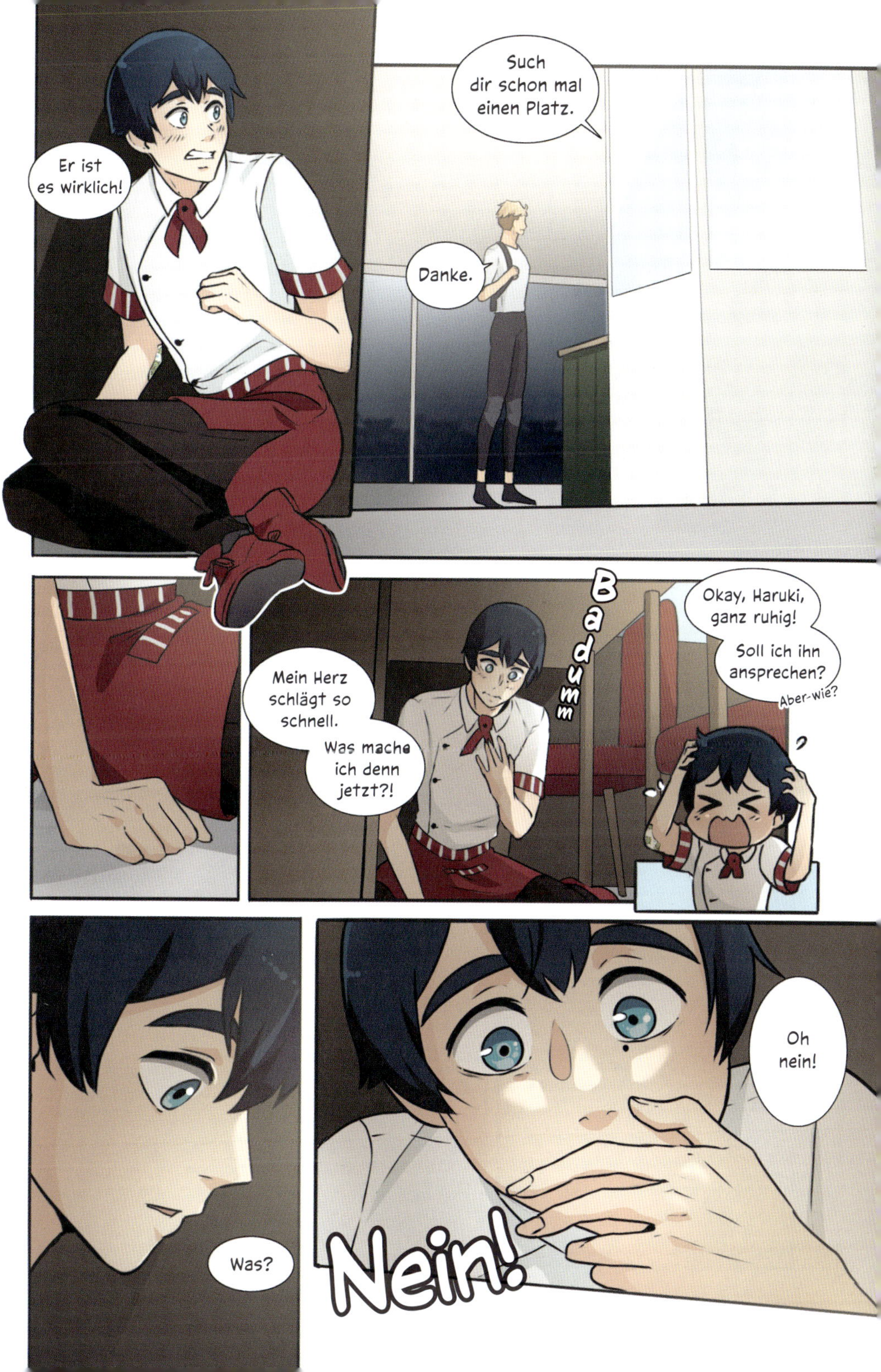

Er ist es wirklich!
Such dir schon mal einen Platz.
Danke.
Badumm
Mein Herz schlägt so schnell.
Was mache ich denn jetzt?!
Okay, Haruki, ganz ruhig!
Soll ich ihn ansprechen?
Aber-wie?
Was?
Oh nein!
Nein!

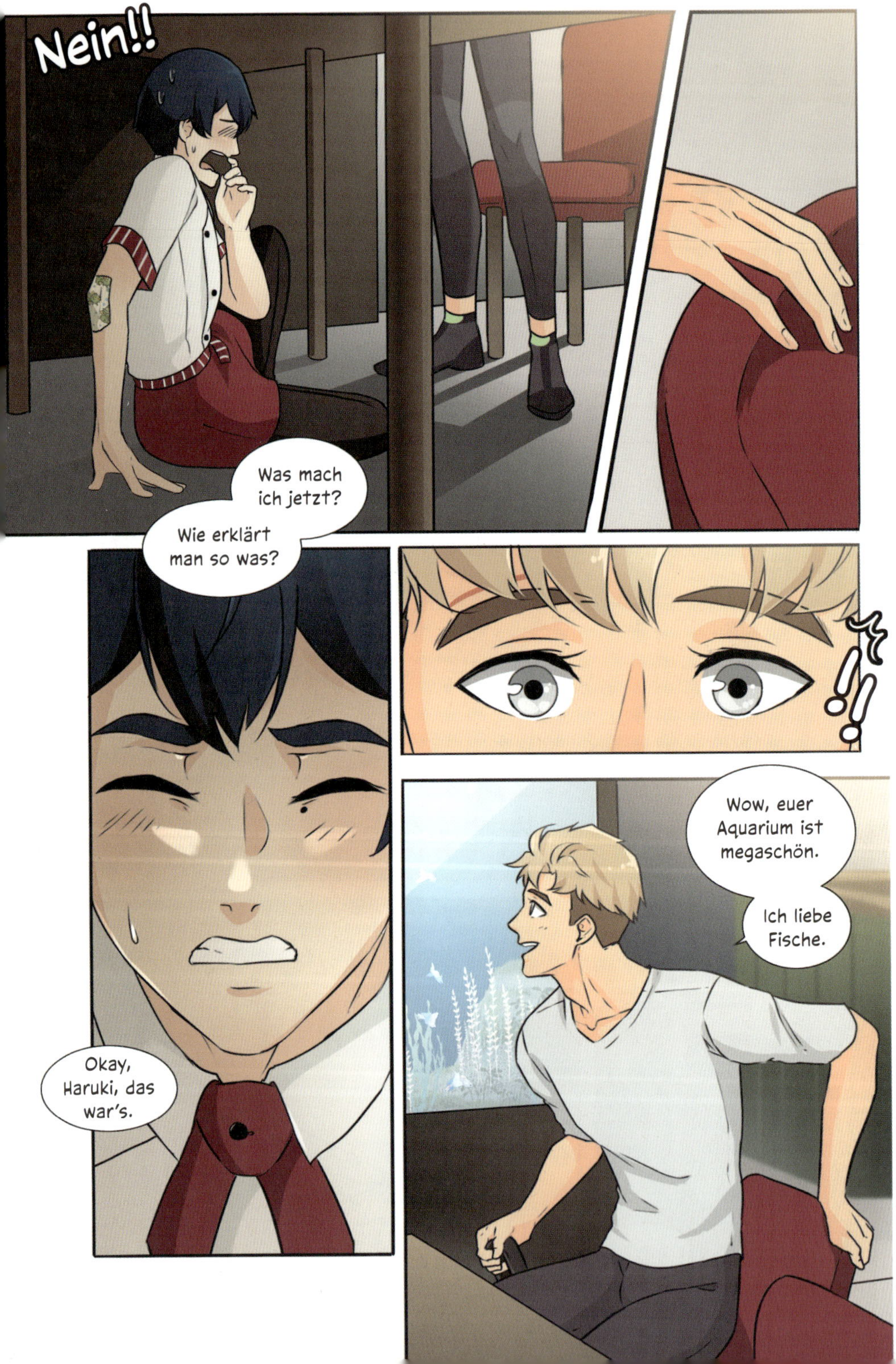
Nein!!
Was mach ich jetzt?
Wie erklärt man so was?
Okay, Haruki, das war's.
Wow, euer Aquarium ist megaschön.
Ich liebe Fische.

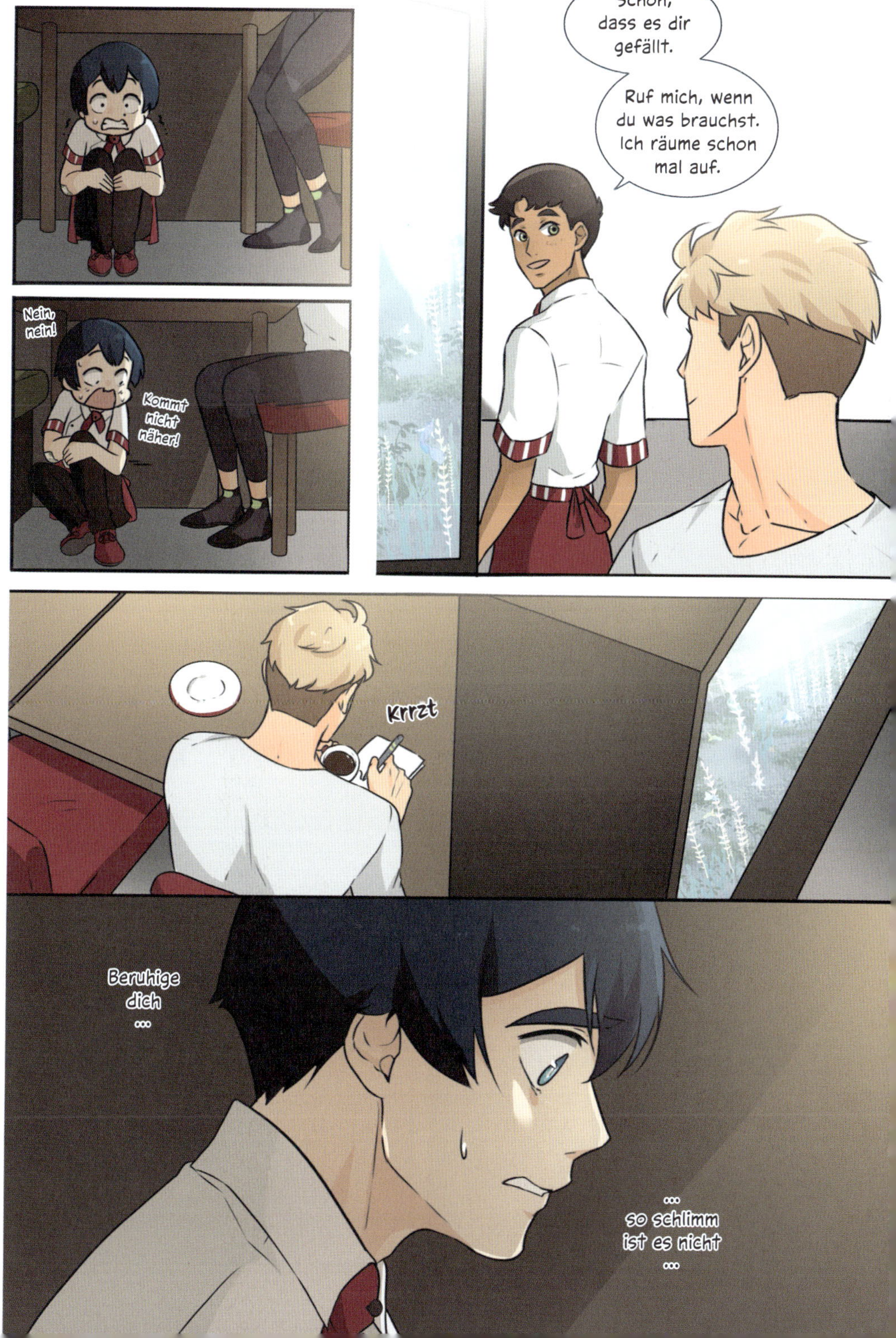
Nein, nein!
Kommt nicht näher!
Schön, dass es dir gefällt.
Ruf mich, wenn du was brauchst. Ich räume schon mal auf.
Krrzt
Beruhige dich ...
... so schlimm ist es nicht ...

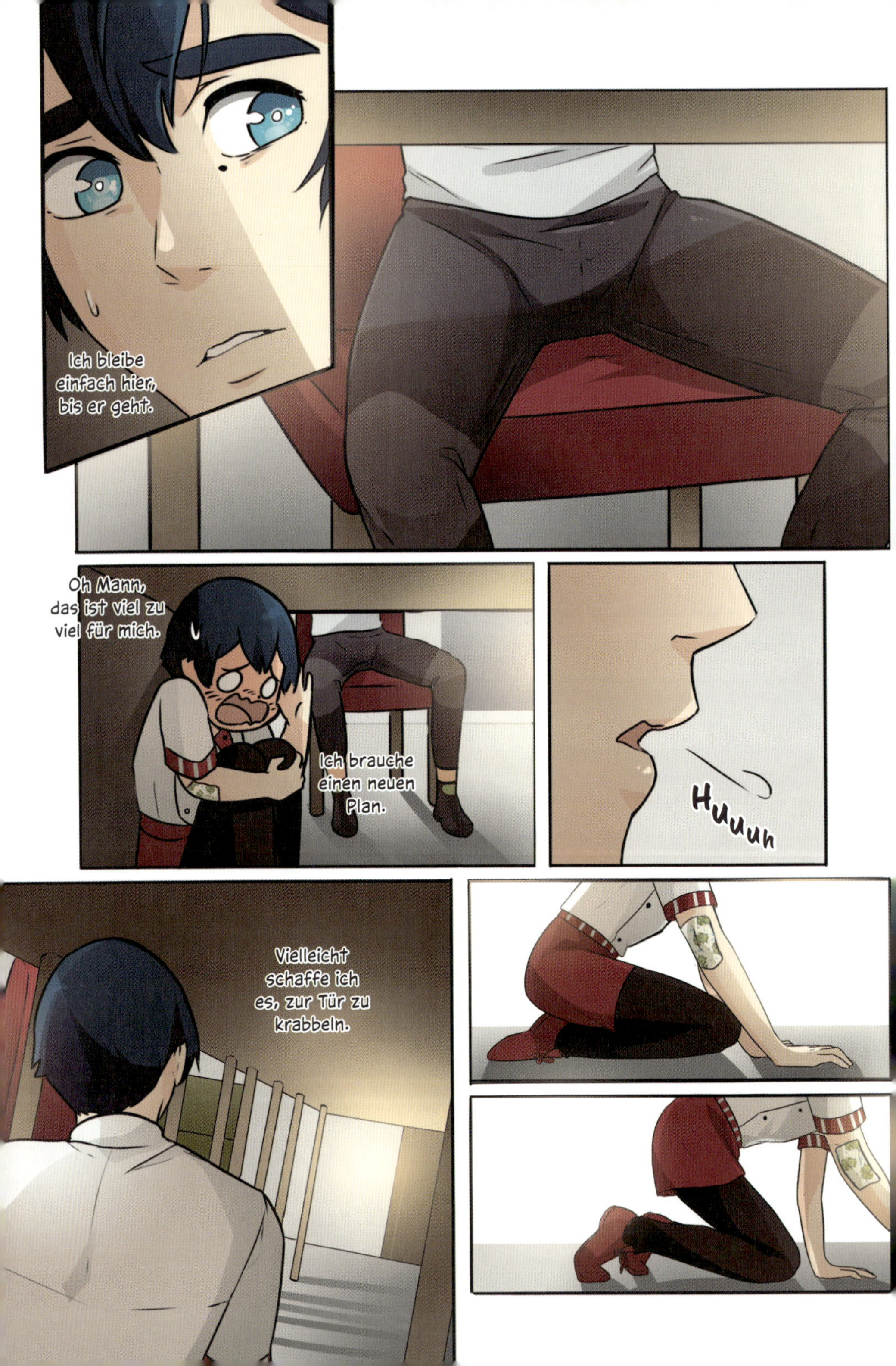
Ich bleibe einfach hier, bis er geht.
Oh Mann, das ist viel zu viel für mich.
Ich brauche einen neuen Plan.
Huuuuh
Vielleicht schaffe ich es, zur Tür zu krabbeln.

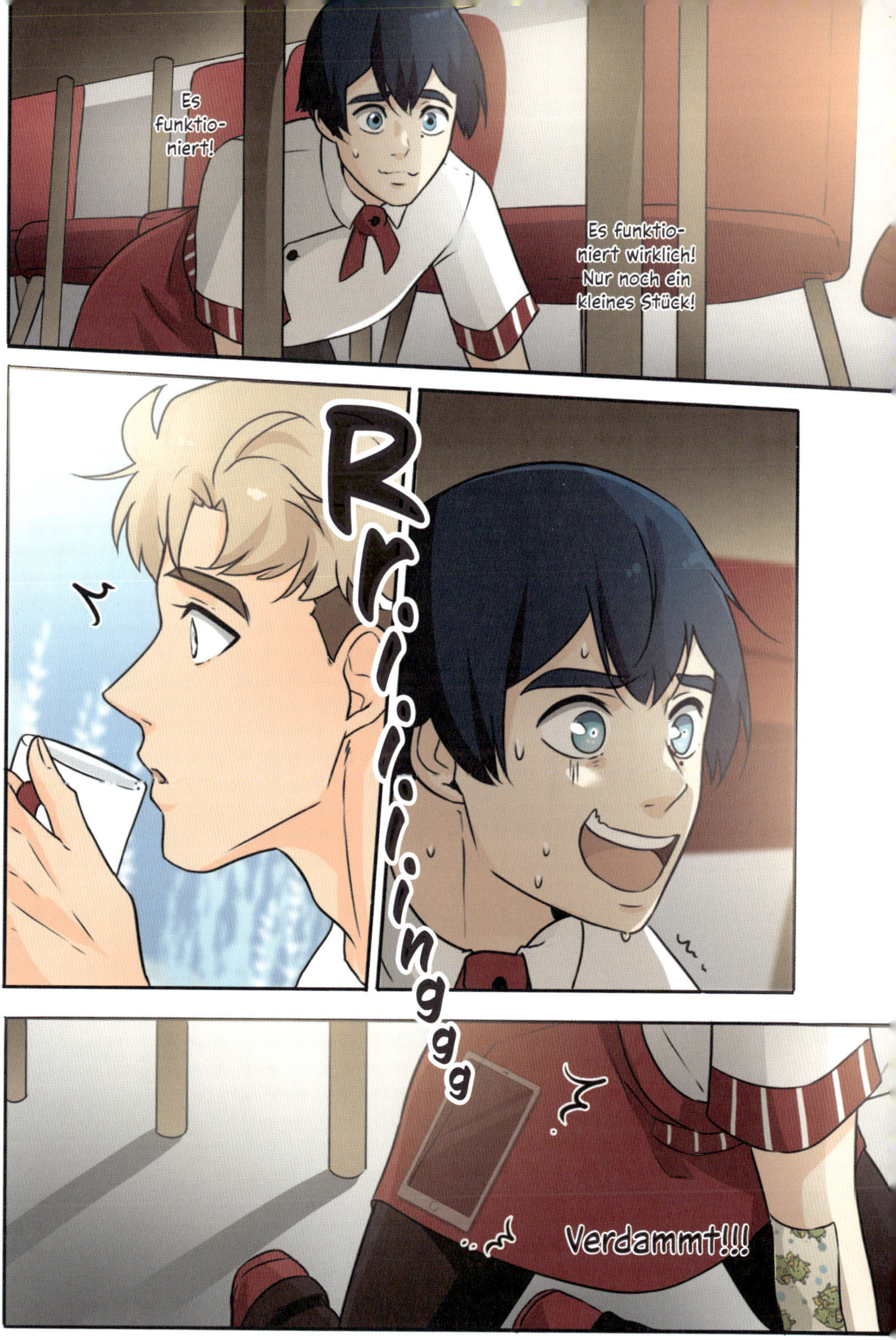
Es funktio-niert!
Es funktio-niert wirklich! Nur noch ein kleines Stück!
Rriiiiinggg
Verdammt!!!

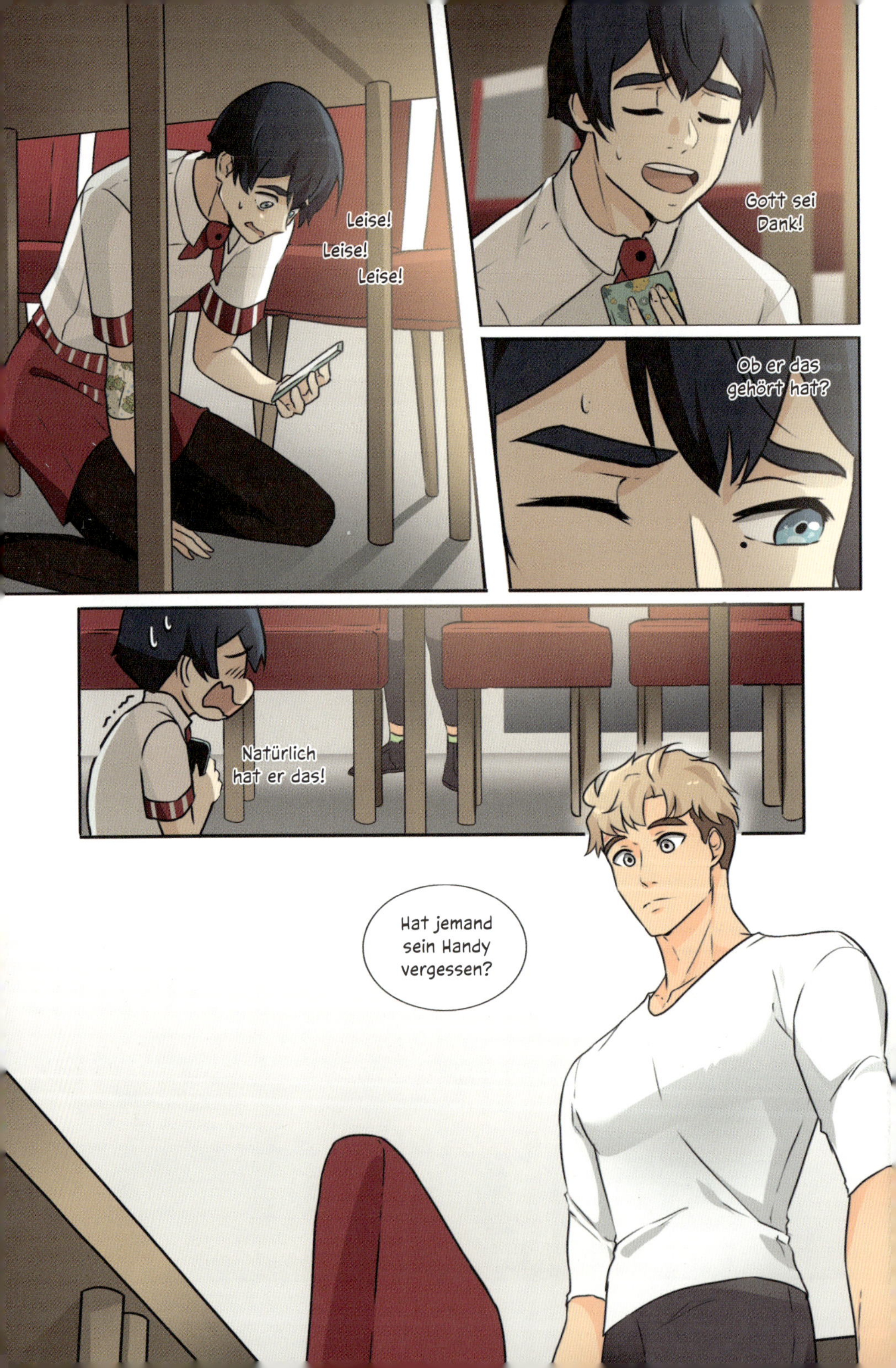
Leise!
Leise!
Leise!
Gott sei Dank!
Ob er das gehört hat?
Natürlich hat er das!
Hat jemand sein Handy vergessen?

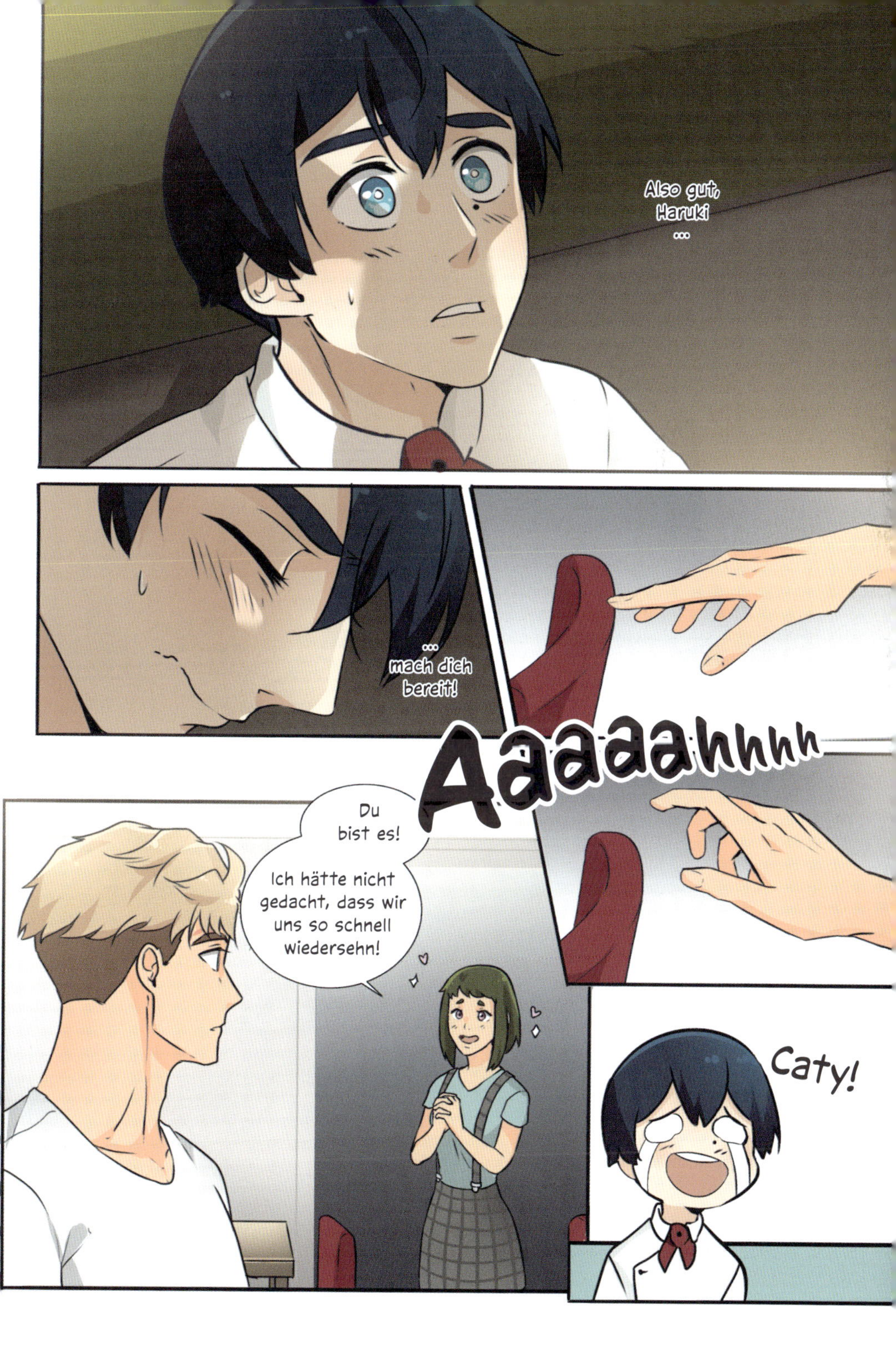
Also gut, Haruki ...
... mach dich bereit!
Aaaaahhhh
Du bist es!
Ich hätte nicht gedacht, dass wir uns so schnell wiedersehn!
Caty!

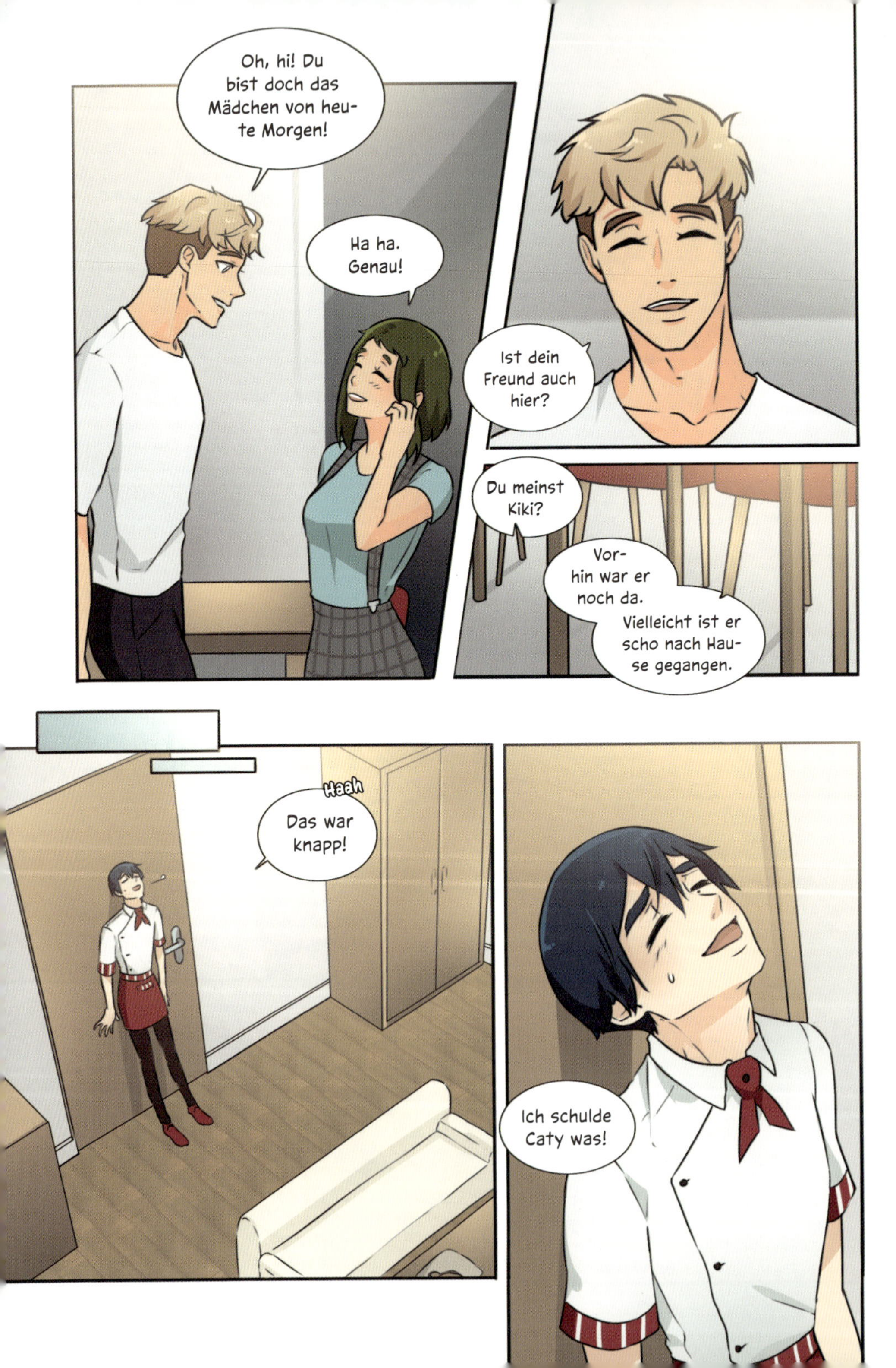
Oh, hi! Du bist doch das Mädchen von heute Morgen!
Ha ha. Genau!
Ist dein Freund auch hier?
Du meinst Kiki?
Vorhin war er noch da.
Vielleicht ist er scho nach Hause gegangen.
Haah
Das war knapp!
Ich schulde Caty was!

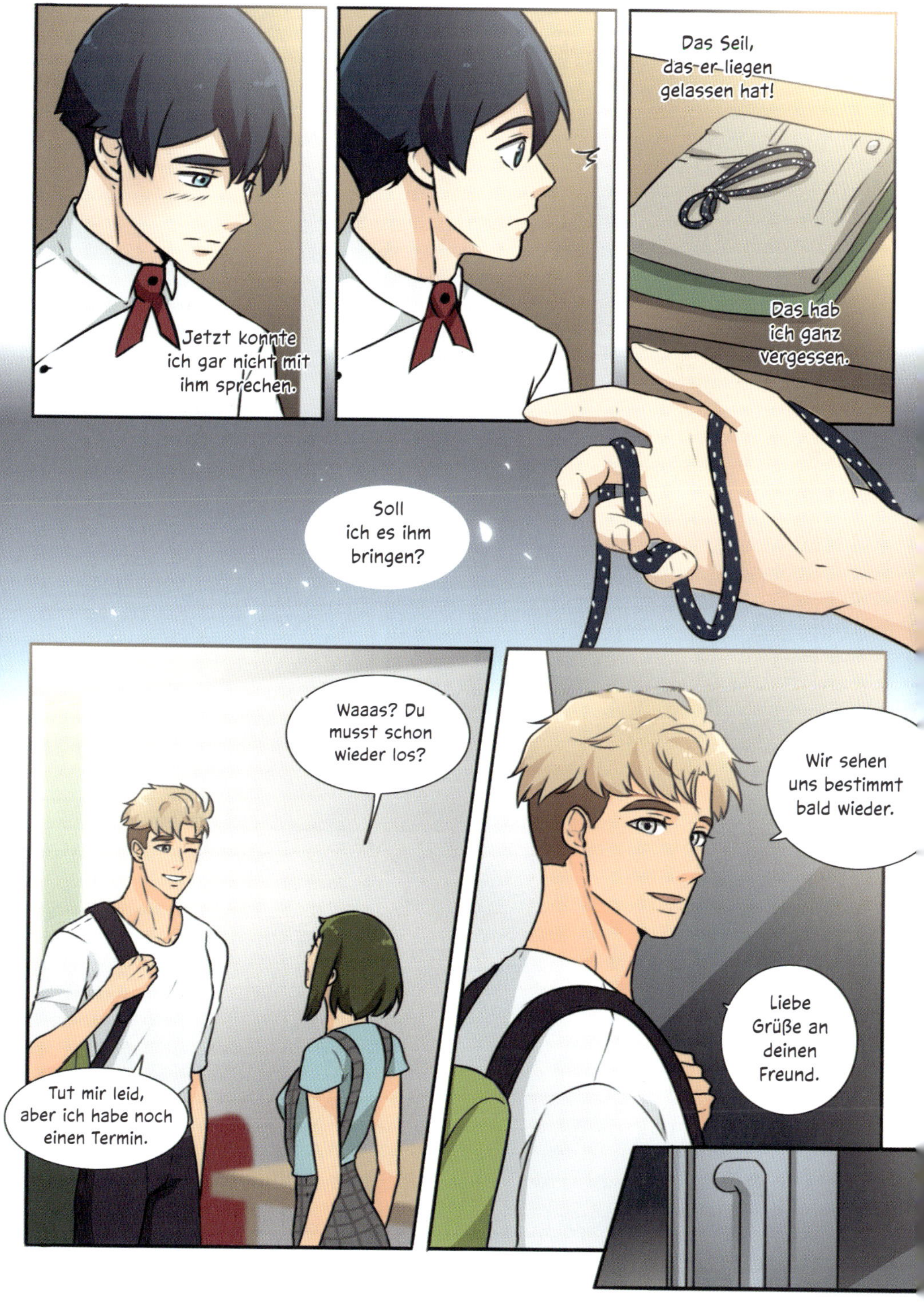
Jetzt konnte ich gar nicht mit ihm sprechen.
Das Seil, das er liegen gelassen hat!
Das hab ich ganz vergessen.
Soll ich es ihm bringen?
Waaas? Du musst schon wieder los?
Tut mir leid, aber ich habe noch einen Termin.
Wir sehen uns bestimmt bald wieder.
Liebe Grüße an deinen Freund.

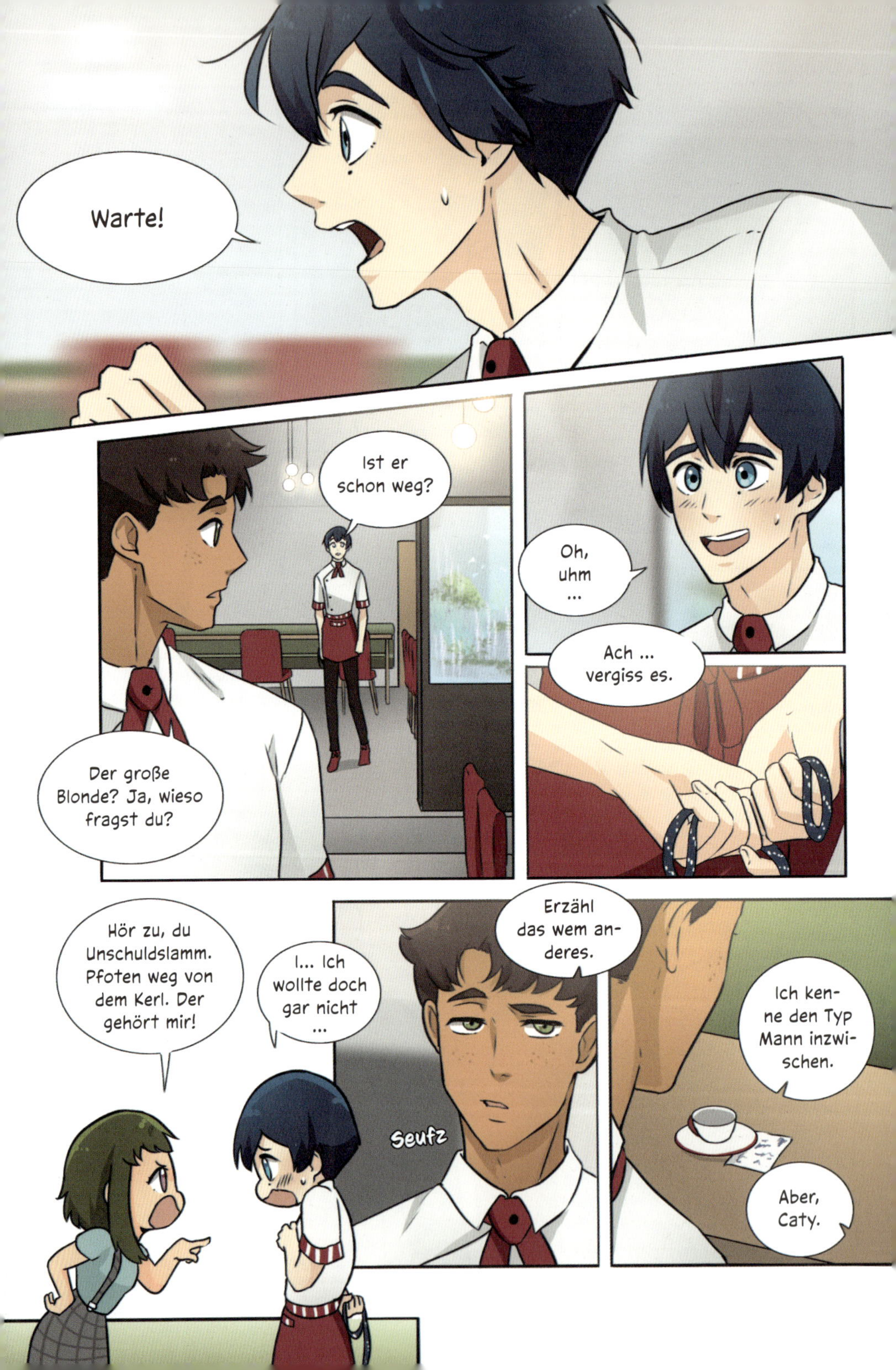
Warte!
Ist er schon weg?
Der große Blonde? Ja, wieso fragst du?
Oh, uhm ...
Ach ... vergiss es.
Hör zu, du Unschuldslamm. Pfoten weg von dem Kerl. Der gehört mir!
I... Ich wollte doch gar nicht ...
Erzähl das wem anderes.
Seufz
Ich kenne den Typ Mann inzwischen.
Aber, Caty.

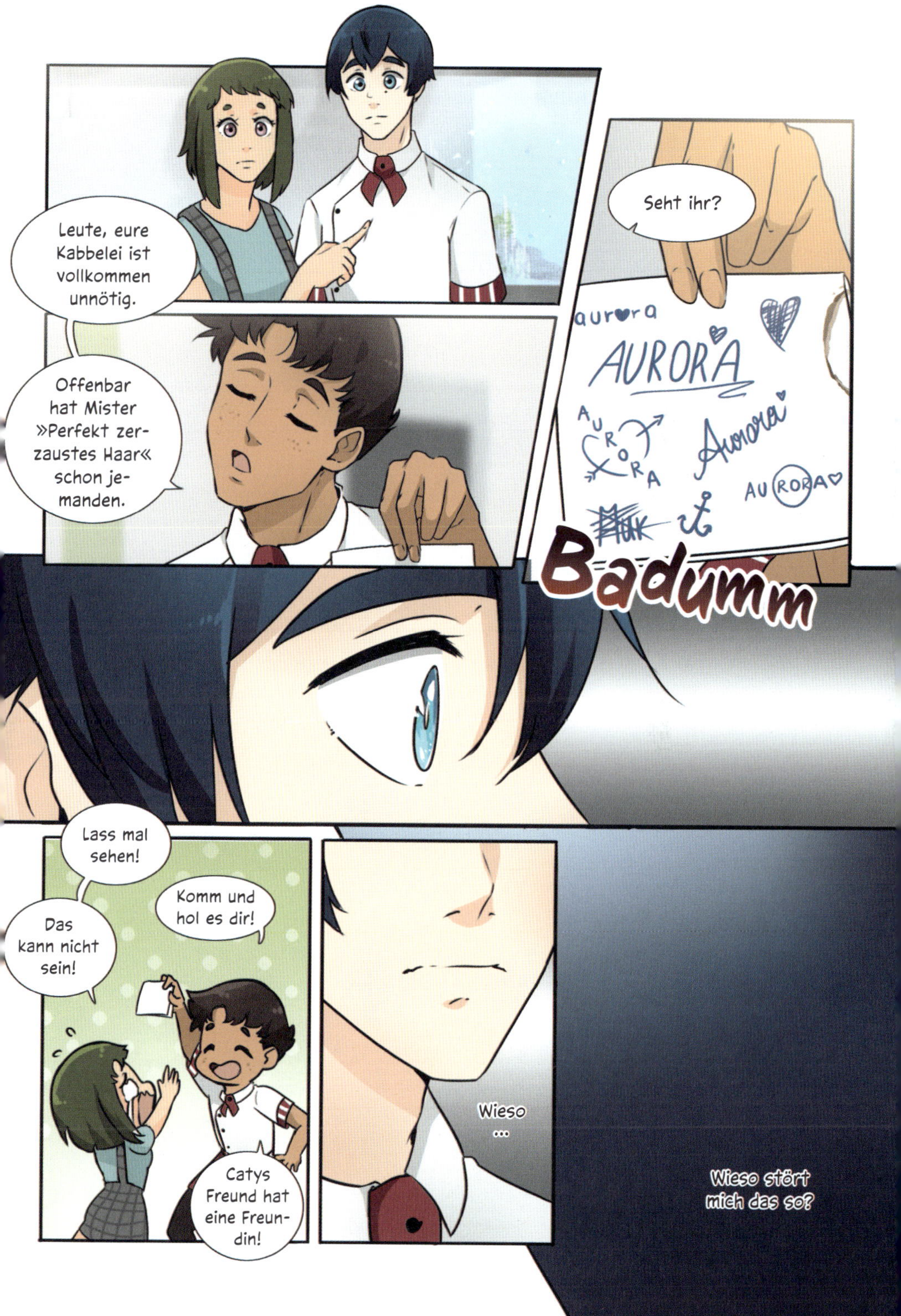
Leute, eure Kabbelei ist vollkommen unnötig.
Offenbar hat Mister »Perfekt zerzaustes Haar« schon jemanden.
Seht ihr?
aurora
AURORA
A U R O R A
Aurora
AURORA
Badumm
Lass mal sehen!
Das kann nicht sein!
Komm und hol es dir!
Catys Freund hat eine Freundin!
Wieso …
Wieso stört mich das so?

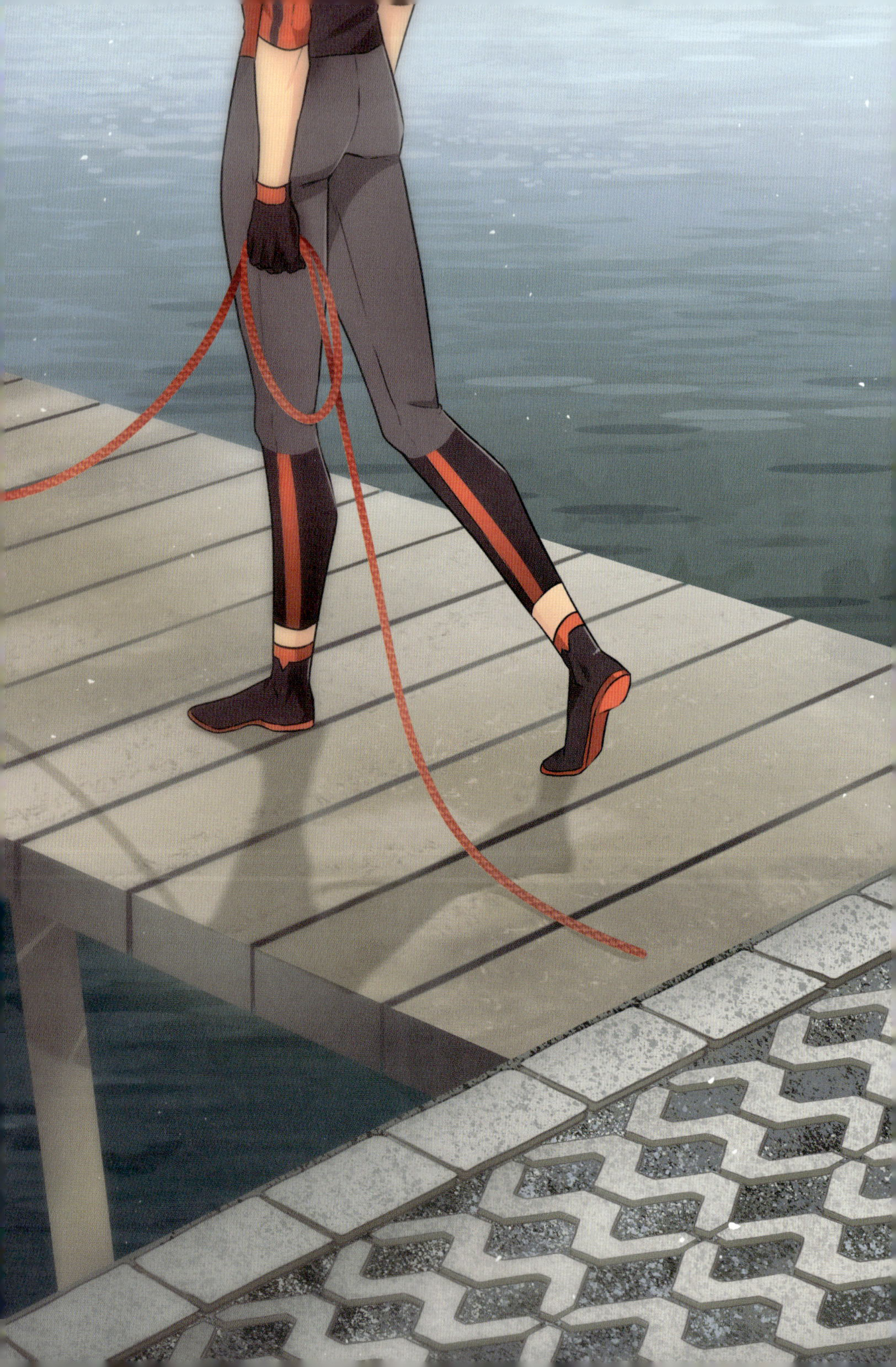

Kapitel 2

Alte Freunde

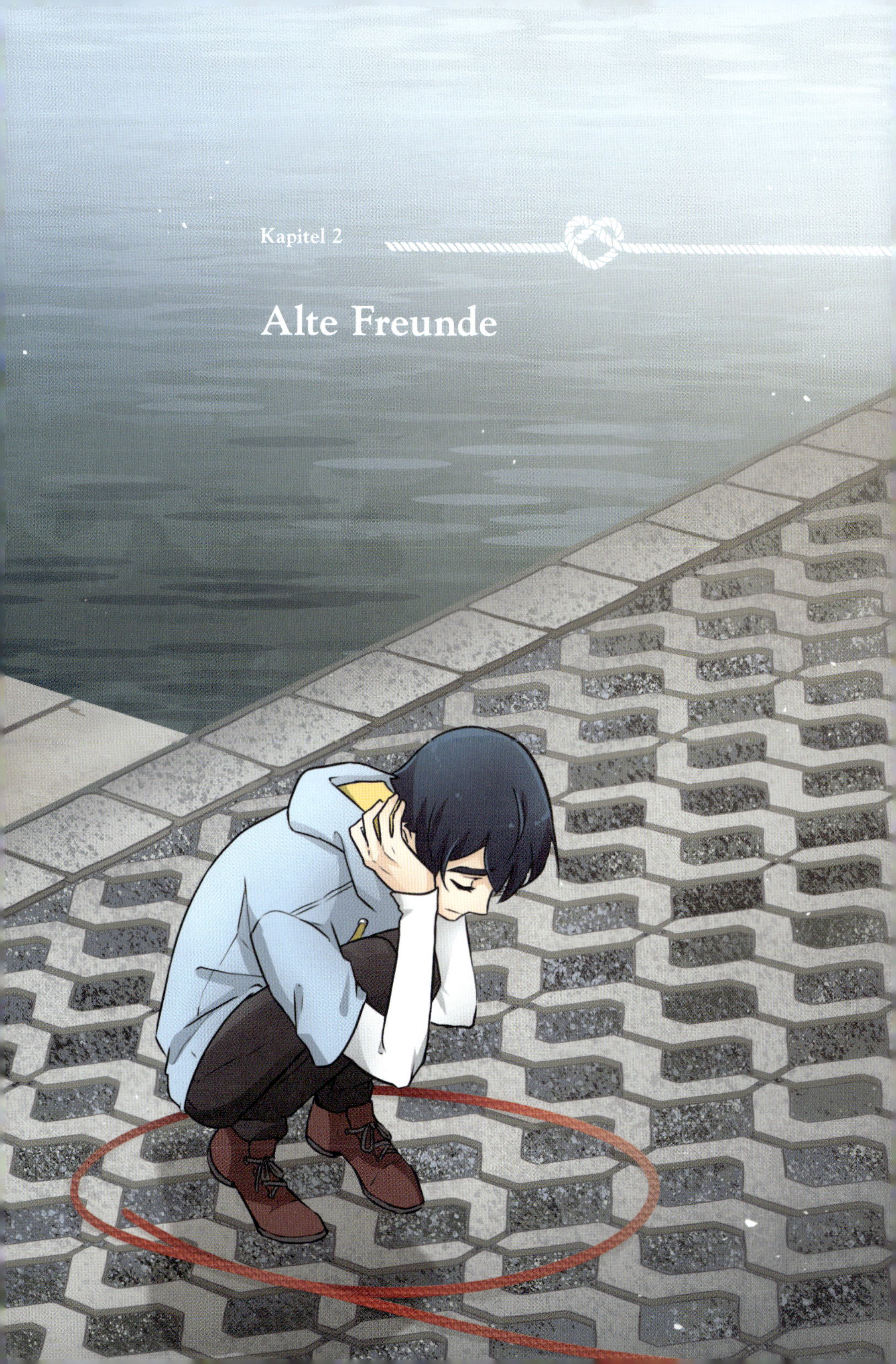

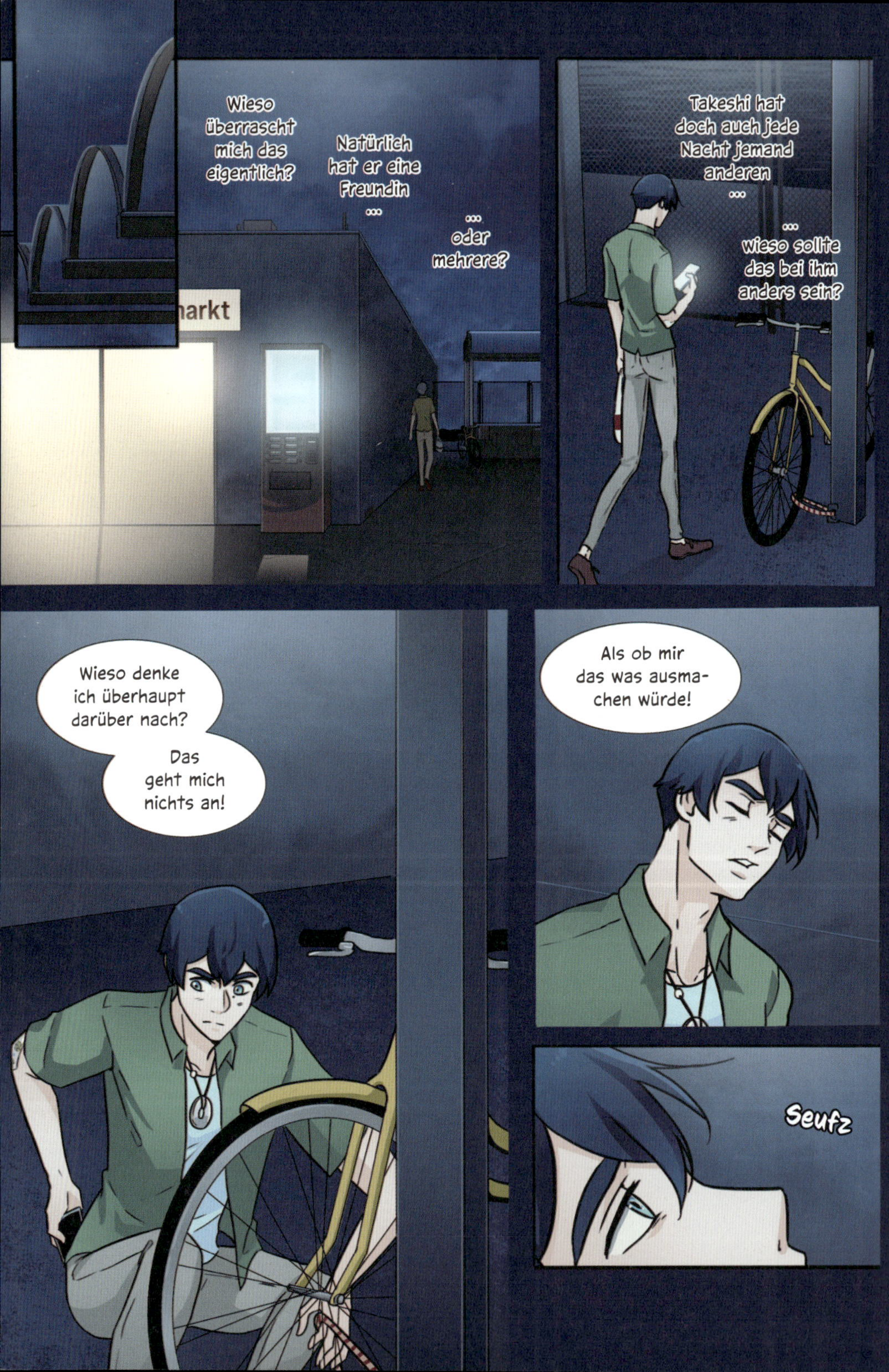
arkt
Wieso überrascht mich das eigentlich?
Natürlich hat er eine Freundin …
… oder mehrere?
Takeshi hat doch auch jede Nacht jemand anderen …
… wieso sollte das bei ihm anders sein?
Wieso denke ich überhaupt darüber nach?
Das geht mich nichts an!
Als ob mir das was ausmachen würde!
Seufz

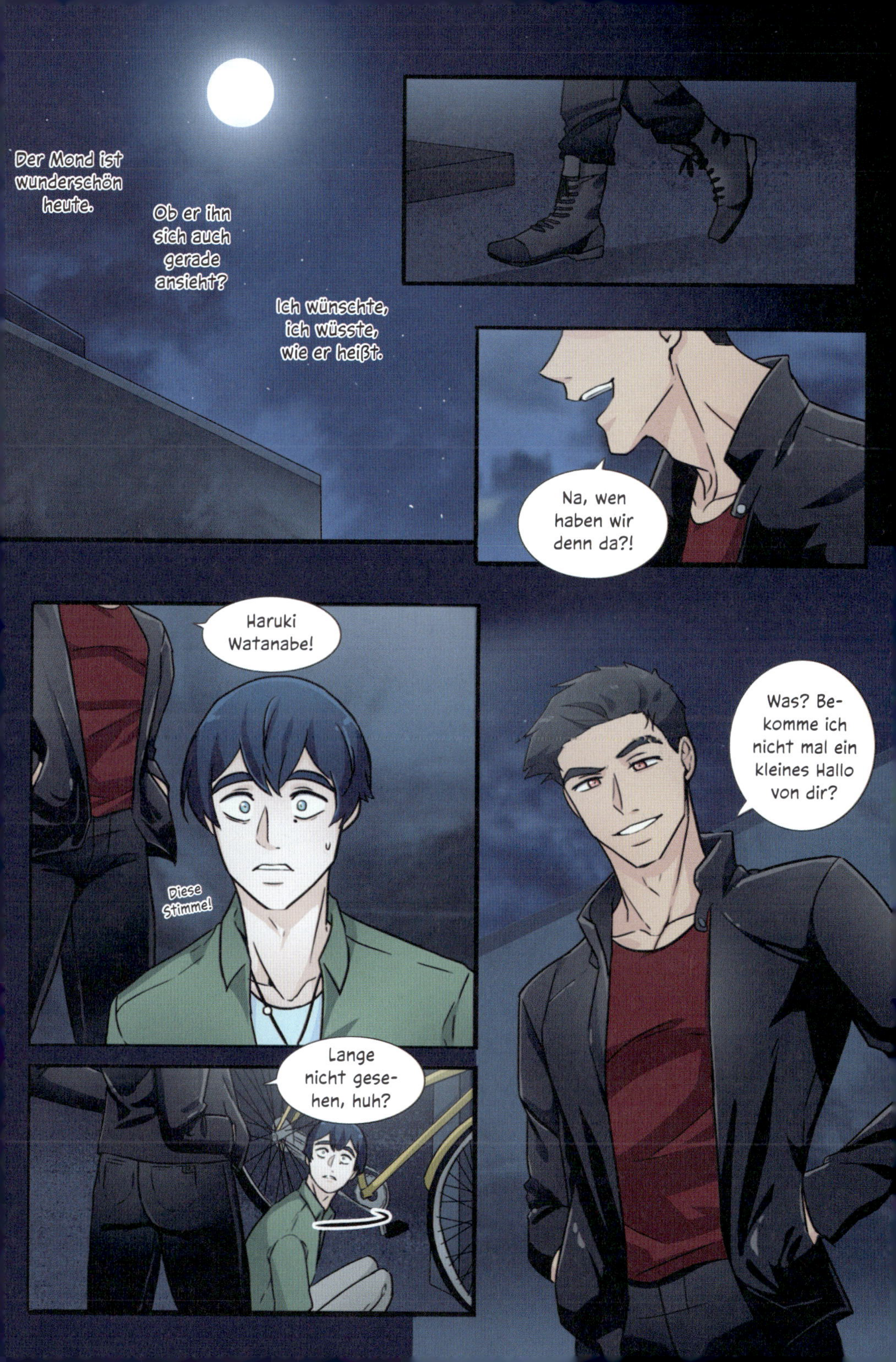
Der Mond ist wunderschön heute.
Ob er ihn sich auch gerade ansieht?
Ich wünschte, ich wüsste, wie er heißt.
Na, wen haben wir denn da?!
Haruki Watanabe!
Diese Stimme!
Lange nicht gesehen, huh?
Was? Bekomme ich nicht mal ein kleines Hallo von dir?

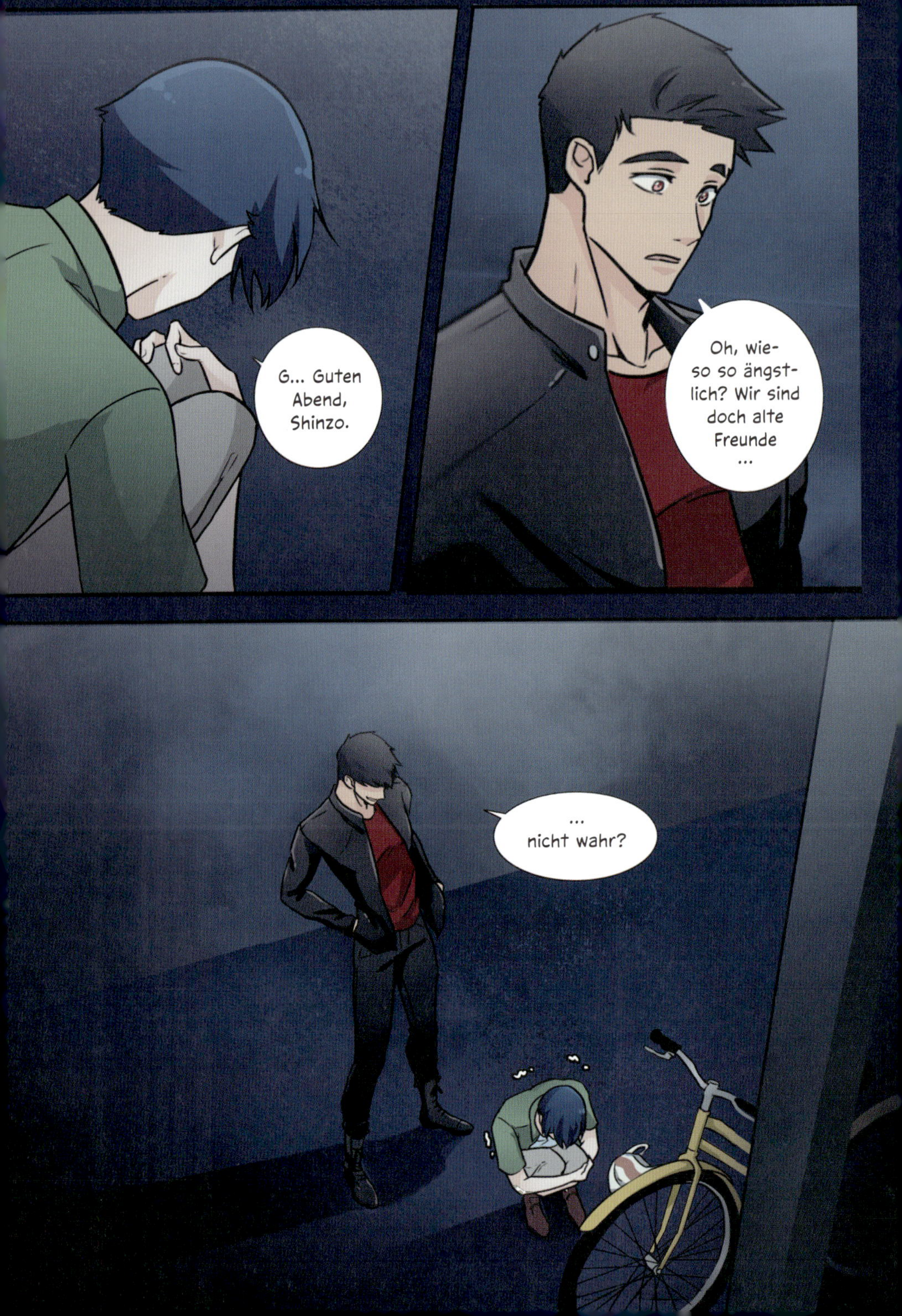
G... Guten Abend, Shinzo.
Oh, wieso so ängstlich? Wir sind doch alte Freunde ...
... nicht wahr?

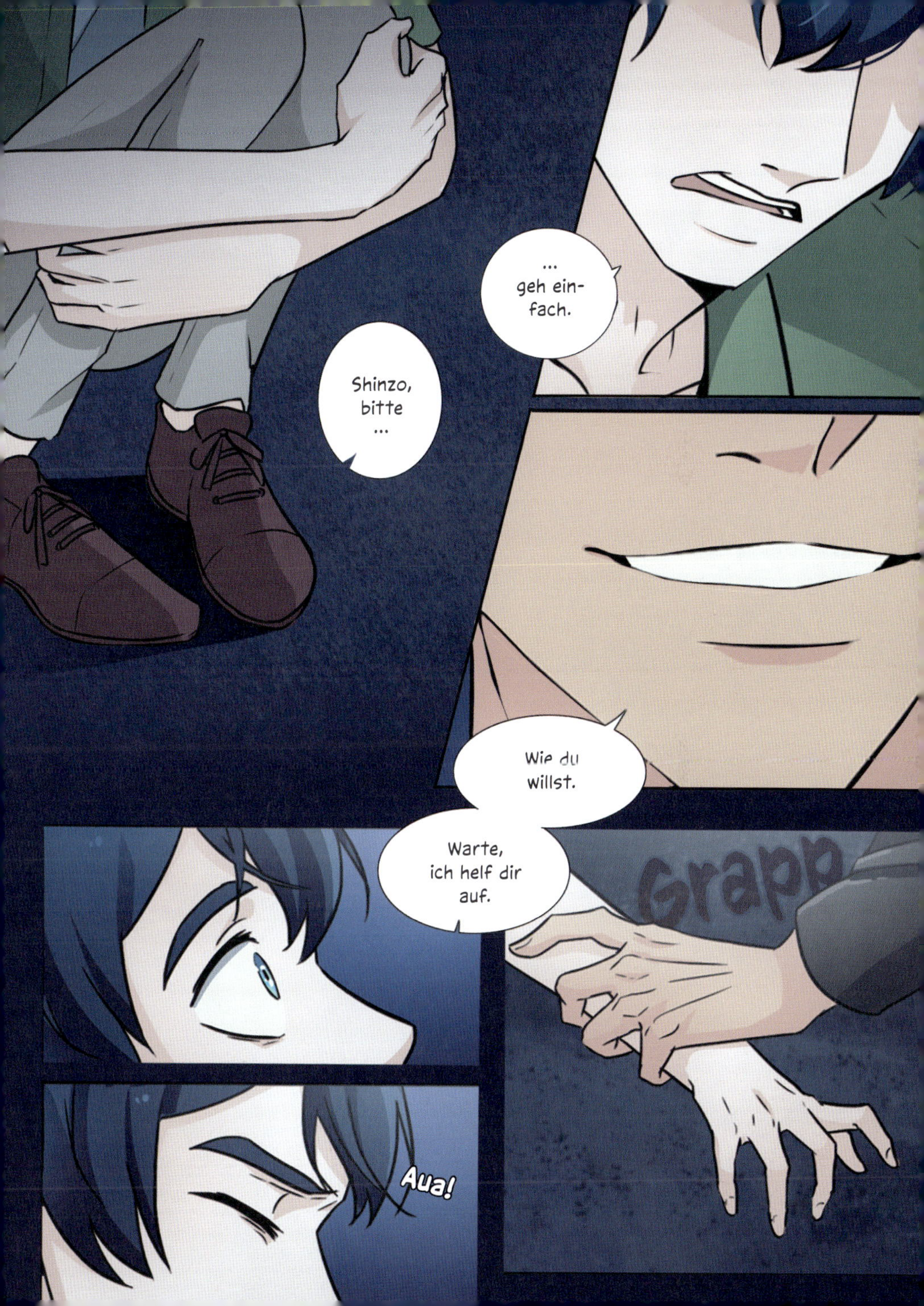

... geh ein-fach.
Shinzo, bitte ...
Wie du willst.
Warte, ich helf dir auf.
Grapp
Aua!

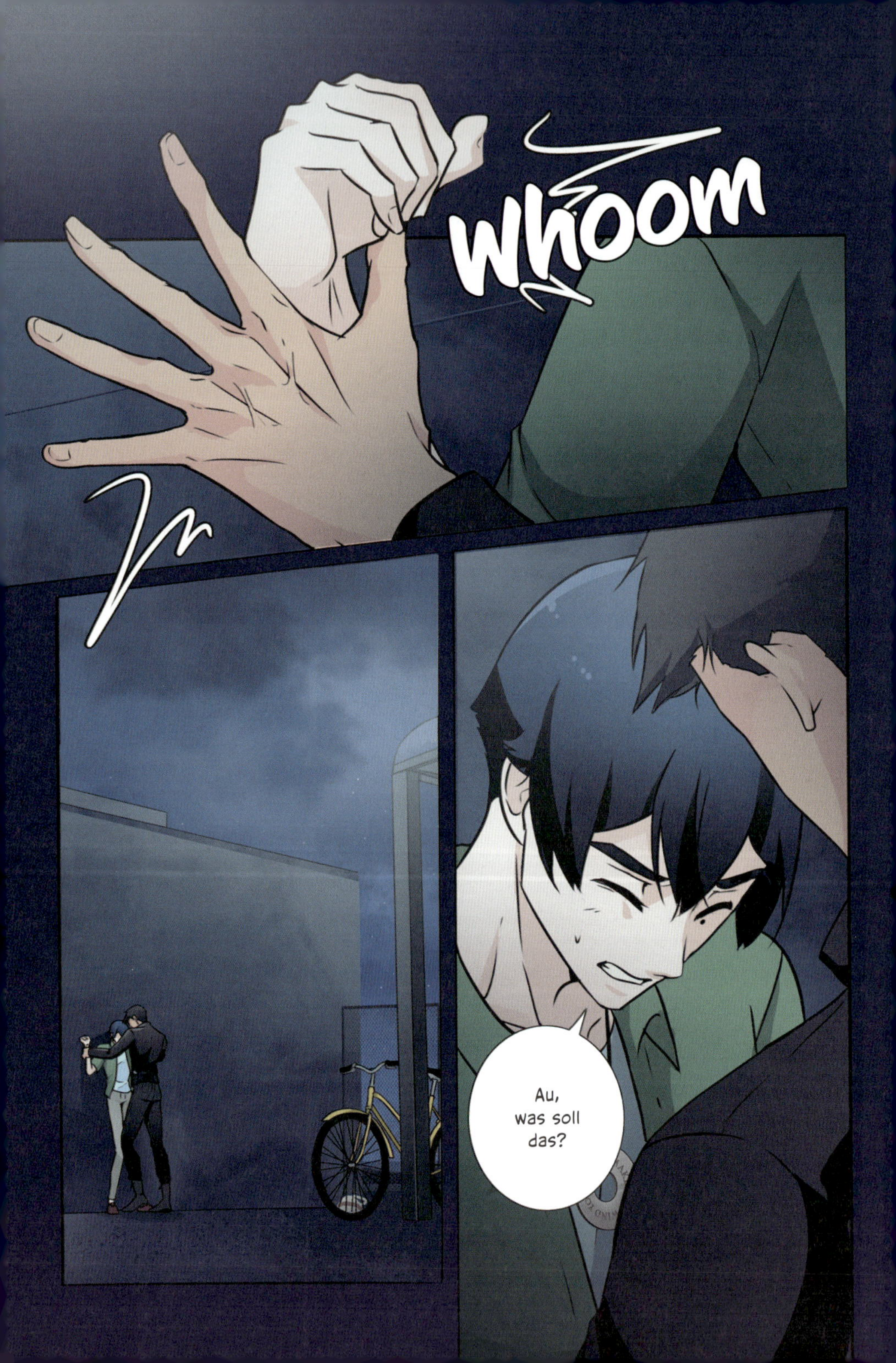
Whoom
Au,
was soll
das?

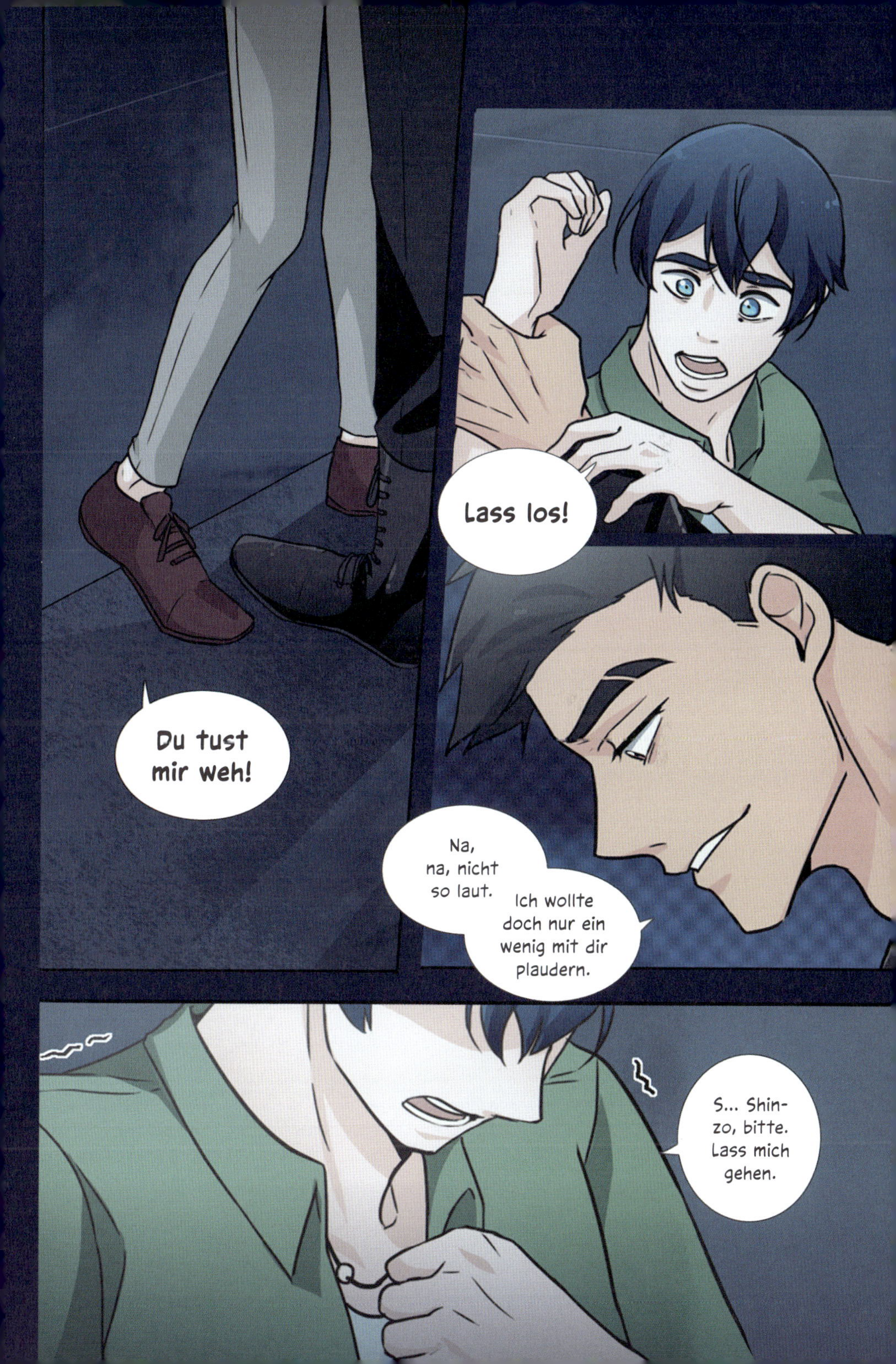
Lass los!
Du tust mir weh!
Na, na, nicht so laut.
Ich wollte doch nur ein wenig mit dir plaudern.
S... Shin-zo, bitte. Lass mich gehen.

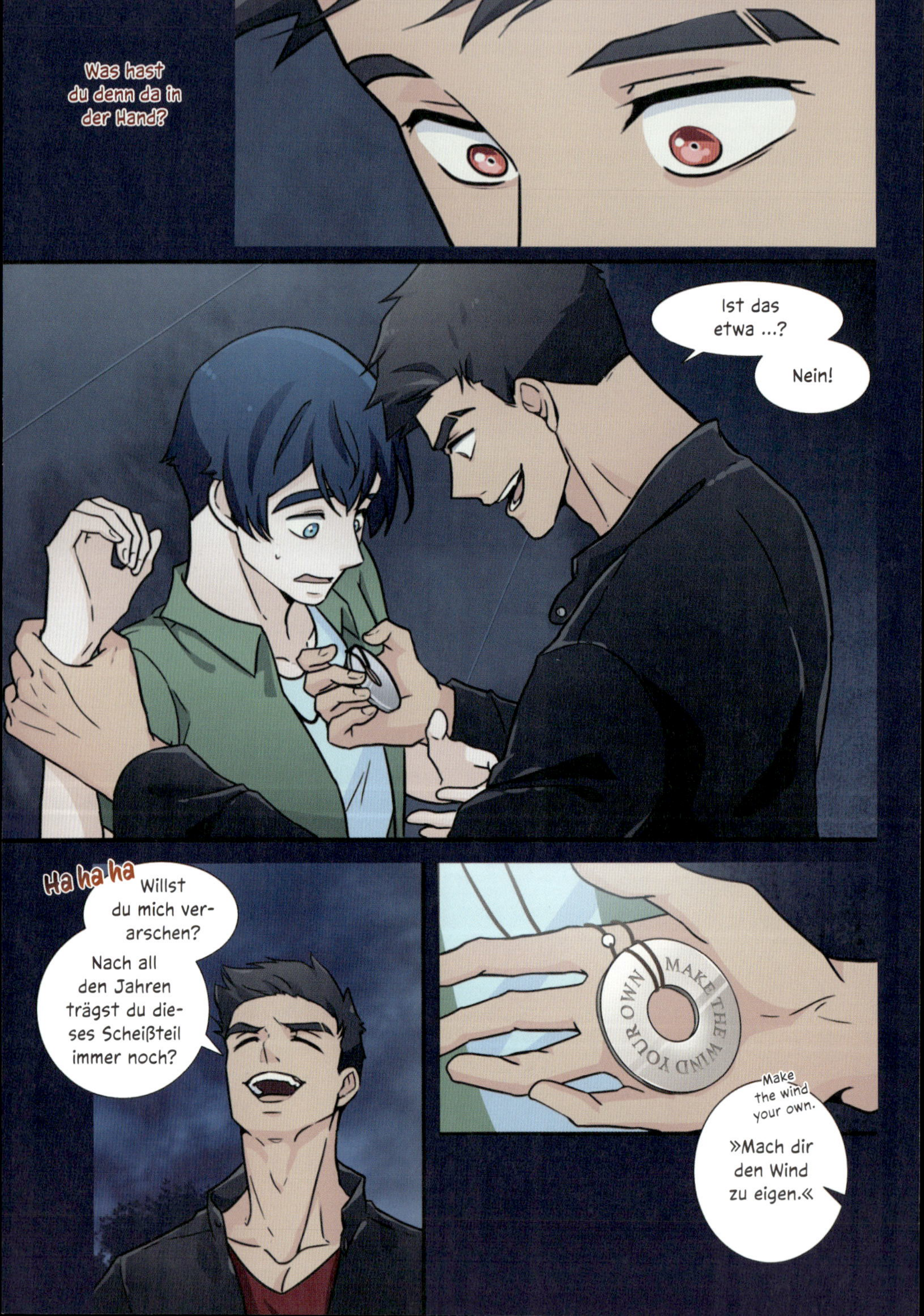
Was hast du denn da in der Hand?
Ist das etwa ...?
Nein!
Ha ha ha
Willst du mich verarschen?
Nach all den Jahren trägst du dieses Scheißteil immer noch?
MAKE THE WIND YOUR OWN
Make the wind your own.
»Mach dir den Wind zu eigen.«

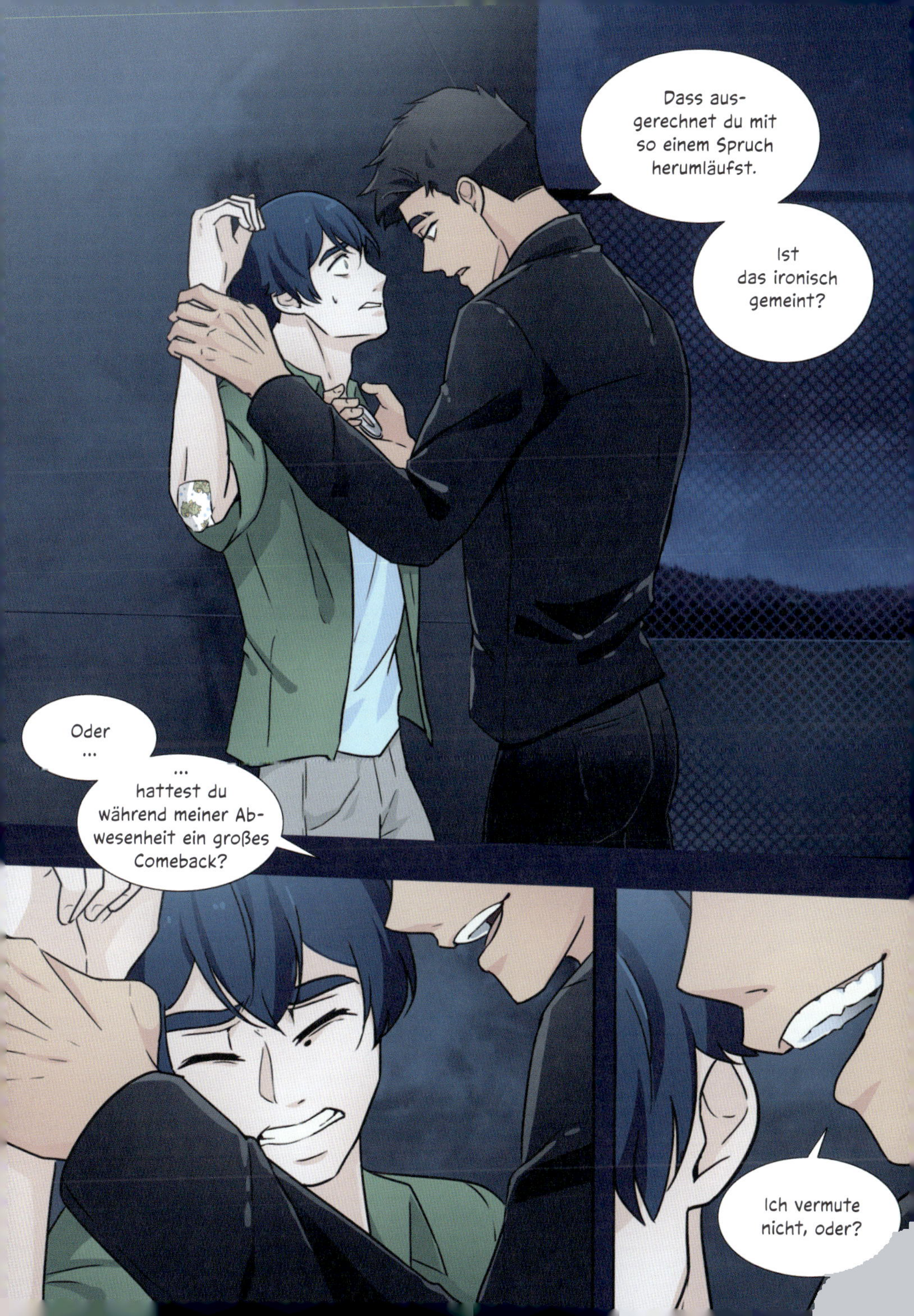
Dass aus-gerechnet du mit so einem Spruch herumläufst.
Ist das ironisch gemeint?
Oder ...
... hattest du während meiner Ab-wesenheit ein großes Comeback?
Ich vermute nicht, oder?

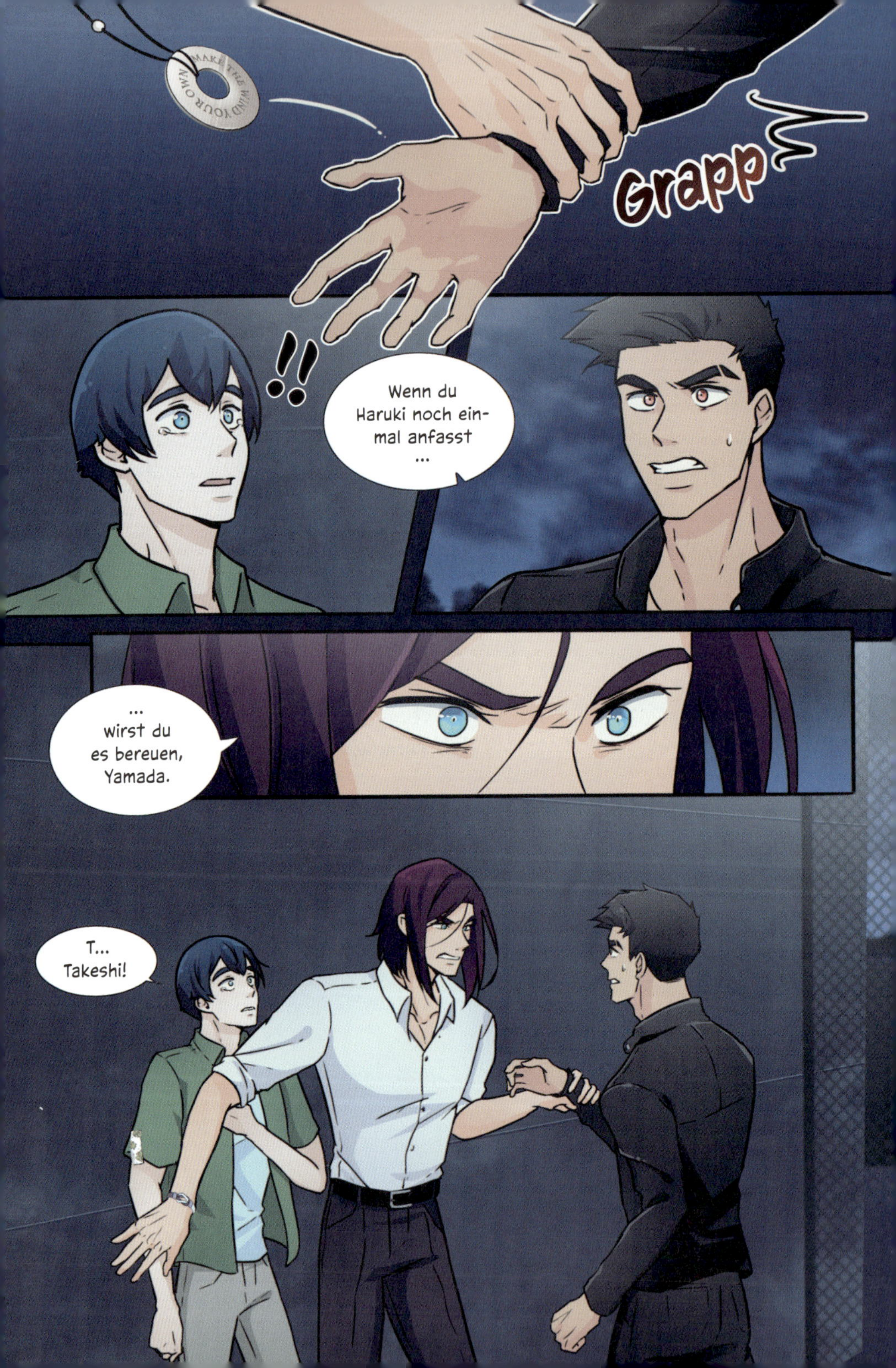
MAKE THE WIND YOUR OWN
Grapp
!!
Wenn du Haruki noch ein-mal anfasst ...
... wirst du es bereuen, Yamada.
T... Takeshi!

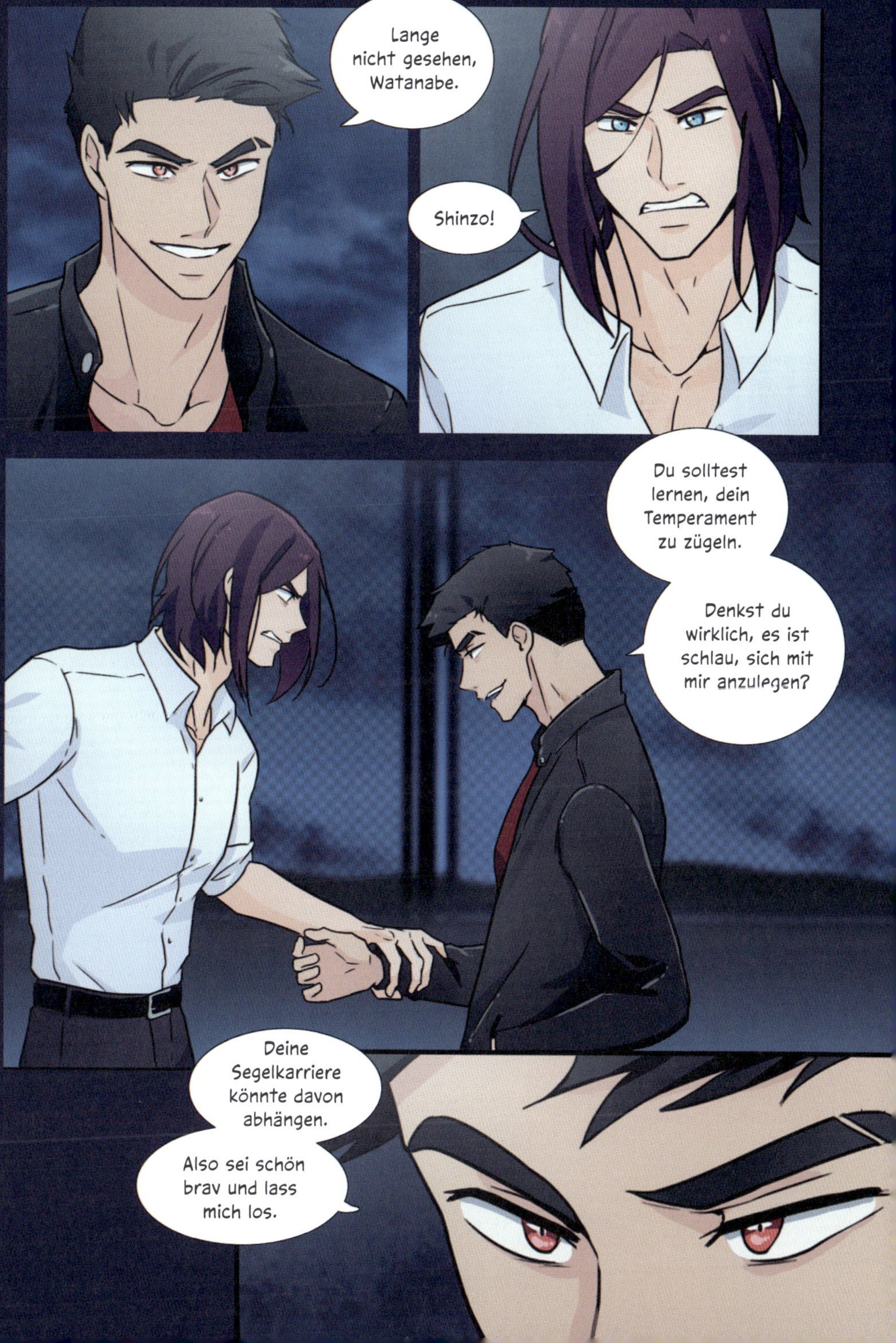
Lange nicht gesehen, Watanabe.
Shinzo!
Du solltest lernen, dein Temperament zu zügeln.
Denkst du wirklich, es ist schlau, sich mit mir anzulegen?
Deine Segelkarriere könnte davon abhängen.
Also sei schön brav und lass mich los.

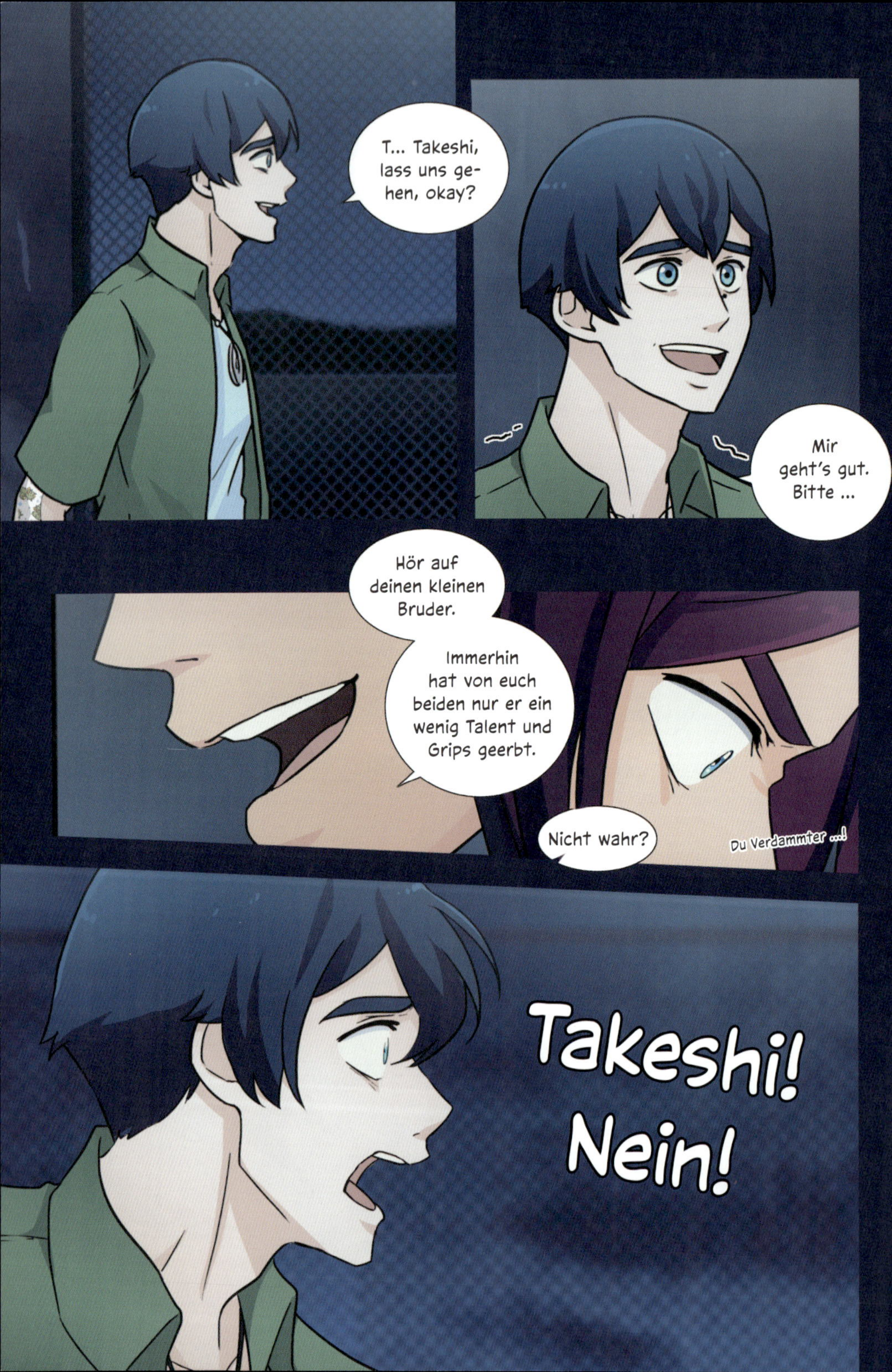
T... Takeshi, lass uns gehen, okay?
Mir geht's gut. Bitte ...
Hör auf deinen kleinen Bruder.
Immerhin hat von euch beiden nur er ein wenig Talent und Grips geerbt.
Nicht wahr?
Du Verdammter ...!
Takeshi! Nein!

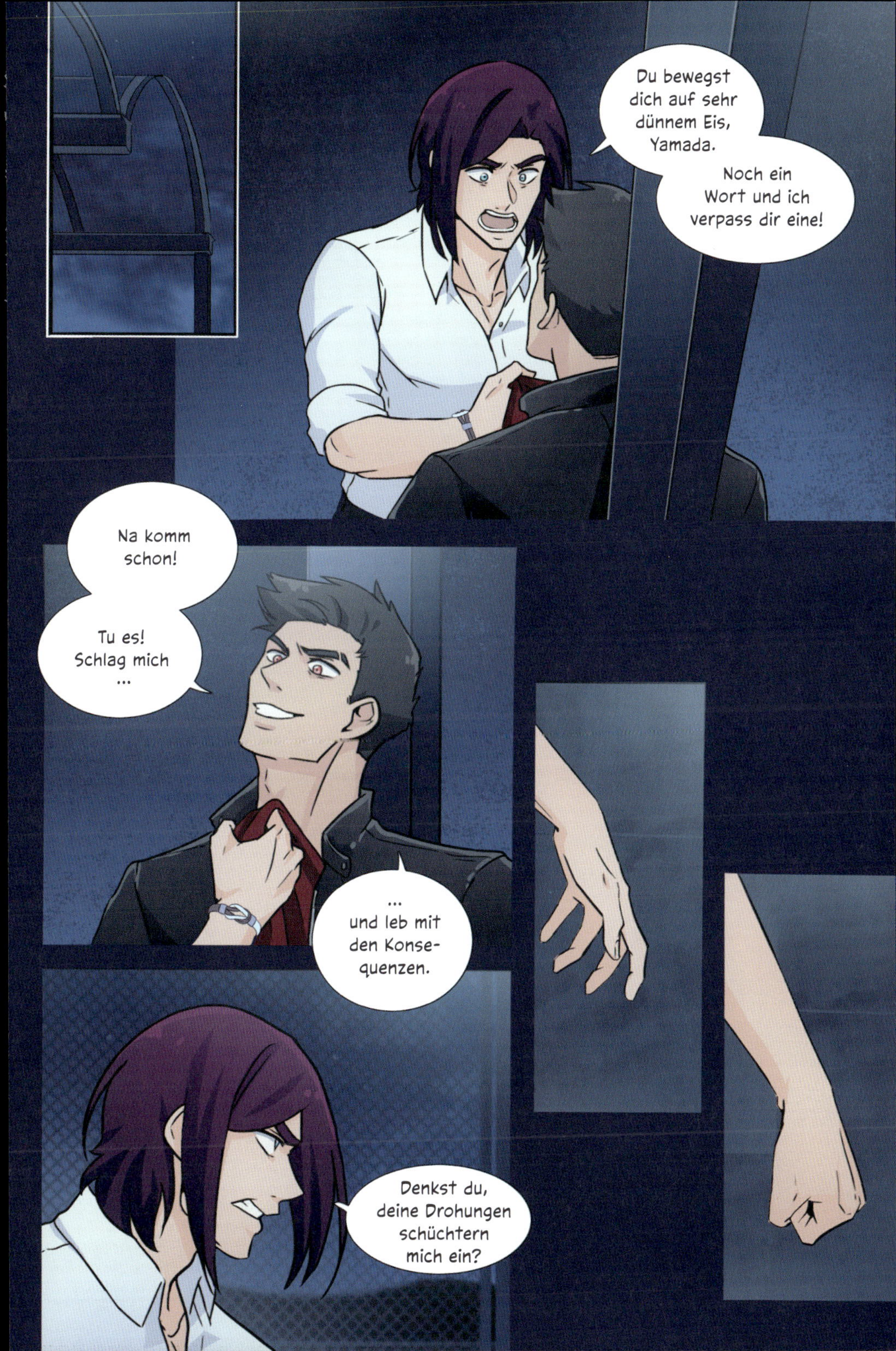
Du bewegst dich auf sehr dünnem Eis, Yamada.
Noch ein Wort und ich verpass dir eine!
Na komm schon!
Tu es! Schlag mich ...
... und leb mit den Konse-quenzen.
Denkst du, deine Drohungen schüchtern mich ein?

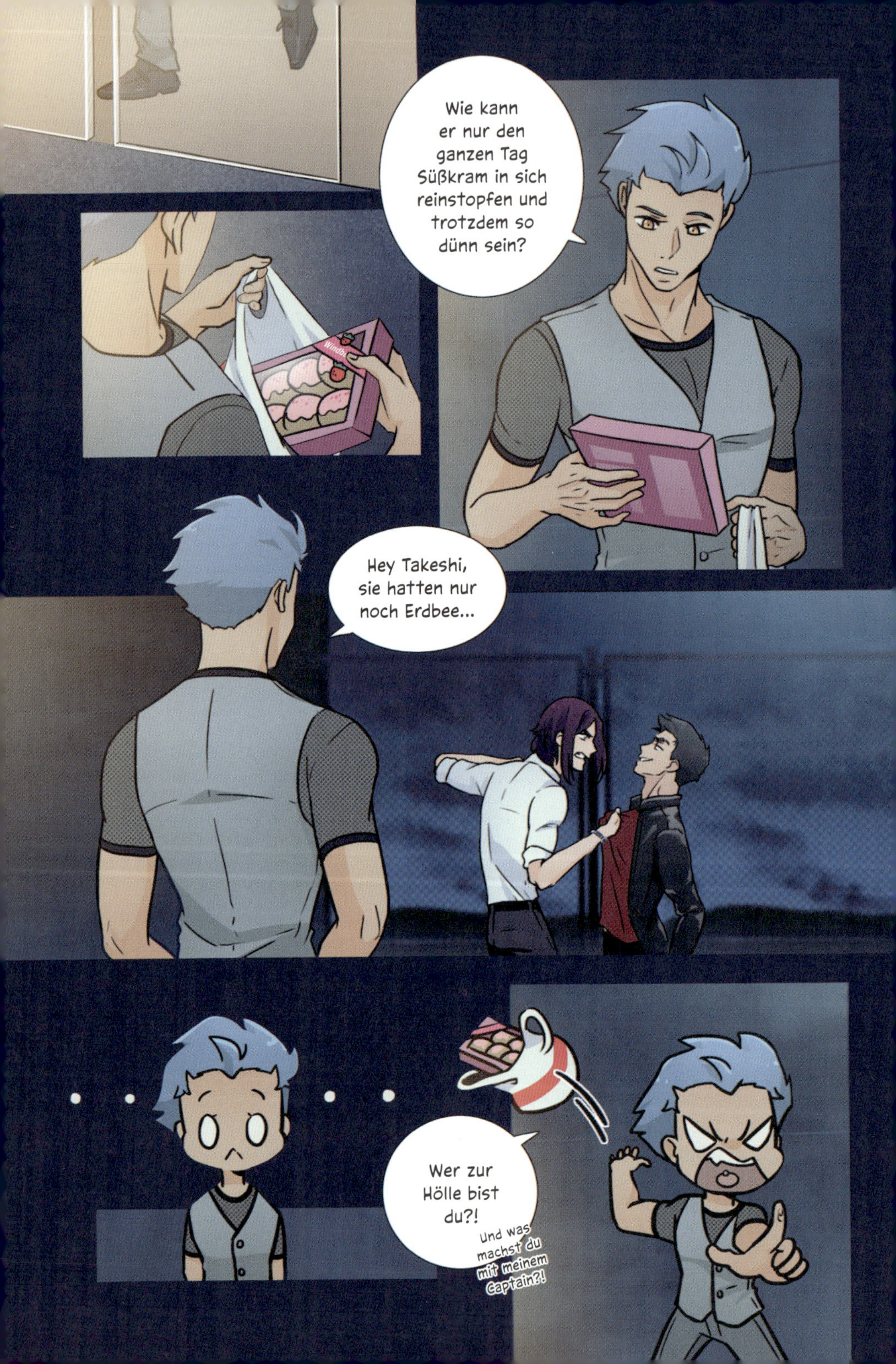
Wie kann er nur den ganzen Tag Süßkram in sich reinstopfen und trotzdem so dünn sein?
Hey Takeshi, sie hatten nur noch Erdbee...
. . . . .
Wer zur Hölle bist du?!
Und was machst du mit meinem Captain?!

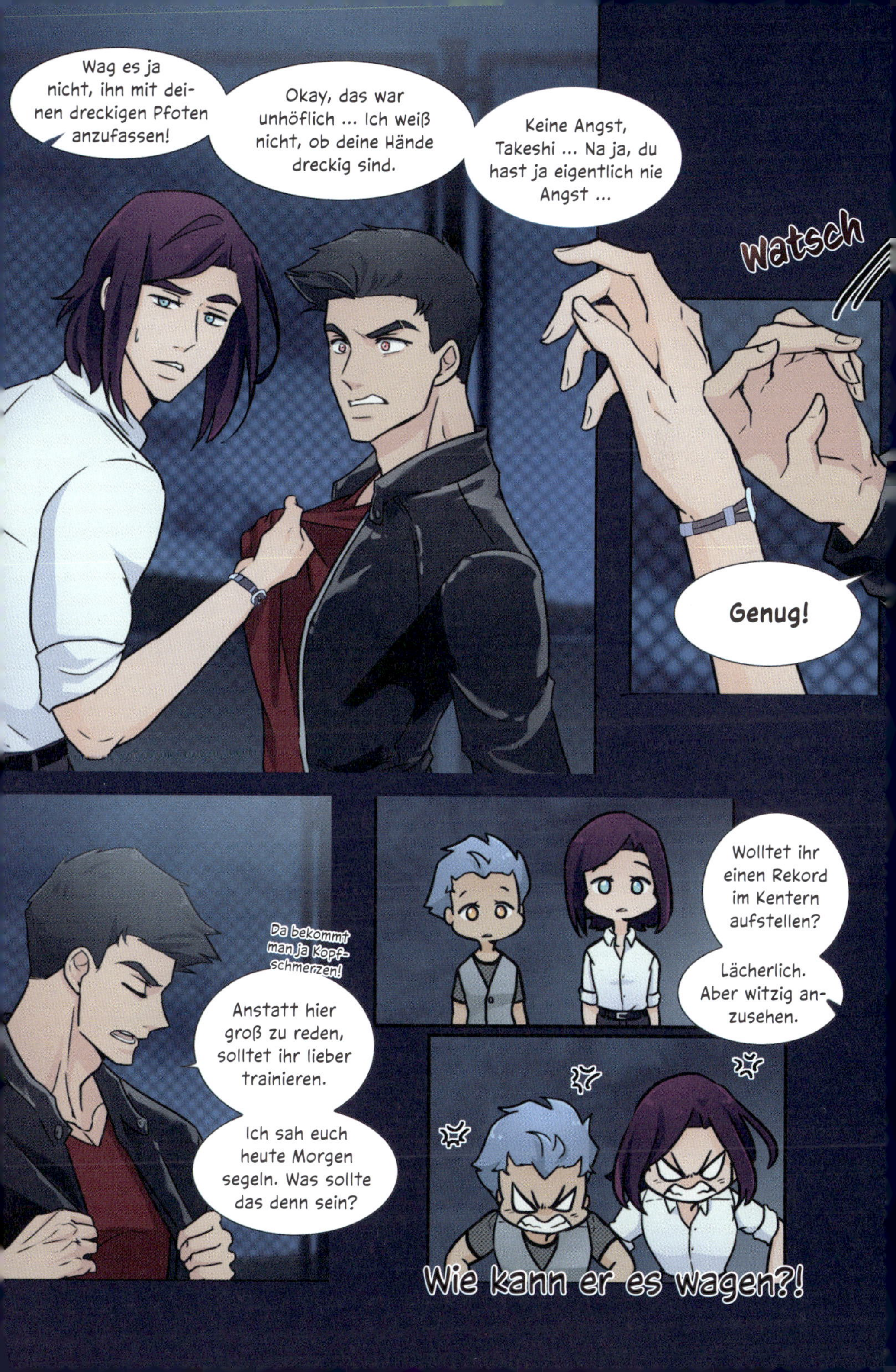
Wag es ja nicht, ihn mit deinen dreckigen Pfoten anzufassen!
Okay, das war unhöflich ... Ich weiß nicht, ob deine Hände dreckig sind.
Keine Angst, Takeshi ... Na ja, du hast ja eigentlich nie Angst ...
Watsch
Genug!
Da bekommt man ja Kopfschmerzen!
Anstatt hier groß zu reden, solltet ihr lieber trainieren.
Ich sah euch heute Morgen segeln. Was sollte das denn sein?
Wolltet ihr einen Rekord im Kentern aufstellen?
Lächerlich. Aber witzig anzusehen.
Wie kann er es wagen?!

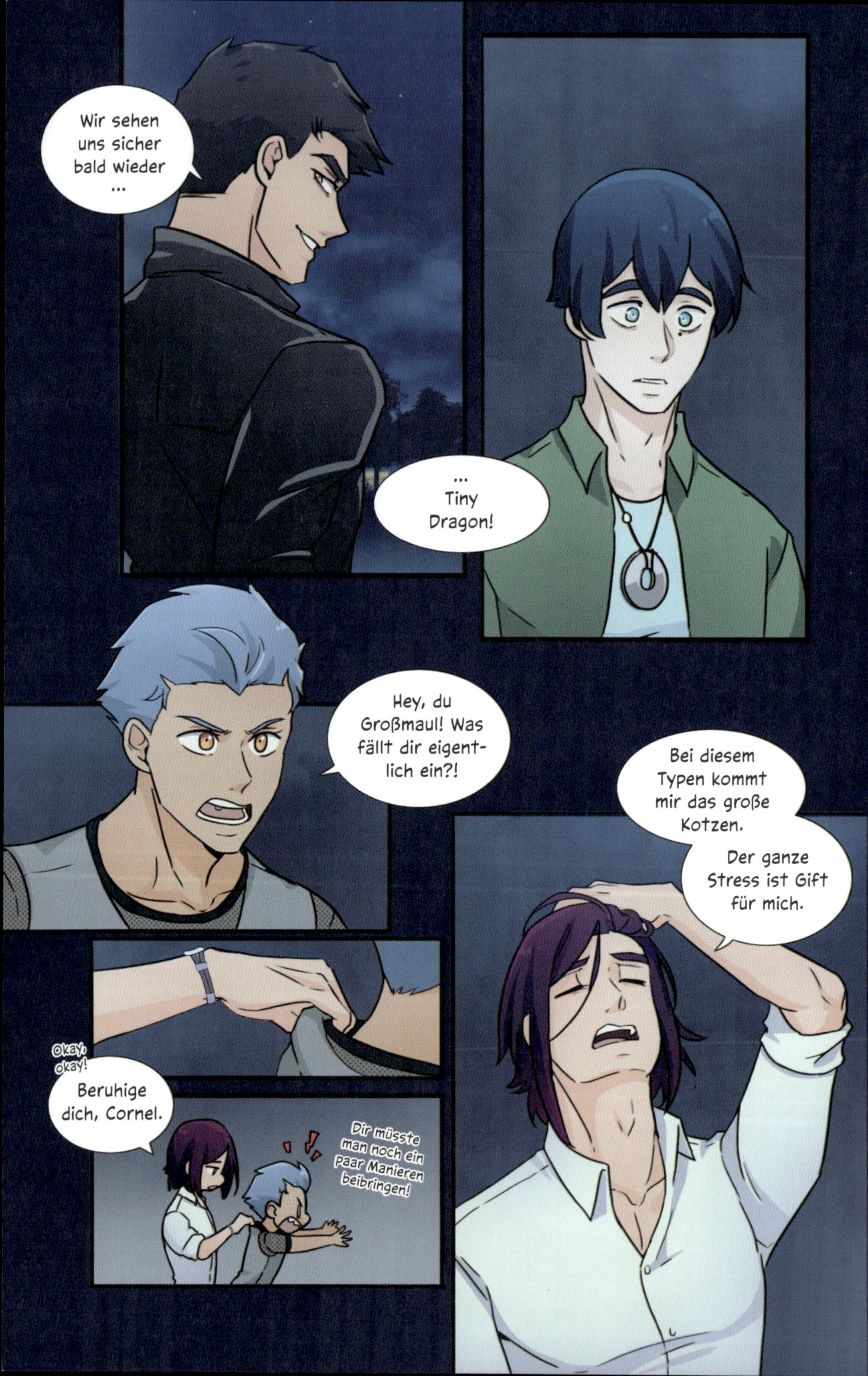

Wir sehen uns sicher bald wieder ...
... Tiny Dragon!
Hey, du Großmaul! Was fällt dir eigentlich ein?!
Bei diesem Typen kommt mir das große Kotzen.
Der ganze Stress ist Gift für mich.
Okay, okay!
Beruhige dich, Cornel.
Dir müsste man noch ein Paar Manieren beibringen!

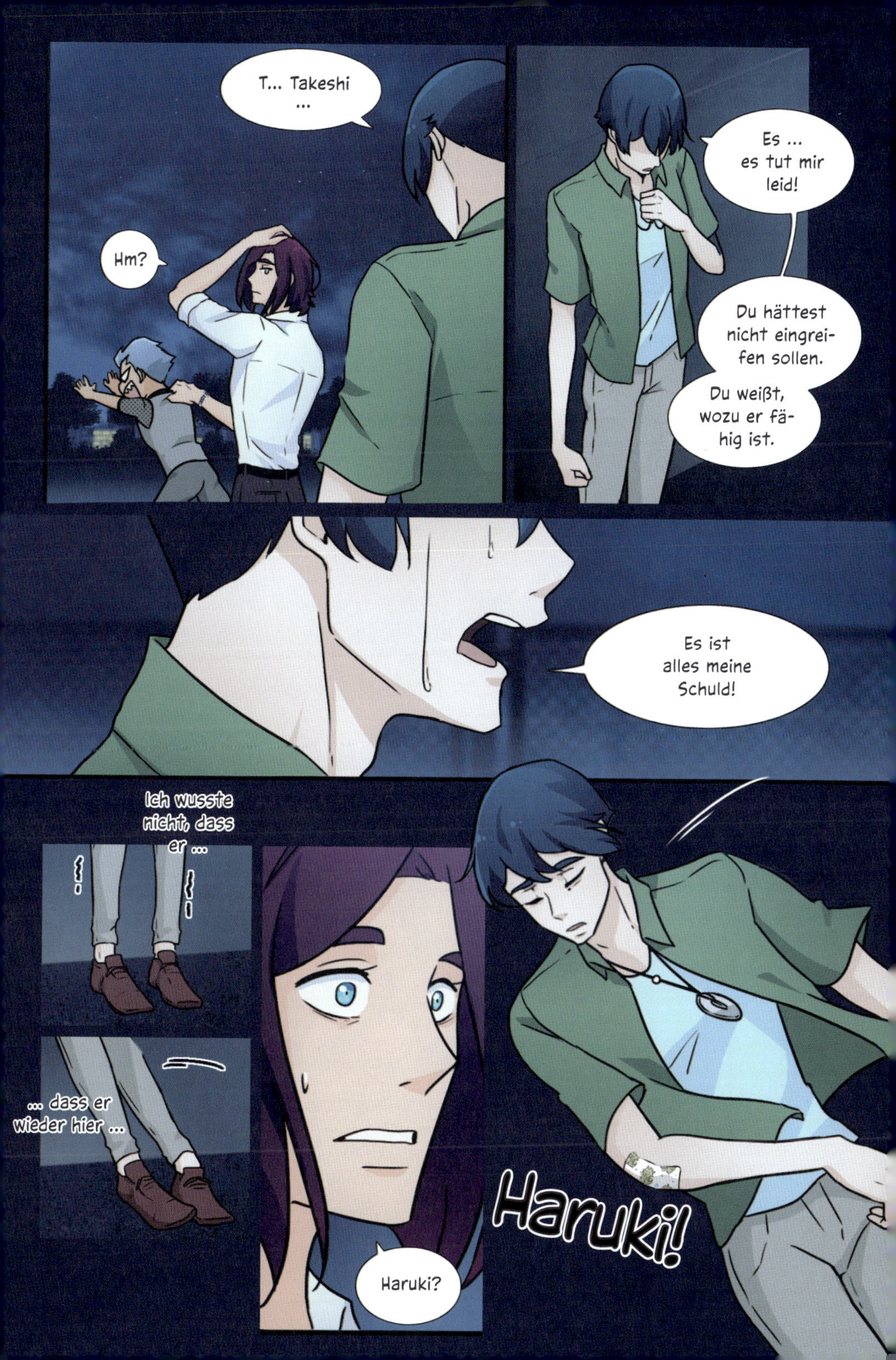
T... Takeshi ...
Hm?
Es ... es tut mir leid!
Du hättest nicht eingreifen sollen.
Du weißt, wozu er fähig ist.
Es ist alles meine Schuld!
Ich wusste nicht, dass er ...
... dass er wieder hier ...
Haruki!
Haruki?

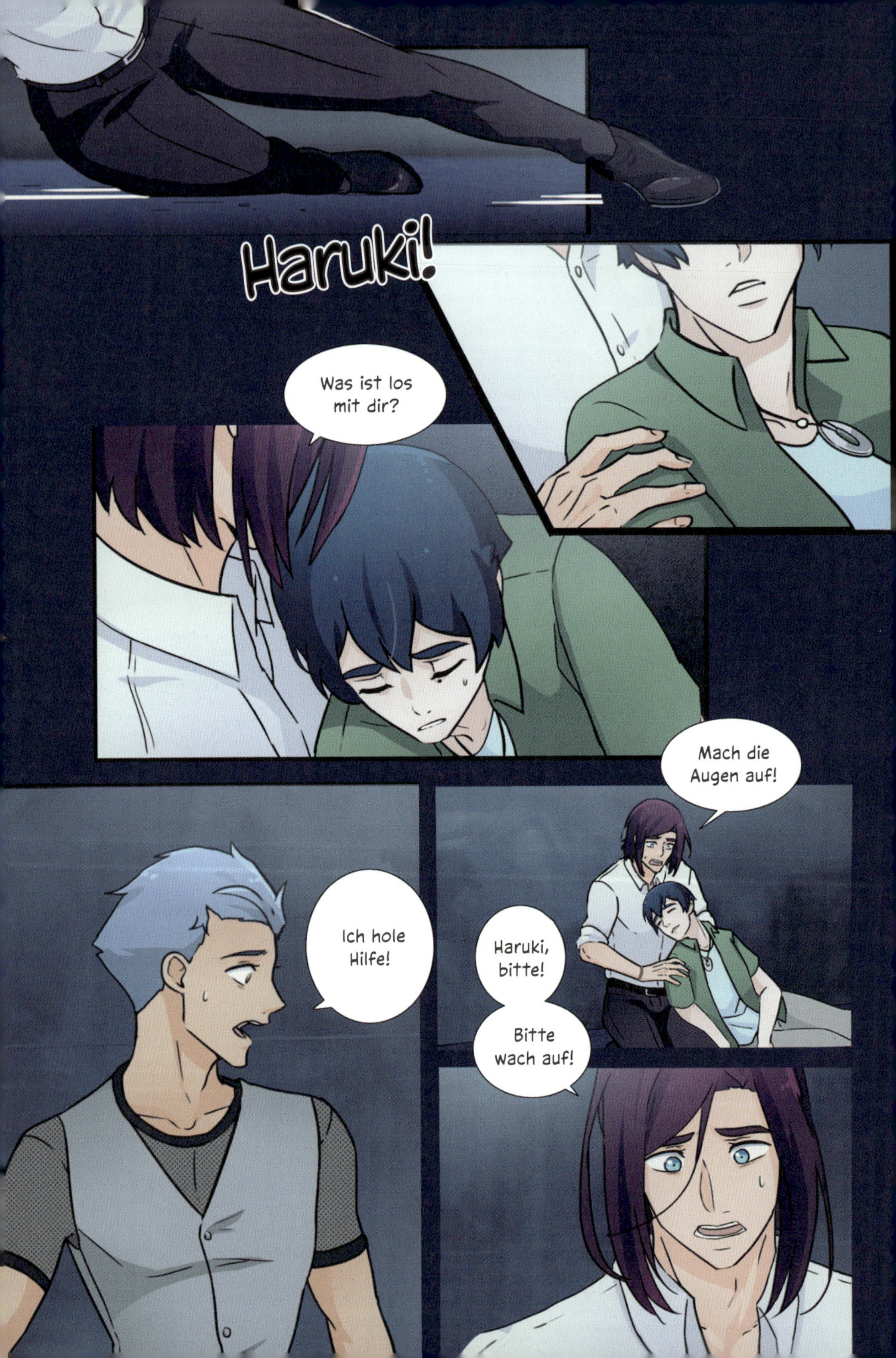
Haruki!
Was ist los mit dir?
Mach die Augen auf!
Ich hole Hilfe!
Haruki, bitte!
Bitte wach auf!

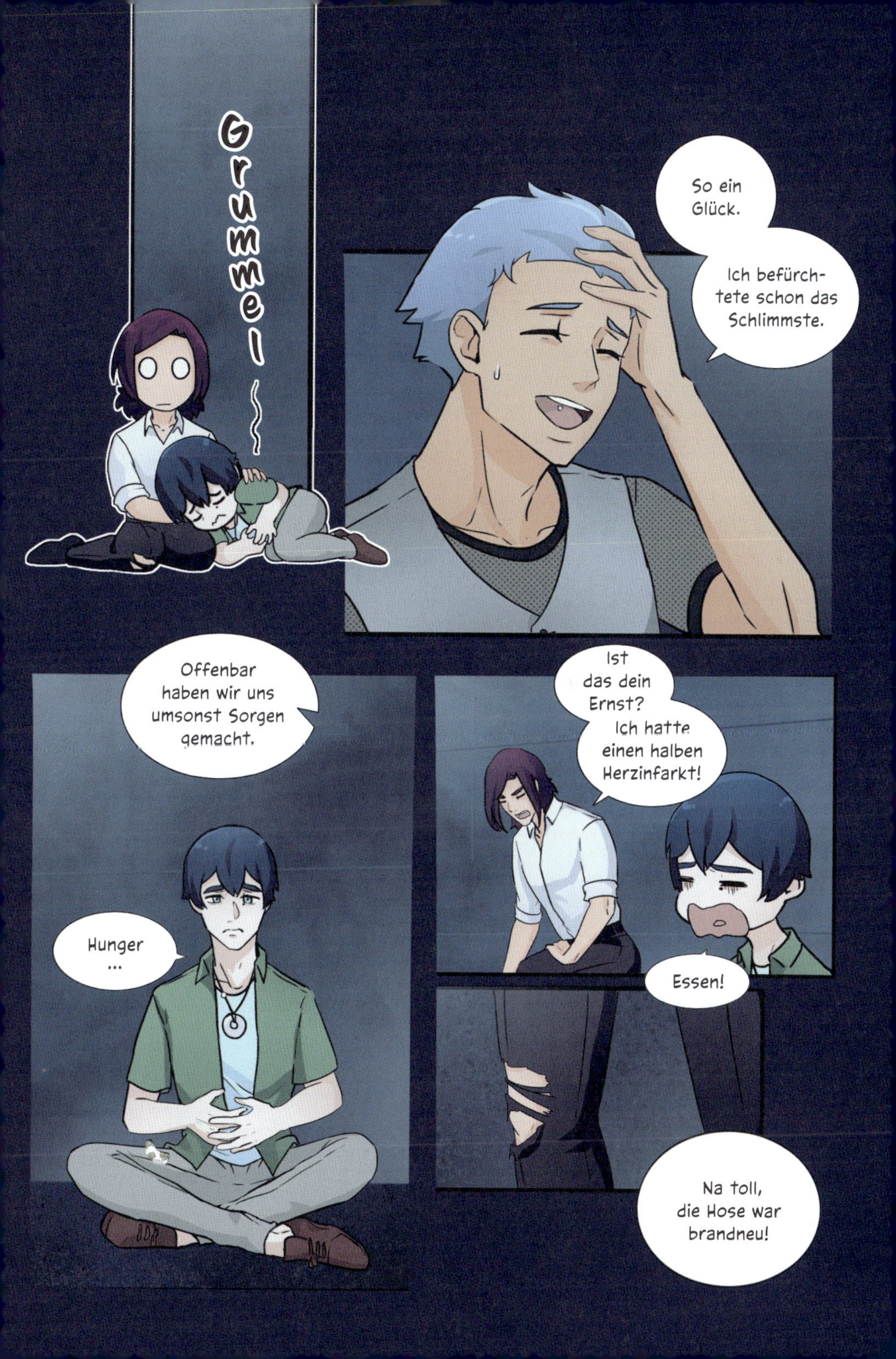
Grummel ~~~
So ein Glück.
Ich befürchtete schon das Schlimmste.
Offenbar haben wir uns umsonst Sorgen gemacht.
Hunger ...
Ist das dein Ernst?
Ich hatte einen halben Herzinfarkt!
Essen!
Na toll, die Hose war brandneu!

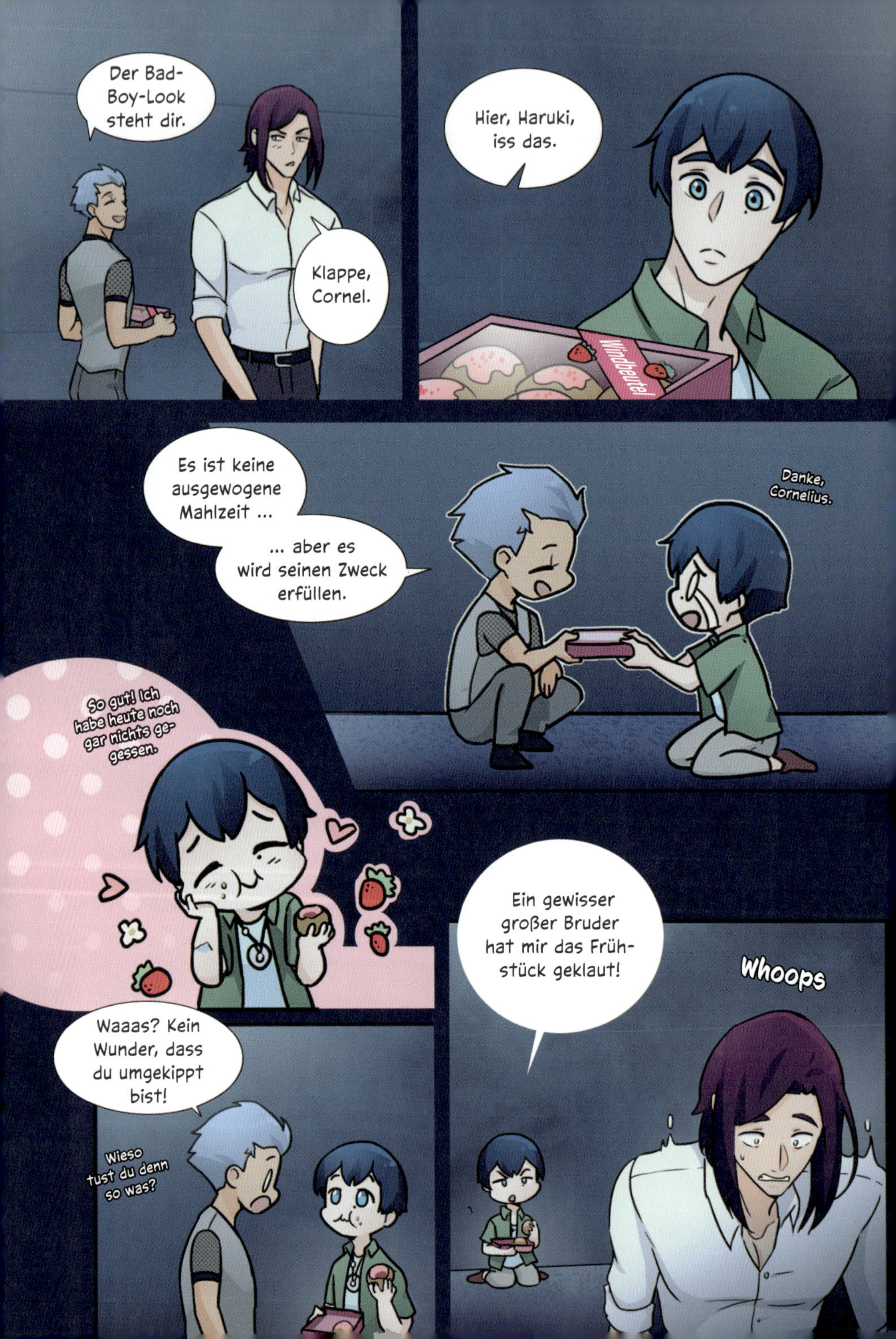
Der Bad-Boy-Look steht dir.
Klappe, Cornel.
Hier, Haruki, iss das.
Windbeutel
Es ist keine ausgewogene Mahlzeit ...
... aber es wird seinen Zweck erfüllen.
Danke, Cornelius.
So gut! Ich habe heute noch gar nichts gegessen.
Waaas? Kein Wunder, dass du umgekippt bist!
Wieso tust du denn so was?
Ein gewisser großer Bruder hat mir das Frühstück geklaut!
Whoops

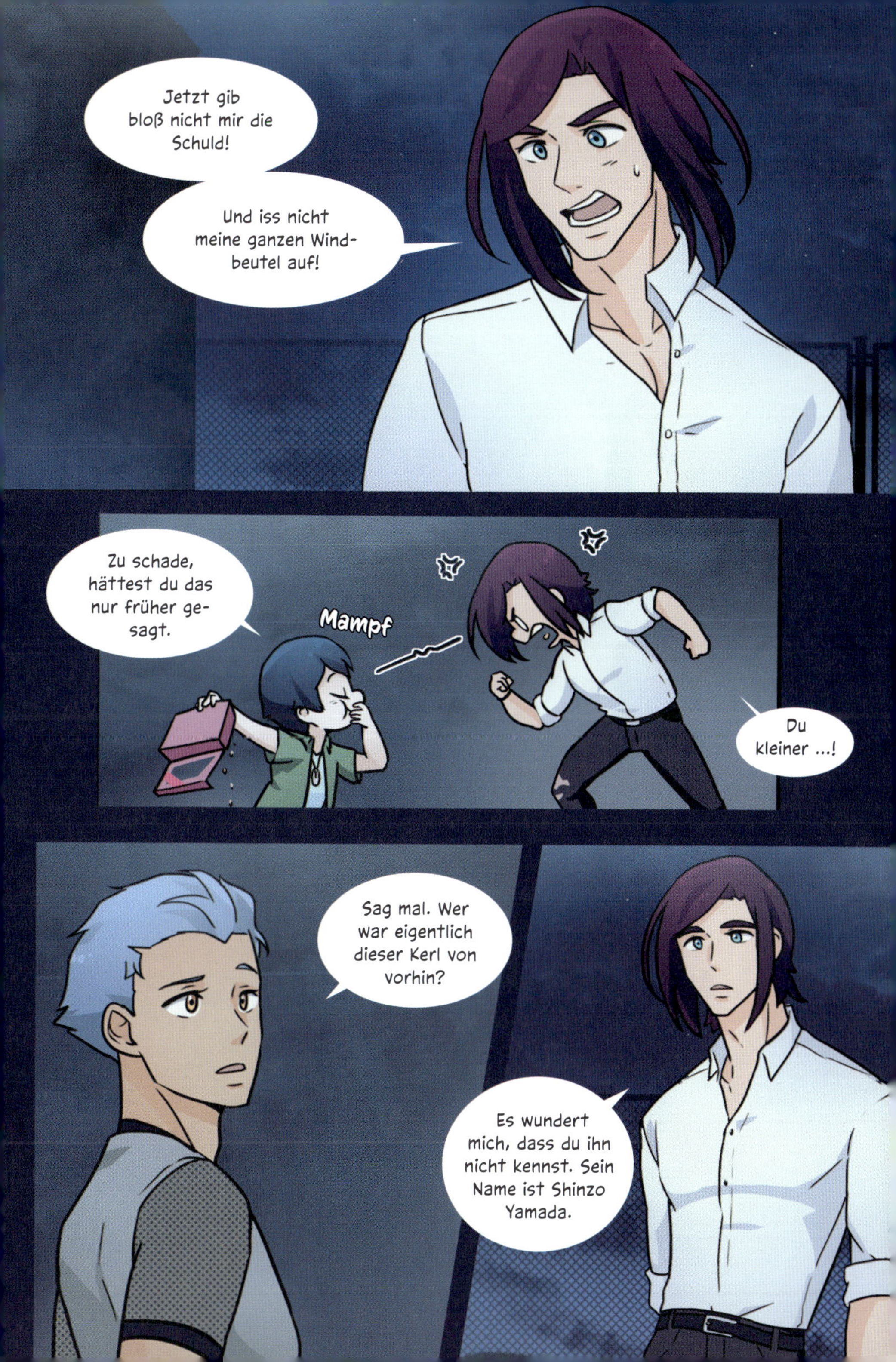
Jetzt gib bloß nicht mir die Schuld!
Und iss nicht meine ganzen Wind-beutel auf!
Zu schade, hättest du das nur früher ge-sagt.
Mampf
Du kleiner ...!
Sag mal. Wer war eigentlich dieser Kerl von vorhin?
Es wundert mich, dass du ihn nicht kennst. Sein Name ist Shinzo Yamada.

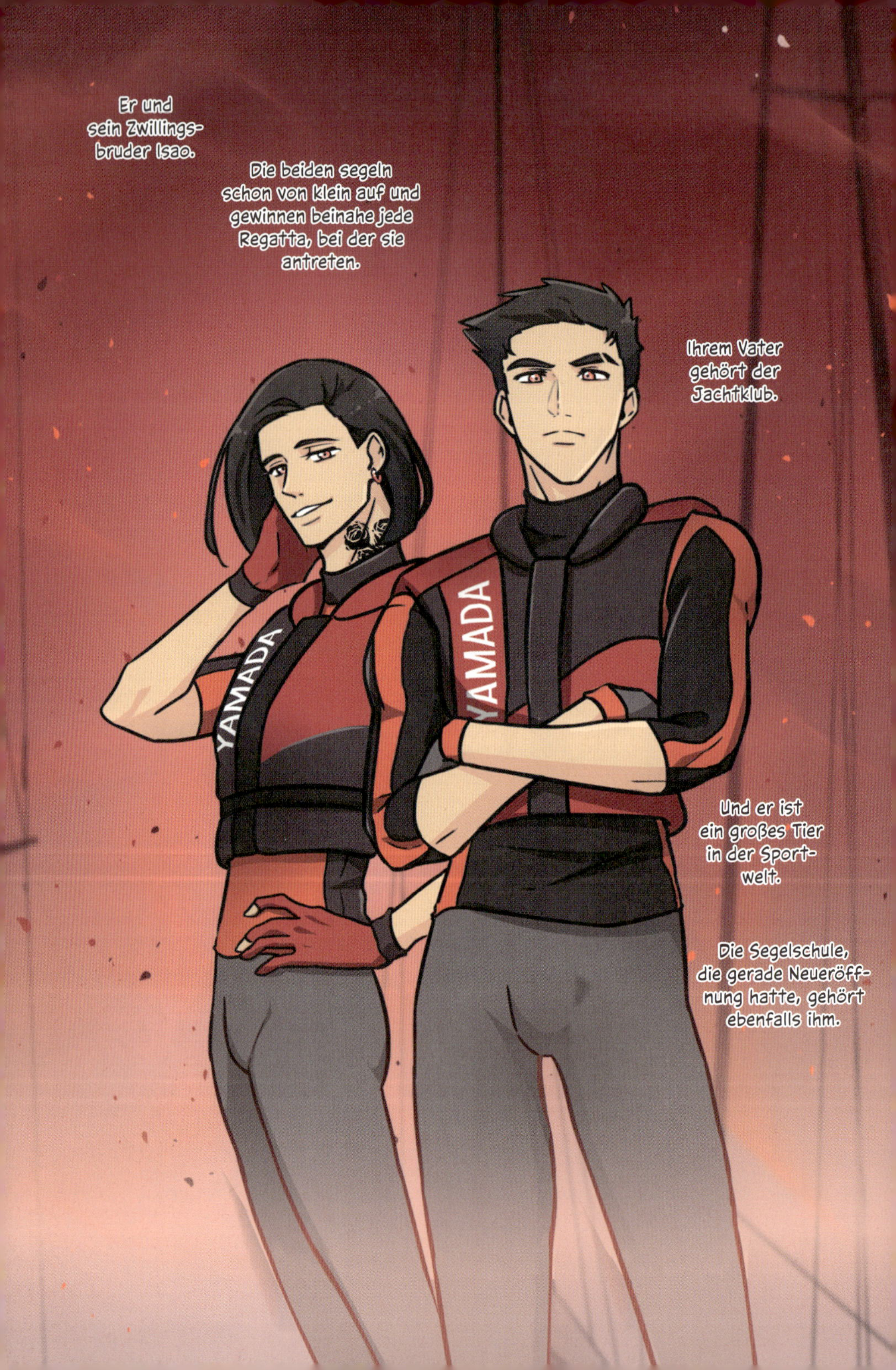
Er und sein Zwillings-bruder Isao.
Die beiden segeln schon von klein auf und gewinnen beinahe jede Regatta, bei der sie antreten.
Ihrem Vater gehört der Jachtklub.
YAMADA
YAMADA
Und er ist ein großes Tier in der Sport-welt.
Die Segelschule, die gerade Neueröff-nung hatte, gehört ebenfalls ihm.

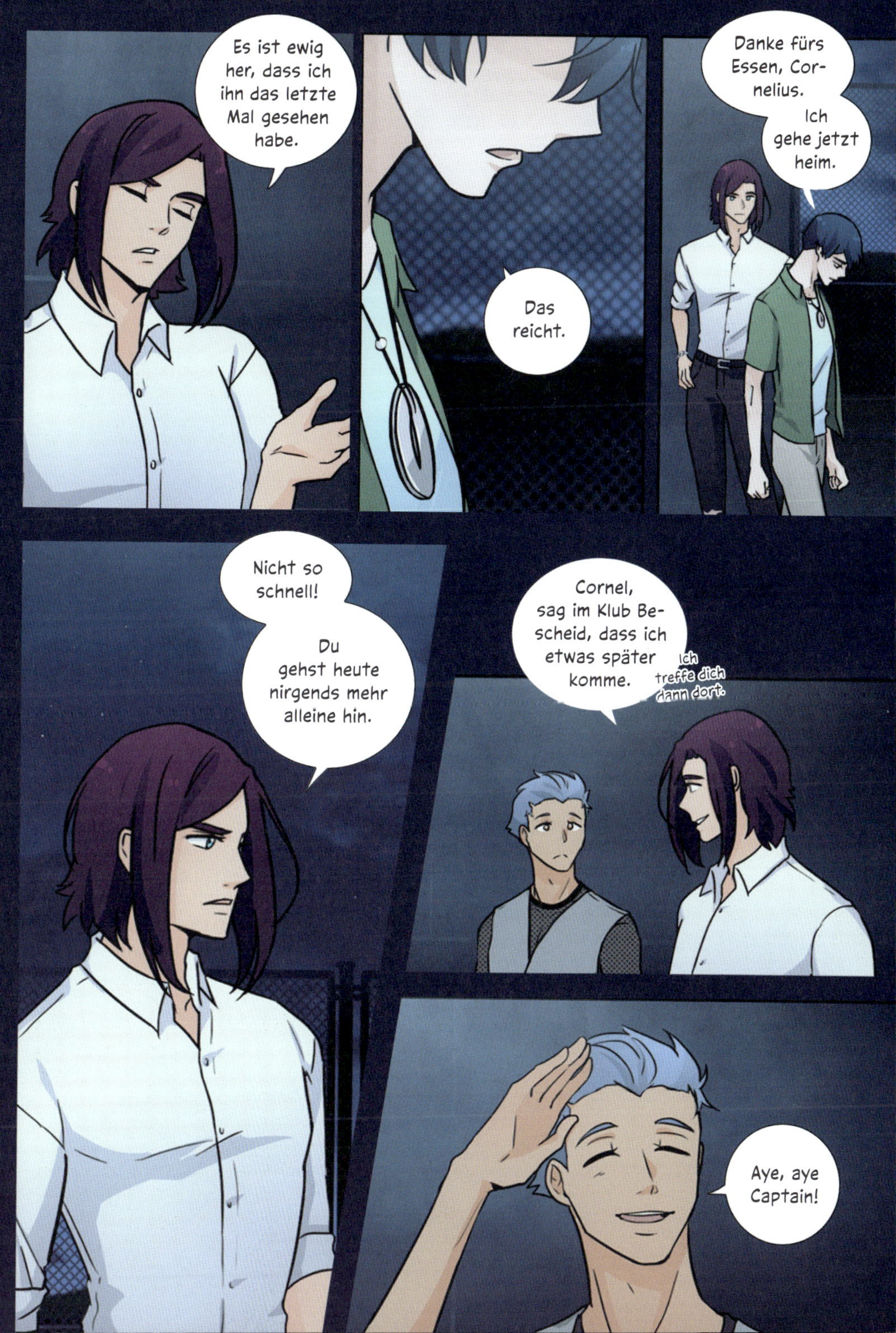
Es ist ewig her, dass ich ihn das letzte Mal gesehen habe.
Das reicht.
Danke fürs Essen, Cornelius.
Ich gehe jetzt heim.
Nicht so schnell!
Du gehst heute nirgends mehr alleine hin.
Cornel, sag im Klub Bescheid, dass ich etwas später komme.
Ich treffe dich dann dort.
Aye, aye Captain!

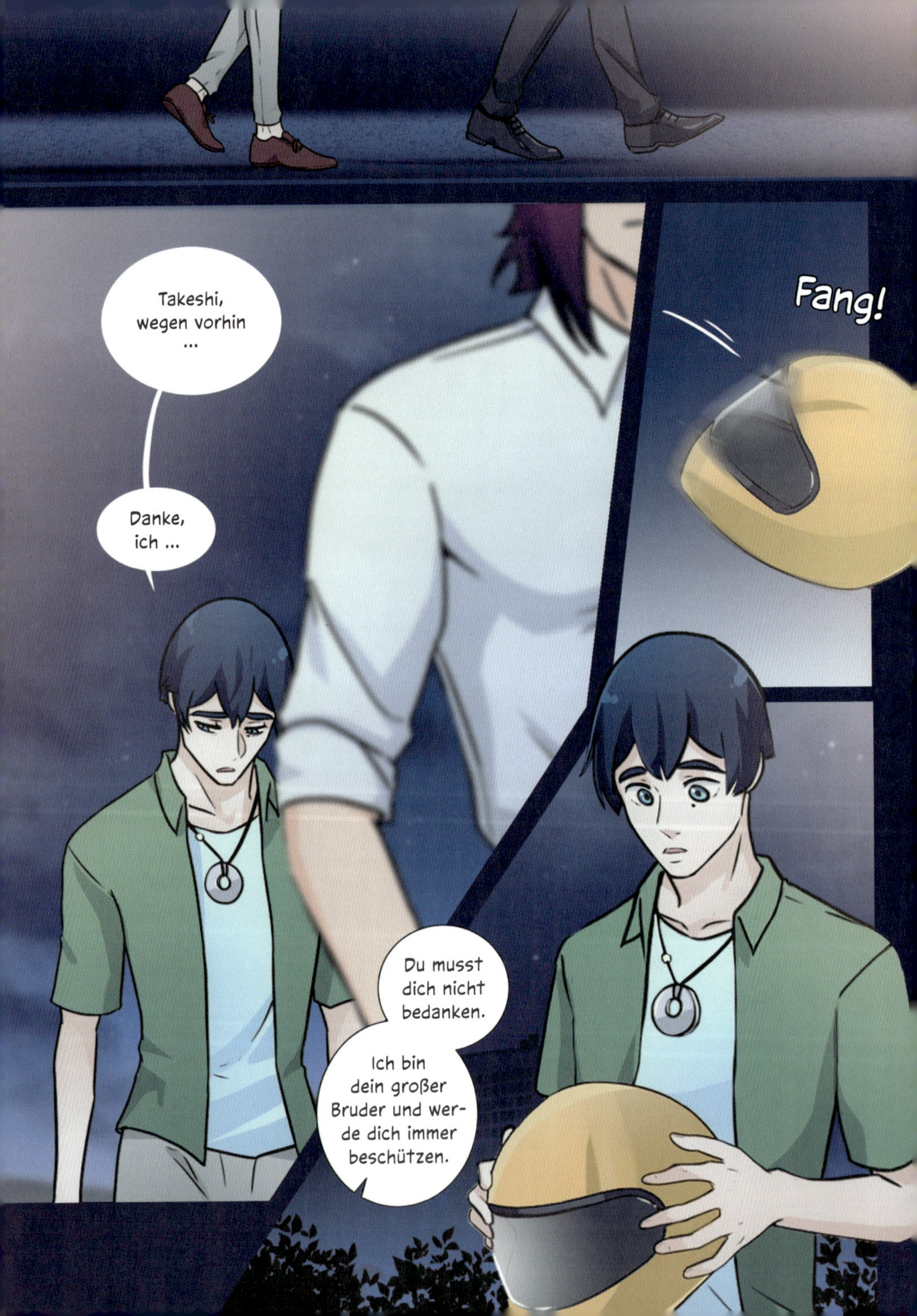

Takeshi, wegen vorhin ...
Danke, ich ...
Fang!
Du musst dich nicht bedanken.
Ich bin dein großer Bruder und werde dich immer beschützen.

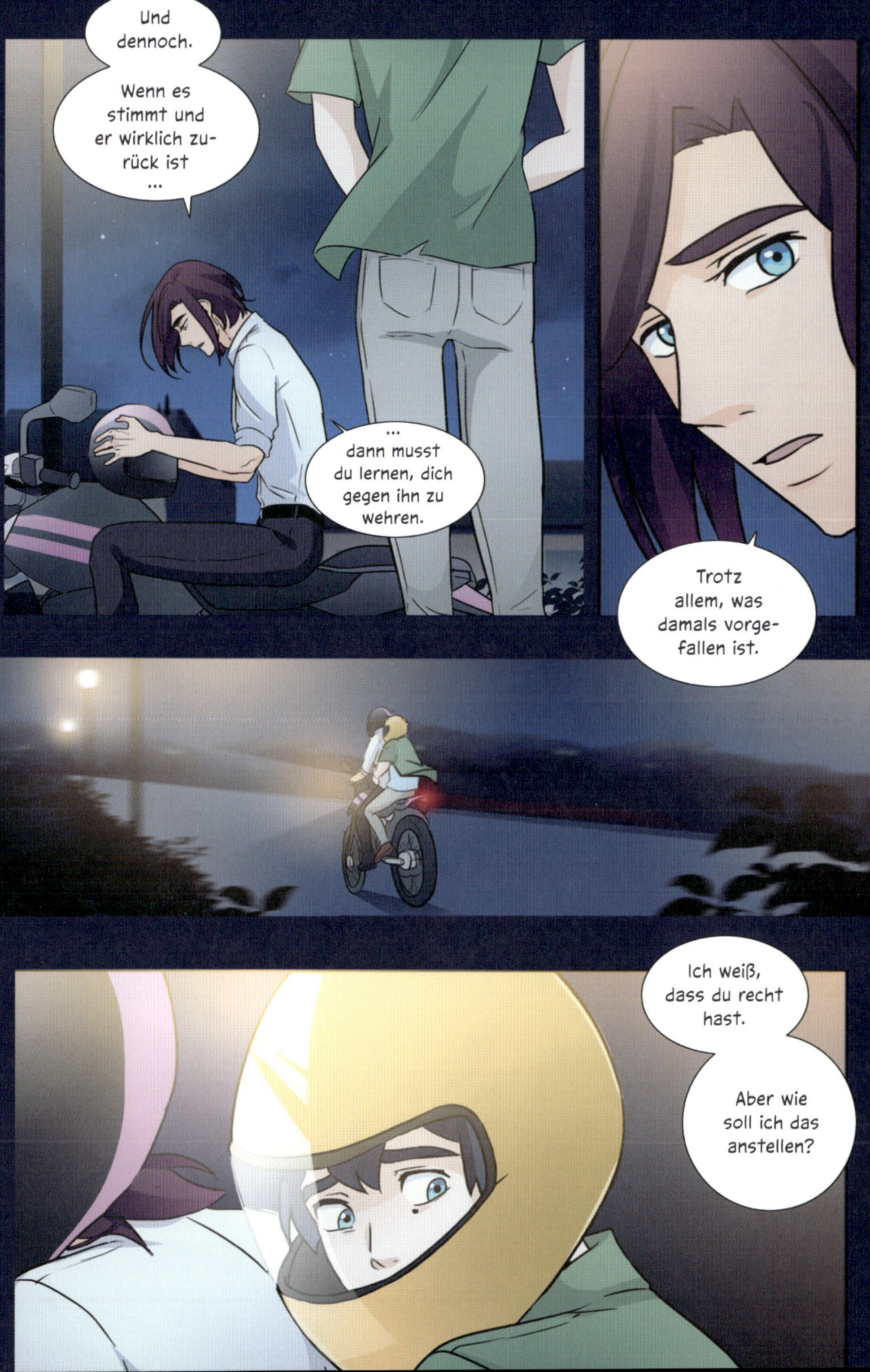
Und dennoch.
Wenn es stimmt und er wirklich zu-rück ist ...
... dann musst du lernen, dich gegen ihn zu wehren.
Trotz allem, was damals vorge-fallen ist.
Ich weiß, dass du recht hast.
Aber wie soll ich das anstellen?

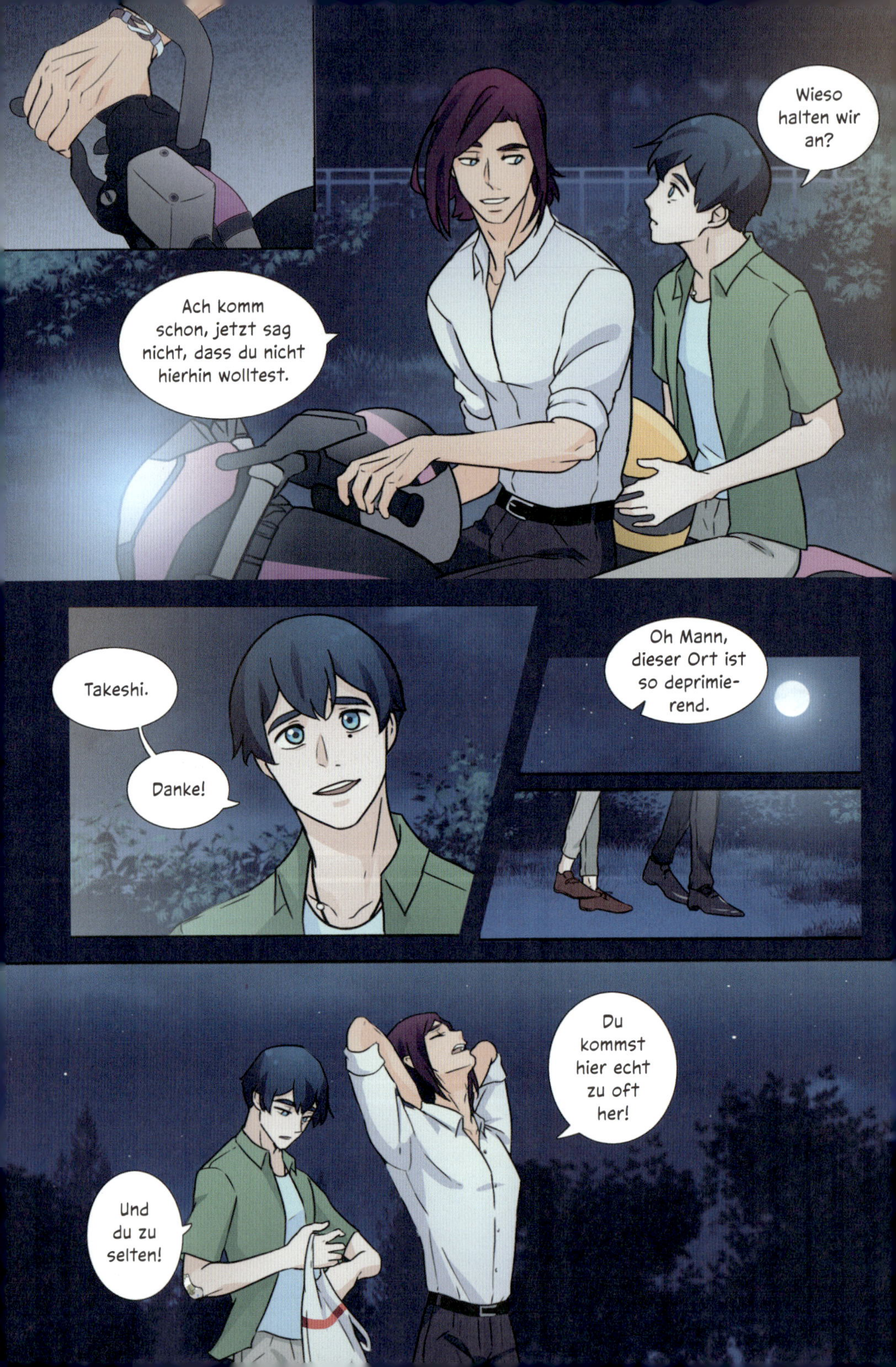
Wieso halten wir an?
Ach komm schon, jetzt sag nicht, dass du nicht hierhin wolltest.
Takeshi.
Danke!
Oh Mann, dieser Ort ist so deprimie-rend.
Du kommst hier echt zu oft her!
Und du zu selten!

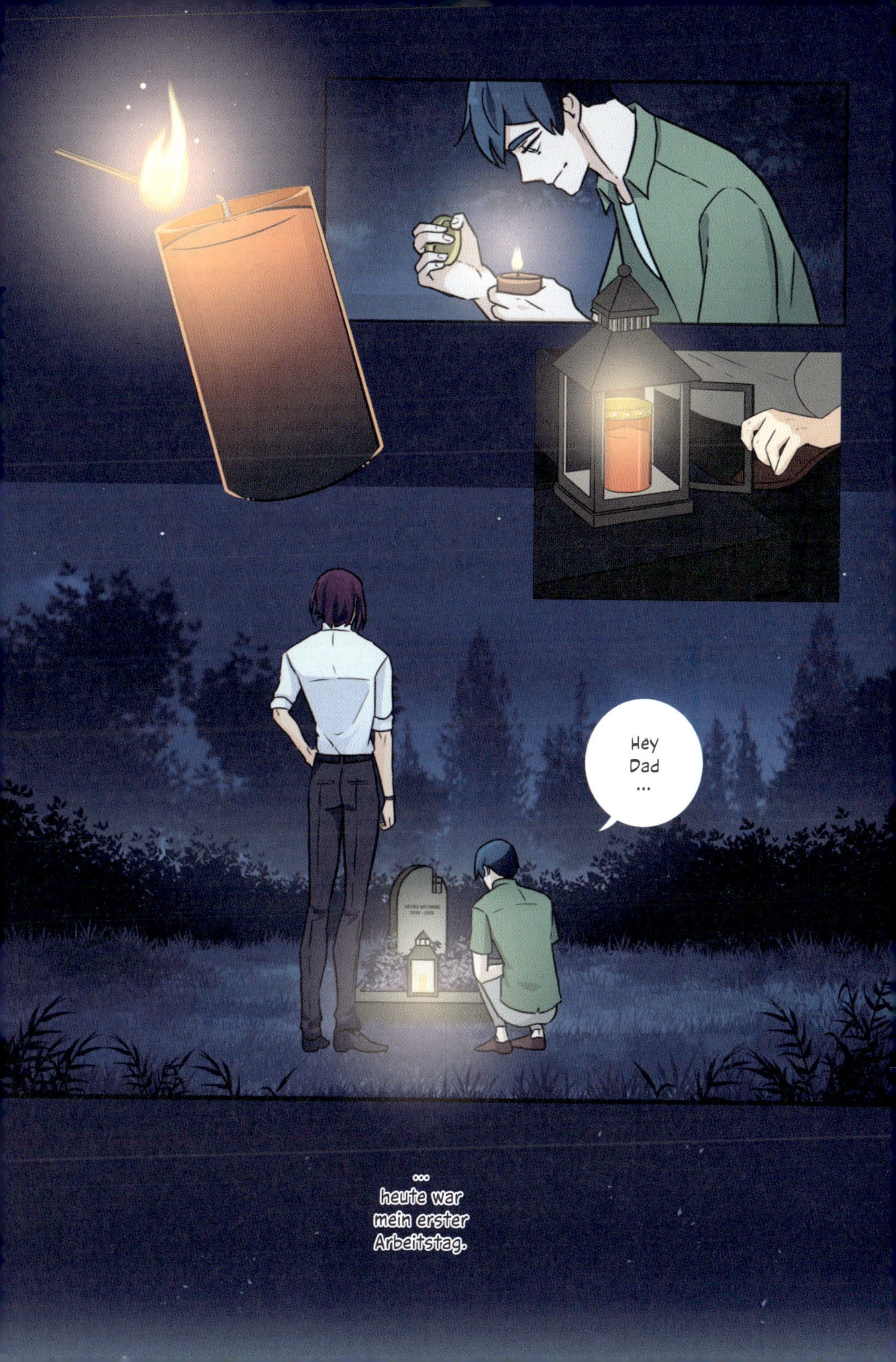
Hey
Dad
...
...
heute war
mein erster
Arbeitstag.

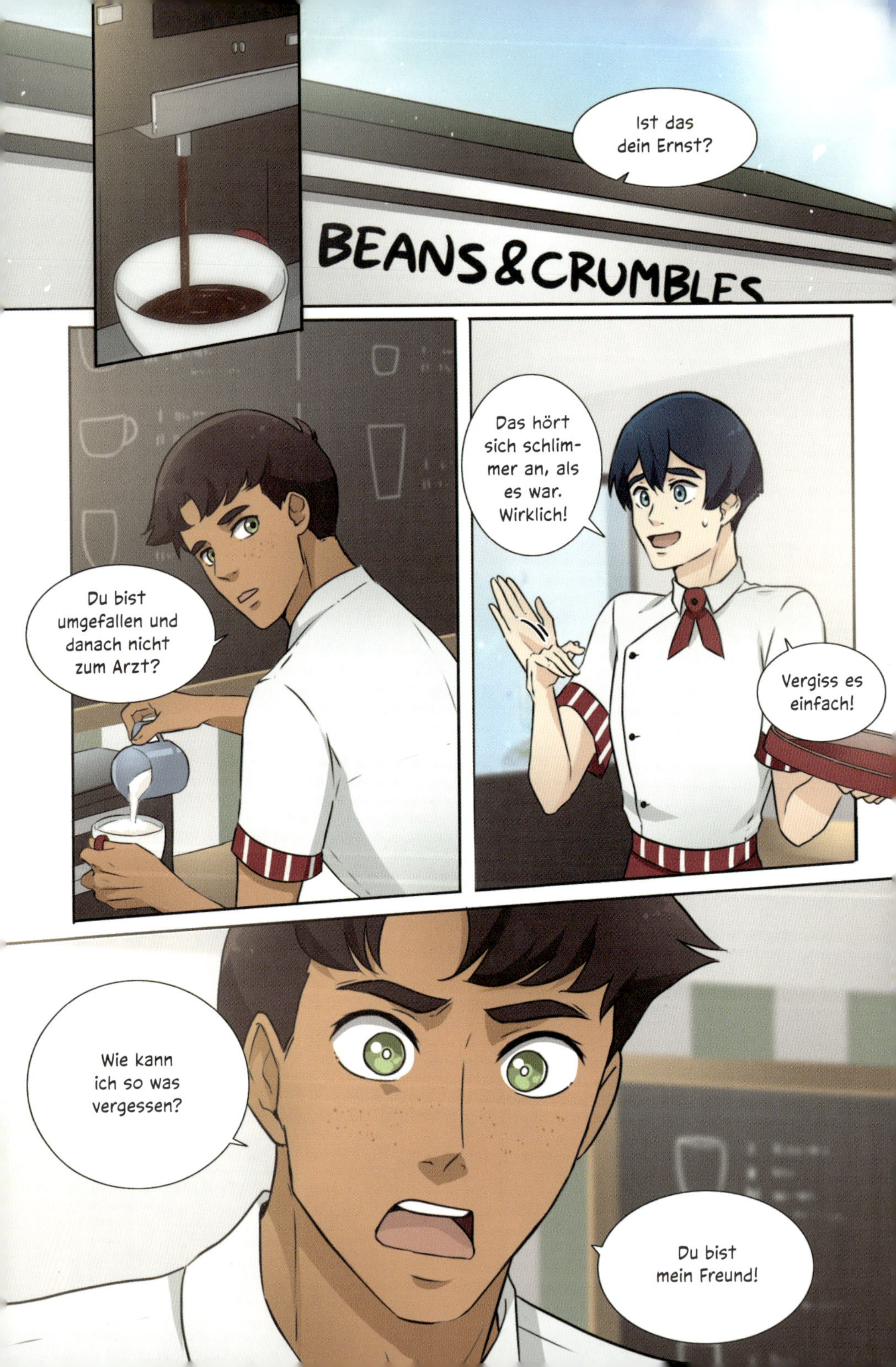
Ist das
dein Ernst?
BEANS & CRUMBLES
Du bist umgefallen und danach nicht zum Arzt?
Das hört sich schlimmer an, als es war. Wirklich!
Vergiss es einfach!
Wie kann ich so was vergessen?
Du bist mein Freund!

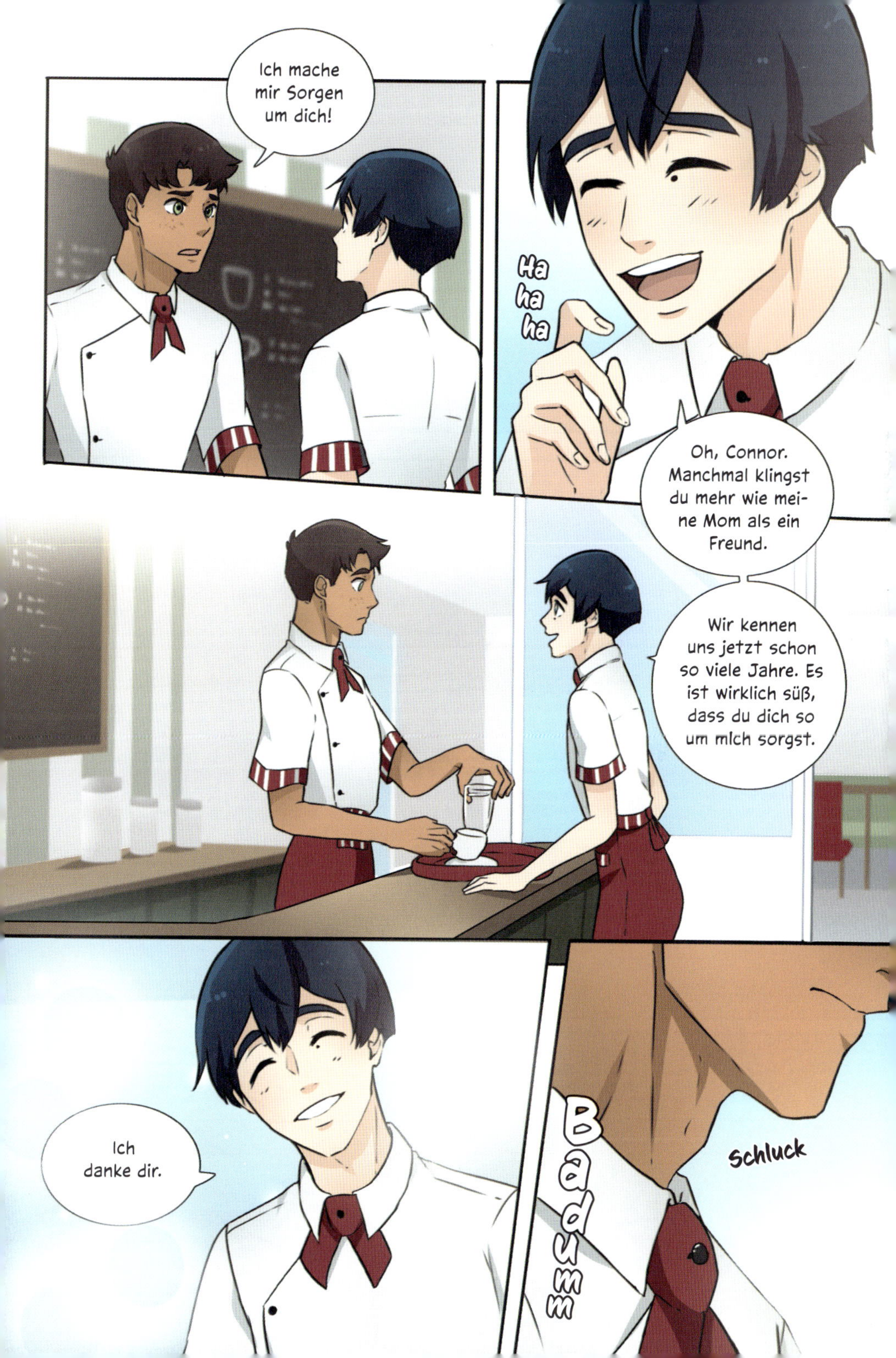
Ich mache mir Sorgen um dich!
Ha ha ha
Oh, Connor. Manchmal klingst du mehr wie meine Mom als ein Freund.
Wir kennen uns jetzt schon so viele Jahre. Es ist wirklich süß, dass du dich so um mich sorgst.
Ich danke dir.
Badumm
Schluck

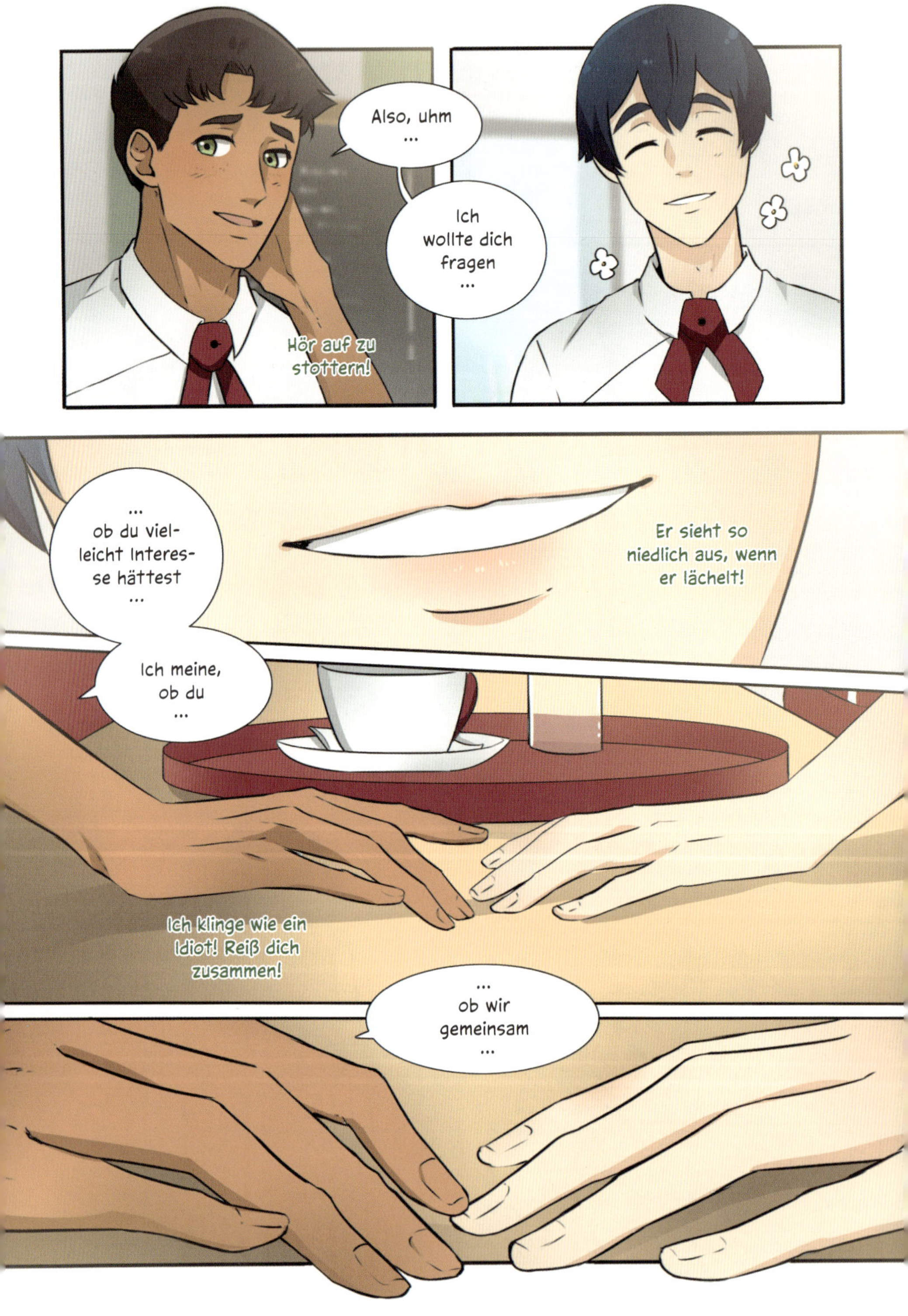
Also, uhm
...
Ich
wollte dich
fragen
...
Hör auf zu
stottern!
...
ob du viel-
leicht Interes-
se hättest
...
Er sieht so
niedlich aus, wenn
er lächelt!
Ich meine,
ob du
...
Ich klinge wie ein
Idiot! Reiß dich
zusammen!
...
ob wir
gemeinsam
...

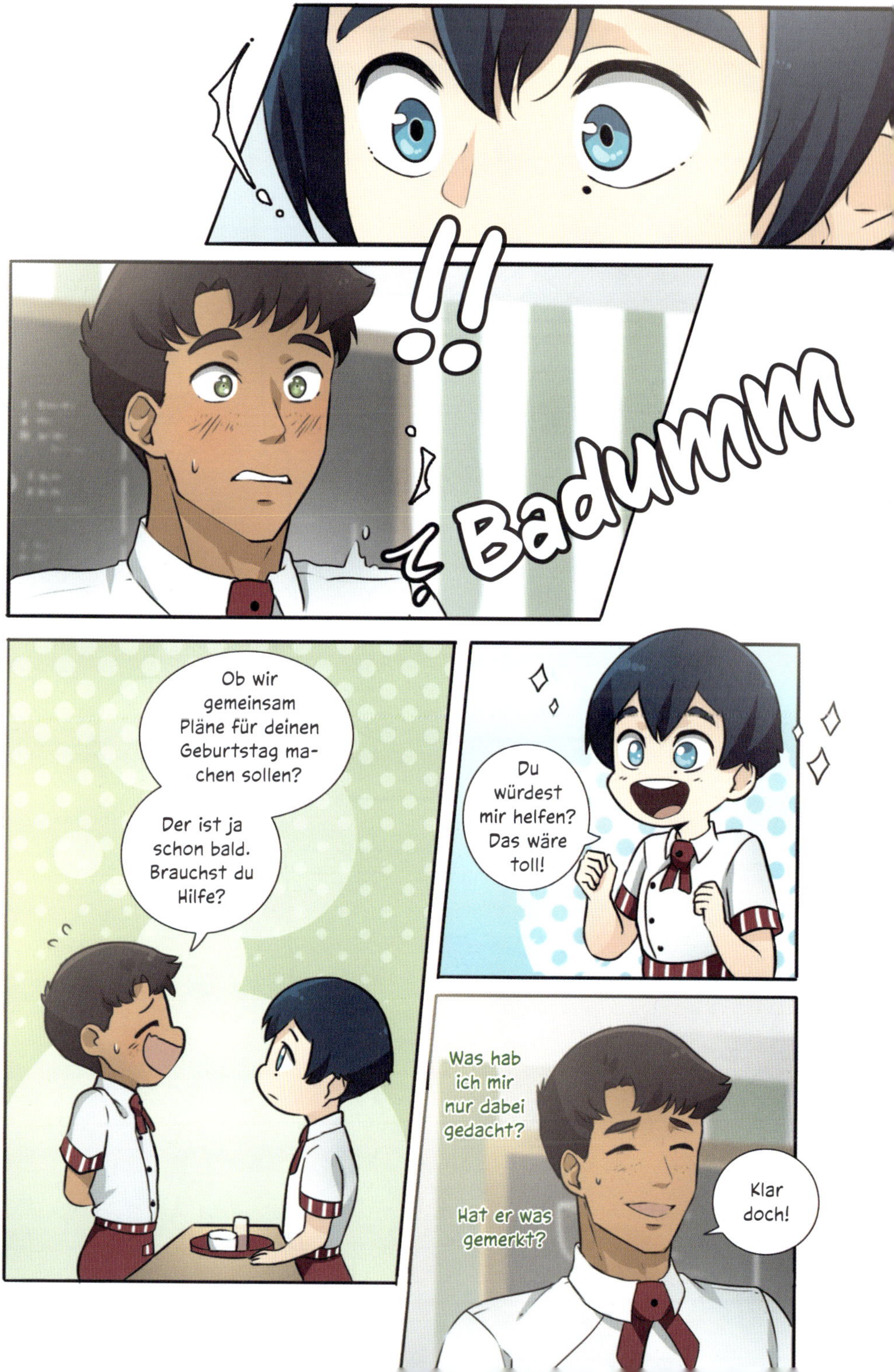
!!
Badummm
Ob wir gemeinsam Pläne für deinen Geburtstag machen sollen?
Der ist ja schon bald. Brauchst du Hilfe?
Du würdest mir helfen? Das wäre toll!
Was hab ich mir nur dabei gedacht?
Hat er was gemerkt?
Klar doch!

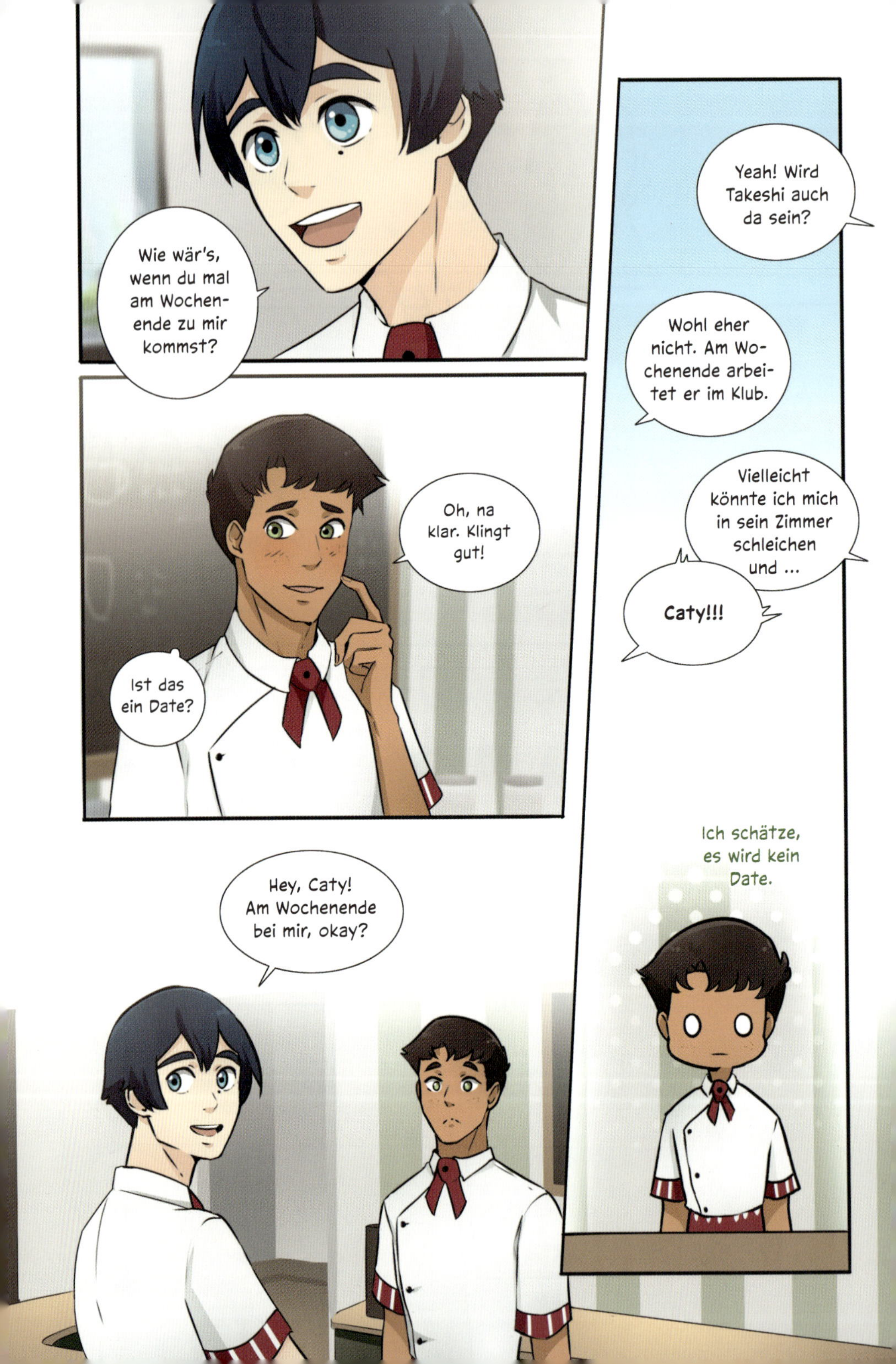
Wie wär's, wenn du mal am Wochen-ende zu mir kommst?
Oh, na klar. Klingt gut!
Ist das ein Date?
Yeah! Wird Takeshi auch da sein?
Wohl eher nicht. Am Wo-chenende arbei-tet er im Klub.
Vielleicht könnte ich mich in sein Zimmer schleichen und ...
Caty!!!
Hey, Caty! Am Wochenende bei mir, okay?
Ich schätze, es wird kein Date.

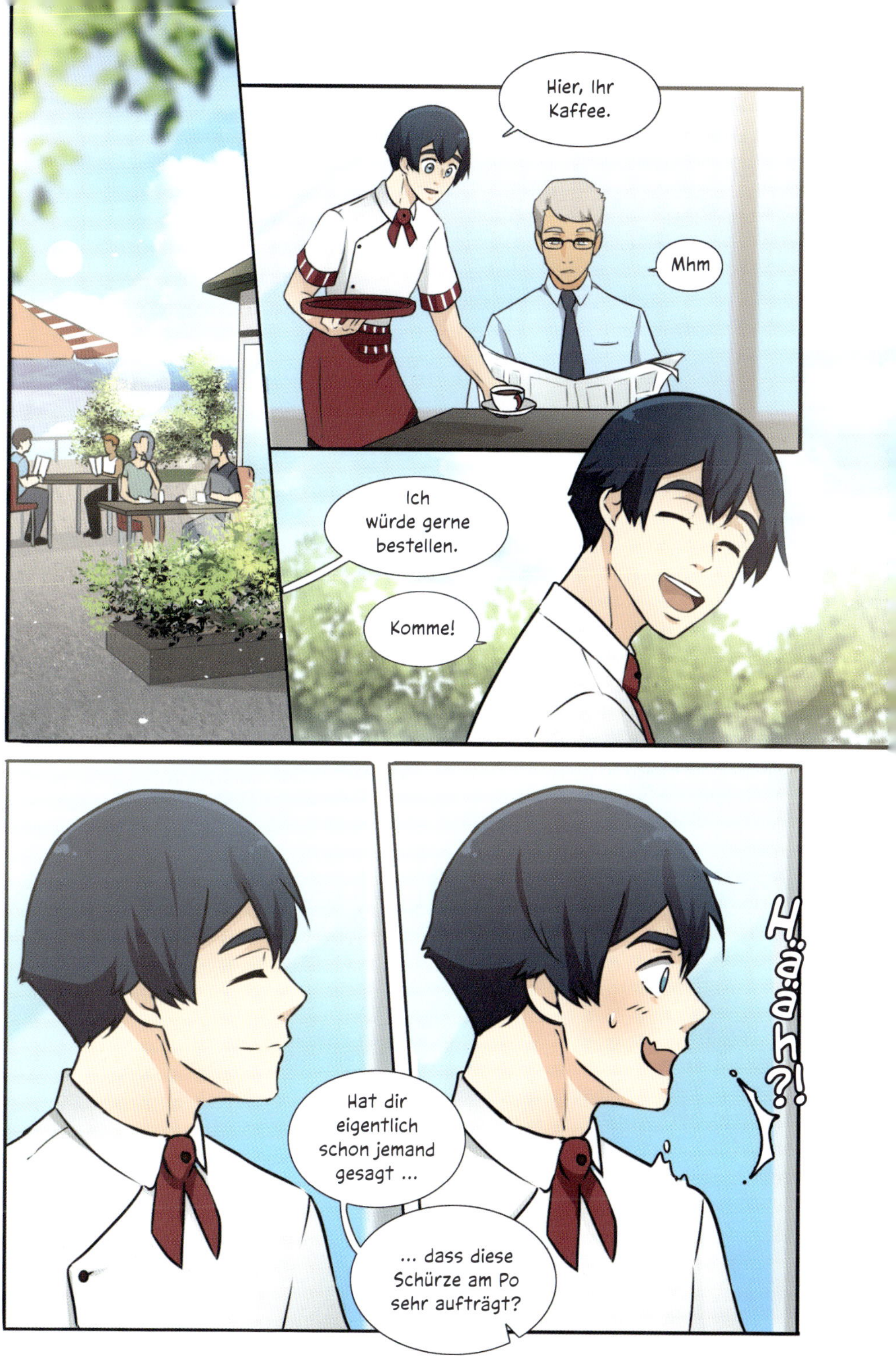
Hier, Ihr Kaffee.
Mhm
Ich würde gerne bestellen.
Komme!
Hat dir eigentlich schon jemand gesagt …
… dass diese Schürze am Po sehr aufträgt?
Hääh?!

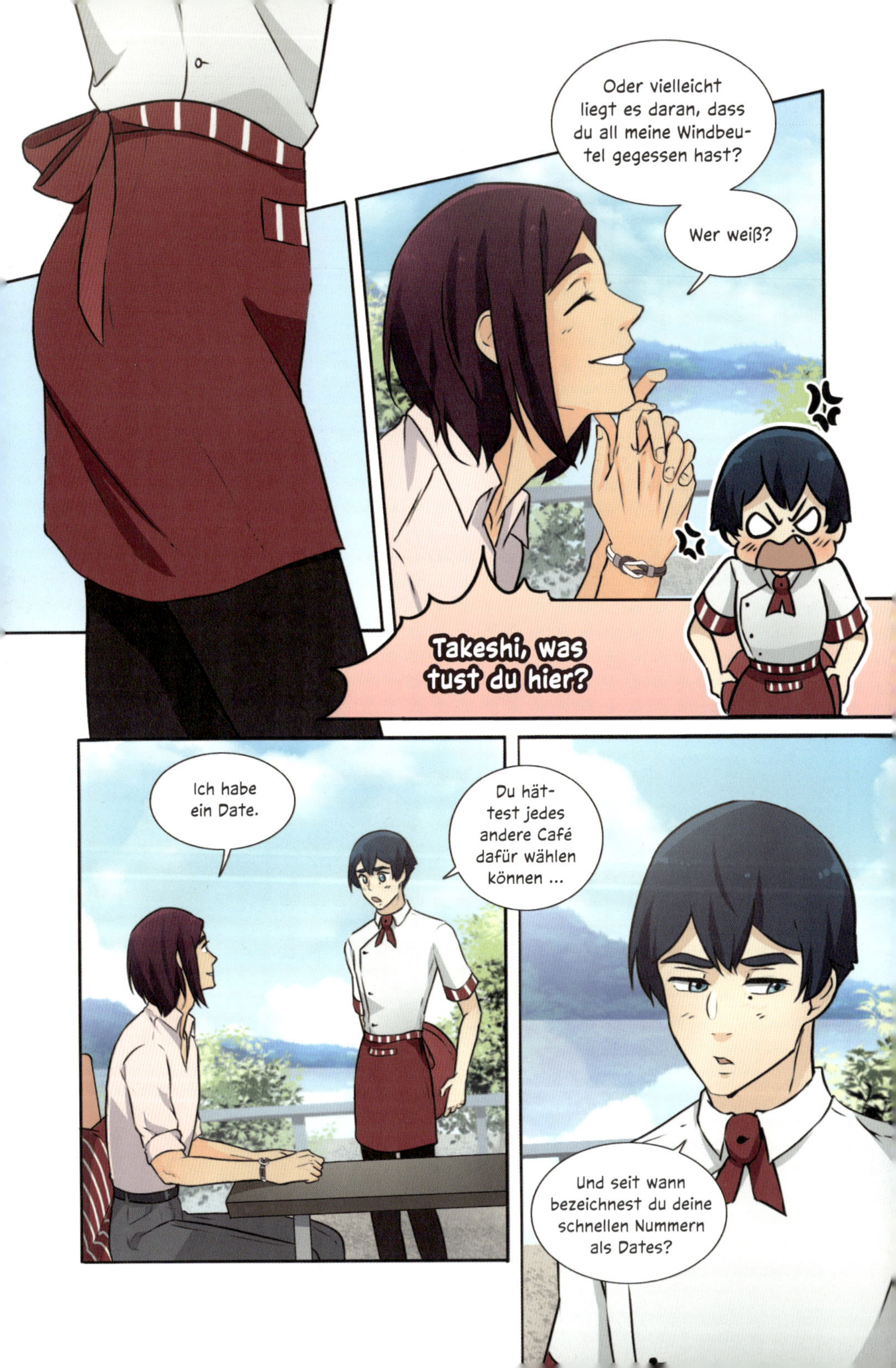

Oder vielleicht liegt es daran, dass du all meine Windbeutel gegessen hast?
Wer weiß?
Takeshi, was tust du hier?
Ich habe ein Date.
Du hättest jedes andere Café dafür wählen können ...
Und seit wann bezeichnest du deine schnellen Nummern als Dates?

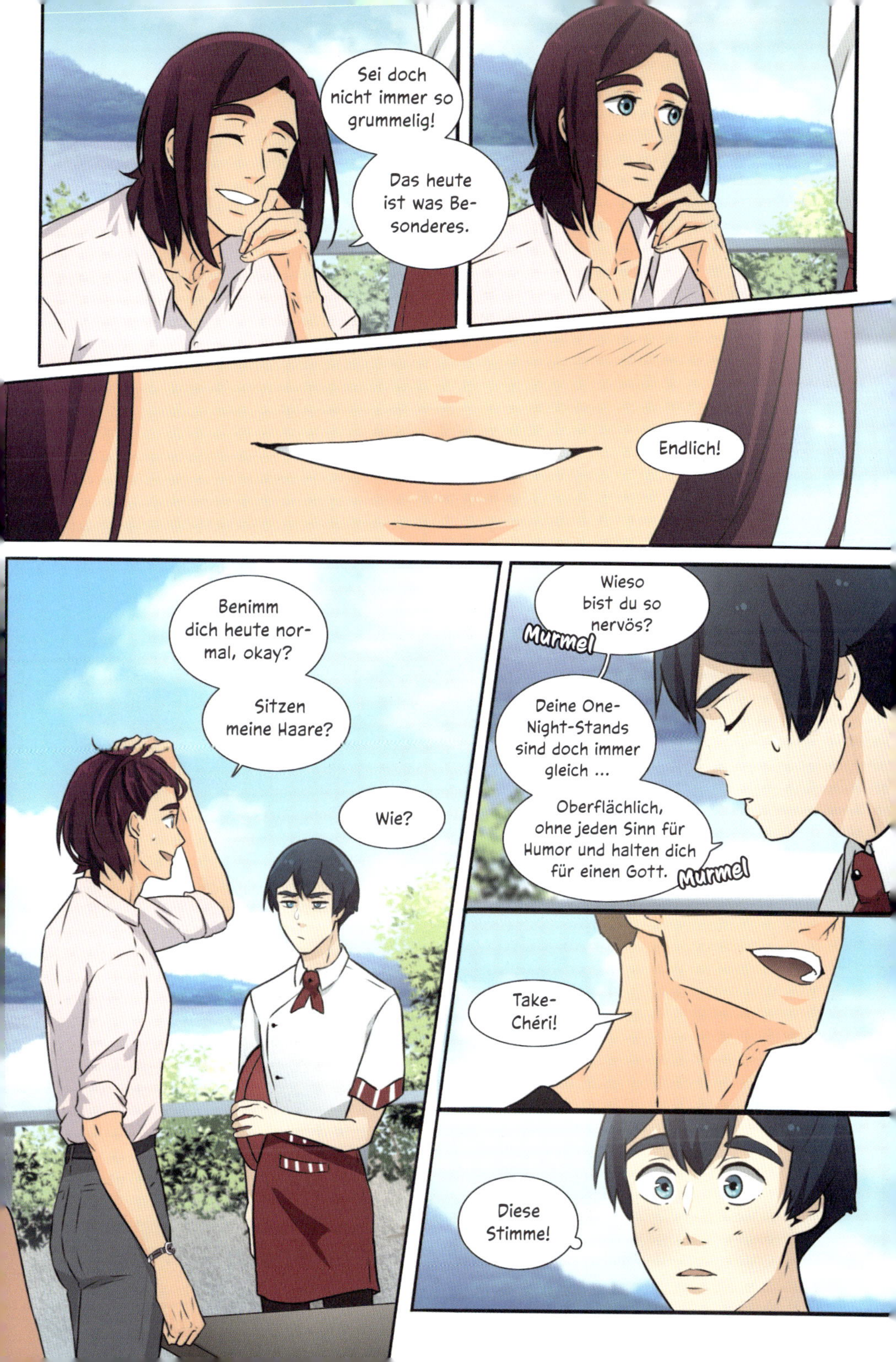
Sei doch nicht immer so grummelig!
Das heute ist was Besonderes.
Endlich!
Benimm dich heute normal, okay?
Sitzen meine Haare?
Wie?
Wieso bist du so nervös?
Murmel
Deine One-Night-Stands sind doch immer gleich ...
Oberflächlich, ohne jeden Sinn für Humor und halten dich für einen Gott.
Murmel
Take-Chéri!
Diese Stimme!

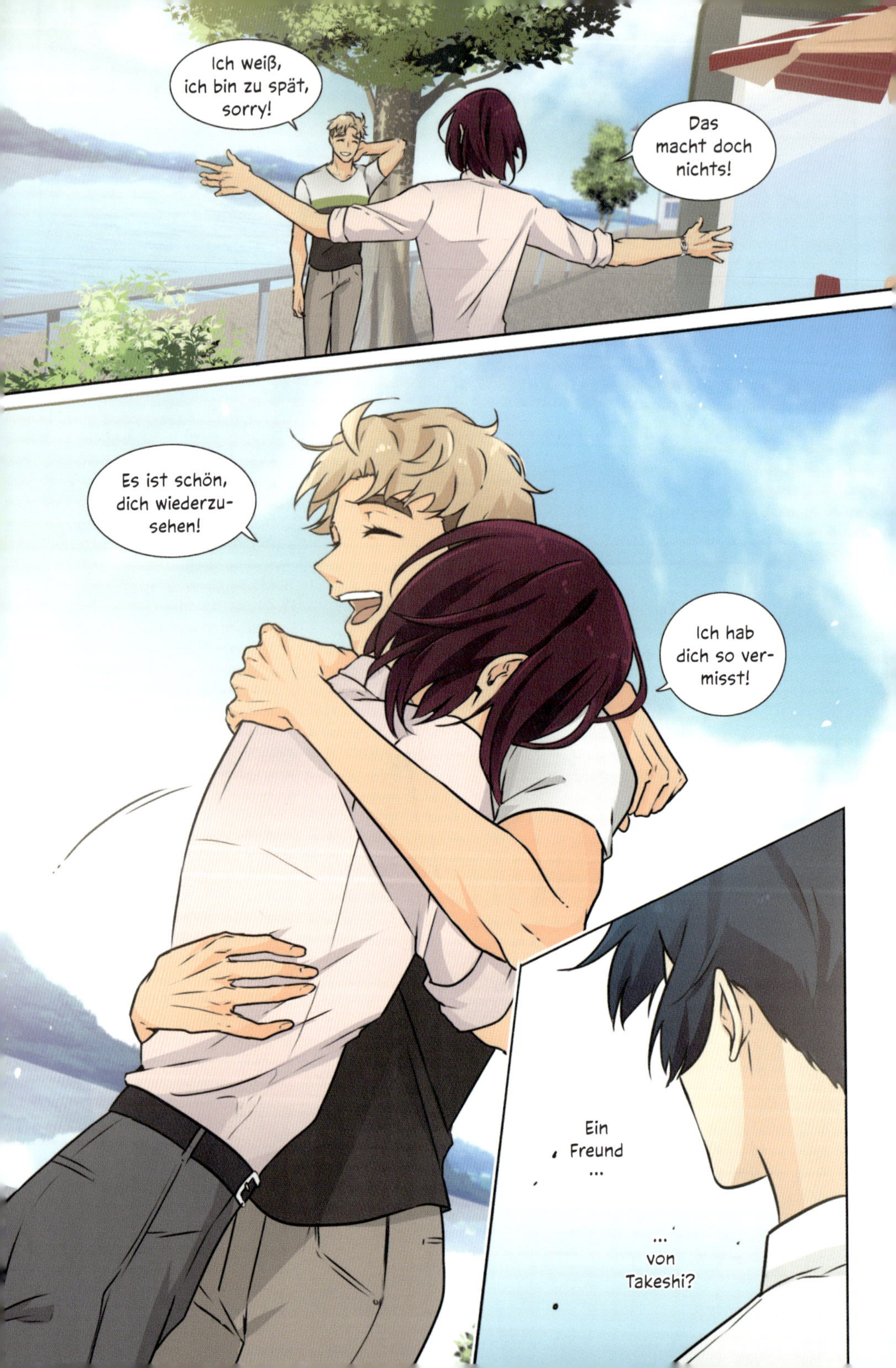

Ich weiß, ich bin zu spät, sorry!
Das macht doch nichts!
Es ist schön, dich wiederzusehen!
Ich hab dich so vermisst!
Ein Freund …
… von Takeshi?

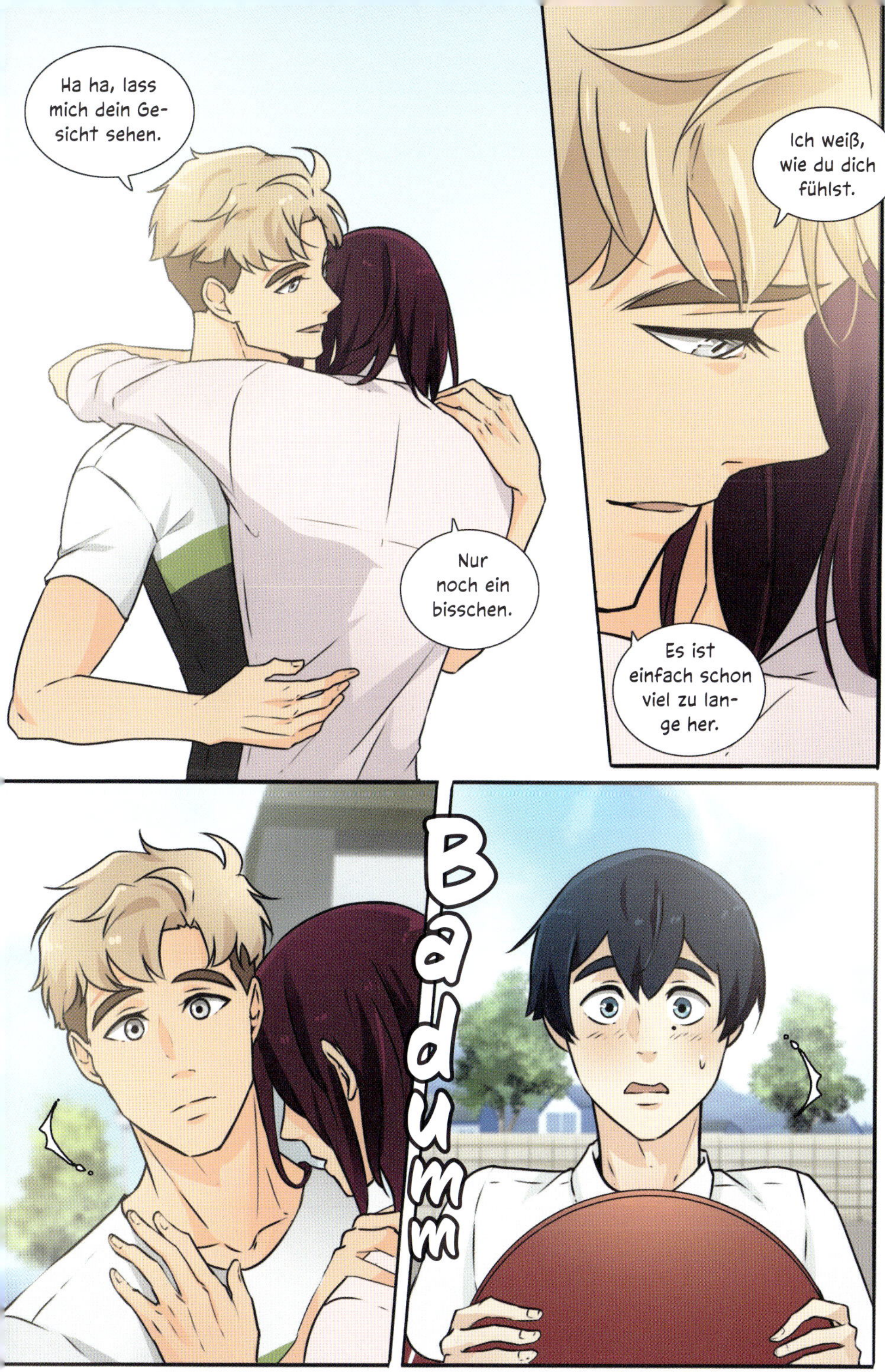
Ha ha, lass mich dein Gesicht sehen.
Ich weiß, wie du dich fühlst.
Nur noch ein bisschen.
Es ist einfach schon viel zu lange her.
Badumm

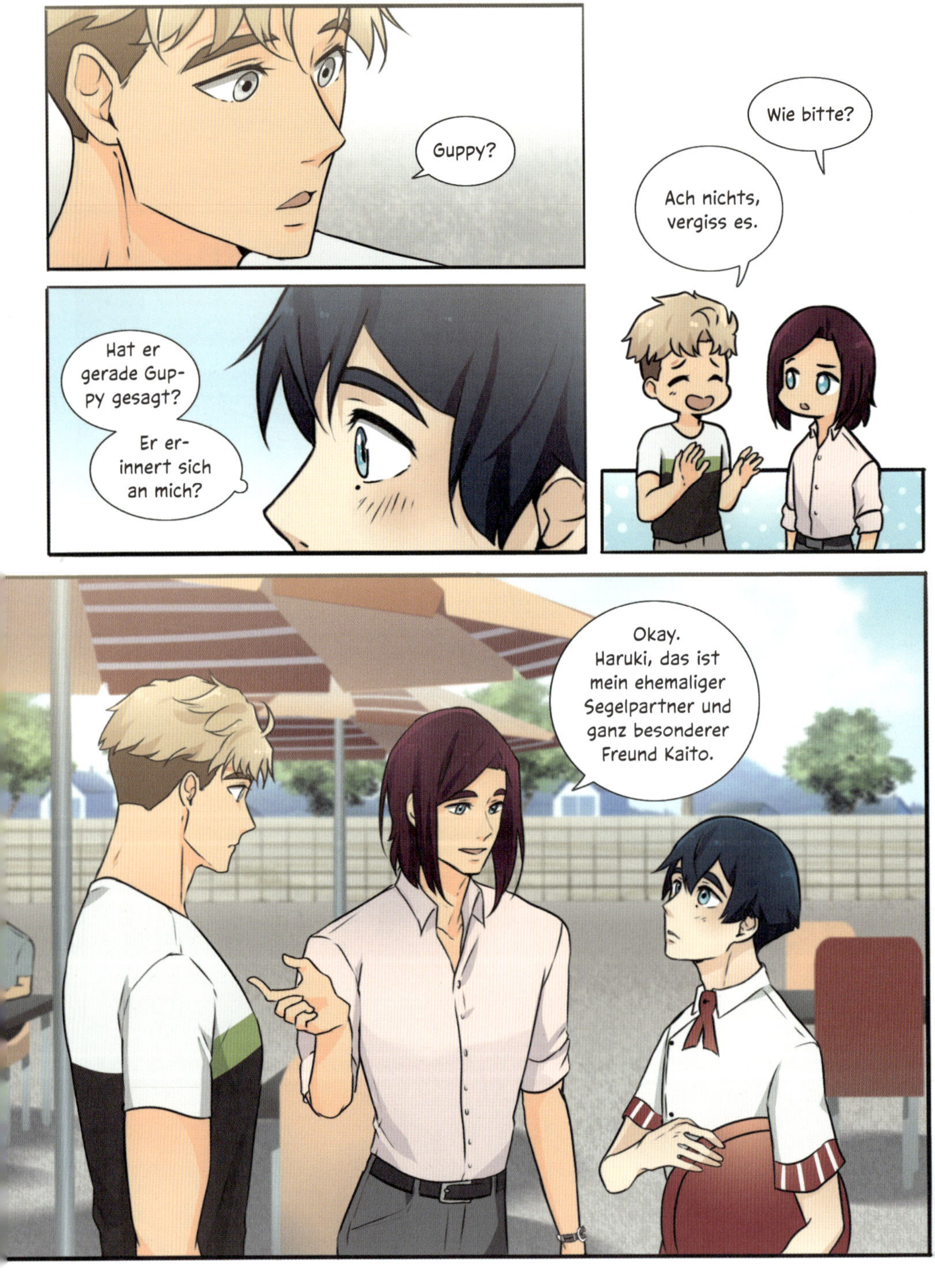
Guppy?
Wie bitte?
Ach nichts, vergiss es.
Hat er gerade Guppy gesagt?
Er erinnert sich an mich?
Okay. Haruki, das ist mein ehemaliger Segelpartner und ganz besonderer Freund Kaito.

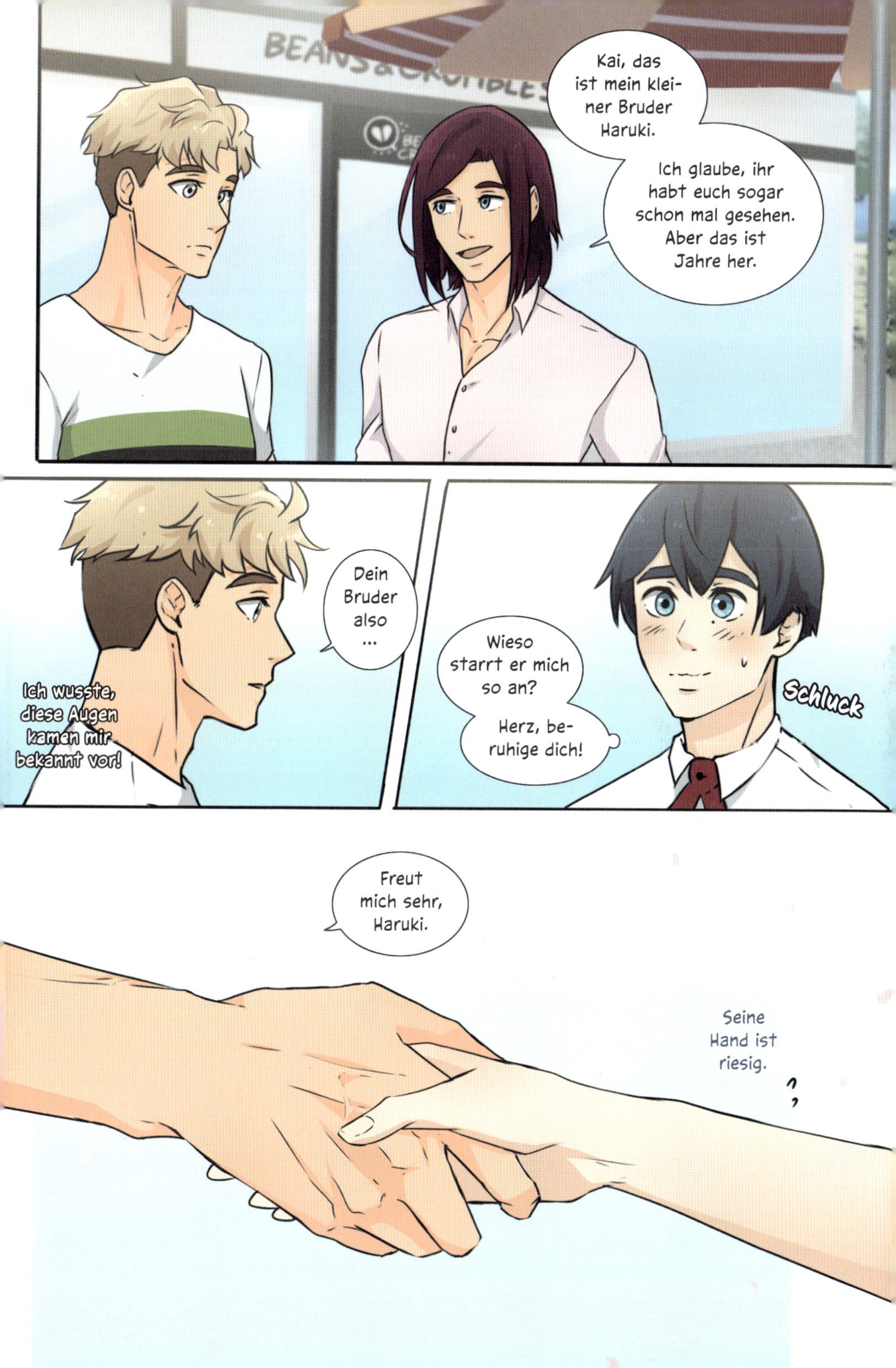
BEANS & CRUMBLES
Kai, das ist mein kleiner Bruder Haruki.
Ich glaube, ihr habt euch sogar schon mal gesehen. Aber das ist Jahre her.
Dein Bruder also ...
Ich wusste, diese Augen kamen mir bekannt vor!
Wieso starrt er mich so an?
Herz, beruhige dich!
Schluck
Freut mich sehr, Haruki.
Seine Hand ist riesig.

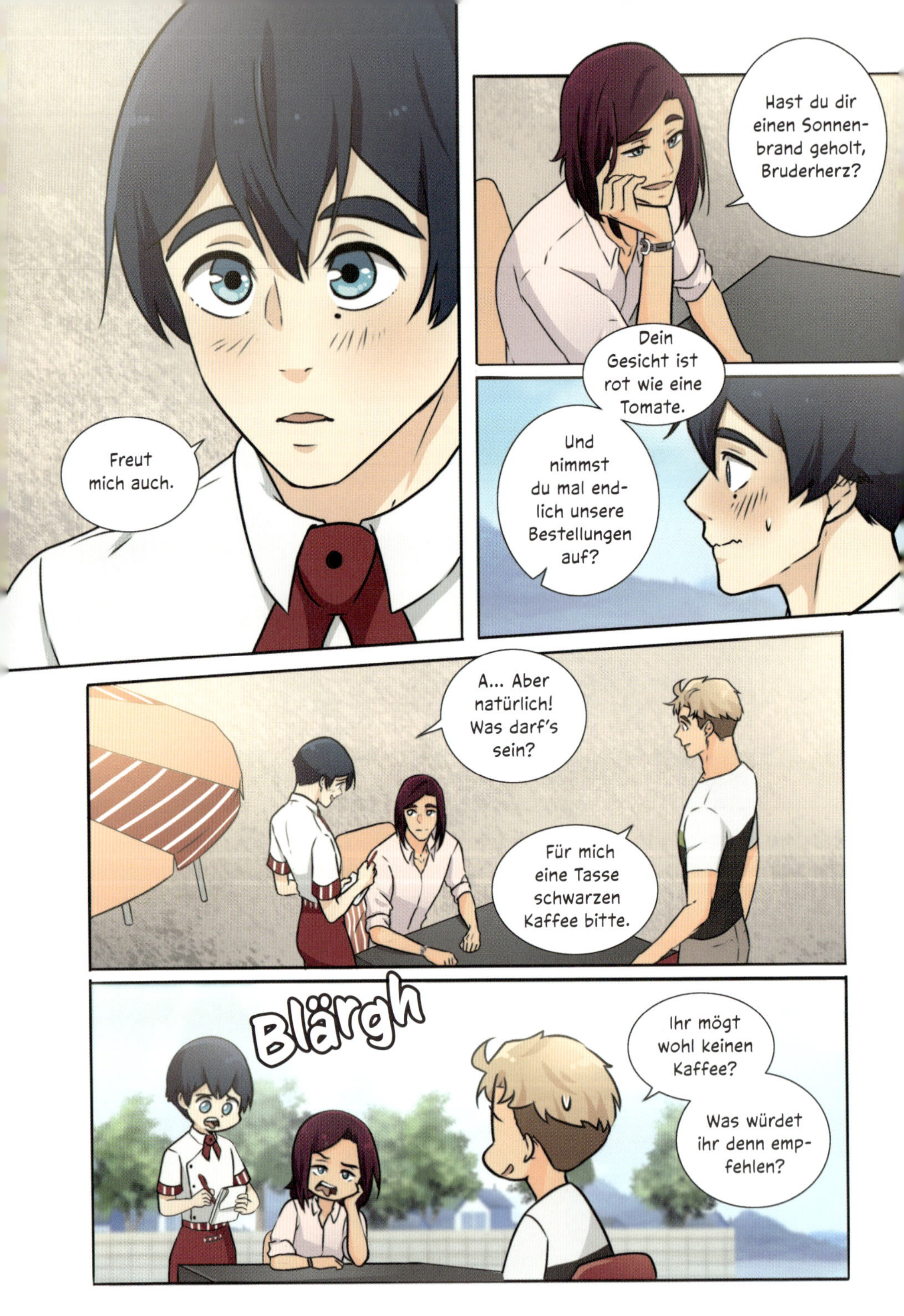
Freut mich auch.
Hast du dir einen Sonnenbrand geholt, Bruderherz?
Dein Gesicht ist rot wie eine Tomate.
Und nimmst du mal endlich unsere Bestellungen auf?
A... Aber natürlich! Was darf's sein?
Für mich eine Tasse schwarzen Kaffee bitte.
Blärgh
Ihr mögt wohl keinen Kaffee?
Was würdet ihr denn empfehlen?

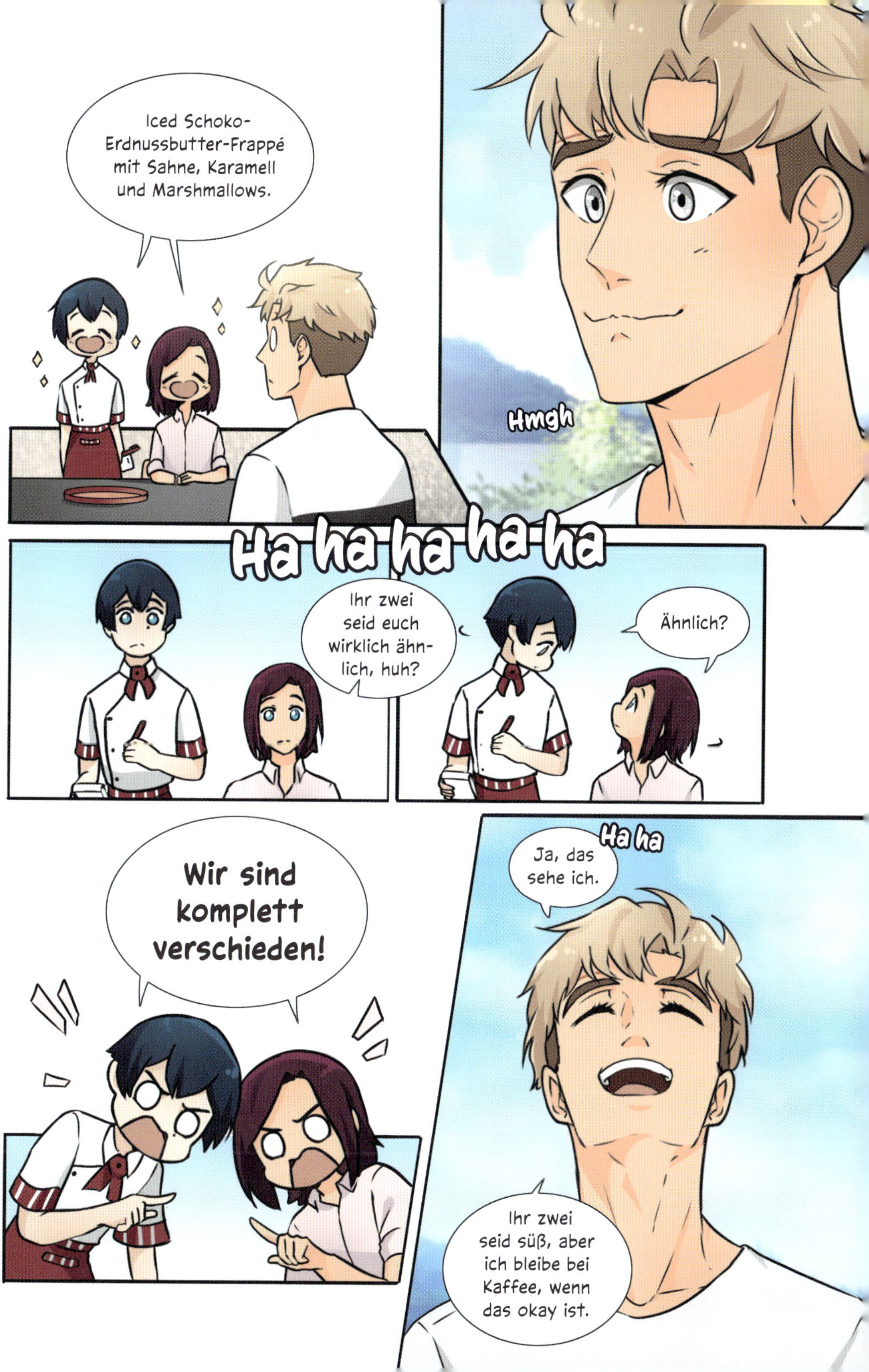
Iced Schoko-Erdnussbutter-Frappé mit Sahne, Karamell und Marshmallows.
Hmgh
Ha ha ha ha ha
Ihr zwei seid euch wirklich ähn-lich, huh?
Ähnlich?
Wir sind komplett verschieden!
Ha ha
Ja, das sehe ich.
Ihr zwei seid süß, aber ich bleibe bei Kaffee, wenn das okay ist.

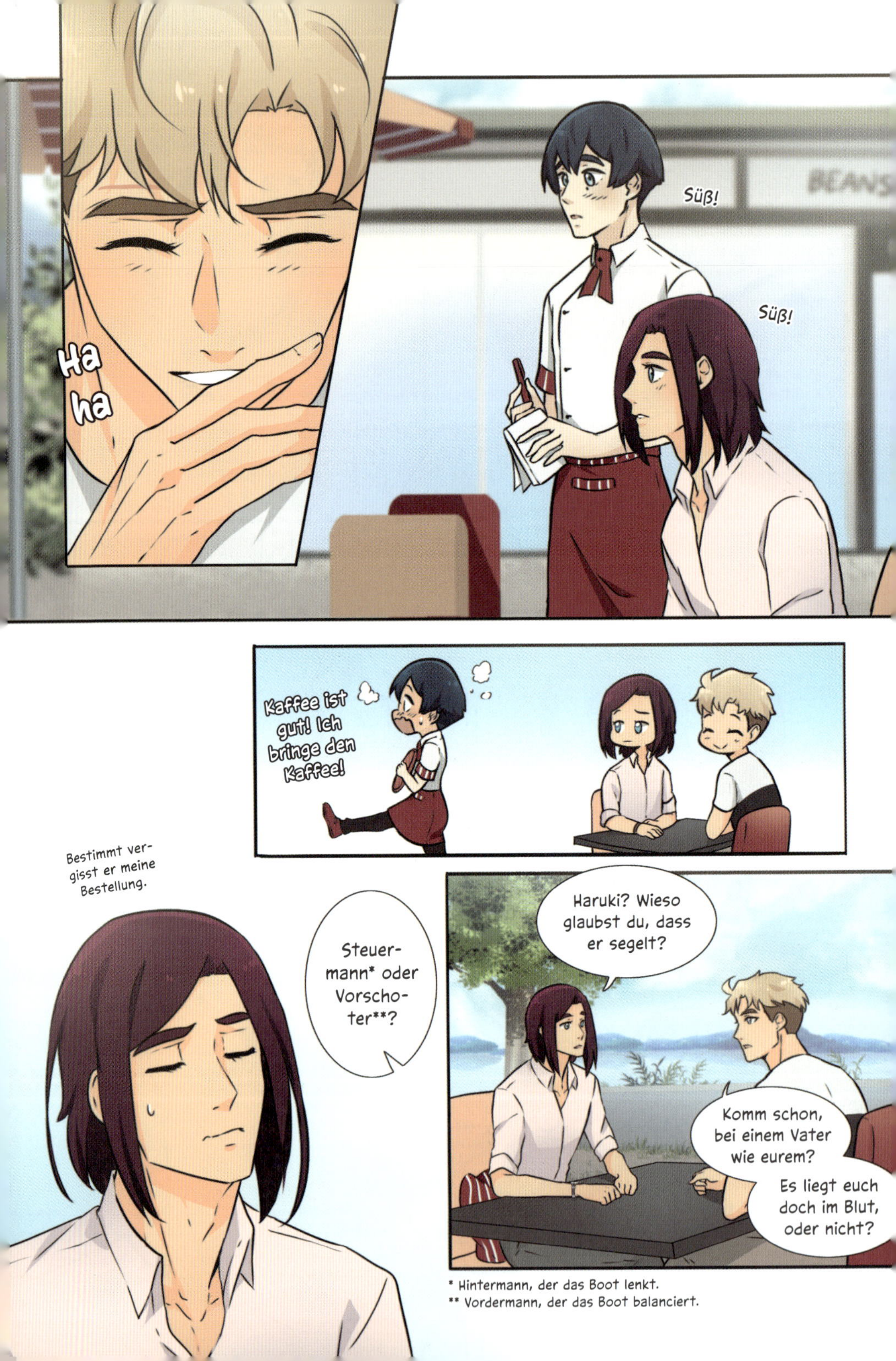

* Hintermann, der das Boot lenkt.
** Vordermann, der das Boot balanciert.

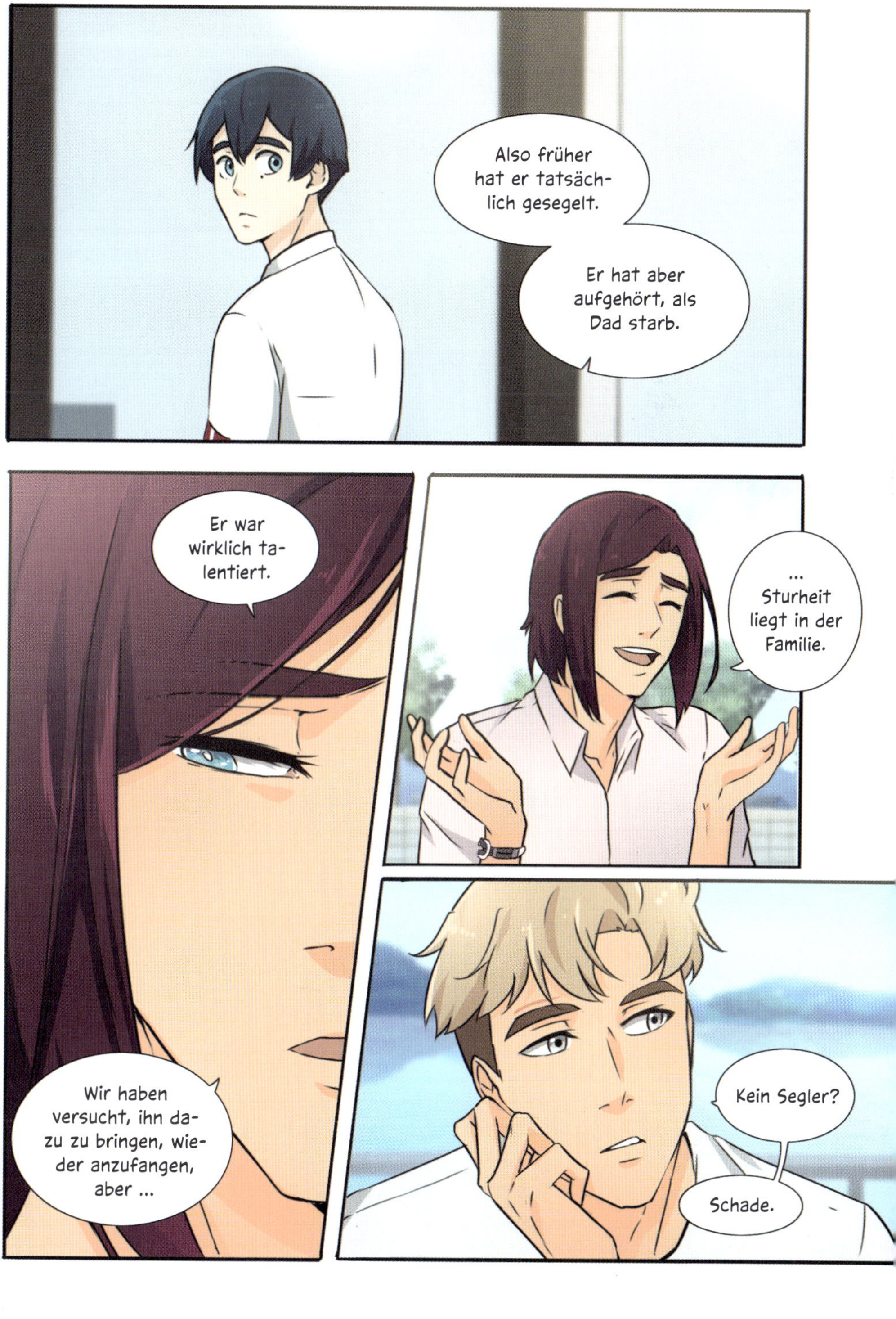
Also früher hat er tatsäch-lich gesegelt.
Er hat aber aufgehört, als Dad starb.
Er war wirklich ta-lentiert.
Wir haben versucht, ihn da-zu zu bringen, wie-der anzufangen, aber ...
... Sturheit liegt in der Familie.
Kein Segler?
Schade.

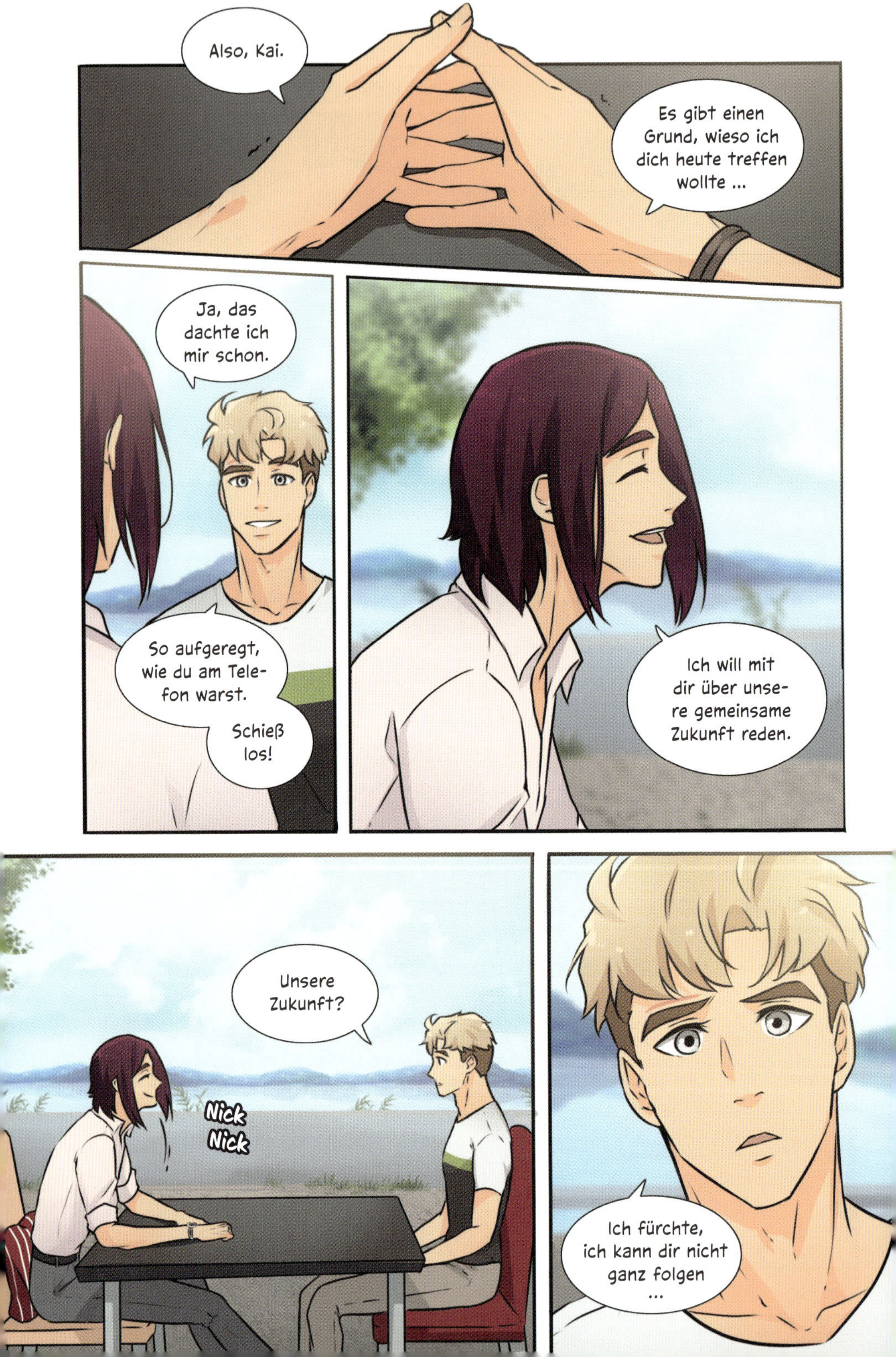
Also, Kai.
Es gibt einen Grund, wieso ich dich heute treffen wollte ...
Ja, das dachte ich mir schon.
So aufgeregt, wie du am Telefon warst.
Schieß los!
Ich will mit dir über unsere gemeinsame Zukunft reden.
Unsere Zukunft?
Nick
Nick
Ich fürchte, ich kann dir nicht ganz folgen ...

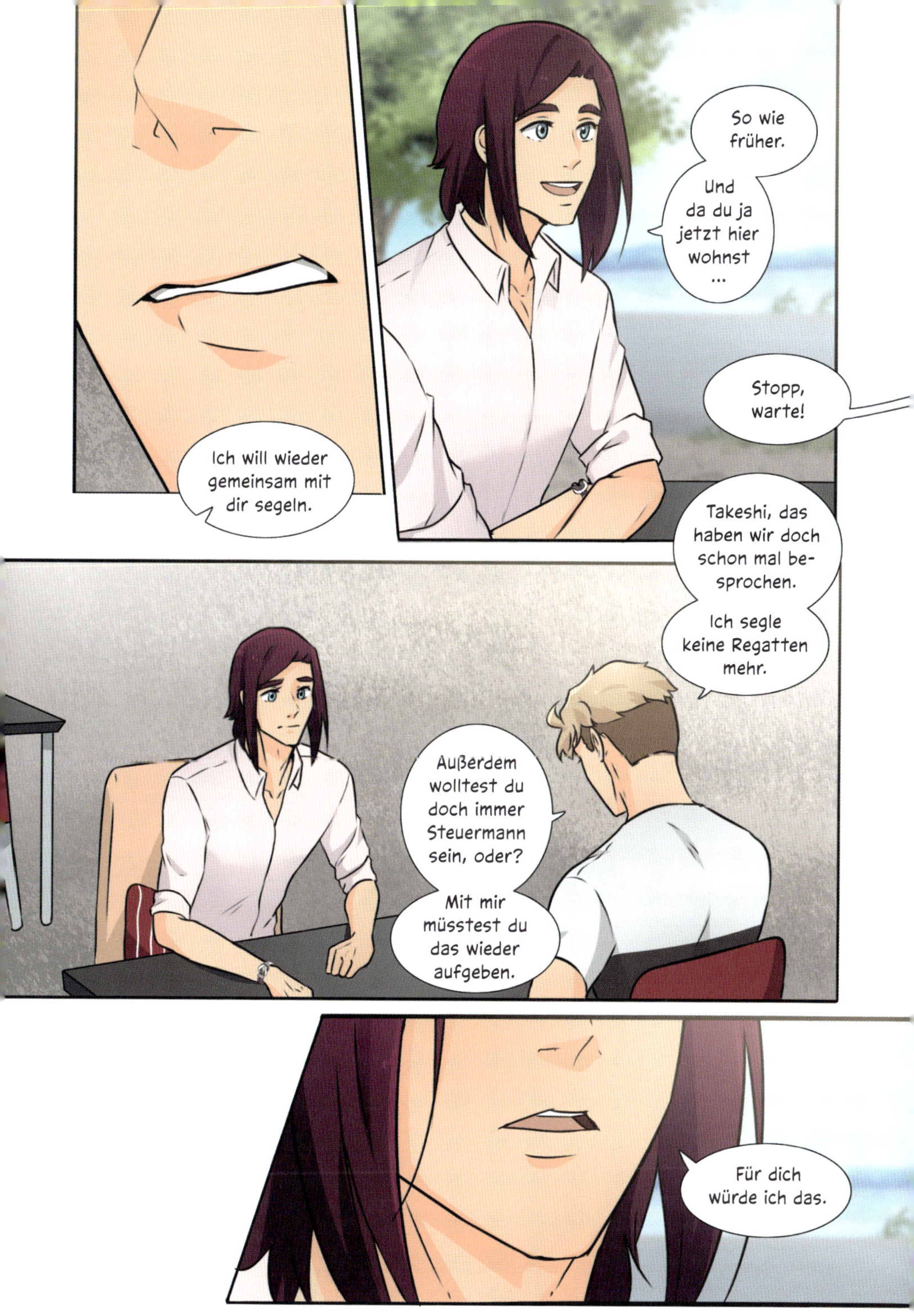
So wie früher.
Und da du ja jetzt hier wohnst ...
Ich will wieder gemeinsam mit dir segeln.
Stopp, warte!
Takeshi, das haben wir doch schon mal besprochen.
Ich segle keine Regatten mehr.
Außerdem wolltest du doch immer Steuermann sein, oder?
Mit mir müsstest du das wieder aufgeben.
Für dich würde ich das.

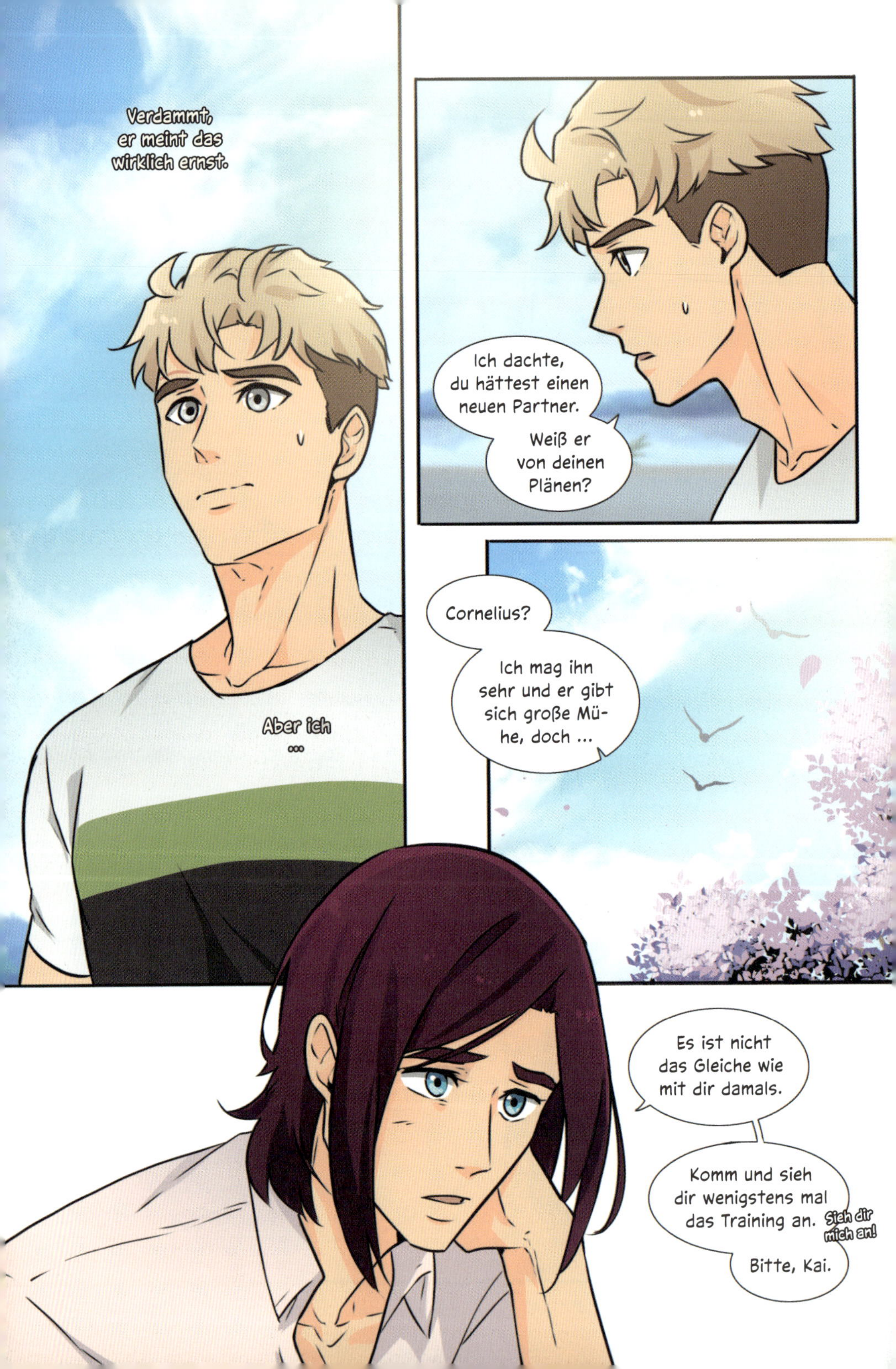
Verdammt, er meint das wirklich ernst.
Aber ich ...
Ich dachte, du hättest einen neuen Partner.
Weiß er von deinen Plänen?
Cornelius?
Ich mag ihn sehr und er gibt sich große Mü-he, doch ...
Es ist nicht das Gleiche wie mit dir damals.
Komm und sieh dir wenigstens mal das Training an.
Sieh dir mich an!
Bitte, Kai.

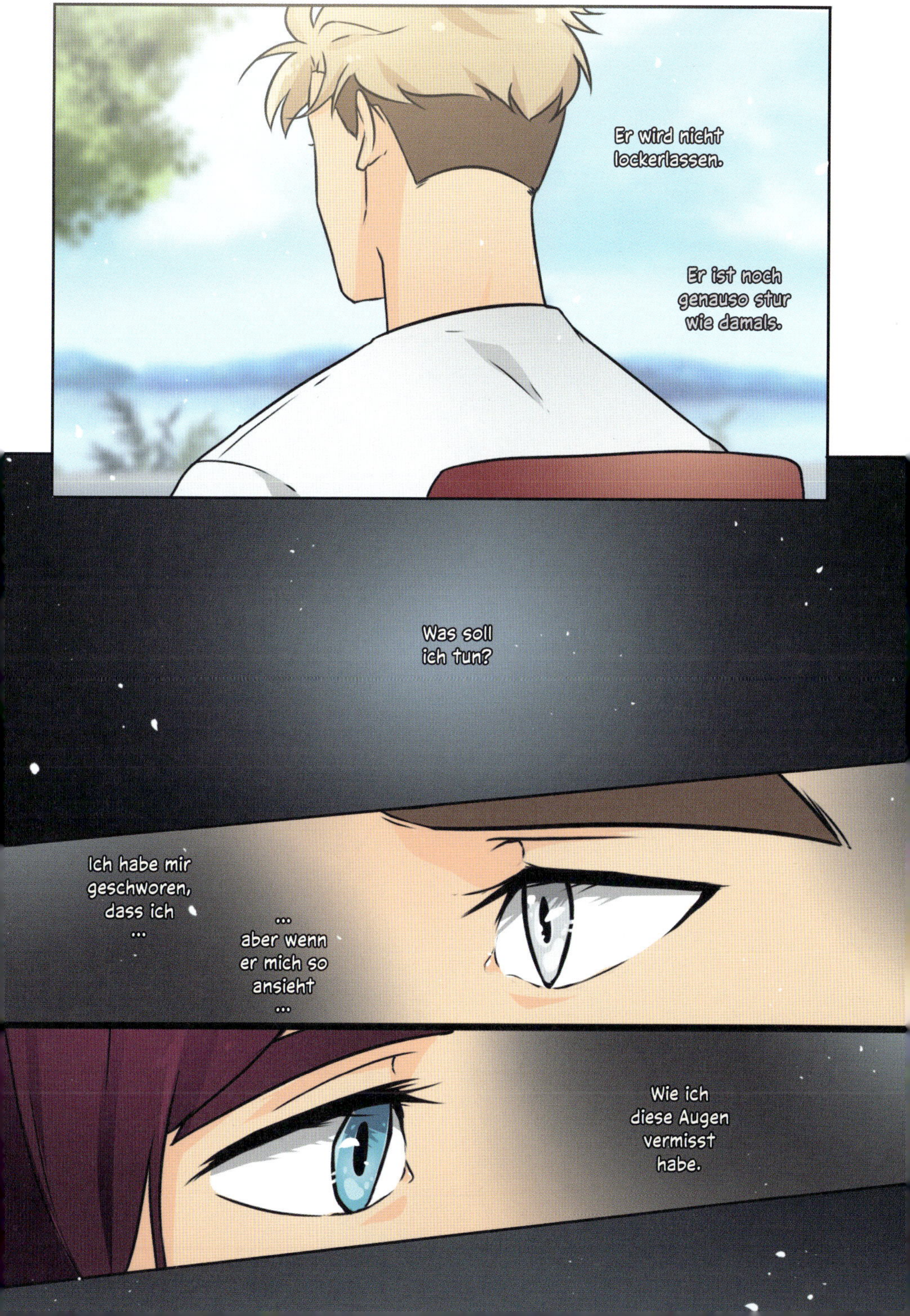
Er wird nicht lockerlassen.
Er ist noch genauso stur wie damals.
Was soll ich tun?
Ich habe mir geschworen, dass ich ...
... aber wenn er mich so ansieht ...
Wie ich diese Augen vermisst habe.

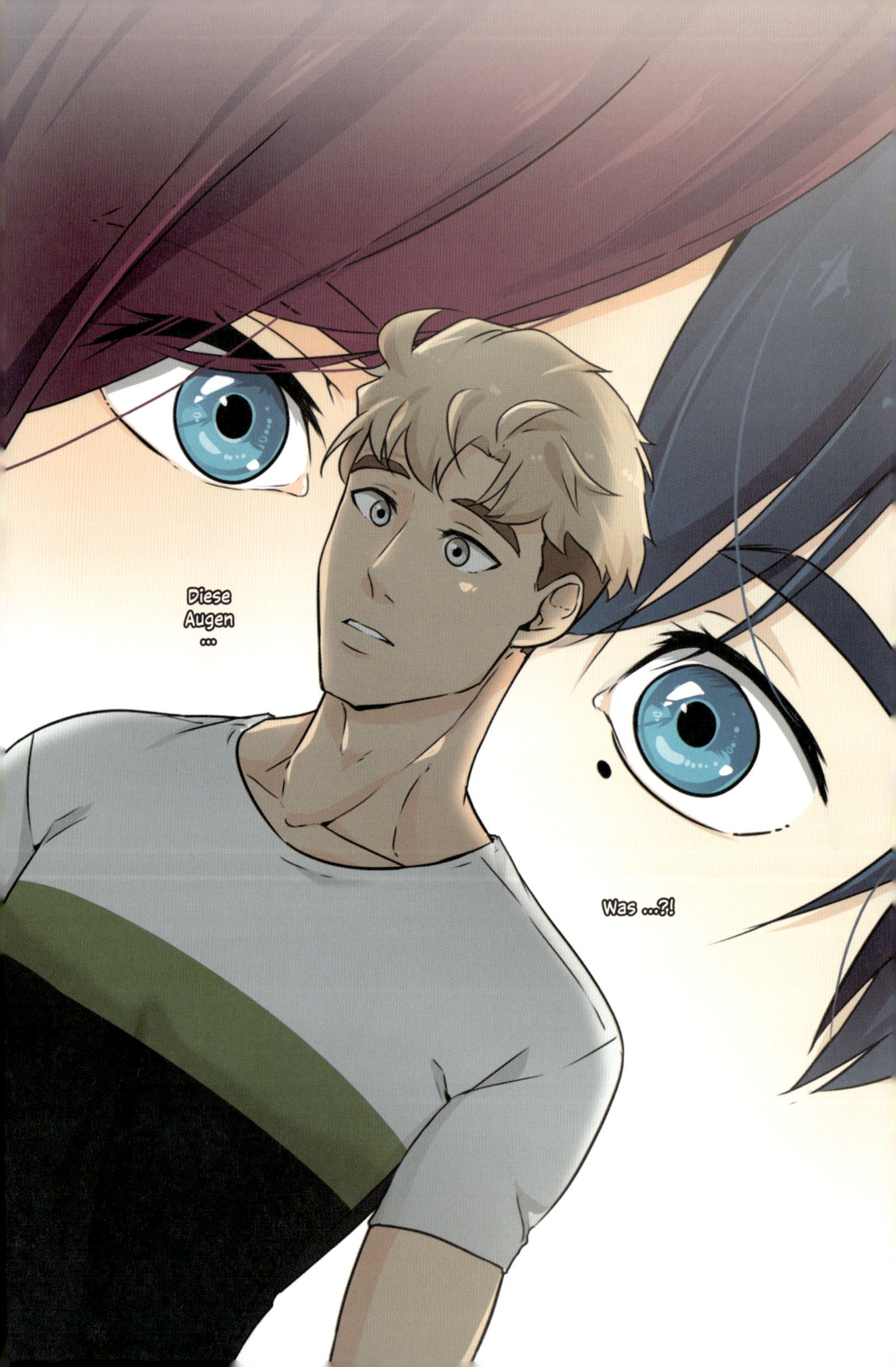
Diese Augen ...
Was ...?!

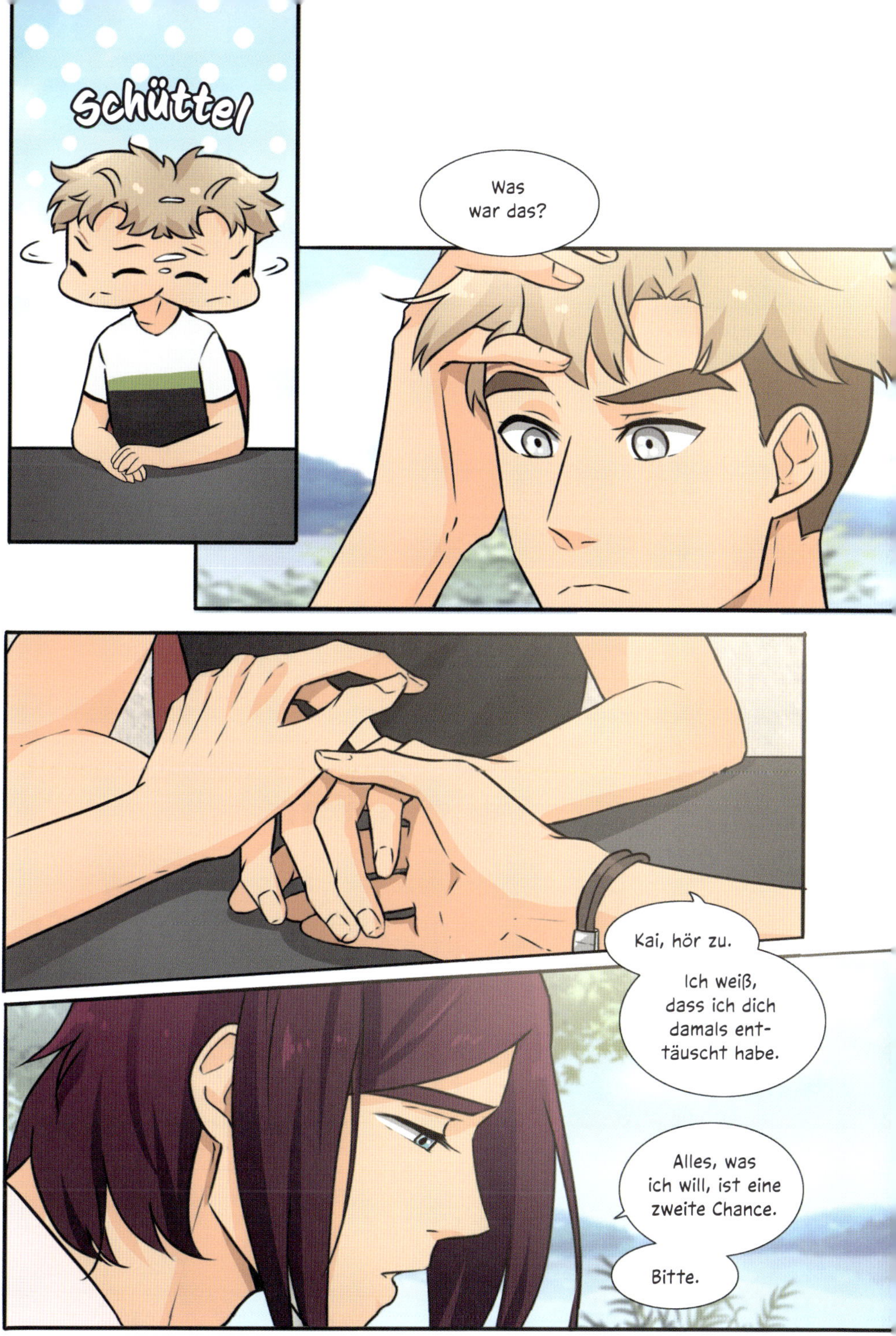
Schüttel
Was war das?
Kai, hör zu.
Ich weiß, dass ich dich damals ent- täuscht habe.
Alles, was ich will, ist eine zweite Chance.
Bitte.

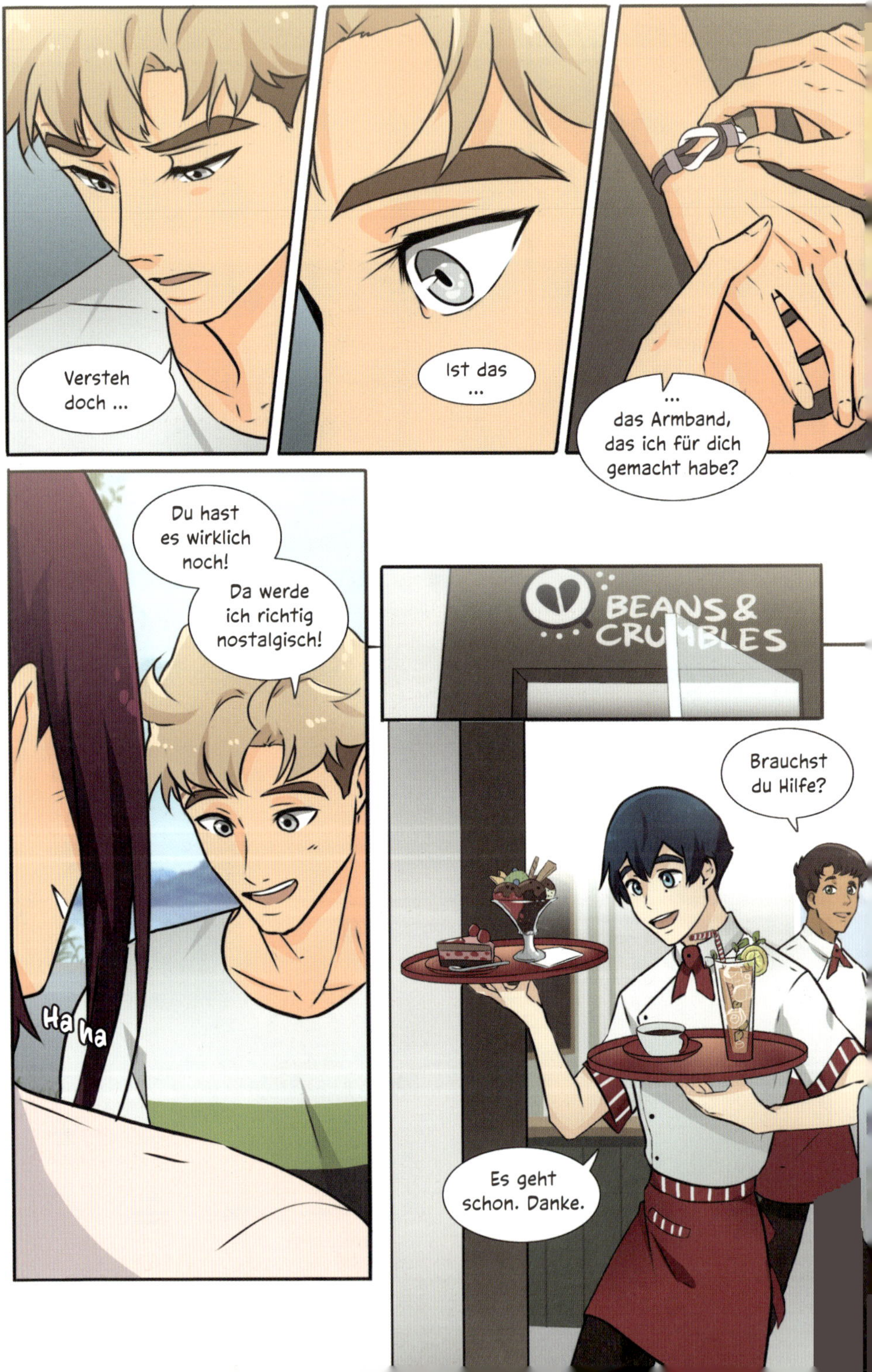
Versteh doch ...
Ist das ...
... das Armband, das ich für dich gemacht habe?
Du hast es wirklich noch!
Da werde ich richtig nostalgisch!
Ha ha
BEANS & CRUMBLES
Brauchst du Hilfe?
Es geht schon. Danke.

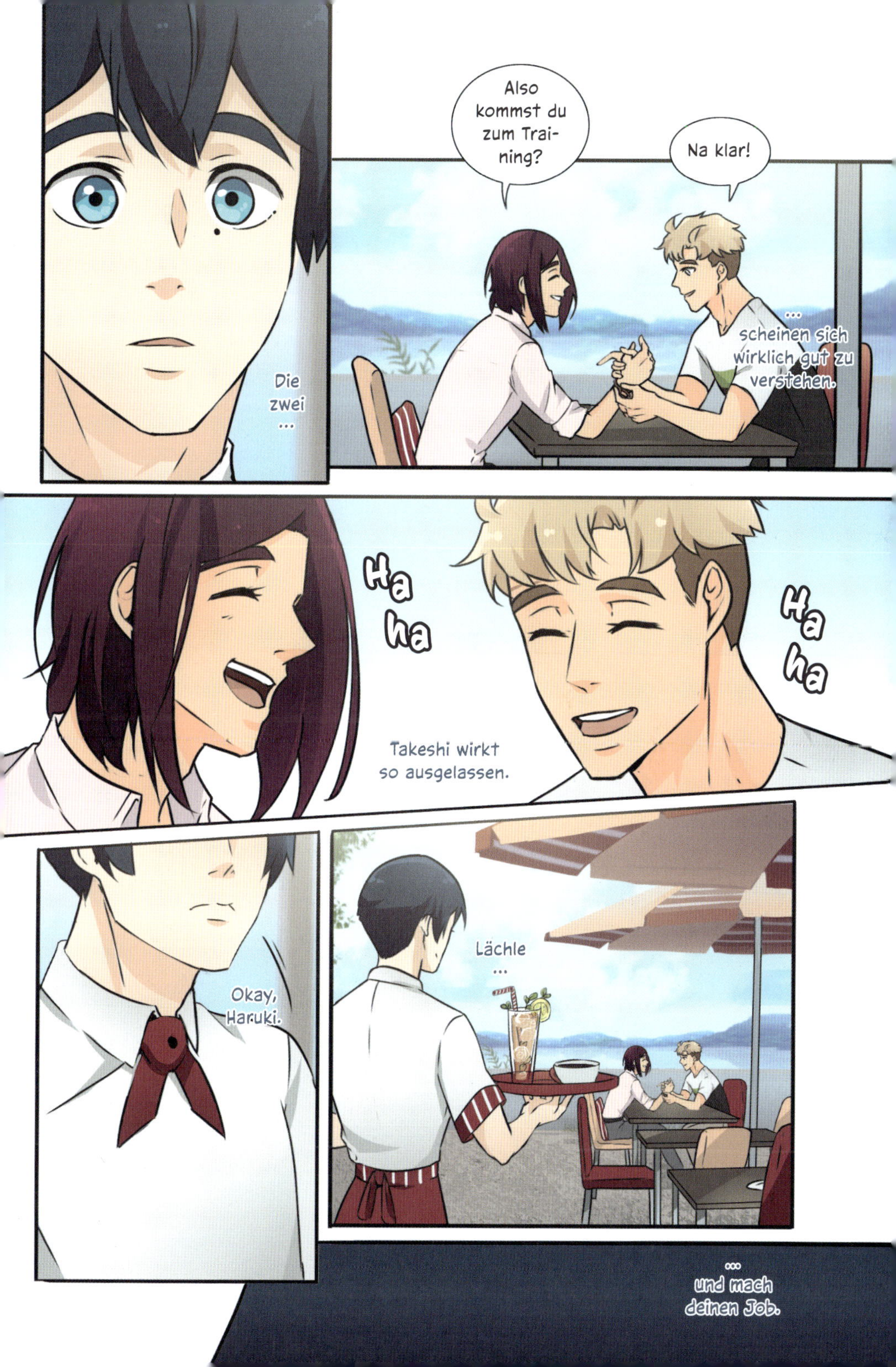
Die zwei ...
Also kommst du zum Training?
Na klar!
... scheinen sich wirklich gut zu verstehen.
Ha ha
Ha ha
Takeshi wirkt so ausgelassen.
Okay, Haruki.
Lächle ...
... und mach deinen Job.

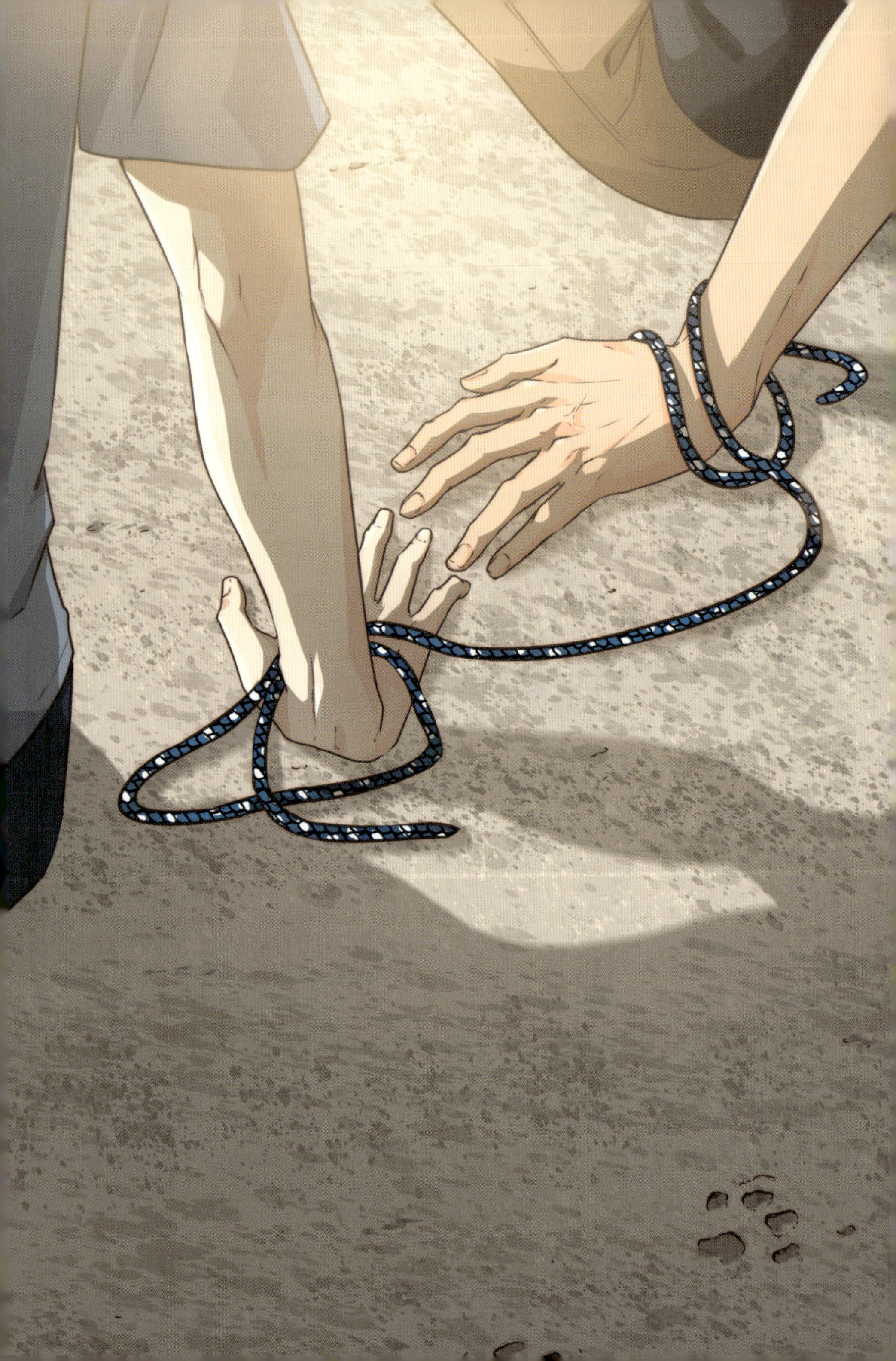

Kapitel 3

Atme!

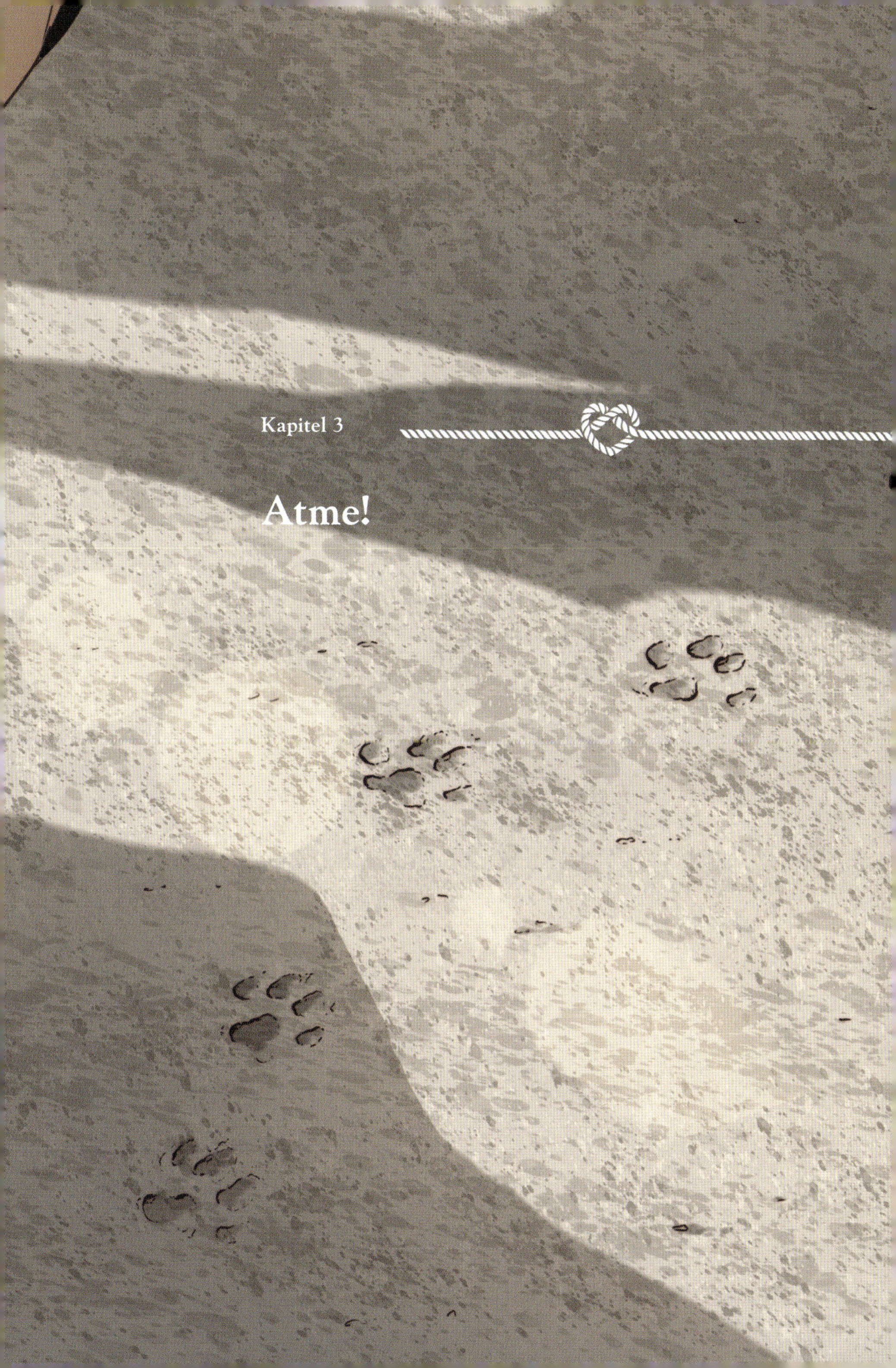

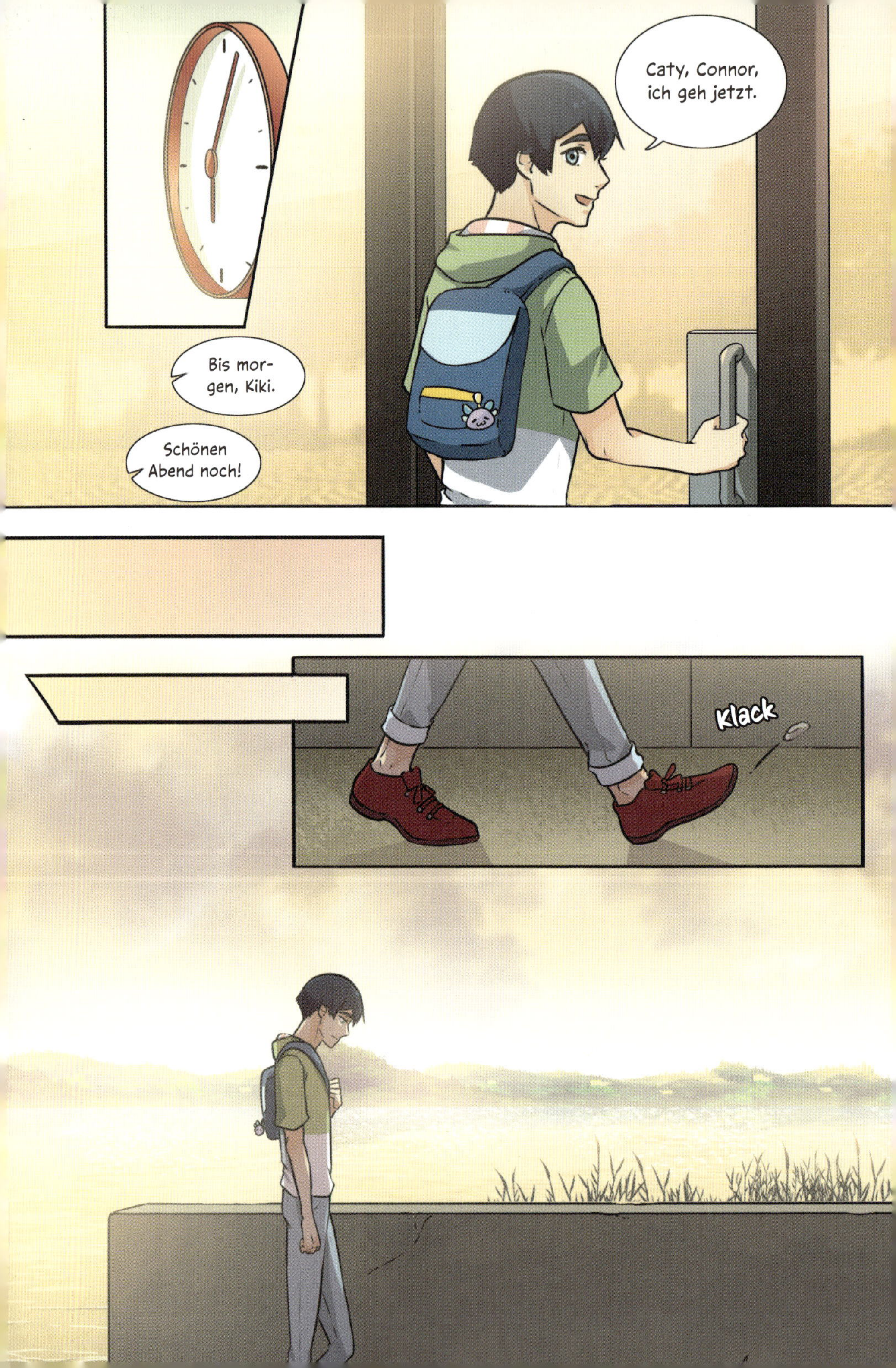
Caty, Connor, ich geh jetzt.
Bis mor-gen, Kiki.
Schönen Abend noch!
Klack

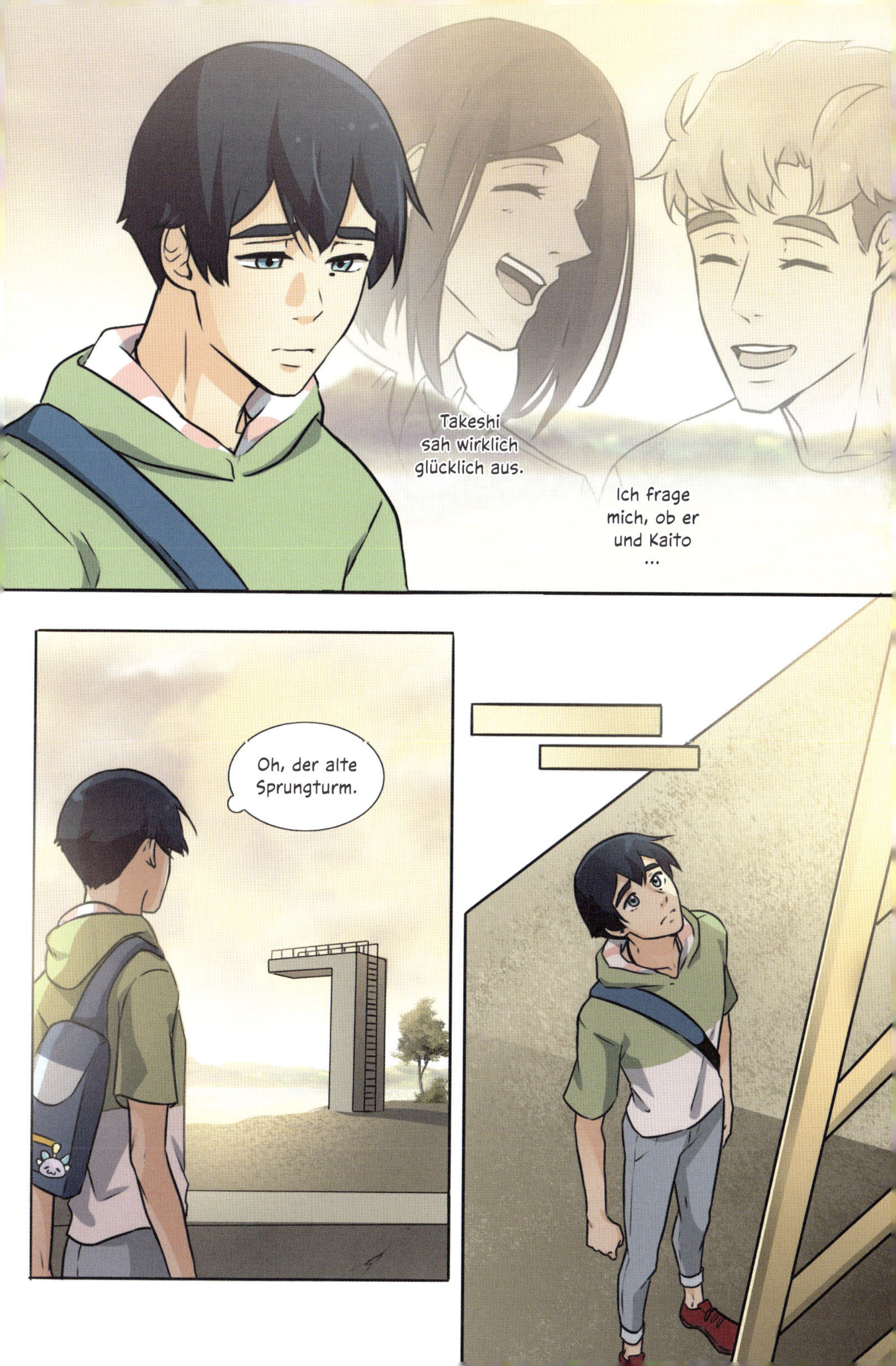

Takeshi sah wirklich glücklich aus.
Ich frage mich, ob er und Kaito ...
Oh, der alte Sprungturm.

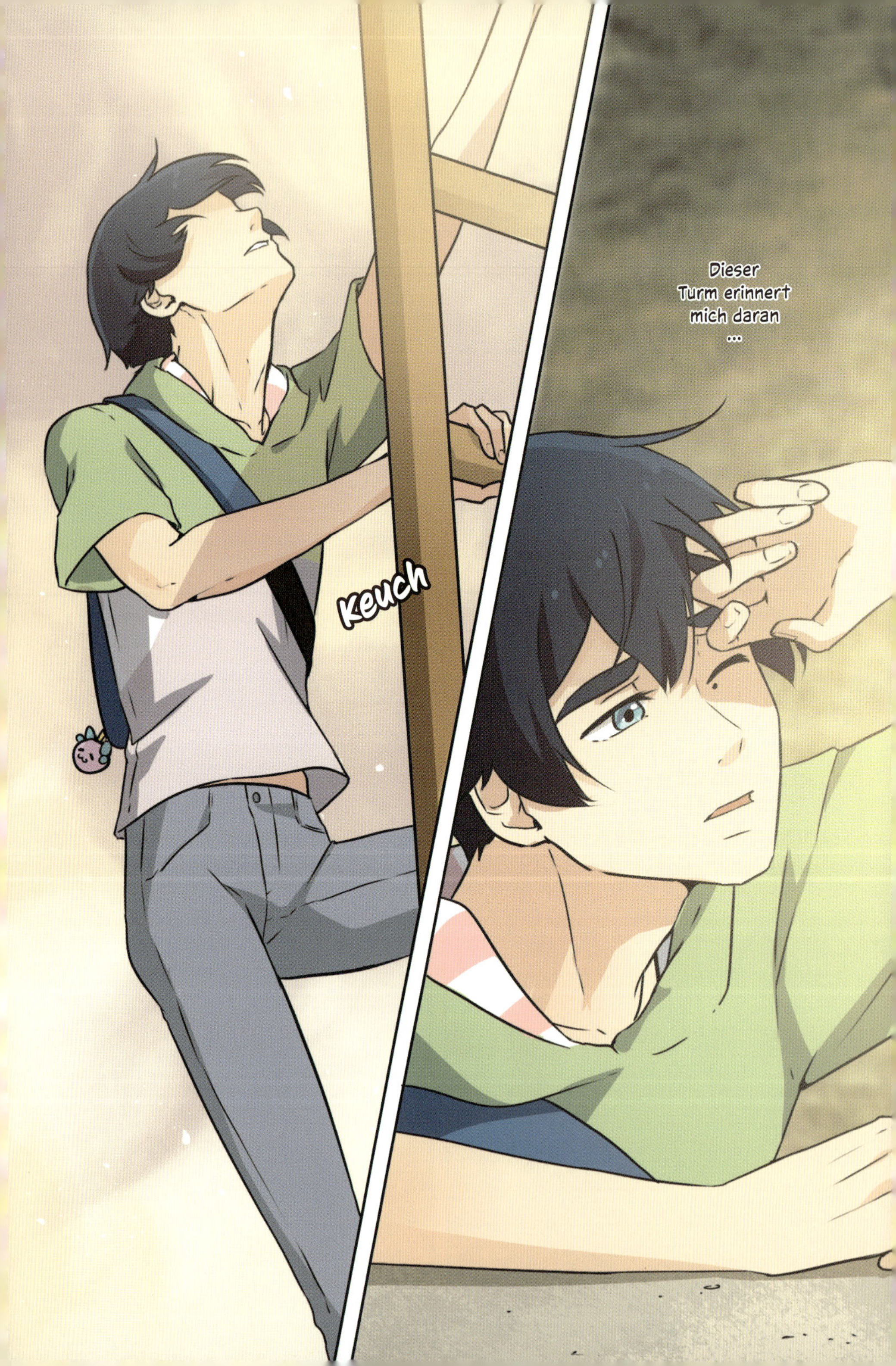
Keuch
Dieser Turm erinnert mich daran ...

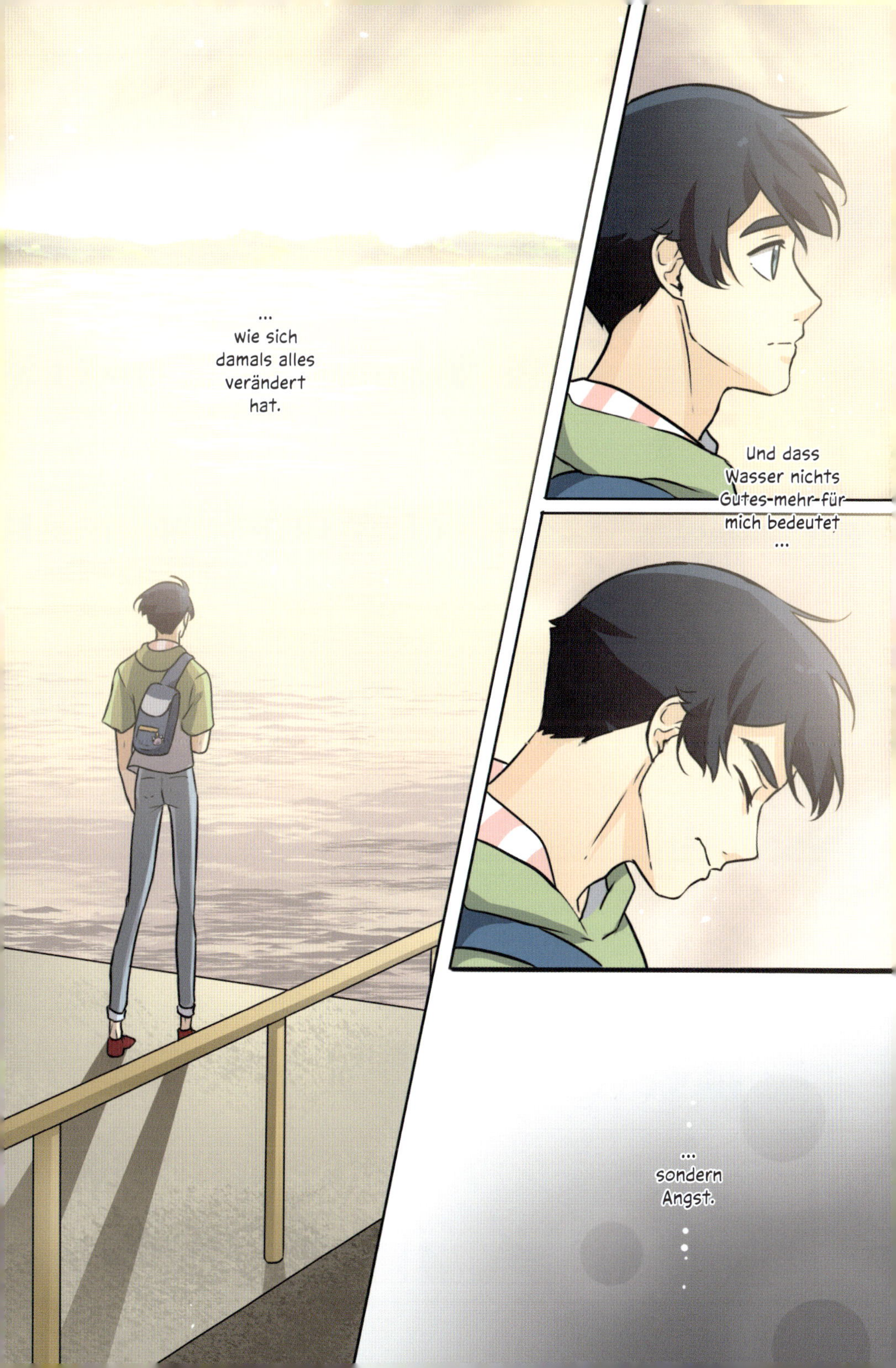

... wie sich damals alles verändert hat.
Und dass Wasser nichts Gutes mehr für mich bedeutet ...
... sondern Angst.

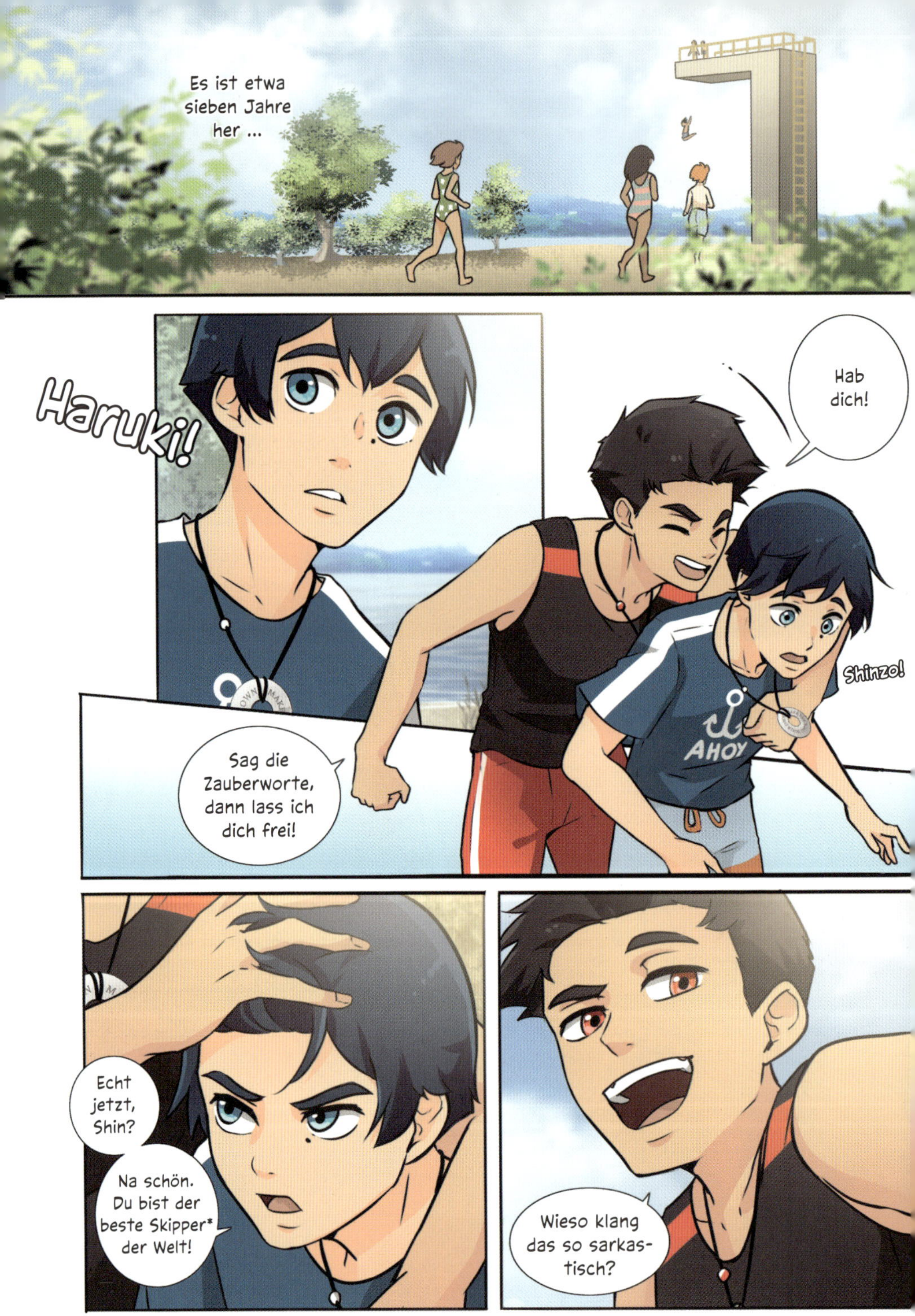

* Schiffsführer.

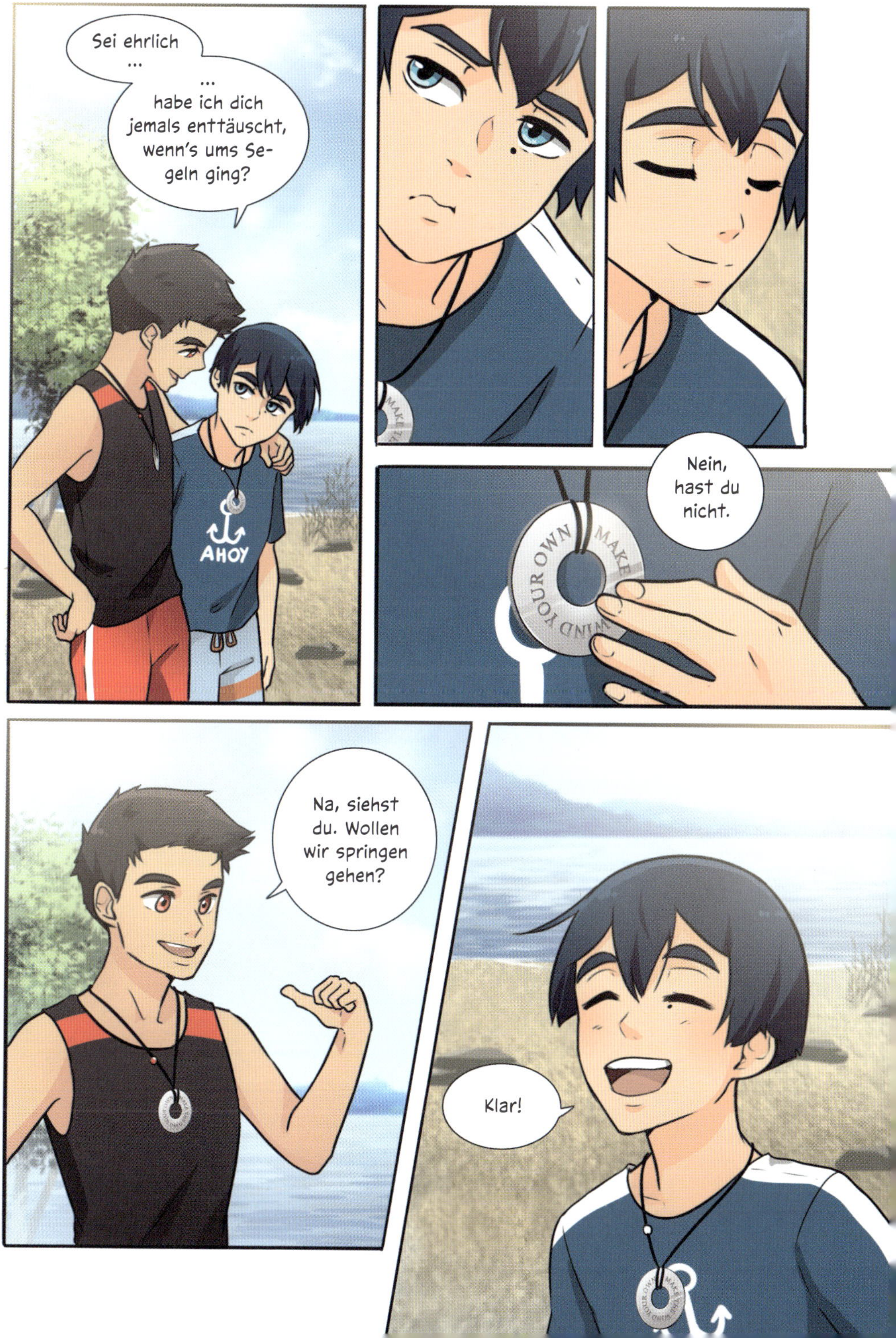
Sei ehrlich …
… habe ich dich jemals enttäuscht, wenn's ums Segeln ging?
MAKE YOUR OWN WIND
Nein, hast du nicht.
Na, siehst du. Wollen wir springen gehen?
Klar!

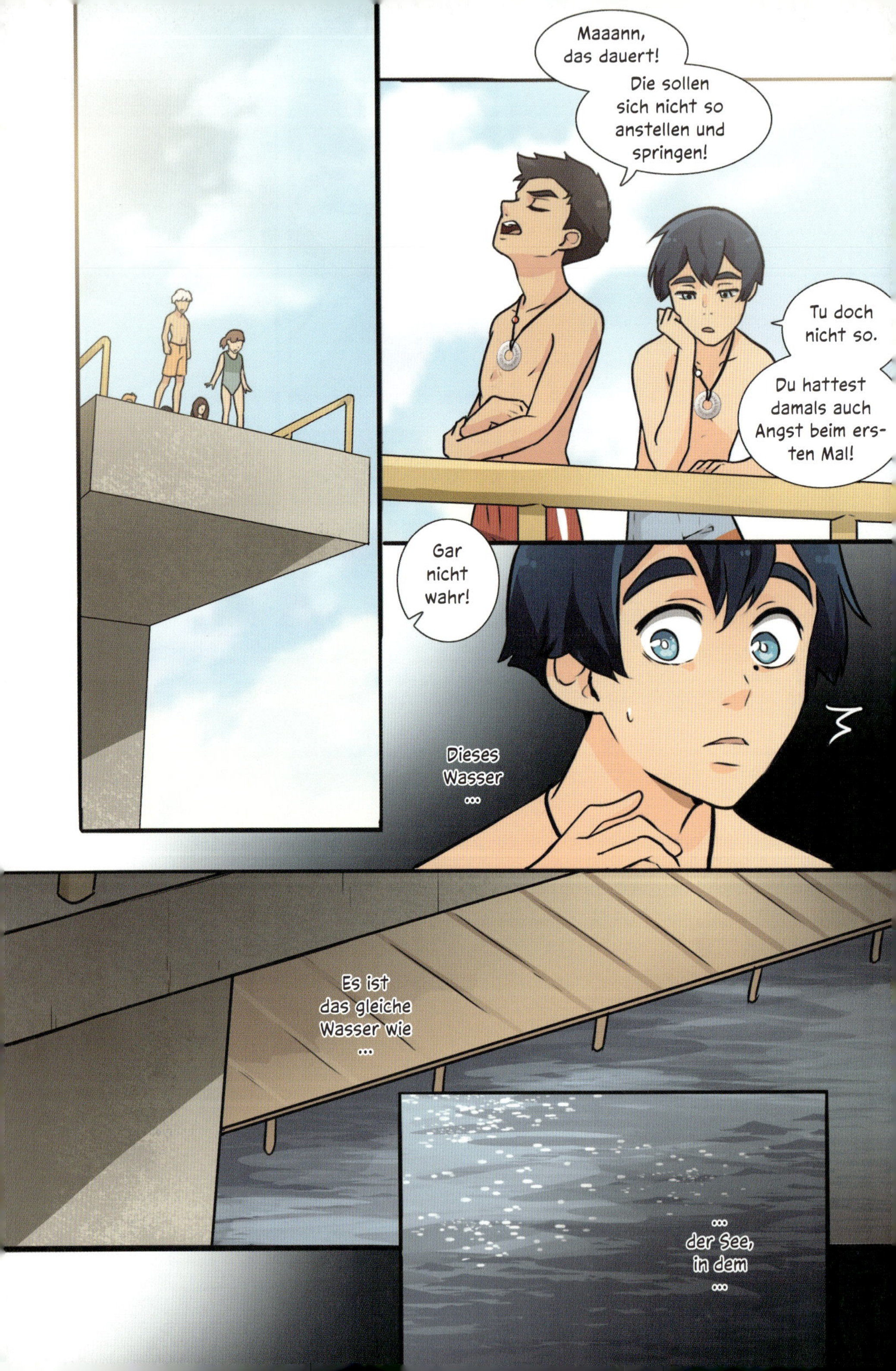
Maaann, das dauert!
Die sollen sich nicht so anstellen und springen!
Tu doch nicht so.
Du hattest damals auch Angst beim ersten Mal!
Gar nicht wahr!
Dieses Wasser …
Es ist das gleiche Wasser wie …
… der See, in dem …

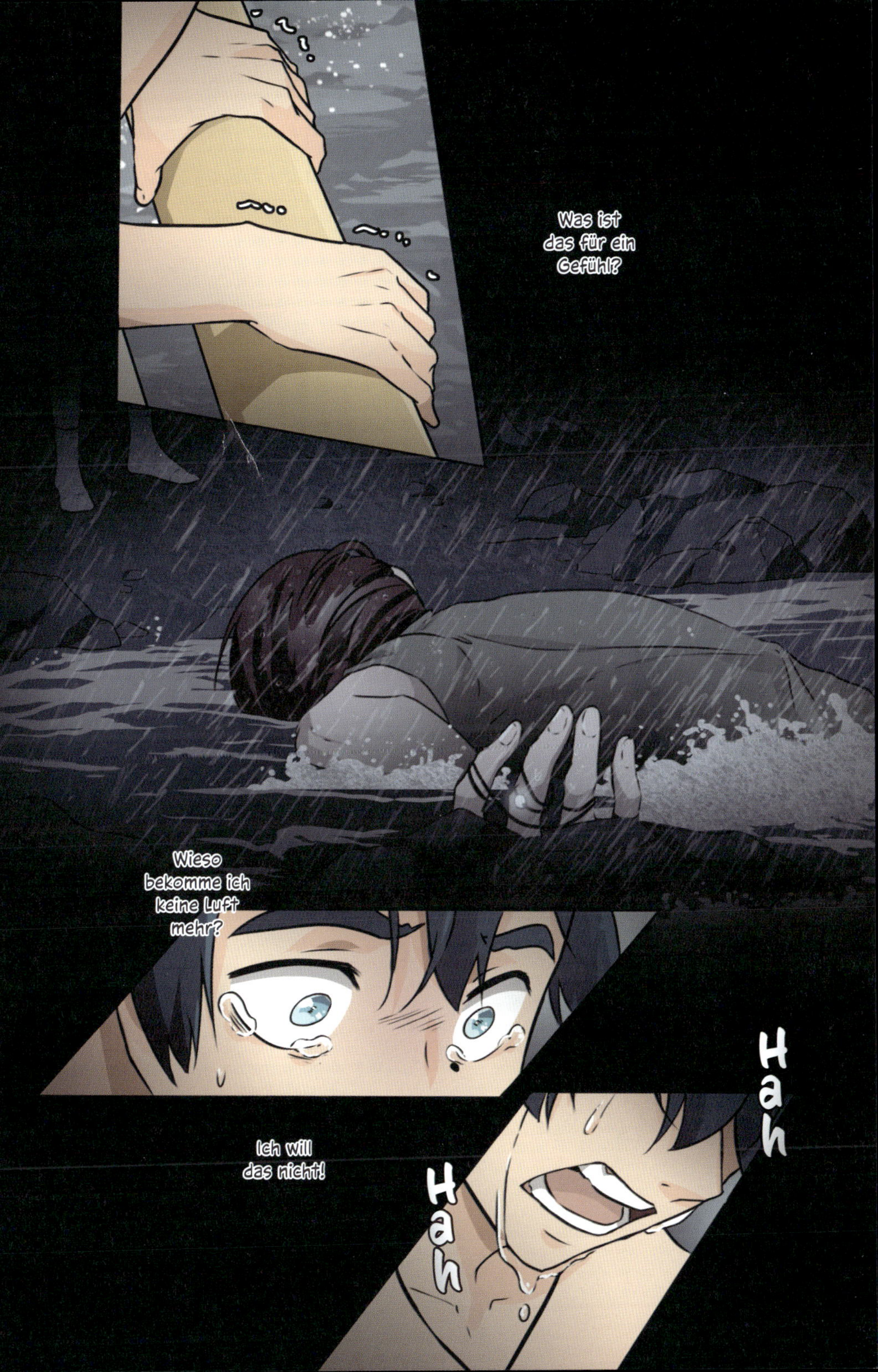
Was ist das für ein Gefühl?
Wieso bekomme ich keine Luft mehr?
Ich will das nicht!
Hah
Hah

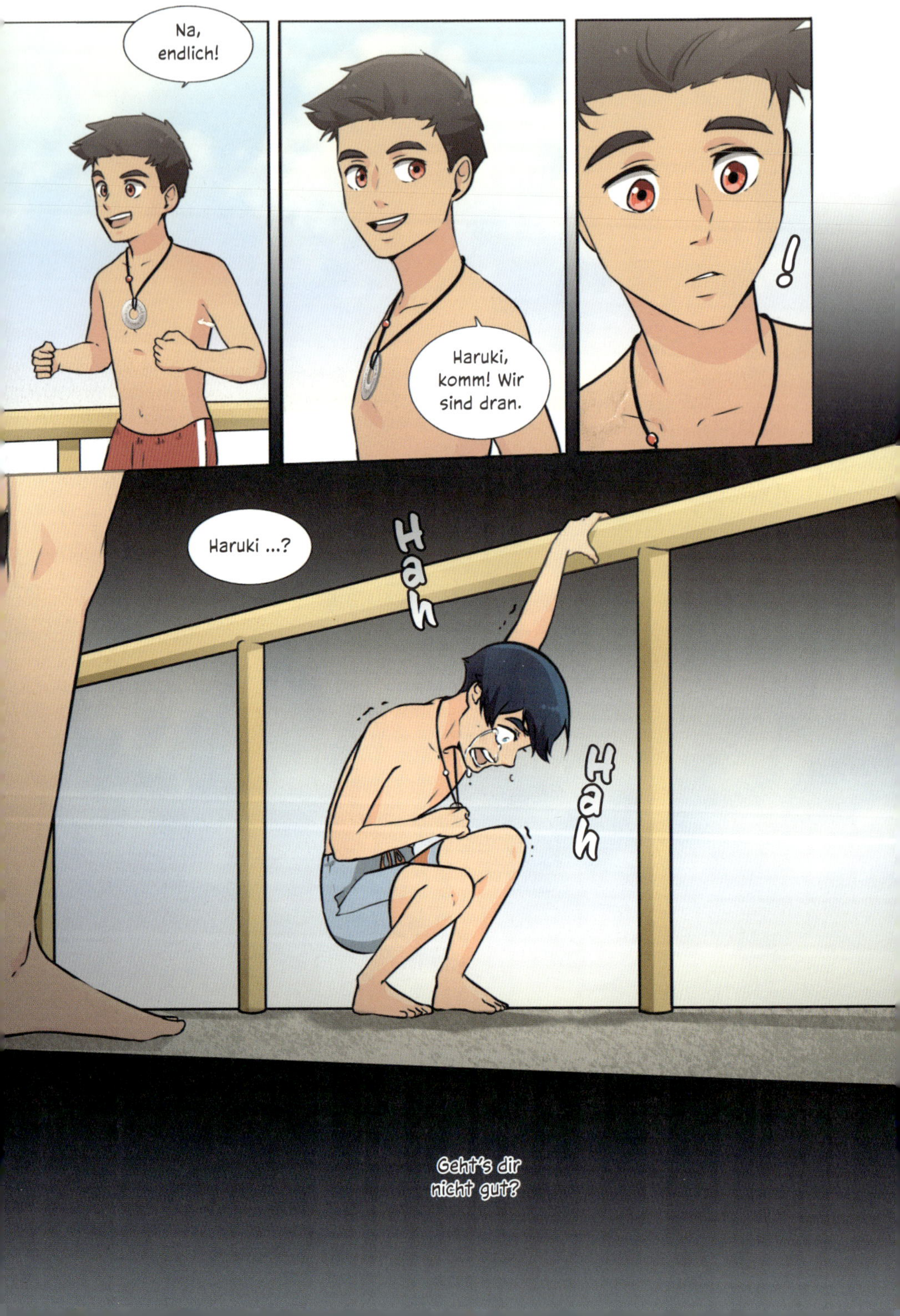
Na,
endlich!
Haruki,
komm! Wir
sind dran.
!
Haruki ...?
Hah
Hah
Geht's dir
nicht gut?

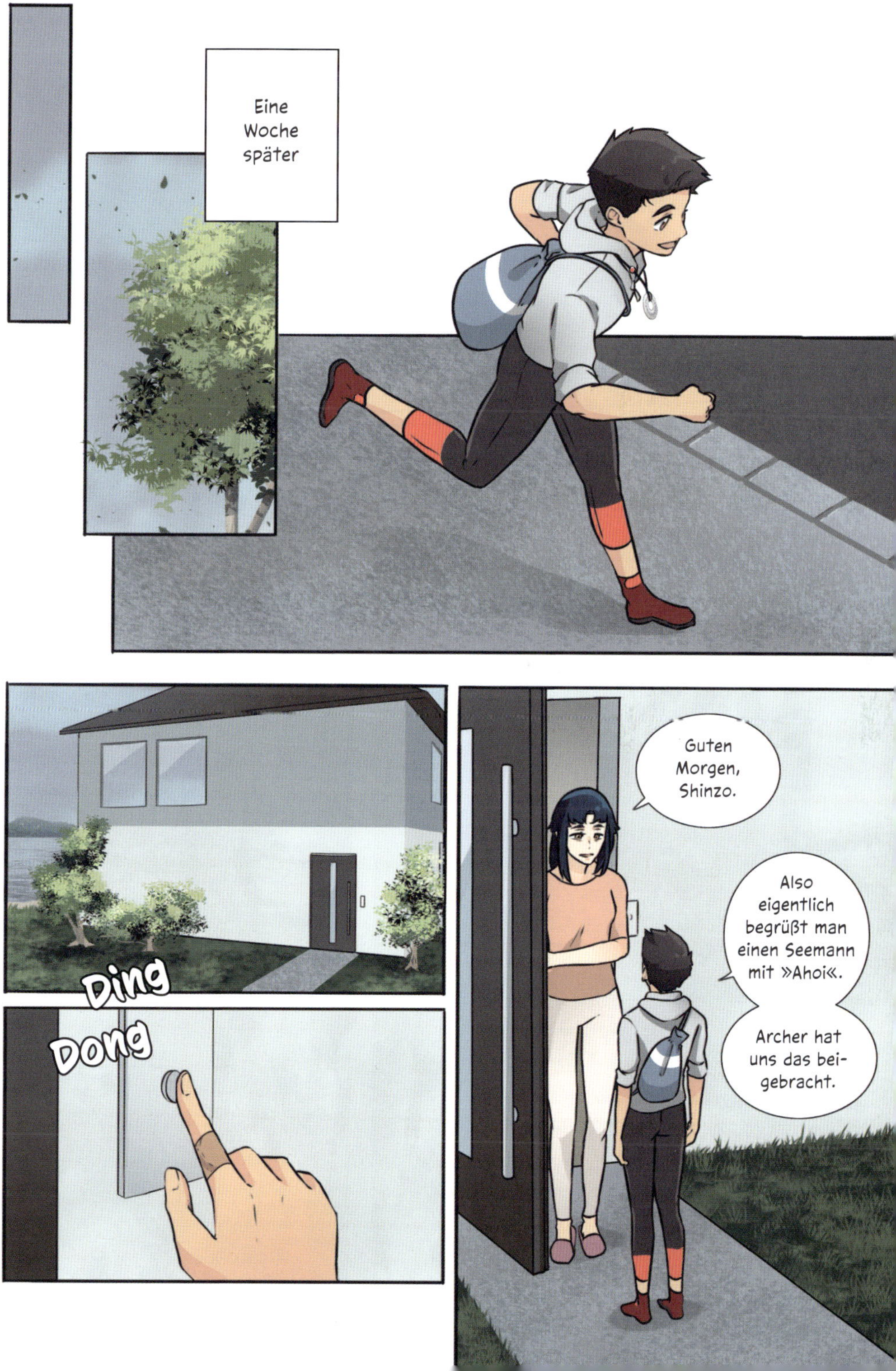
Eine Woche später
Ding
Dong
Guten Morgen, Shinzo.
Also eigentlich begrüßt man einen Seemann mit »Ahoi«.
Archer hat uns das beigebracht.

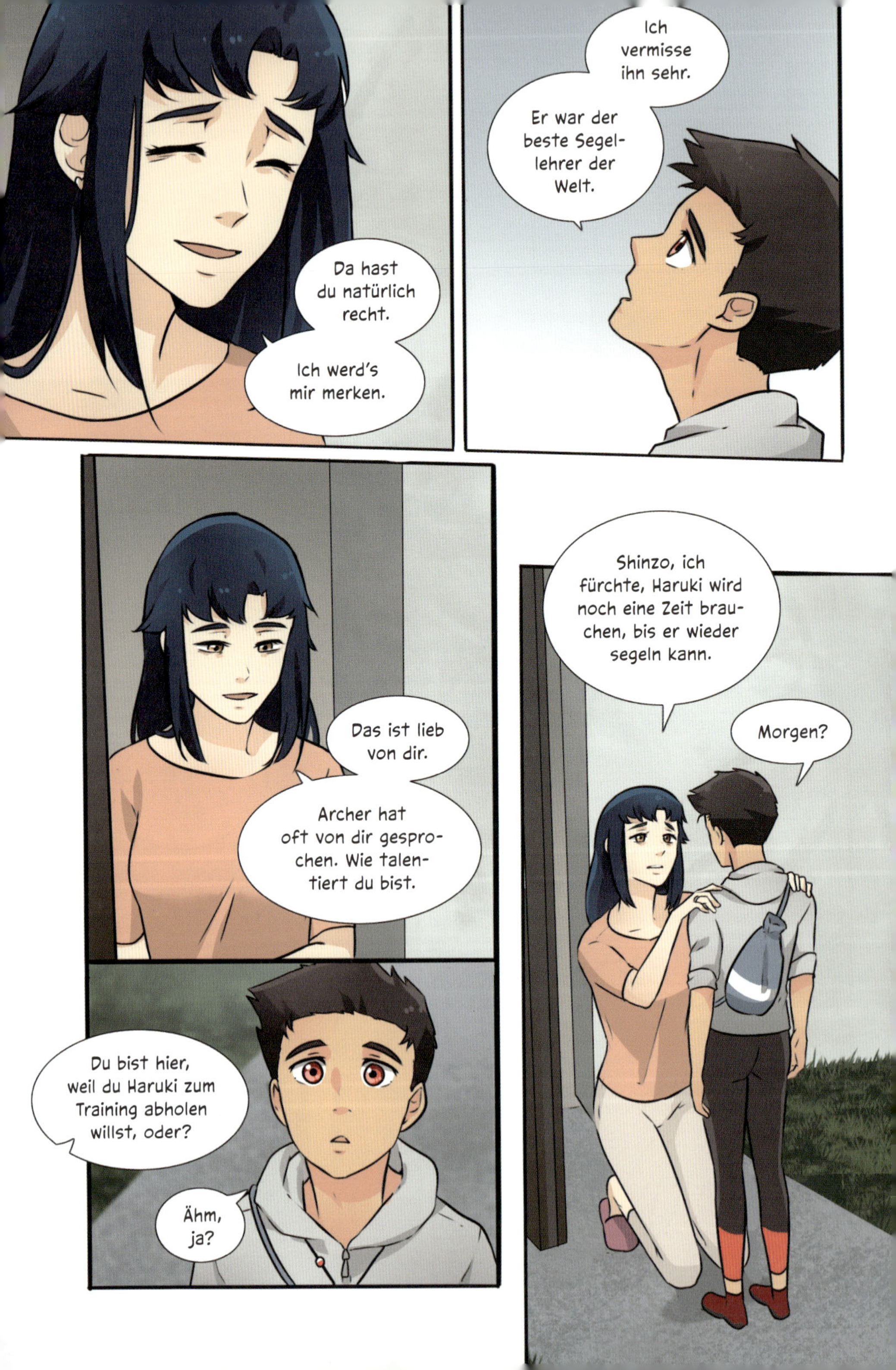
Da hast du natürlich recht.
Ich werd's mir merken.
Ich vermisse ihn sehr.
Er war der beste Segellehrer der Welt.
Das ist lieb von dir.
Archer hat oft von dir gesprochen. Wie talentiert du bist.
Du bist hier, weil du Haruki zum Training abholen willst, oder?
Ähm, ja?
Shinzo, ich fürchte, Haruki wird noch eine Zeit brauchen, bis er wieder segeln kann.
Morgen?

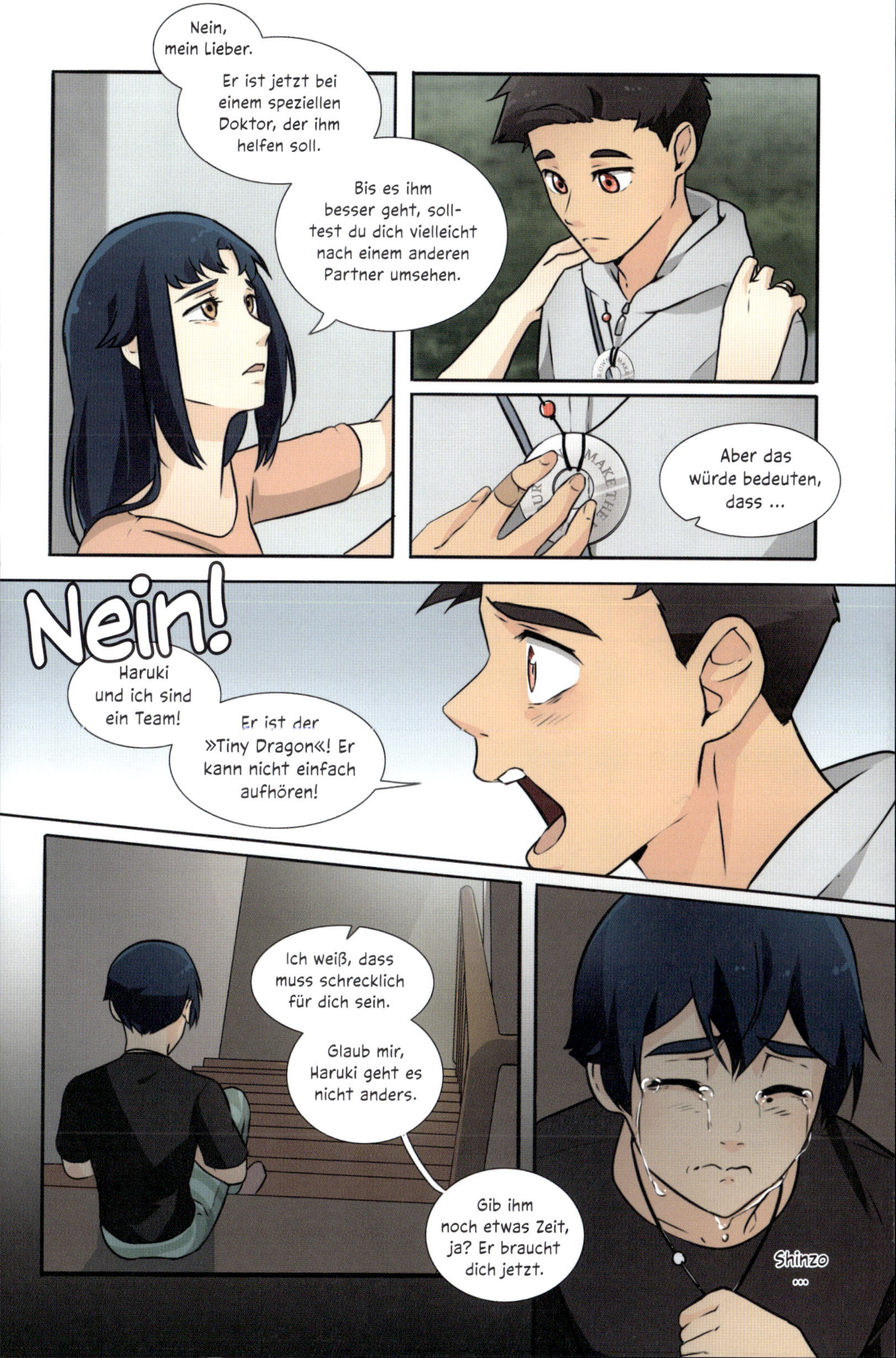
Nein, mein Lieber.
Er ist jetzt bei einem speziellen Doktor, der ihm helfen soll.
Bis es ihm besser geht, solltest du dich vielleicht nach einem anderen Partner umsehen.
Aber das würde bedeuten, dass …
Nein!
Haruki und ich sind ein Team!
Er ist der »Tiny Dragon«! Er kann nicht einfach aufhören!
Ich weiß, dass muss schrecklich für dich sein.
Glaub mir, Haruki geht es nicht anders.
Gib ihm noch etwas Zeit, ja? Er braucht dich jetzt.
Shinzo …

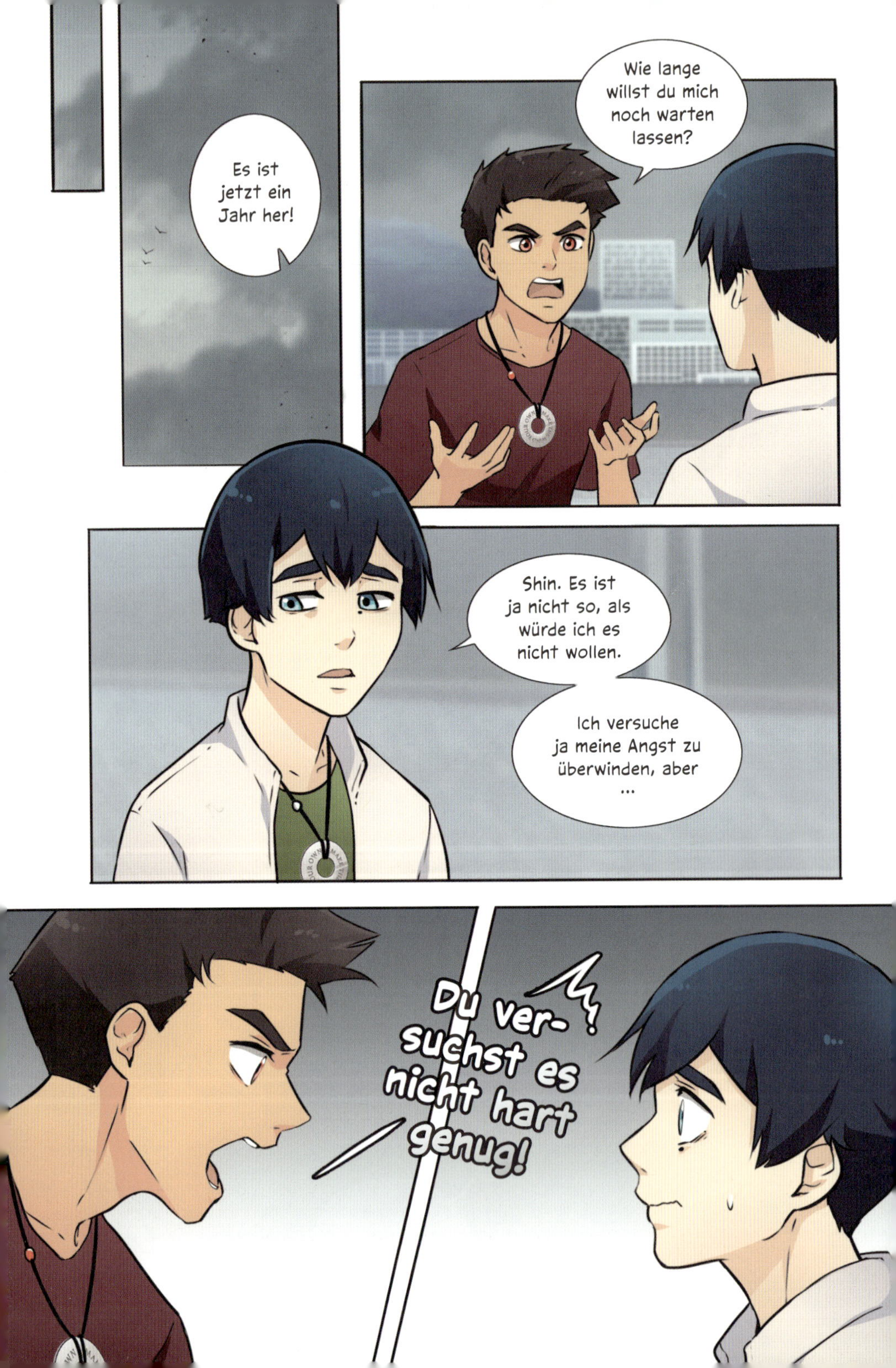
Es ist jetzt ein Jahr her!
Wie lange willst du mich noch warten lassen?
Shin. Es ist ja nicht so, als würde ich es nicht wollen.
Ich versuche ja meine Angst zu überwinden, aber ...
Du versuchst es nicht hart genug!

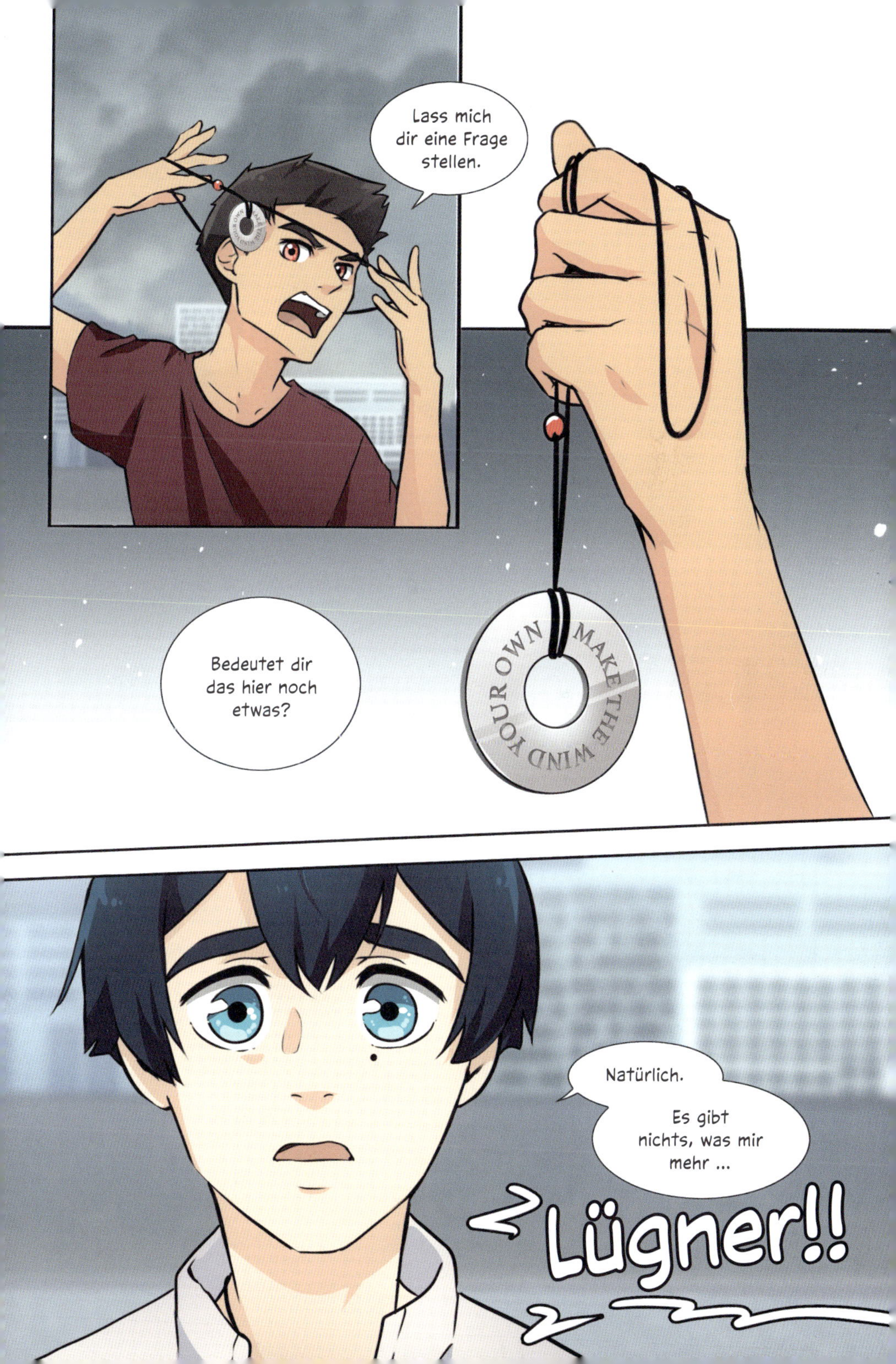
Lass mich dir eine Frage stellen.
MAKE THE WIND YOUR OWN
Bedeutet dir das hier noch etwas?
Natürlich.
Es gibt nichts, was mir mehr ...
Lügner!!

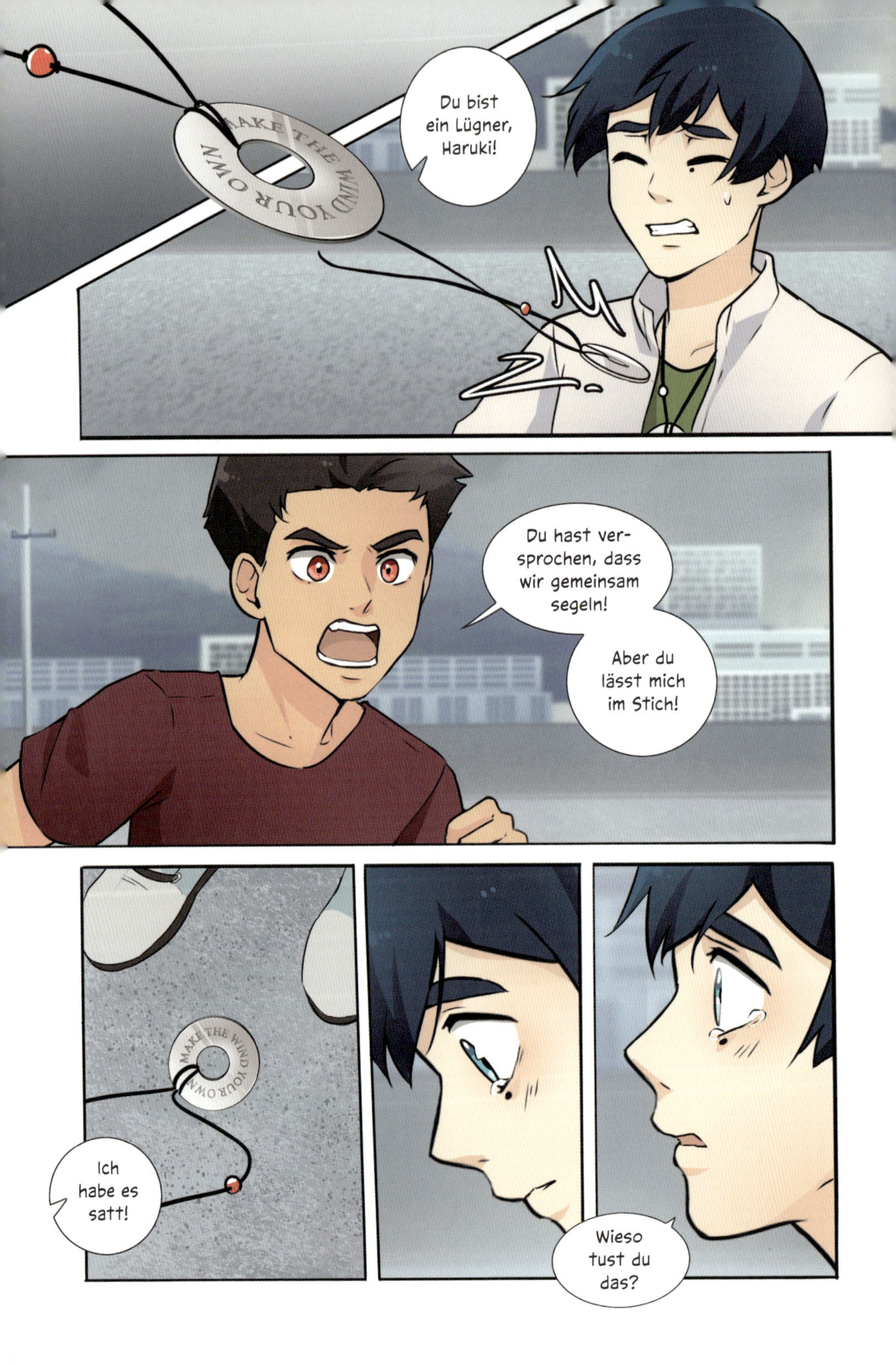
MAKE THE WIND YOUR OWN
Du bist ein Lügner, Haruki!
Du hast versprochen, dass wir gemeinsam segeln!
Aber du lässt mich im Stich!
MAKE THE WIND YOUR OWN
Ich habe es satt!
Wieso tust du das?

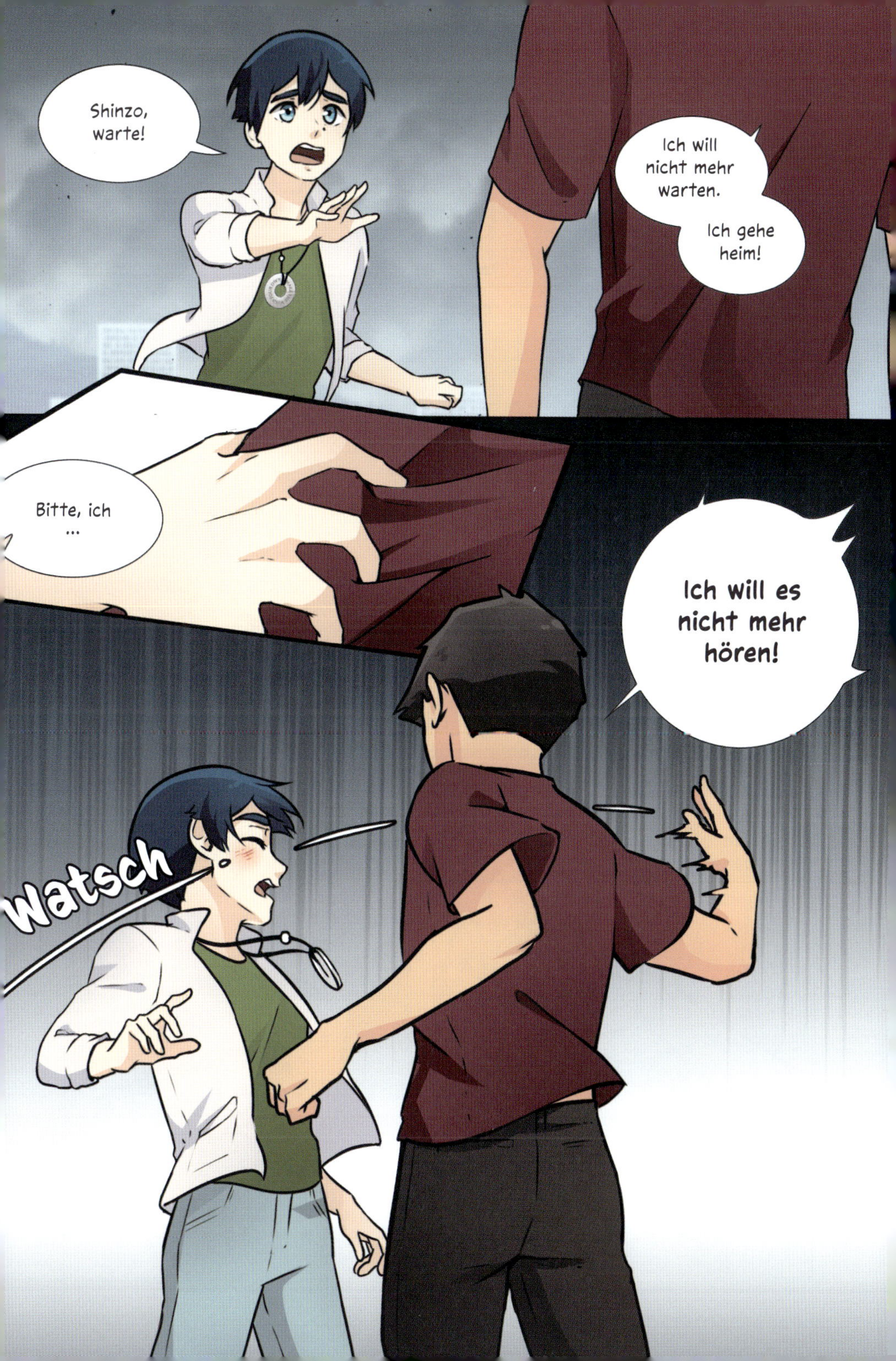
Shinzo, warte!
Ich will nicht mehr warten.
Ich gehe heim!
Bitte, ich ...
Ich will es nicht mehr hören!
Watsch

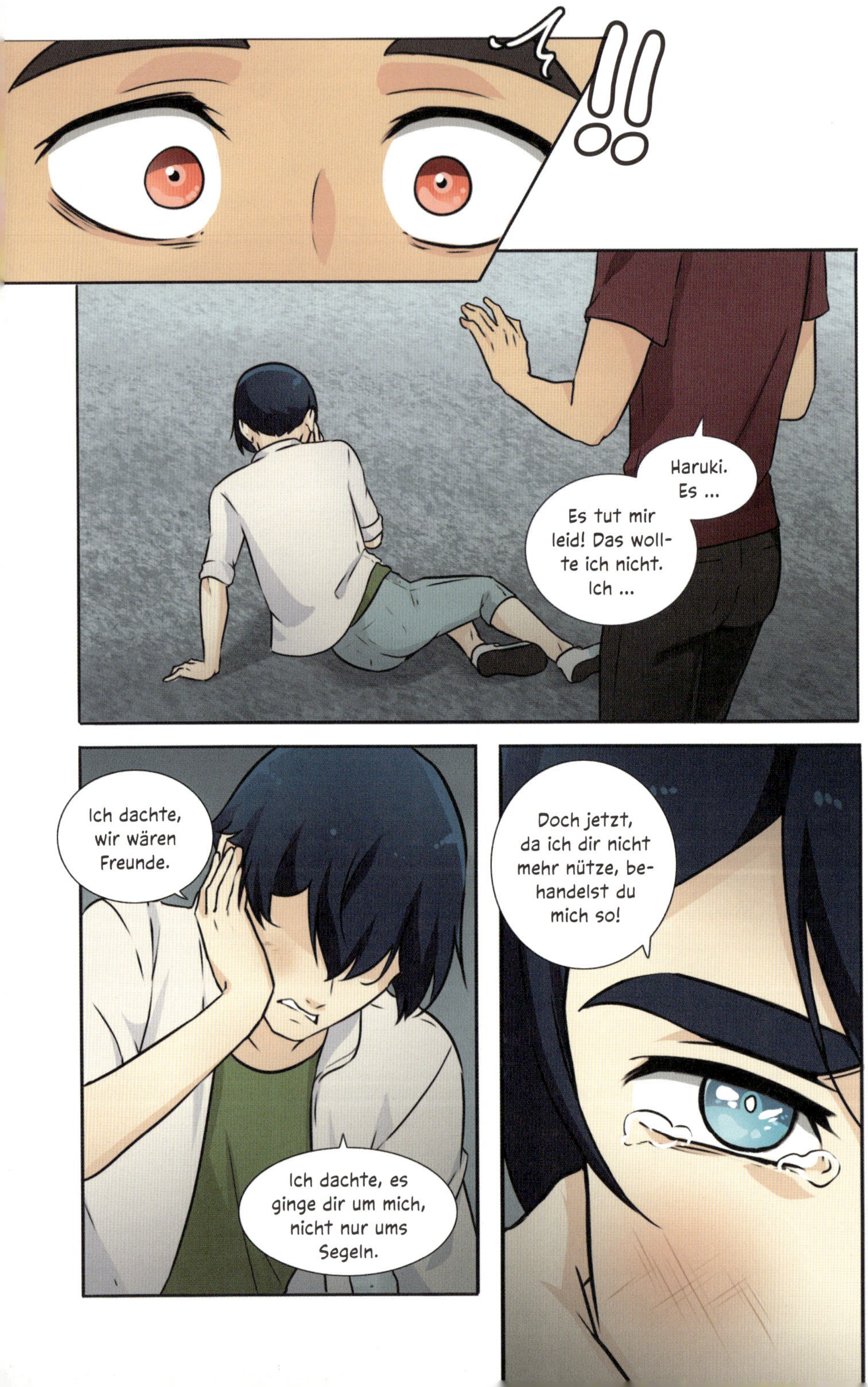
!!
Haruki.
Es ...
Es tut mir leid! Das woll-te ich nicht. Ich ...
Ich dachte, wir wären Freunde.
Ich dachte, es ginge dir um mich, nicht nur ums Segeln.
Doch jetzt, da ich dir nicht mehr nütze, be-handelst du mich so!

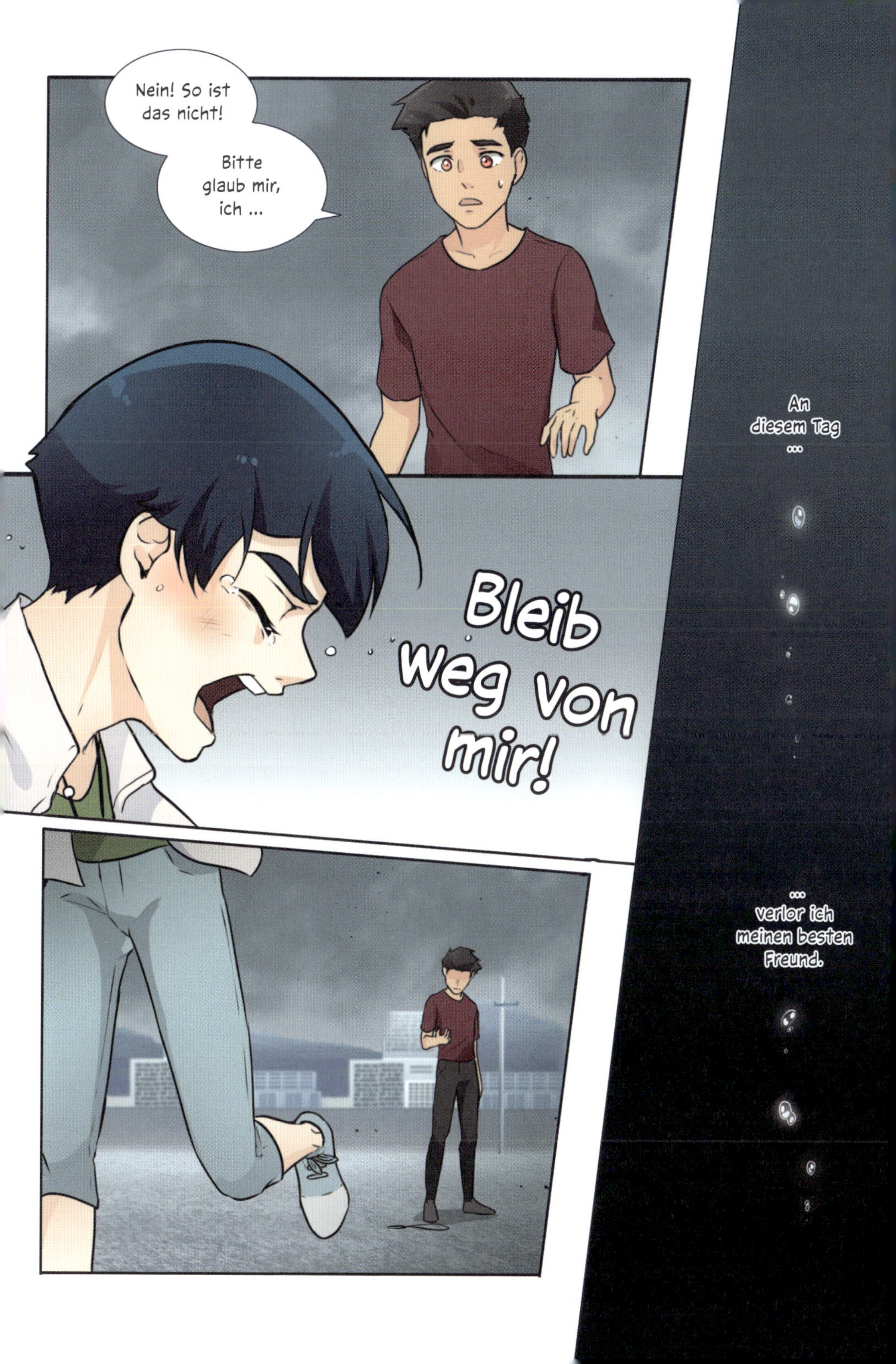
Nein! So ist das nicht!
Bitte glaub mir, ich ...
Bleib weg von mir!
An diesem Tag ...
... verlor ich meinen besten Freund.

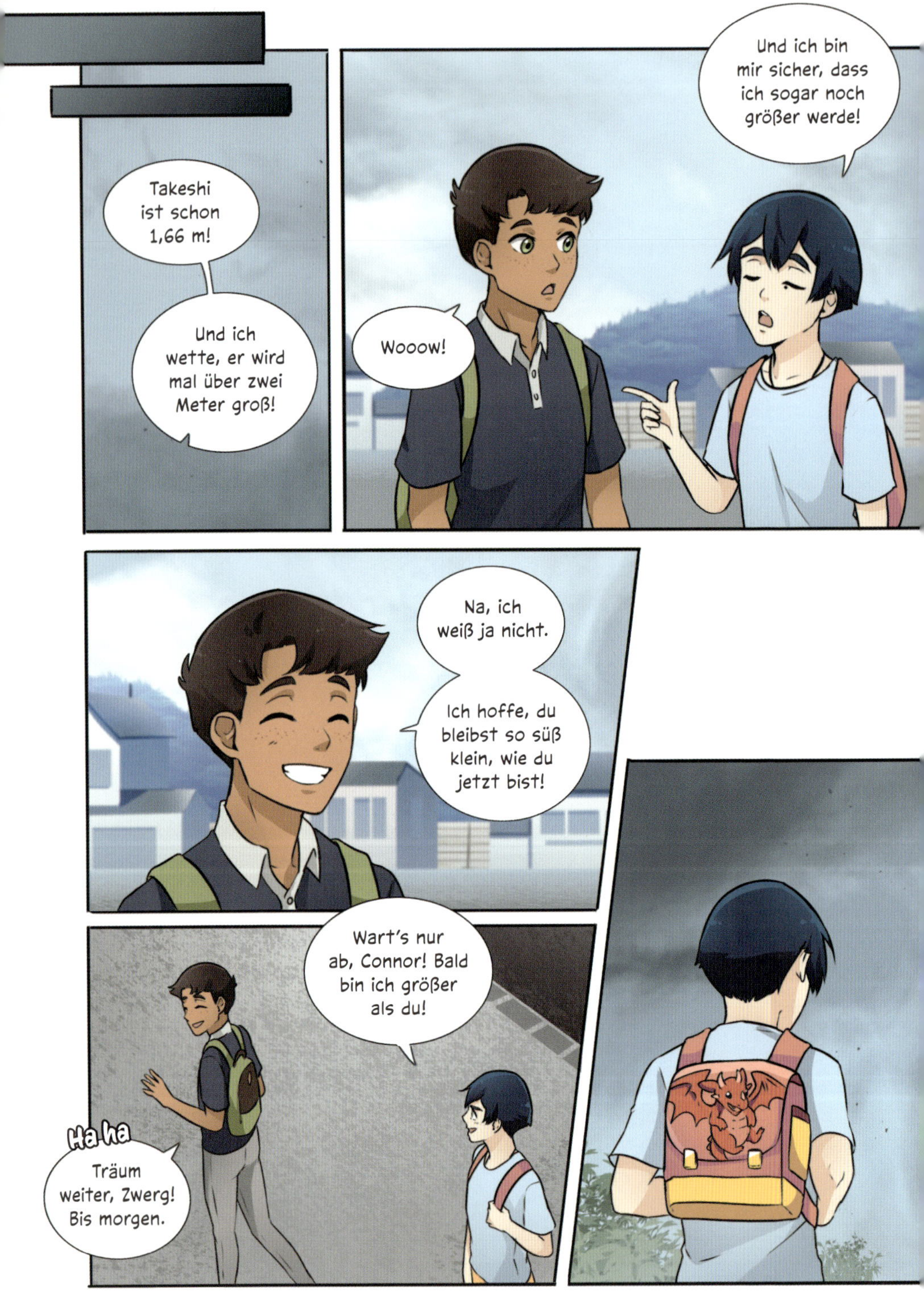
Takeshi ist schon 1,66 m!
Und ich wette, er wird mal über zwei Meter groß!
Und ich bin mir sicher, dass ich sogar noch größer werde!
Wooow!
Na, ich weiß ja nicht.
Ich hoffe, du bleibst so süß klein, wie du jetzt bist!
Wart's nur ab, Connor! Bald bin ich größer als du!
Ha ha
Träum weiter, Zwerg! Bis morgen.

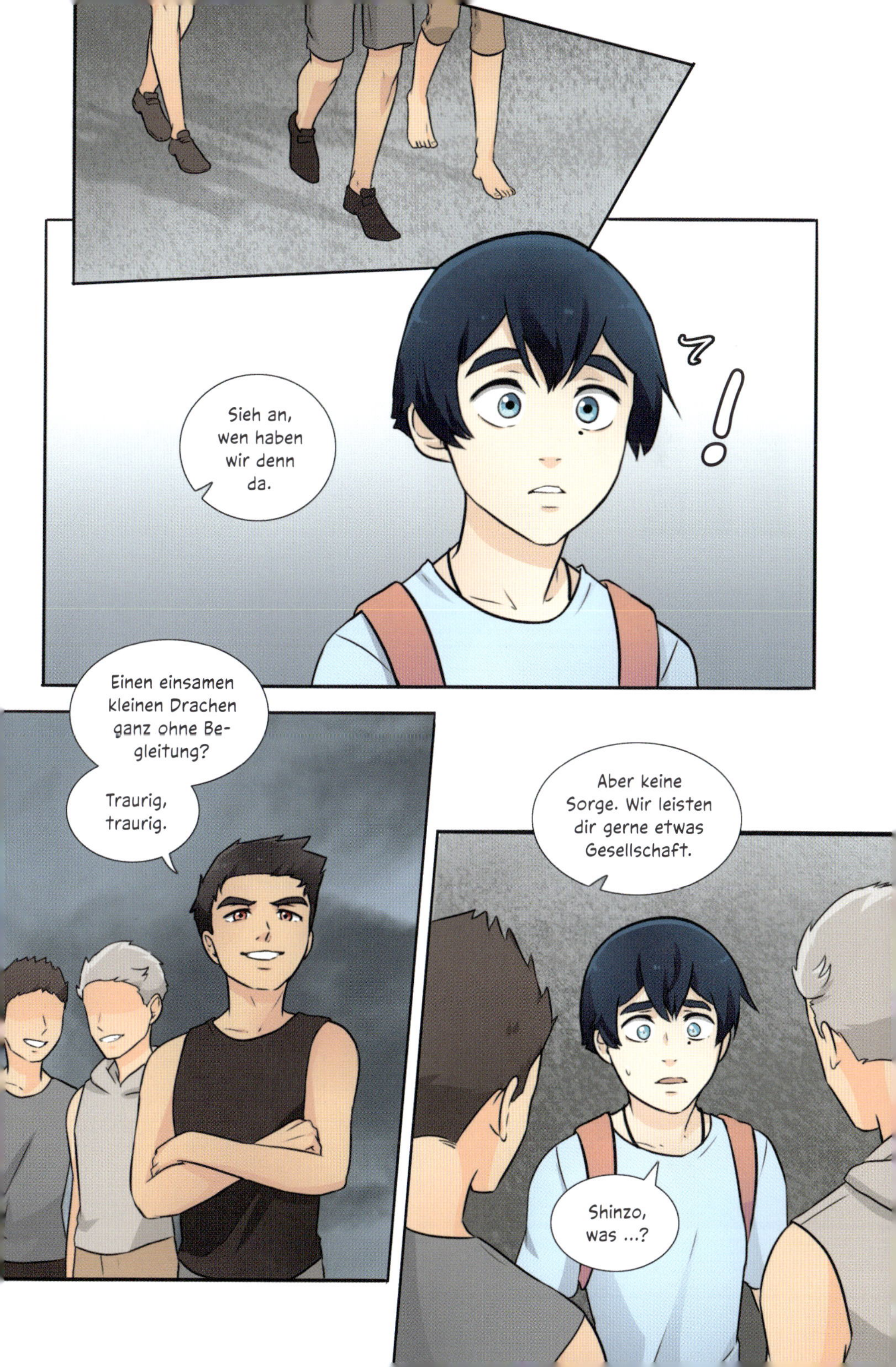
Sieh an, wen haben wir denn da.
Einen einsamen kleinen Drachen ganz ohne Be- gleitung?
Traurig, traurig.
Aber keine Sorge. Wir leisten dir gerne etwas Gesellschaft.
Shinzo, was ...?

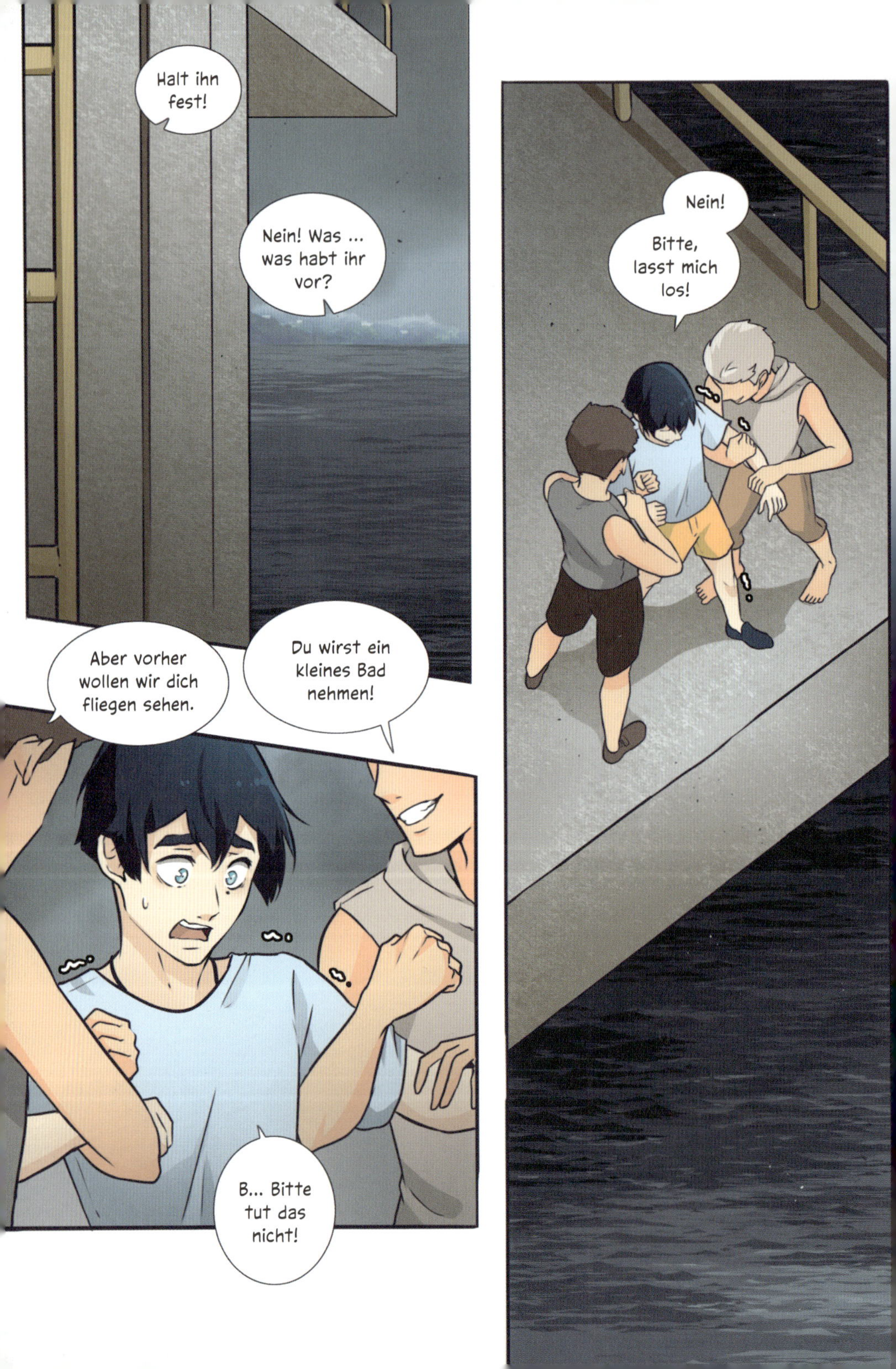
Halt ihn fest!
Nein! Was ... was habt ihr vor?
Aber vorher wollen wir dich fliegen sehen.
Du wirst ein kleines Bad nehmen!
B... Bitte tut das nicht!
Nein!
Bitte, lasst mich los!

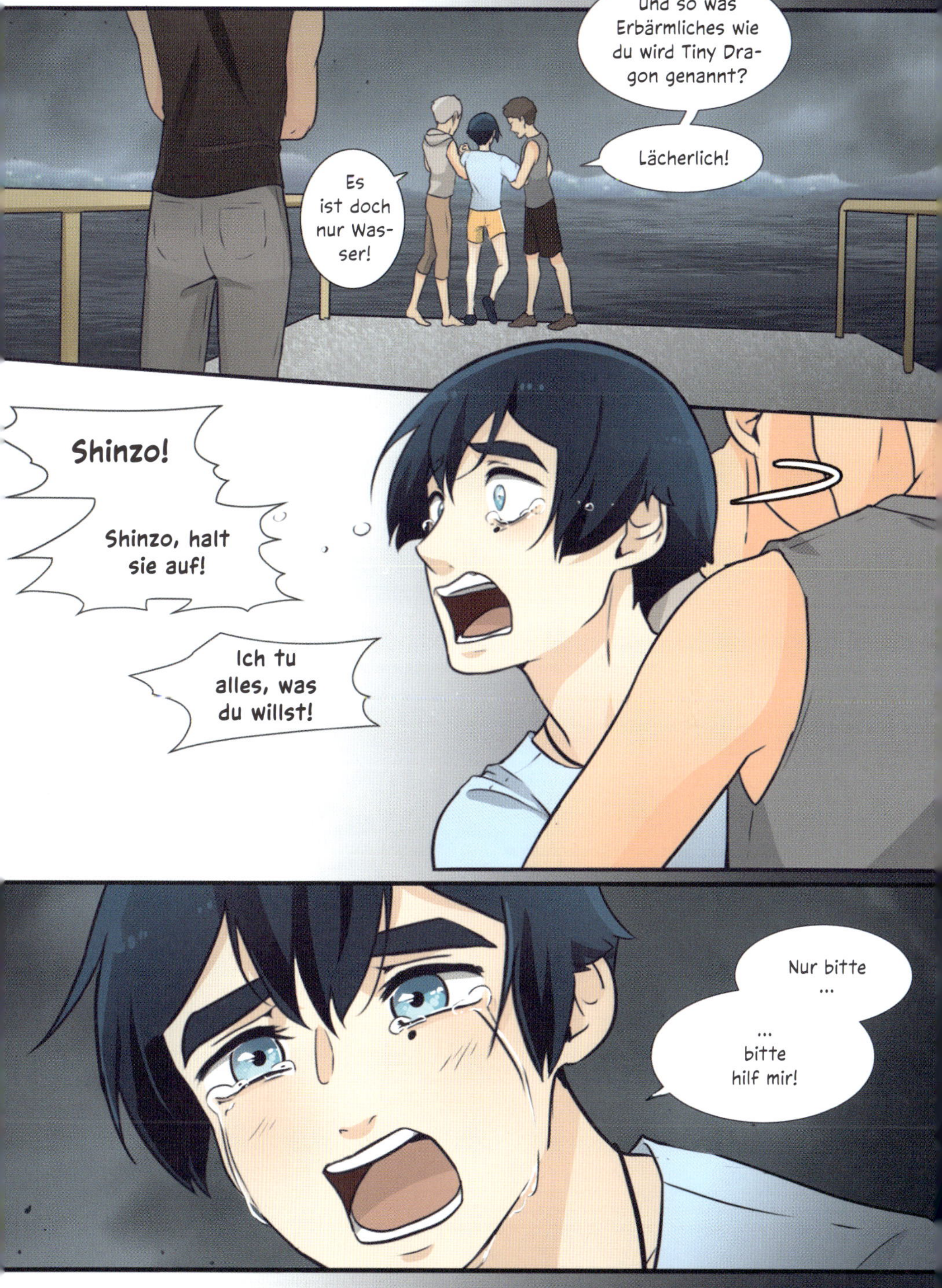
Und so was Erbärmliches wie du wird Tiny Dragon genannt?
Lächerlich!
Es ist doch nur Wasser!
Shinzo!
Shinzo, halt sie auf!
Ich tu alles, was du willst!
Nur bitte ...
... bitte hilf mir!

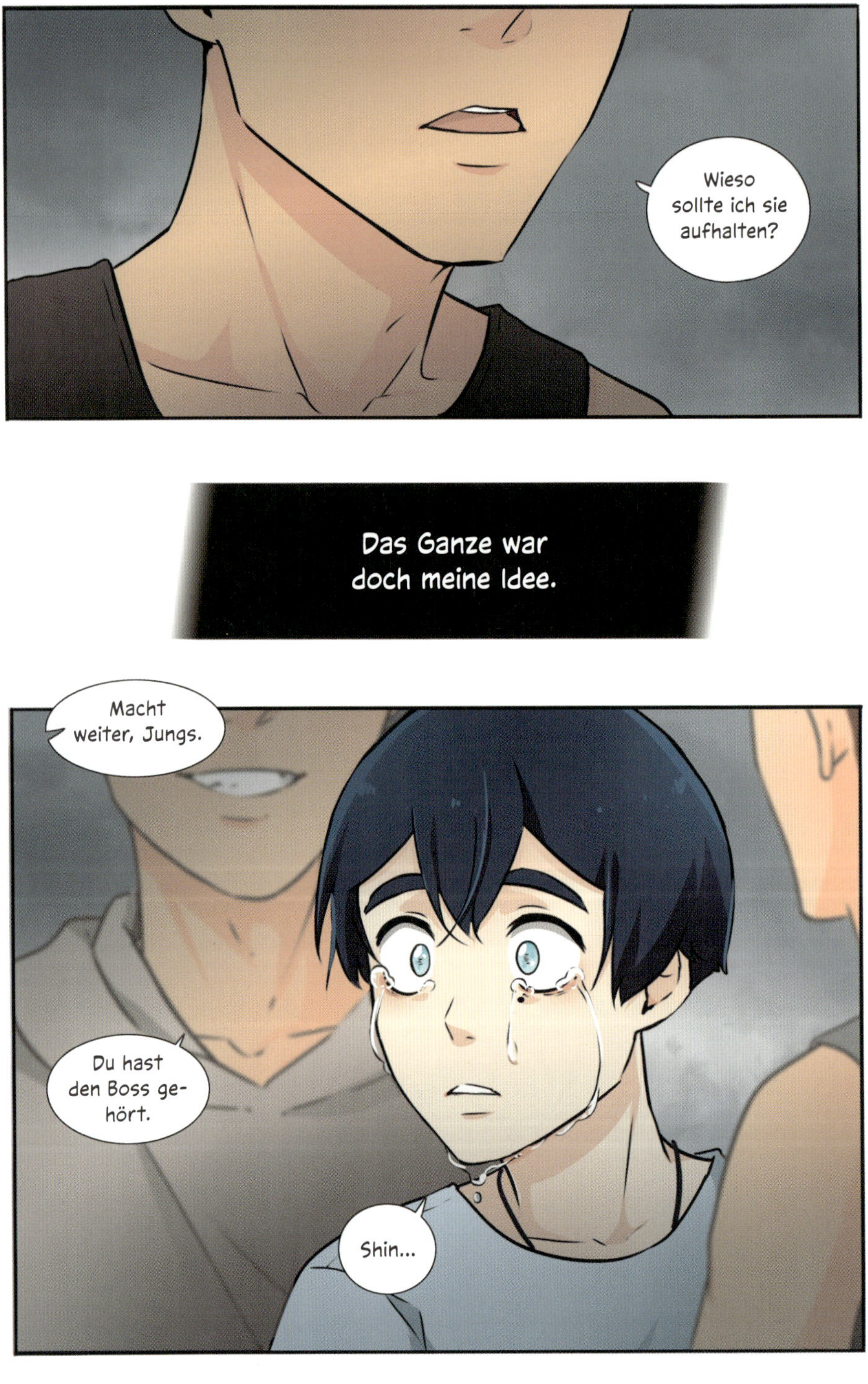
Wieso sollte ich sie aufhalten?
Das Ganze war doch meine Idee.
Macht weiter, Jungs.
Du hast den Boss gehört.
Shin...

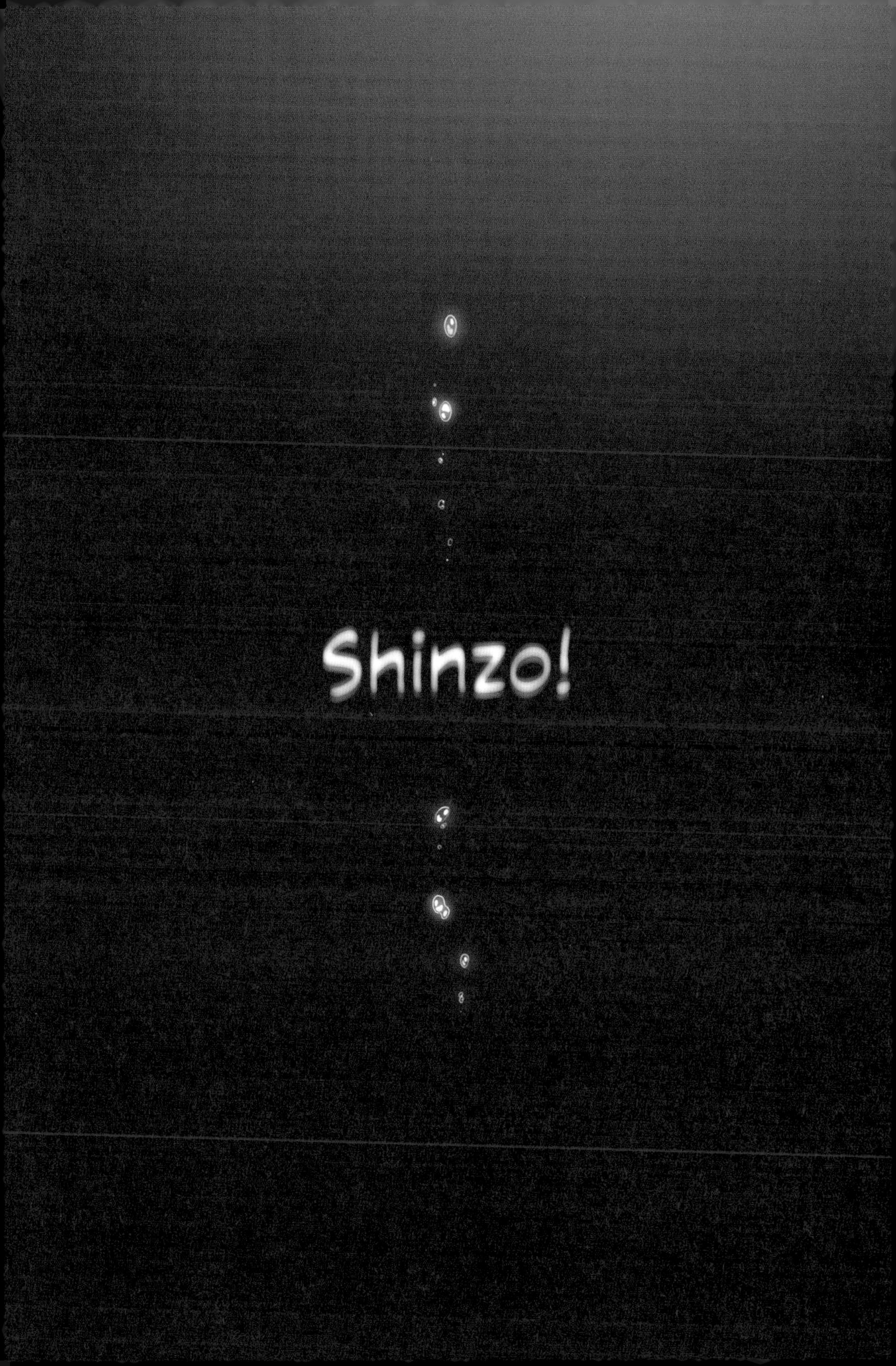
Shinzo!

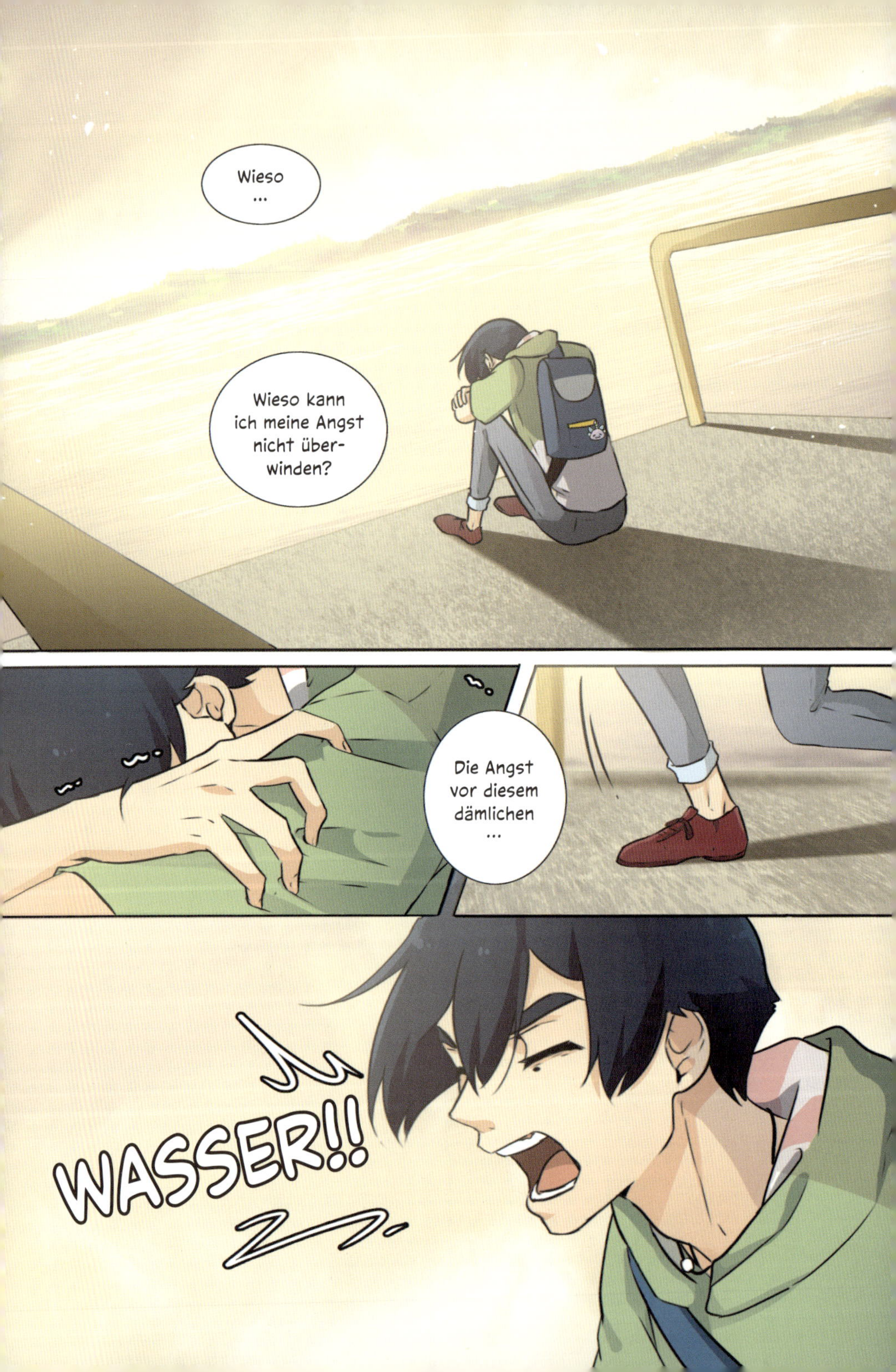
Wieso
...
Wieso kann ich meine Angst nicht über-winden?
Die Angst vor diesem dämlichen
...
WASSER!!

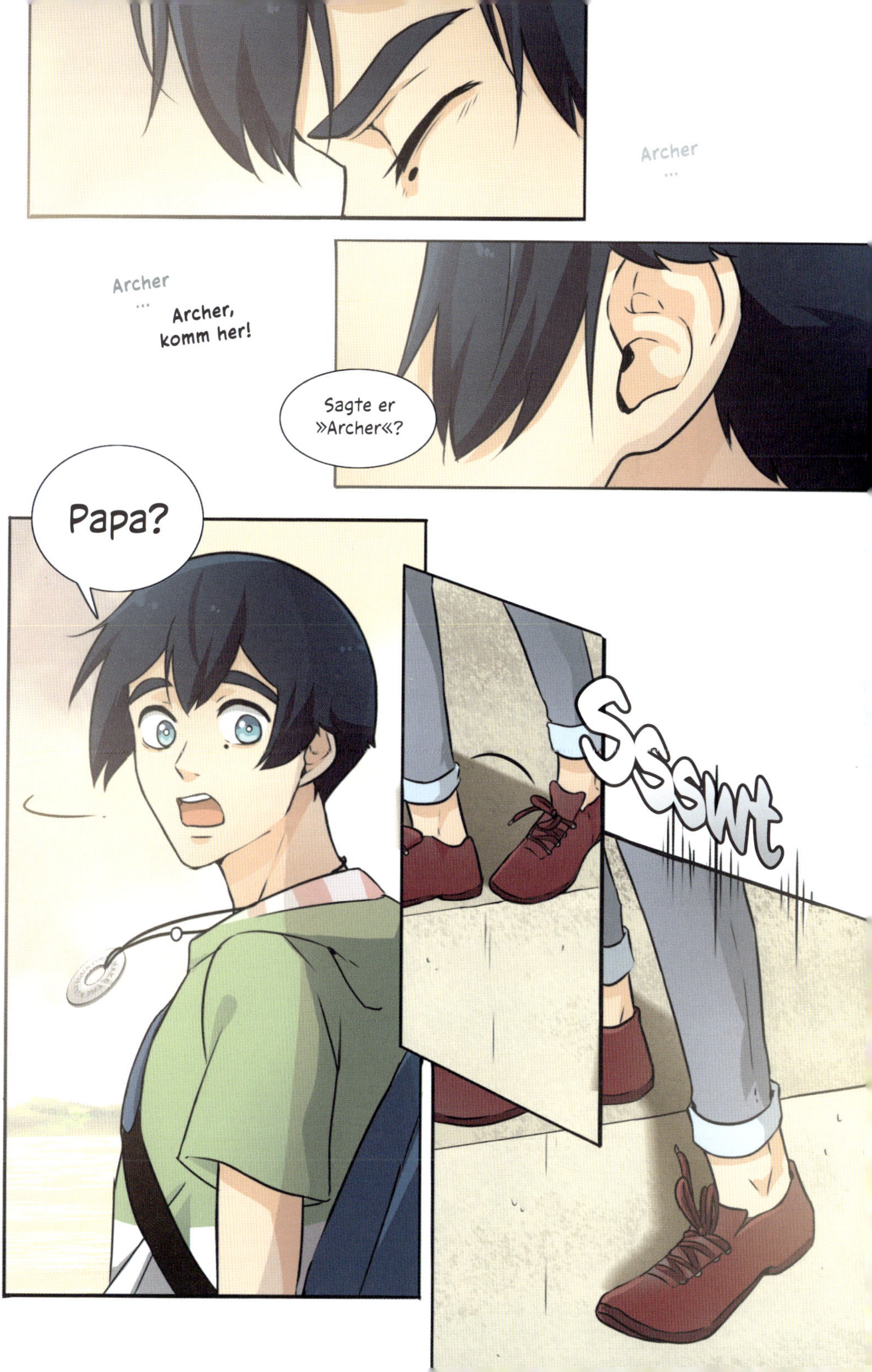
Archer
...
Archer
...
Archer,
komm her!
Sagte er
»Archer«?
Papa?
Ssswt

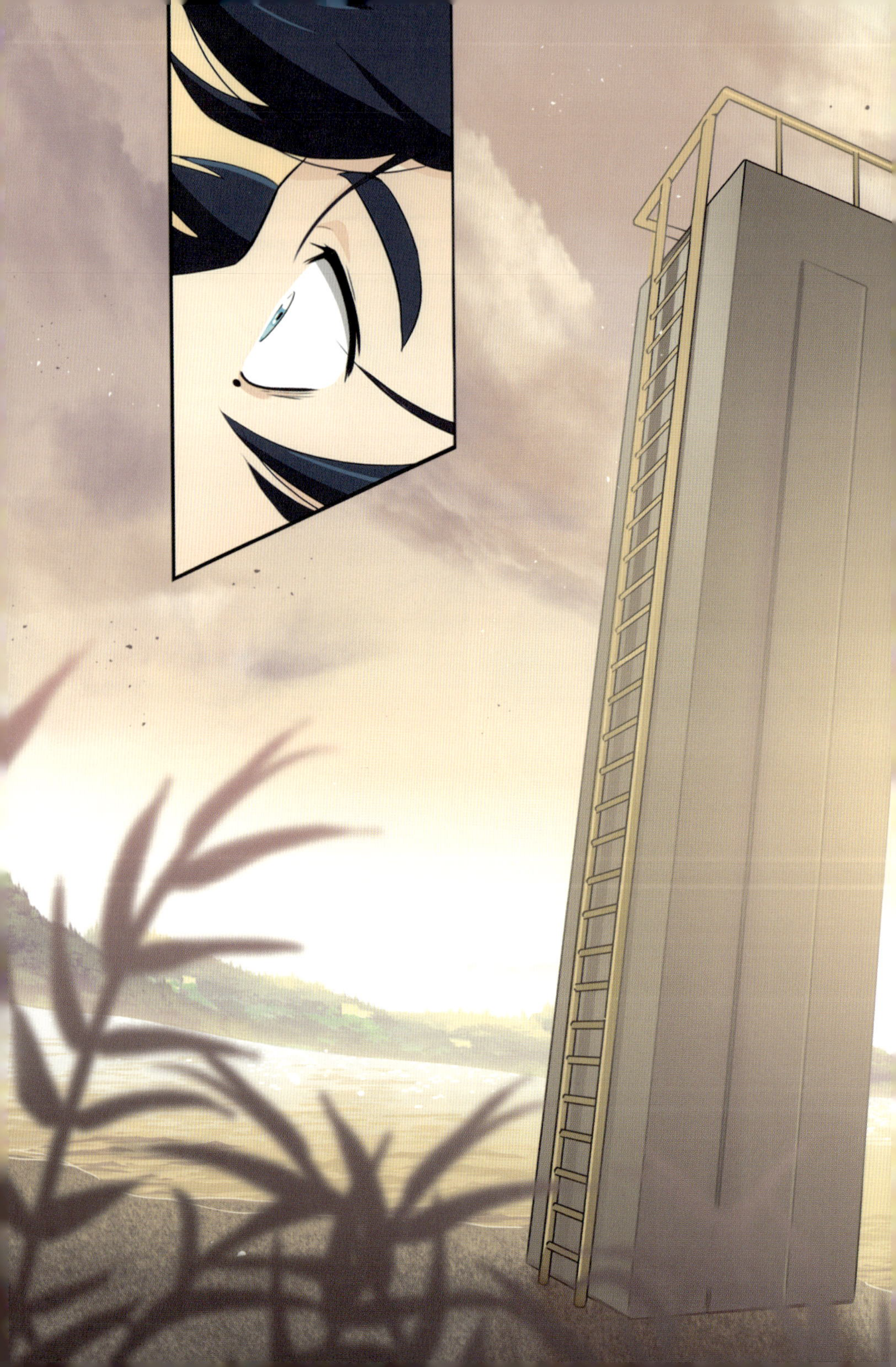

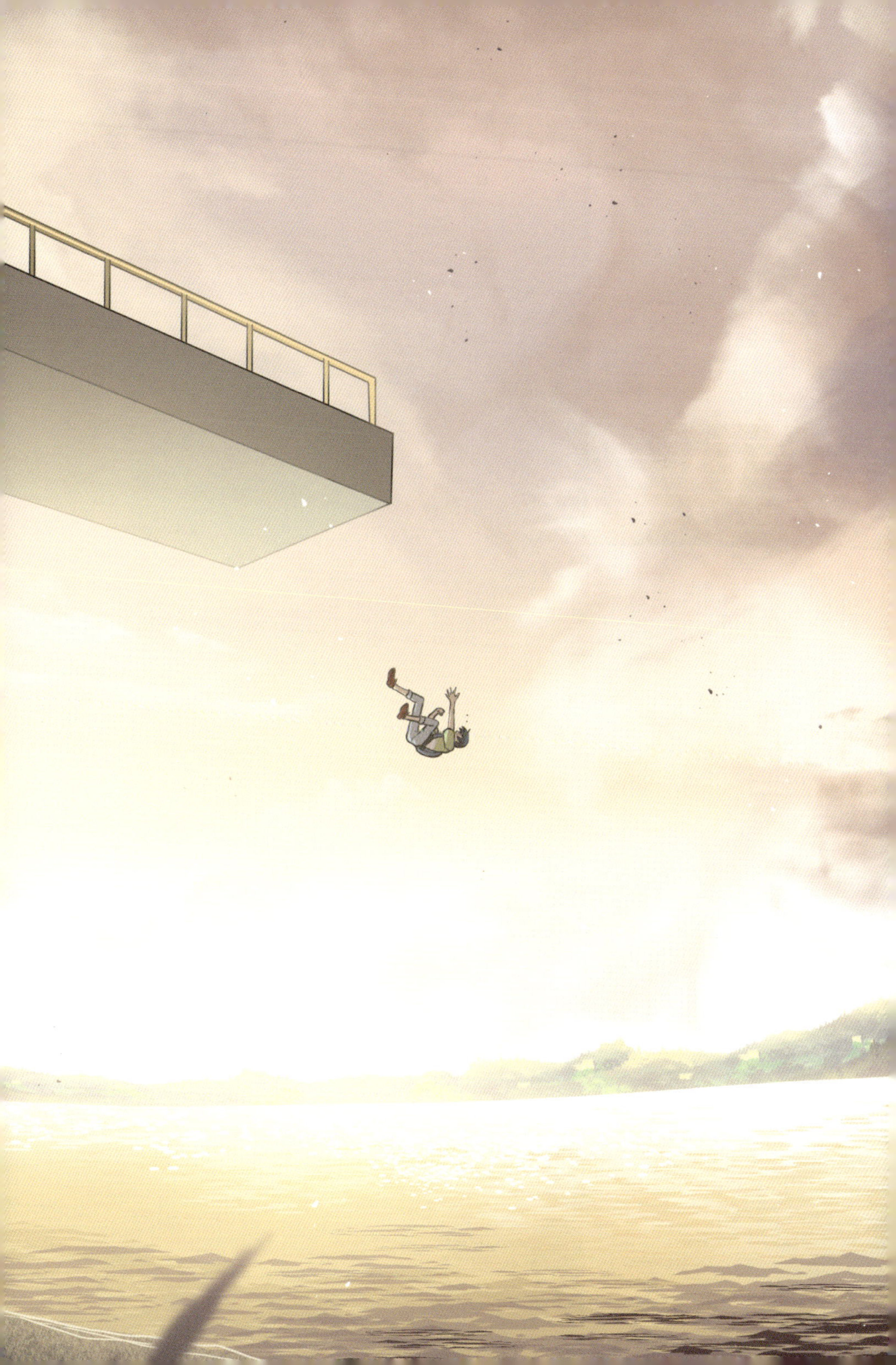

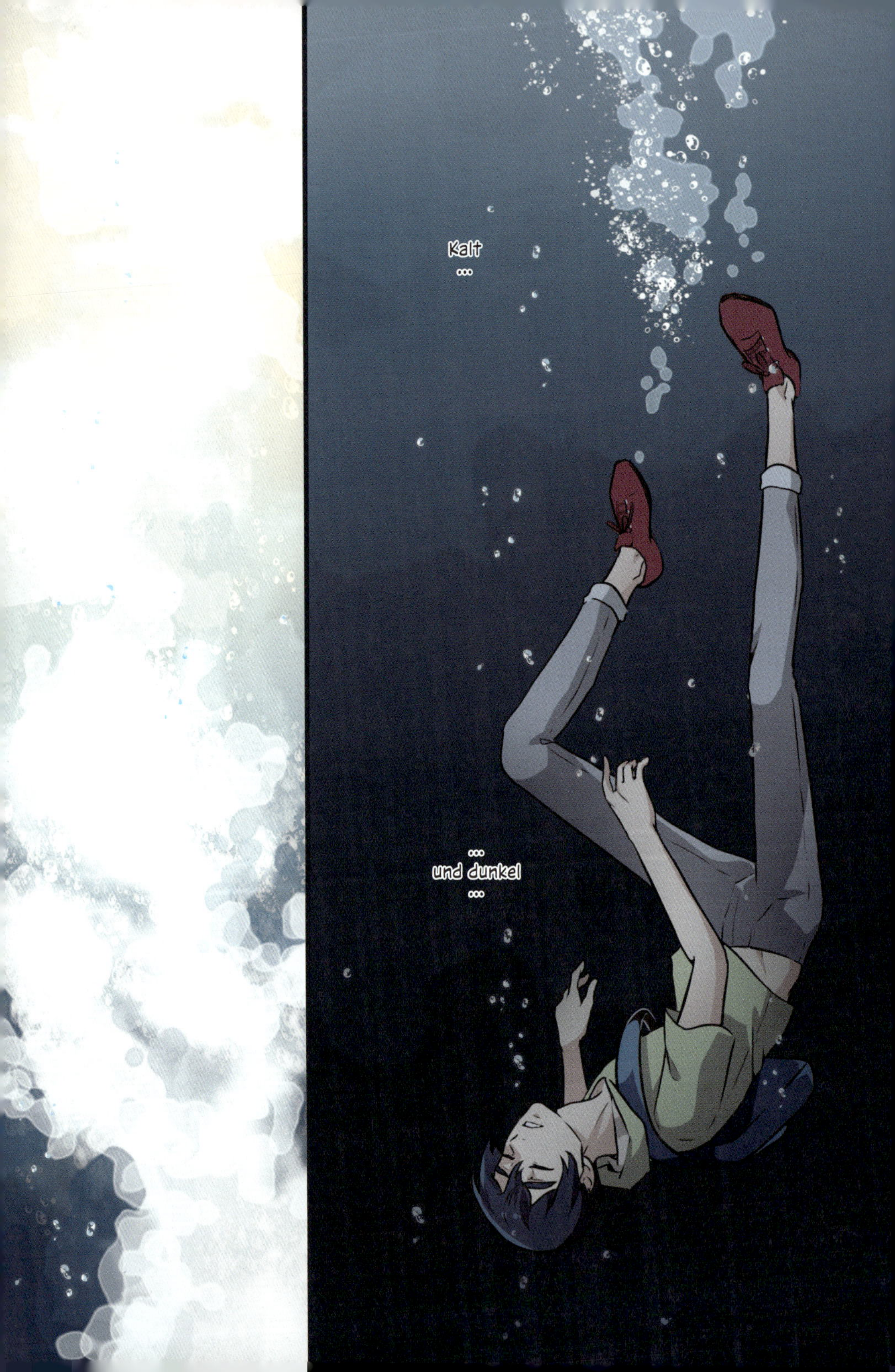
Kalt
...
...
und dunkel
...

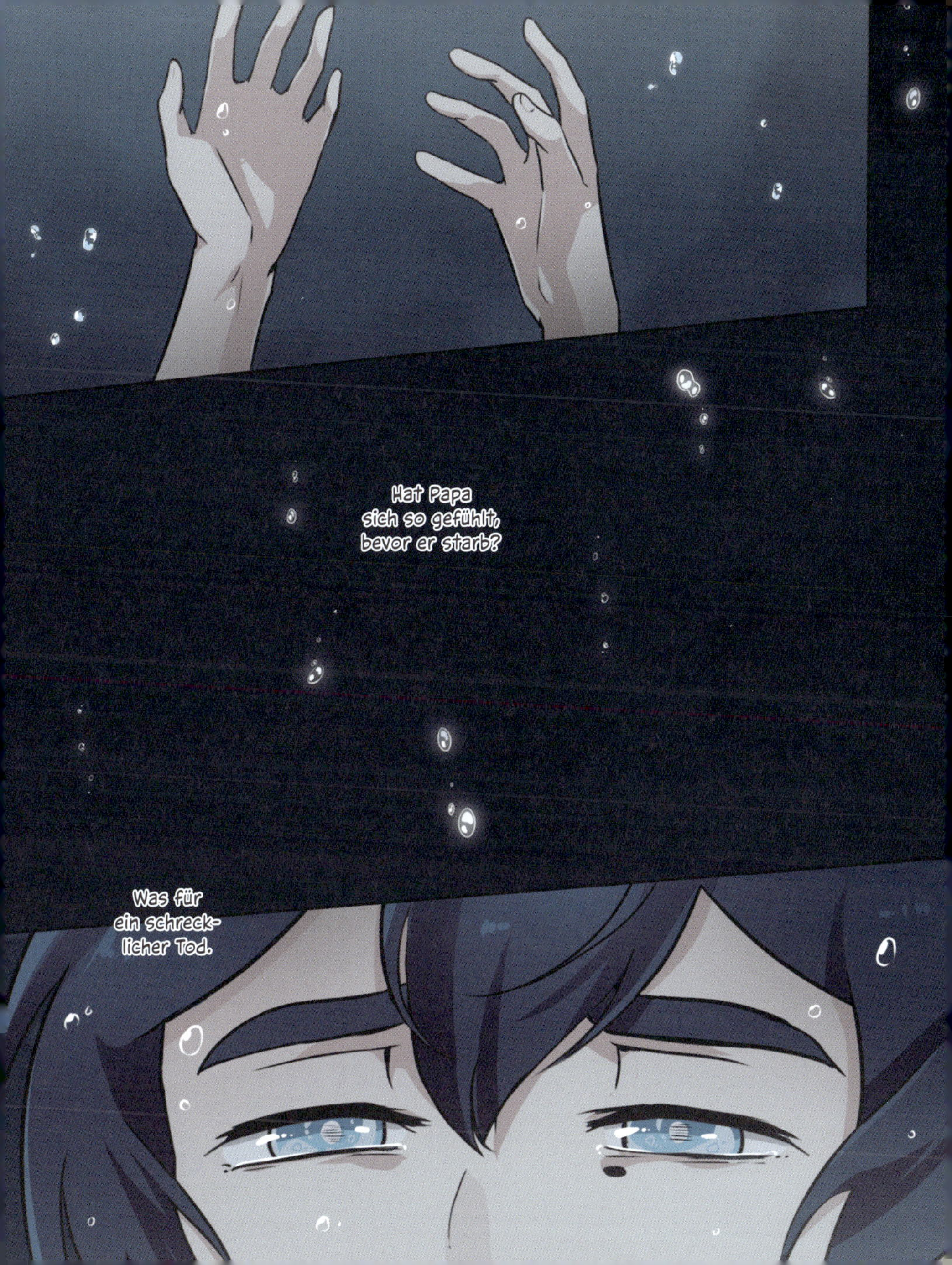
Hat Papa
sich so gefühlt,
bevor er starb?
Was für
ein schreck-
licher Tod.

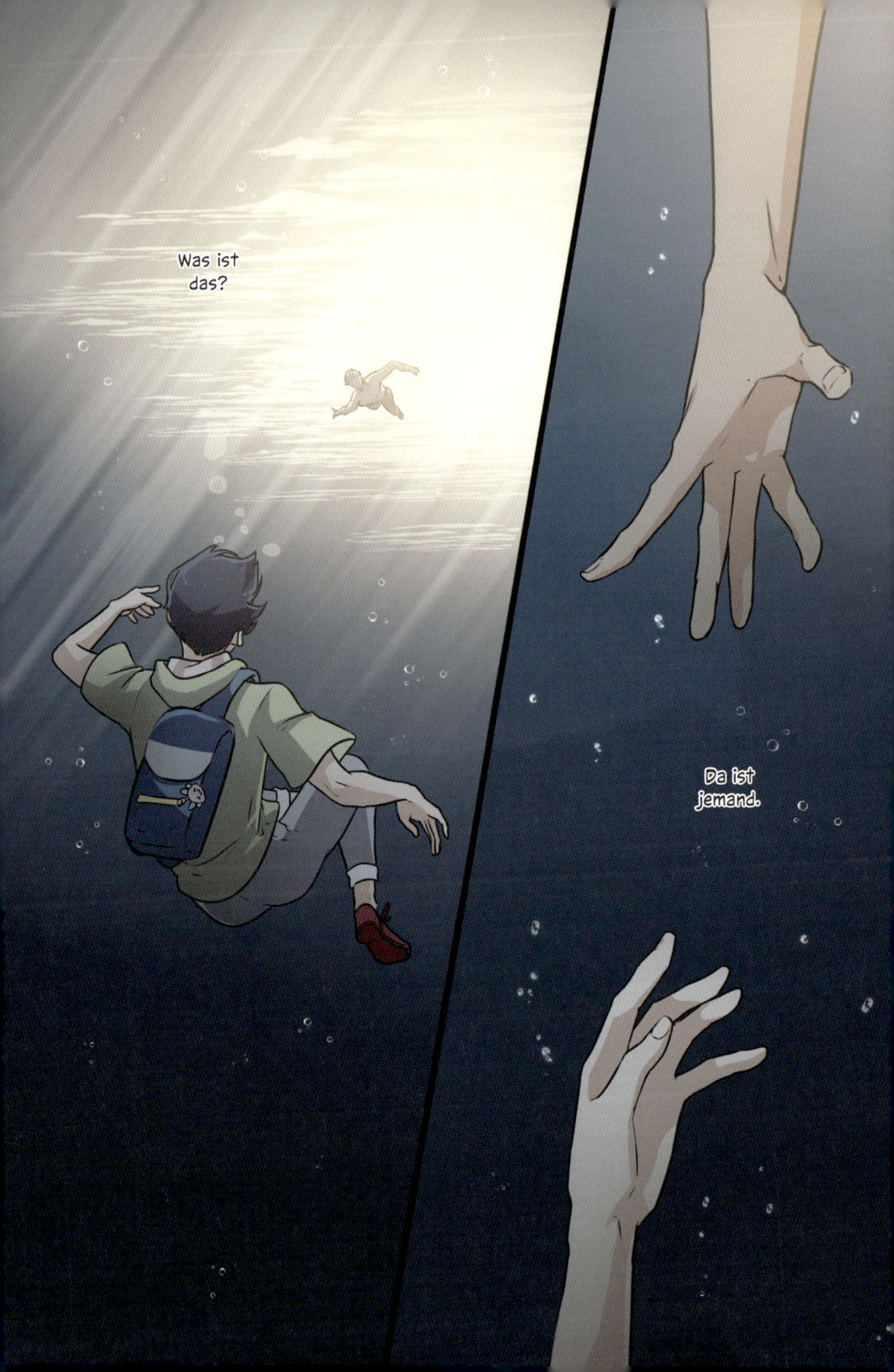
Was ist das?
Da ist jemand.

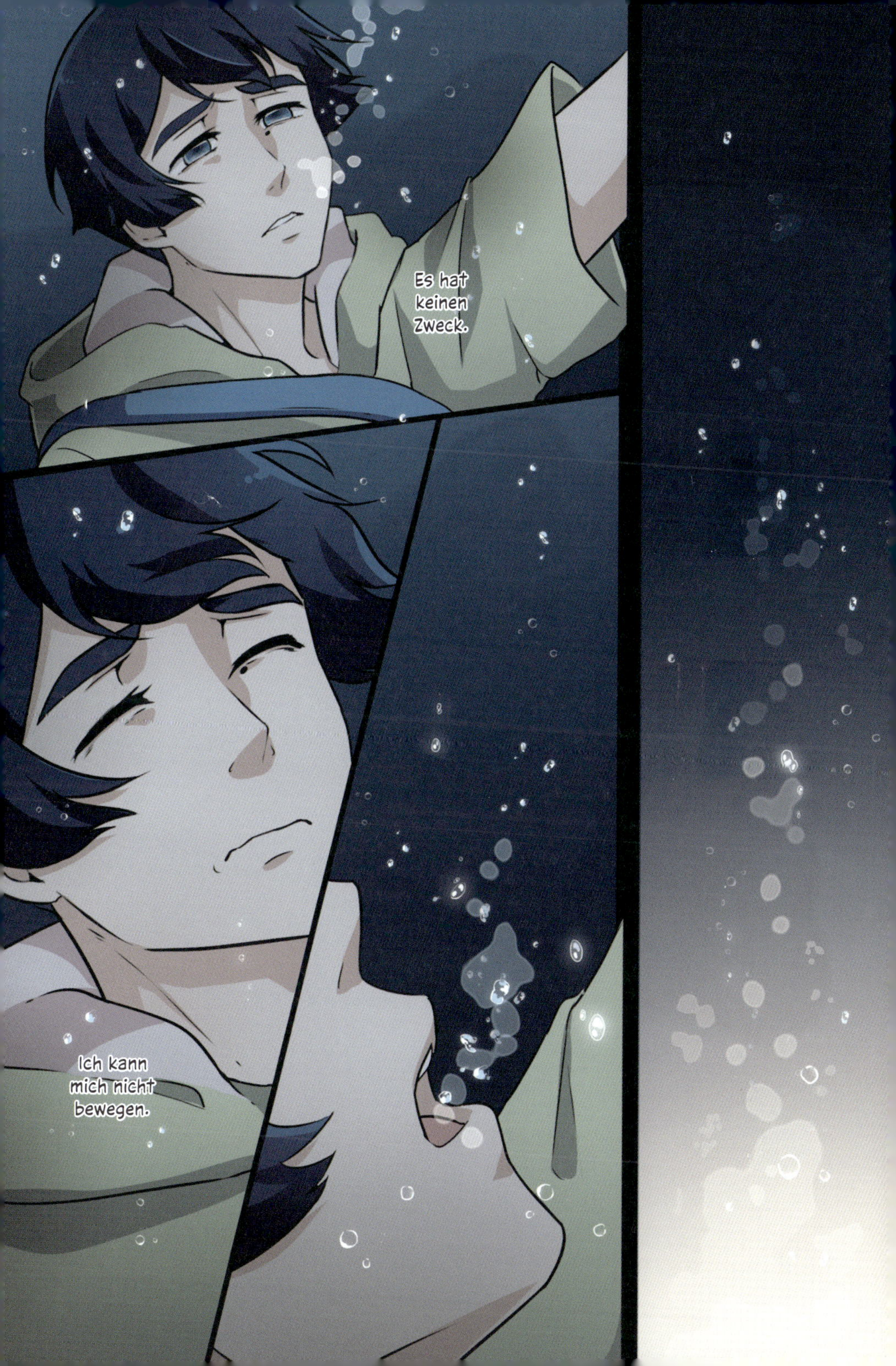
Es hat
keinen
Zweck.
Ich kann
mich nicht
bewegen.

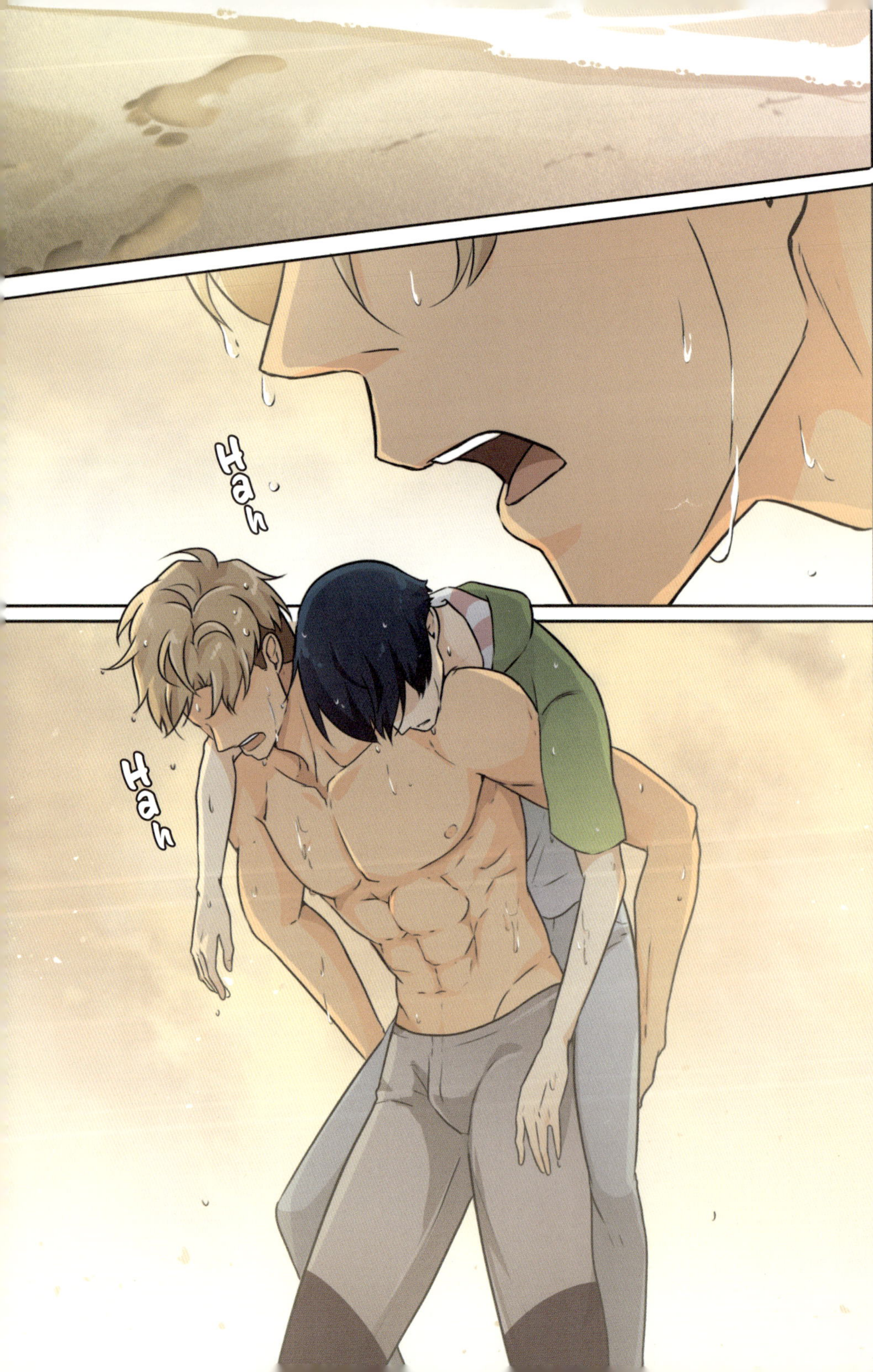
Han
Han

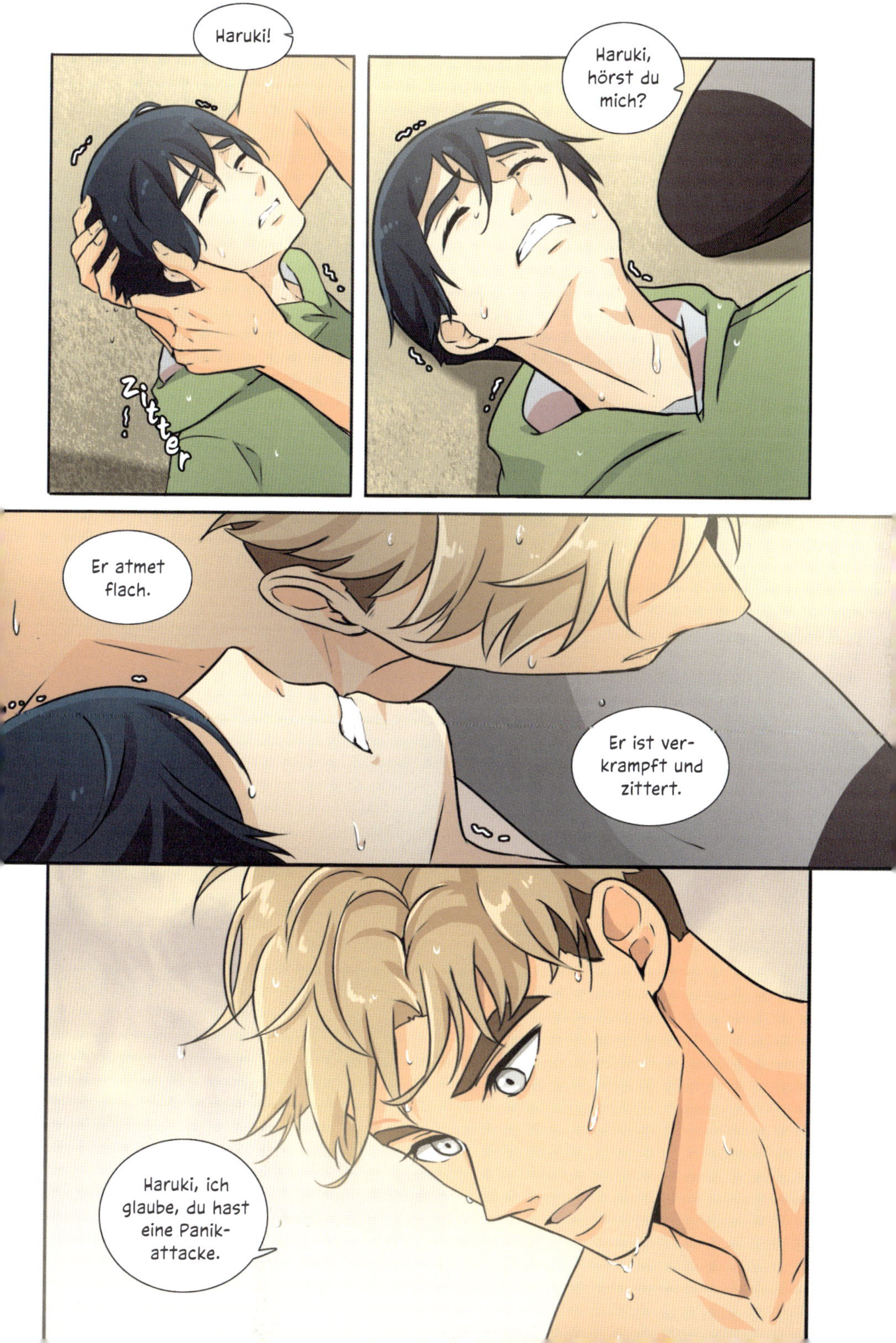
Haruki!
Zitter
Haruki, hörst du mich?
Er atmet flach.
Er ist ver-krampft und zittert.
Haruki, ich glaube, du hast eine Panik-attacke.

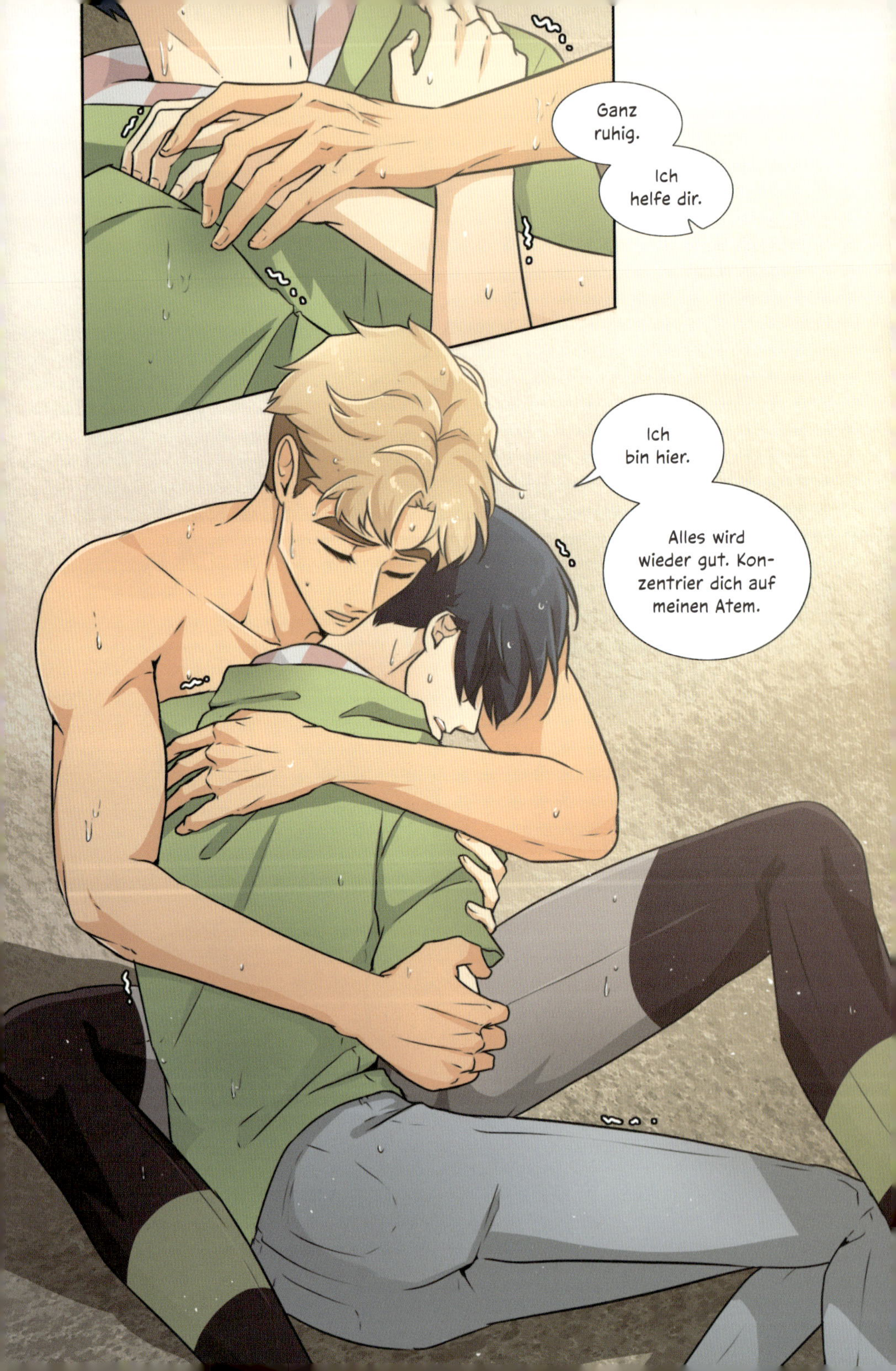
Ganz ruhig.
Ich helfe dir.
Ich bin hier.
Alles wird wieder gut. Konzentrier dich auf meinen Atem.

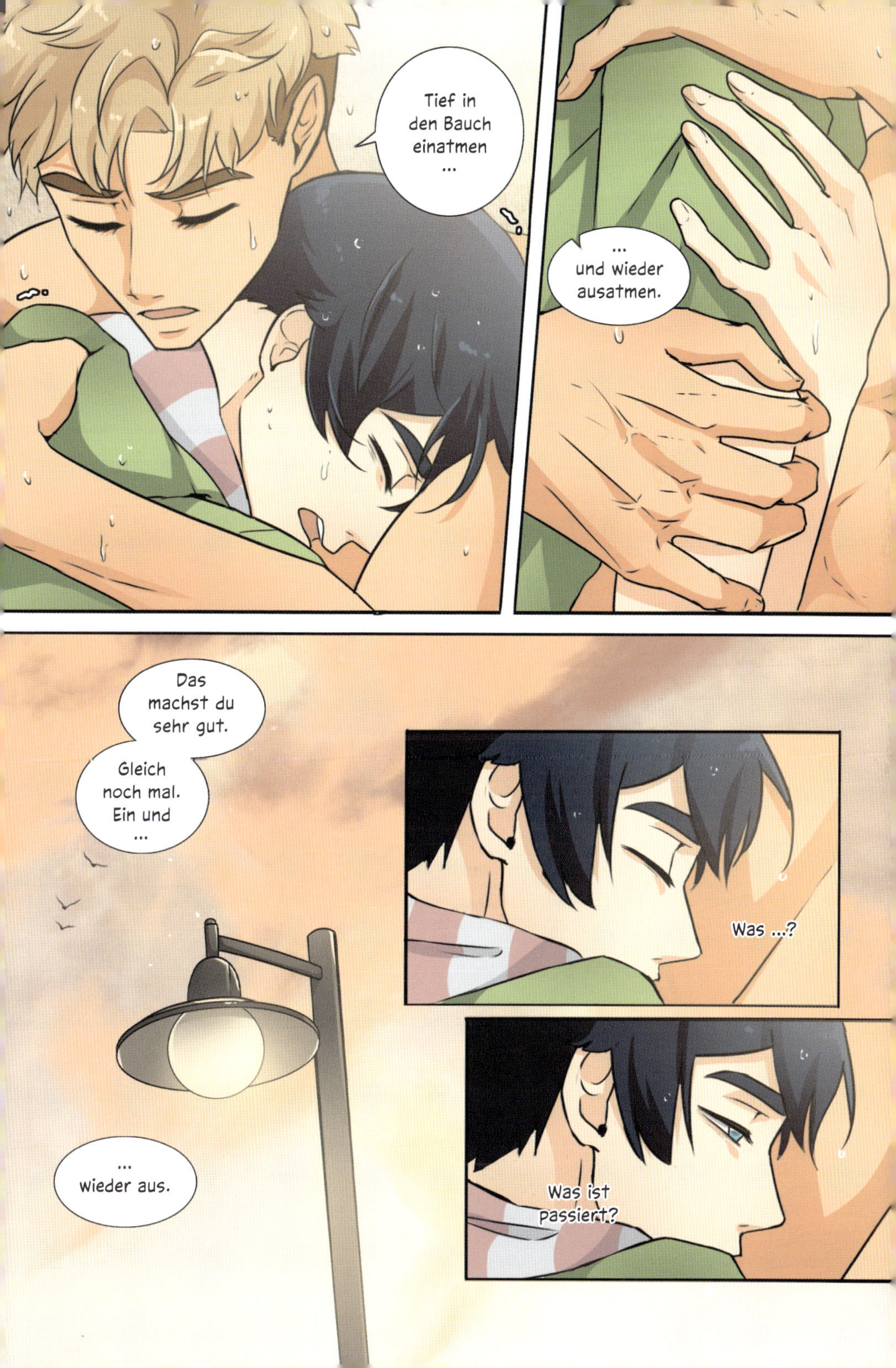
Tief in den Bauch einatmen ...
... und wieder ausatmen.
Das machst du sehr gut.
Gleich noch mal. Ein und ...
Was ...?
... wieder aus.
Was ist passiert?

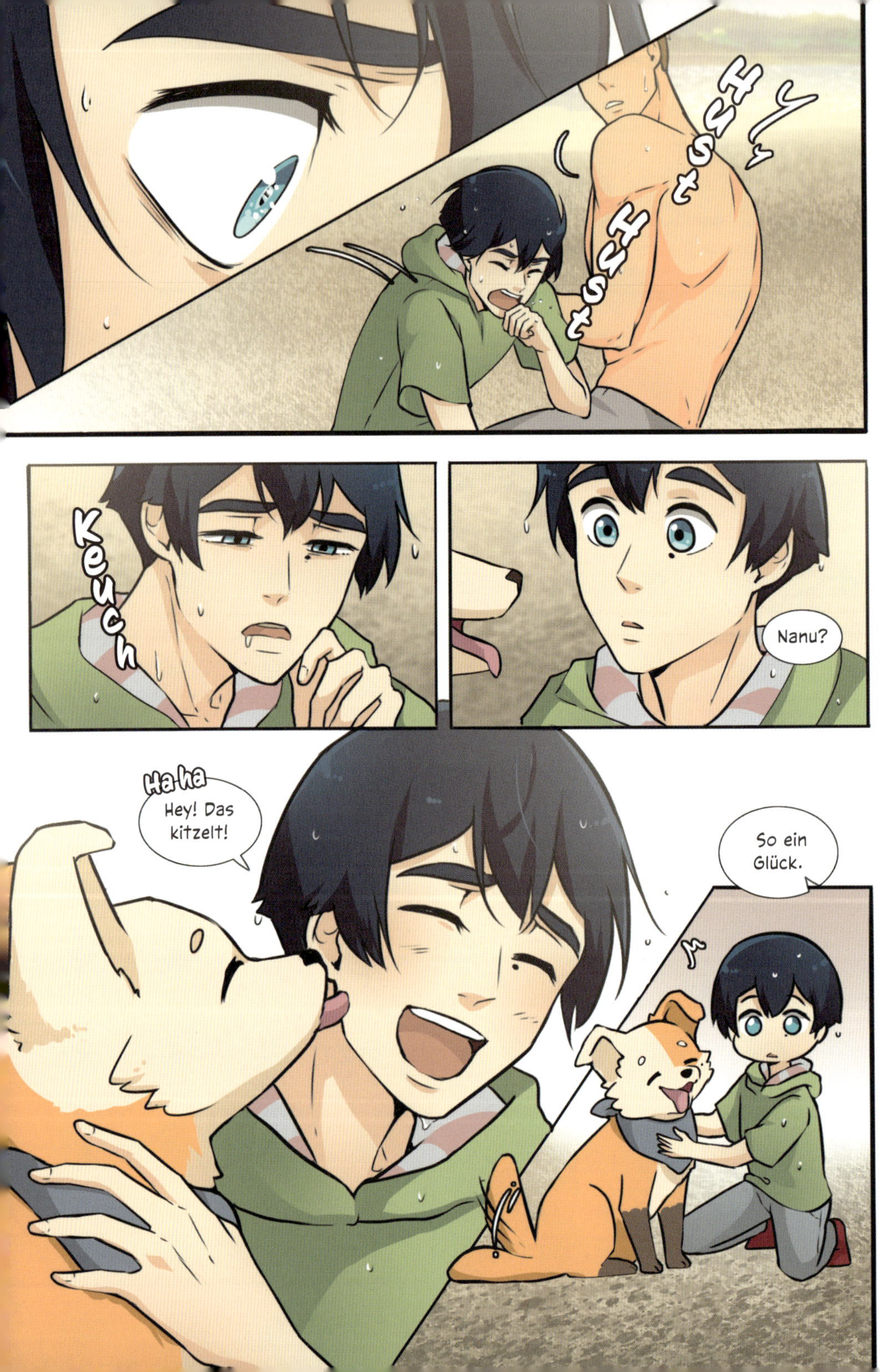
Hust
Hust
Keuch
Nanu?
Haha
Hey! Das kitzelt!
So ein Glück.

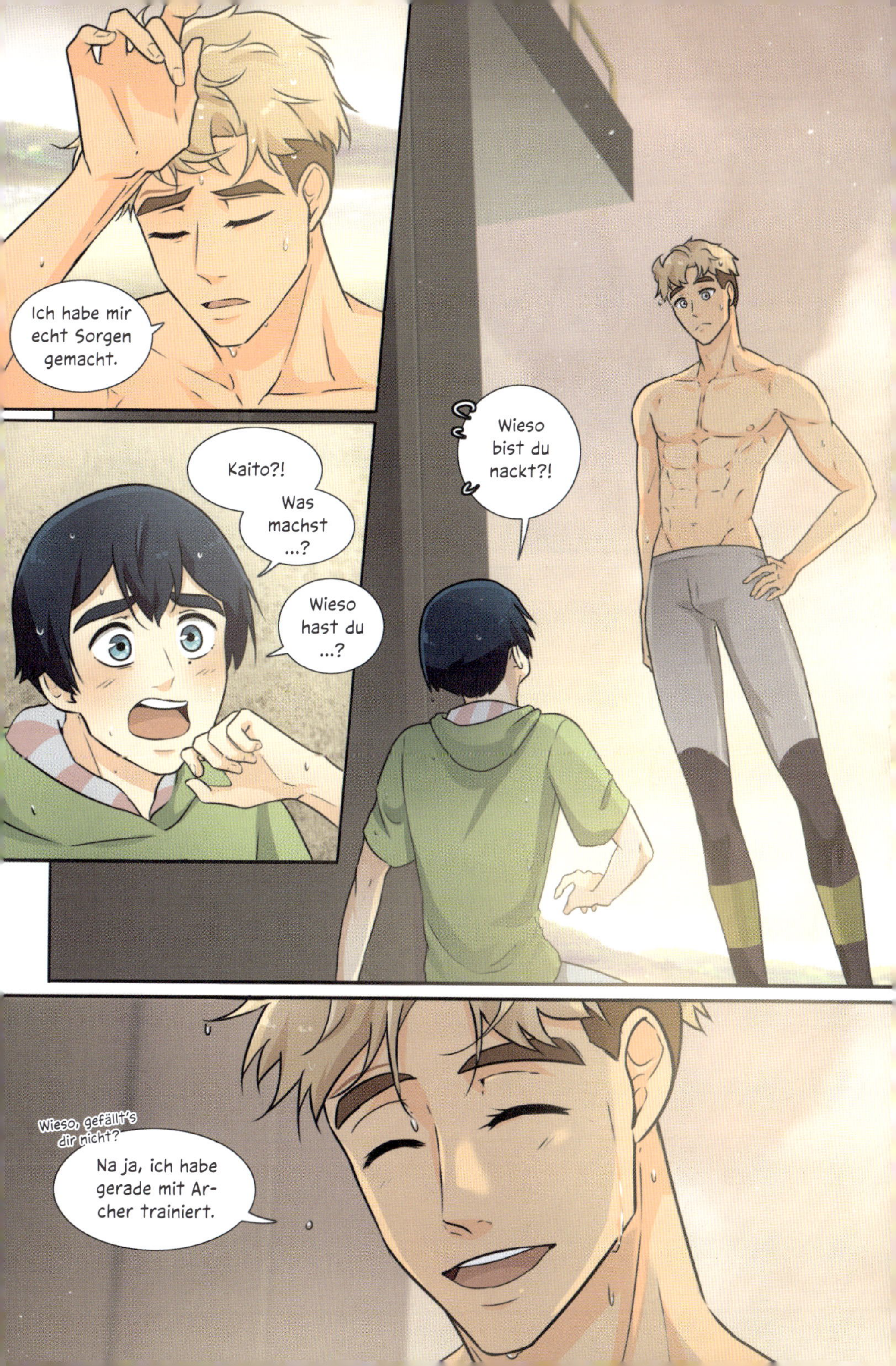
Ich habe mir echt Sorgen gemacht.
Kaito?!
Was machst ...?
Wieso hast du ...?
Wieso bist du nackt?!
Wieso, gefällt's dir nicht?
Na ja, ich habe gerade mit Archer trainiert.

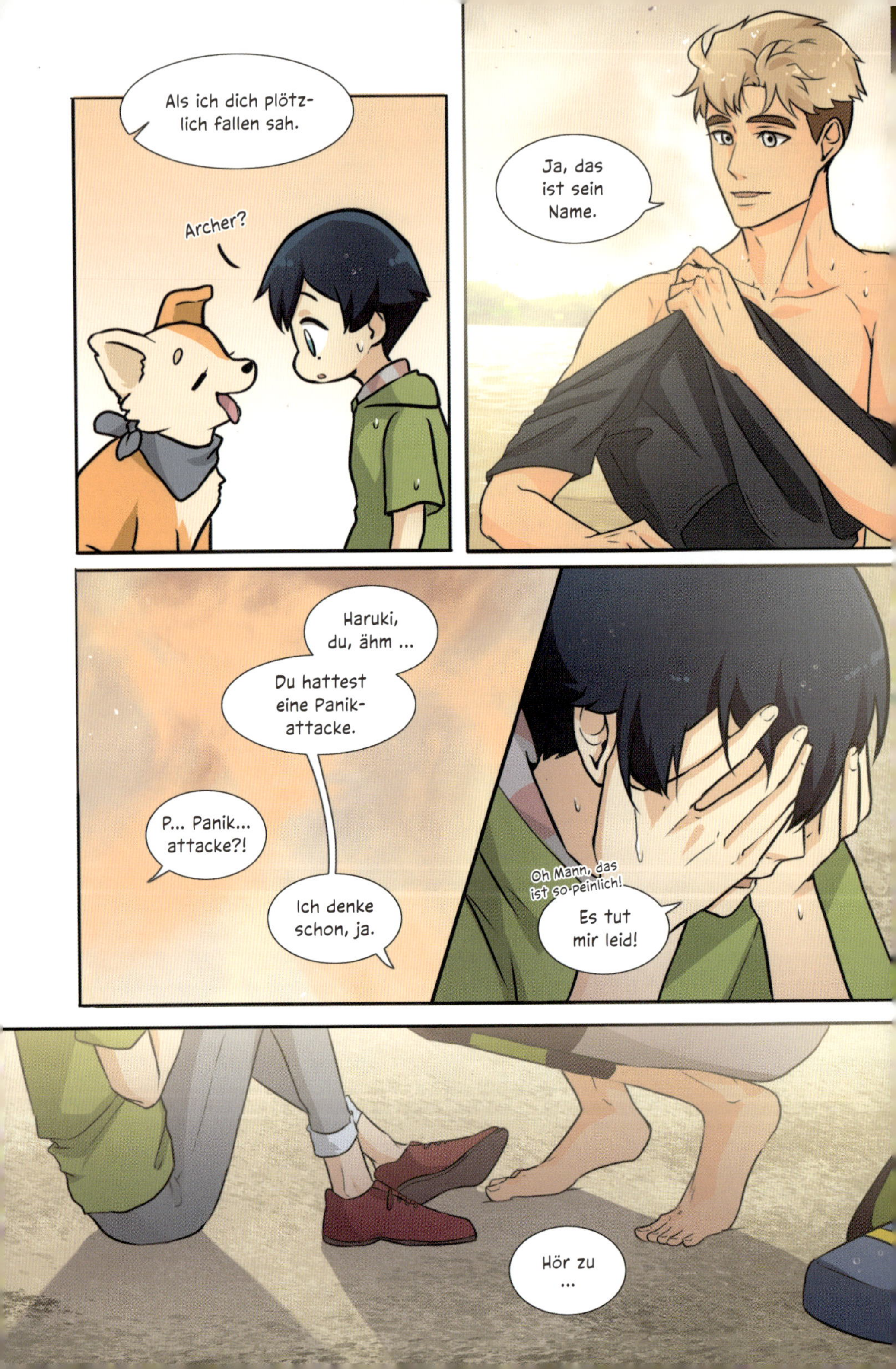

Als ich dich plötzlich fallen sah.
Archer?
Ja, das ist sein Name.
Haruki, du, ähm ...
Du hattest eine Panikattacke.
P... Panik... attacke?!
Ich denke schon, ja.
Oh Mann, das ist so peinlich!
Es tut mir leid!
Hör zu ...

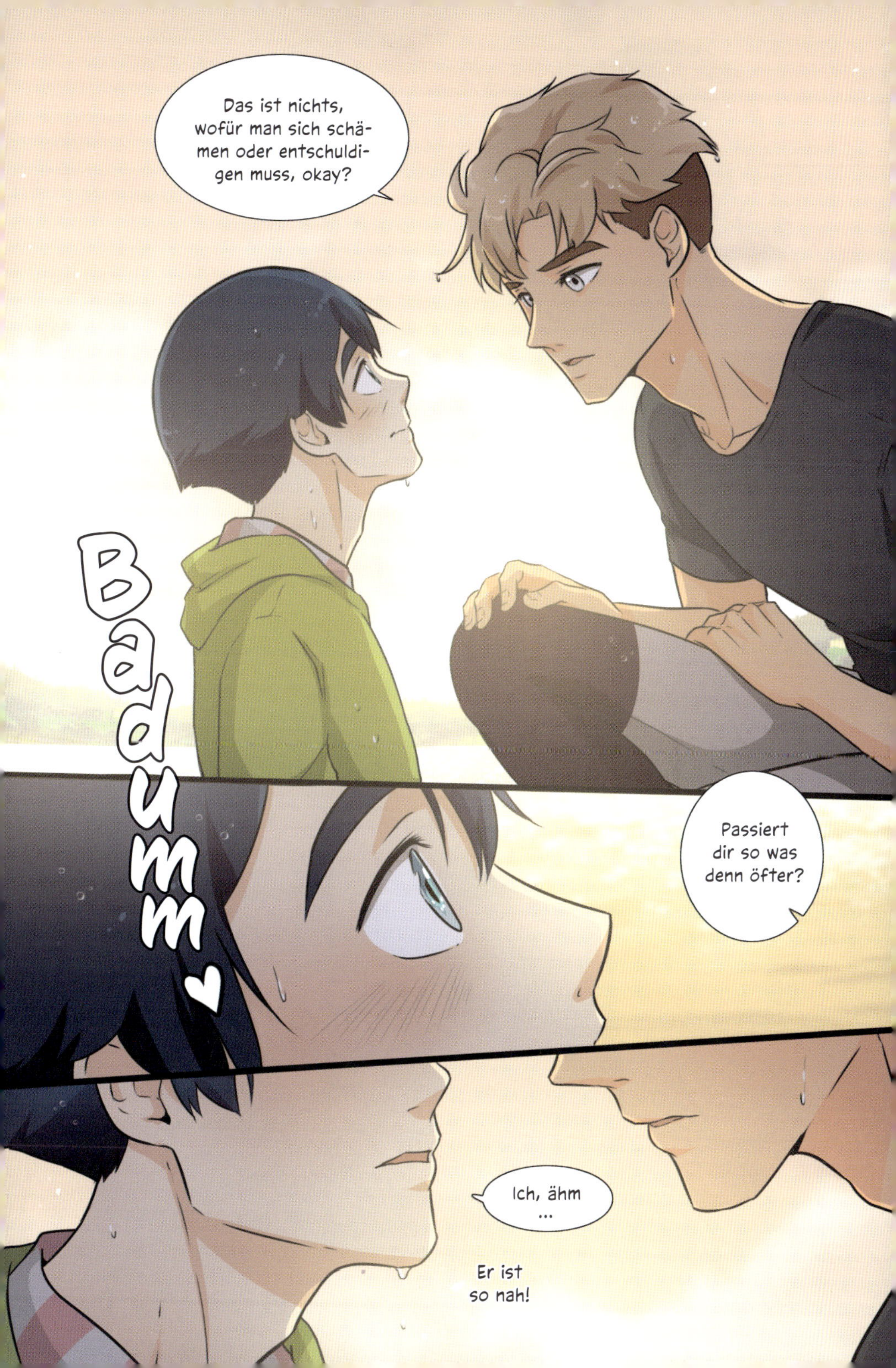

Das ist nichts, wofür man sich schämen oder entschuldigen muss, okay?
Badumm
Passiert dir so was denn öfter?
Ich, ähm ...
Er ist so nah!

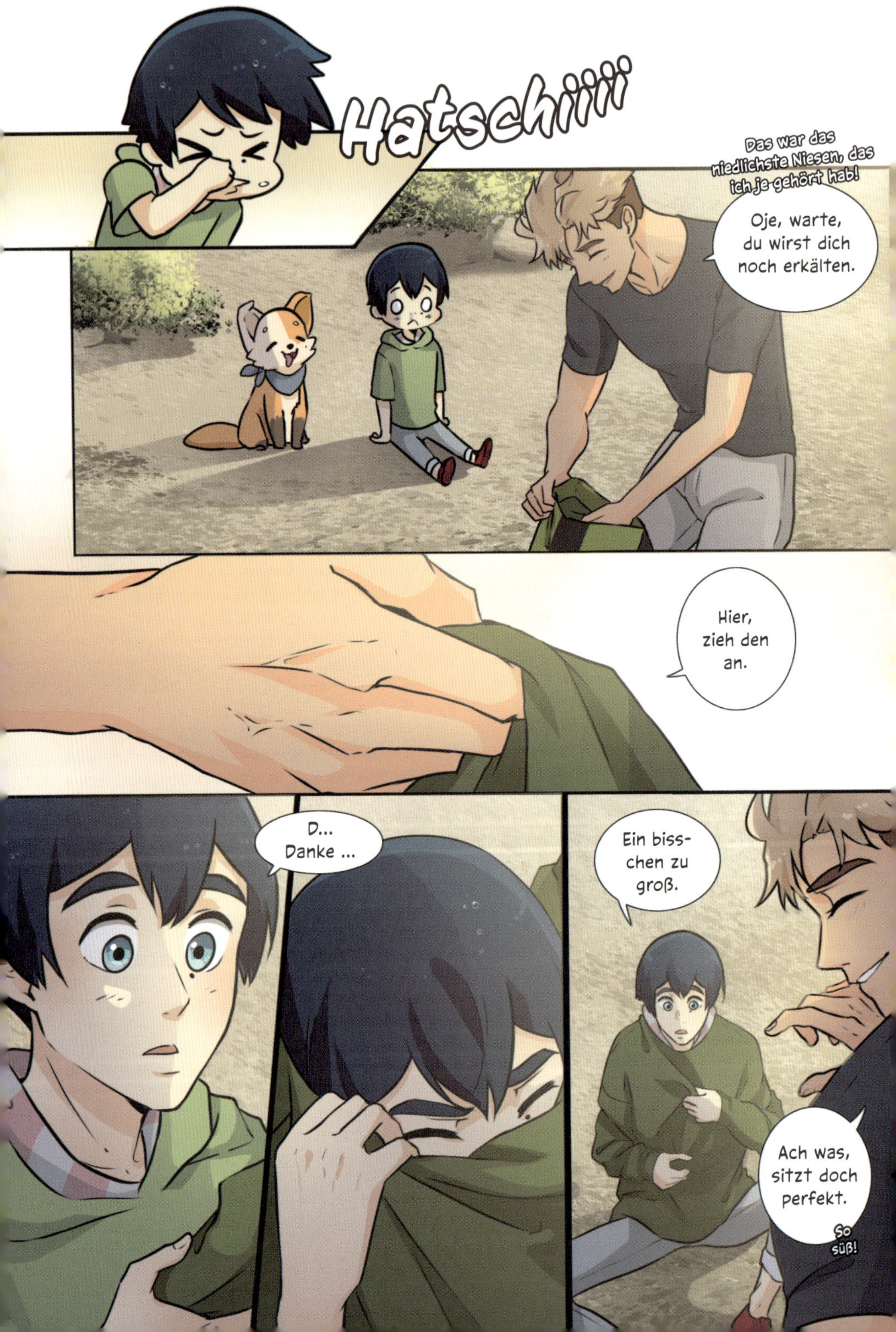
Hatschiiiii
Das war das niedlichste Niesen, das ich je gehört hab!
Oje, warte, du wirst dich noch erkälten.
Hier, zieh den an.
D... Danke ...
Ein biss-chen zu groß.
Ach was, sitzt doch perfekt.
So süß!

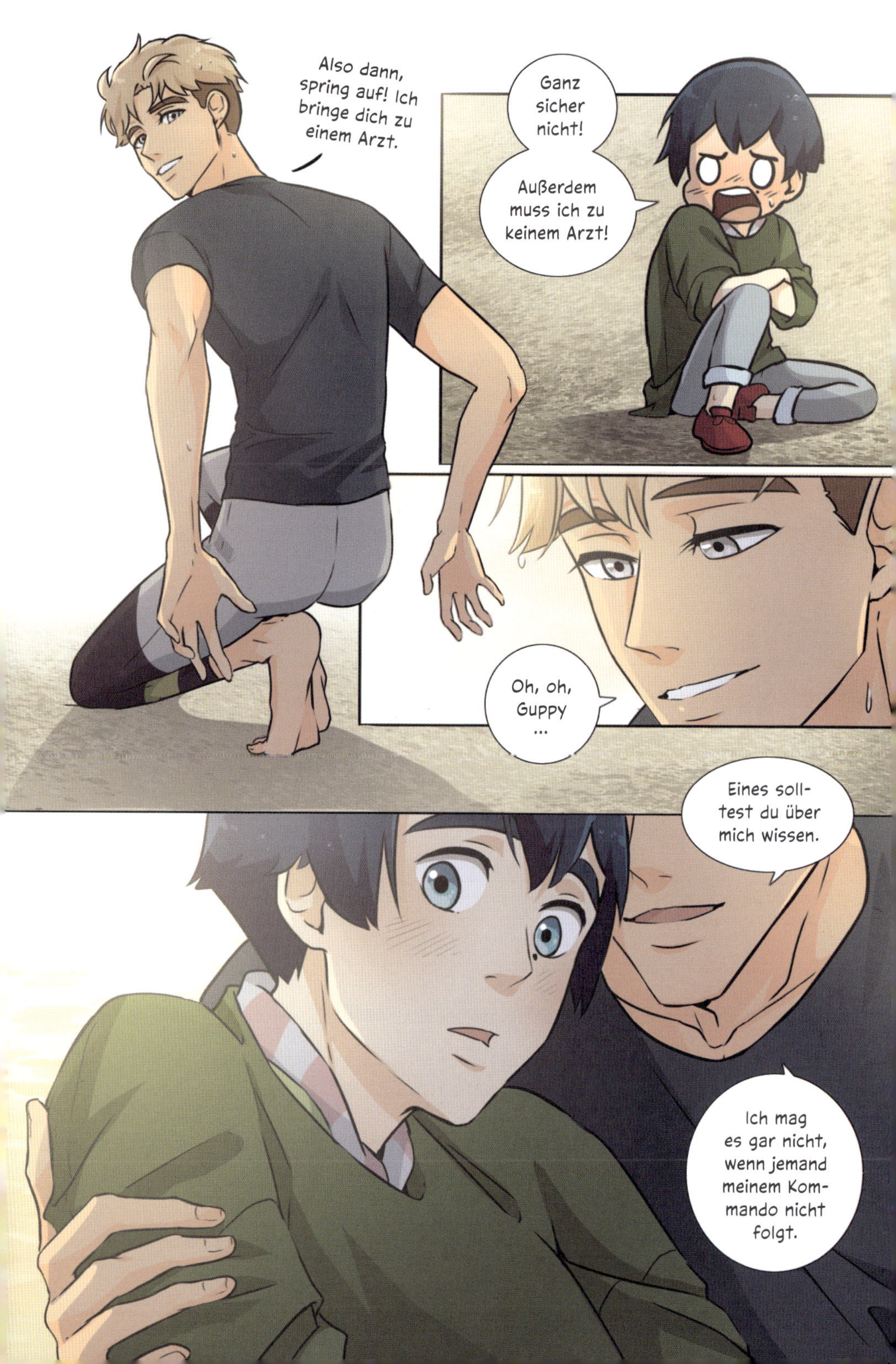
Also dann, spring auf! Ich bringe dich zu einem Arzt.
Ganz sicher nicht!
Außerdem muss ich zu keinem Arzt!
Oh, oh, Guppy ...
Eines sollter du über mich wissen.
Ich mag es gar nicht, wenn jemand meinem Kommando nicht folgt.

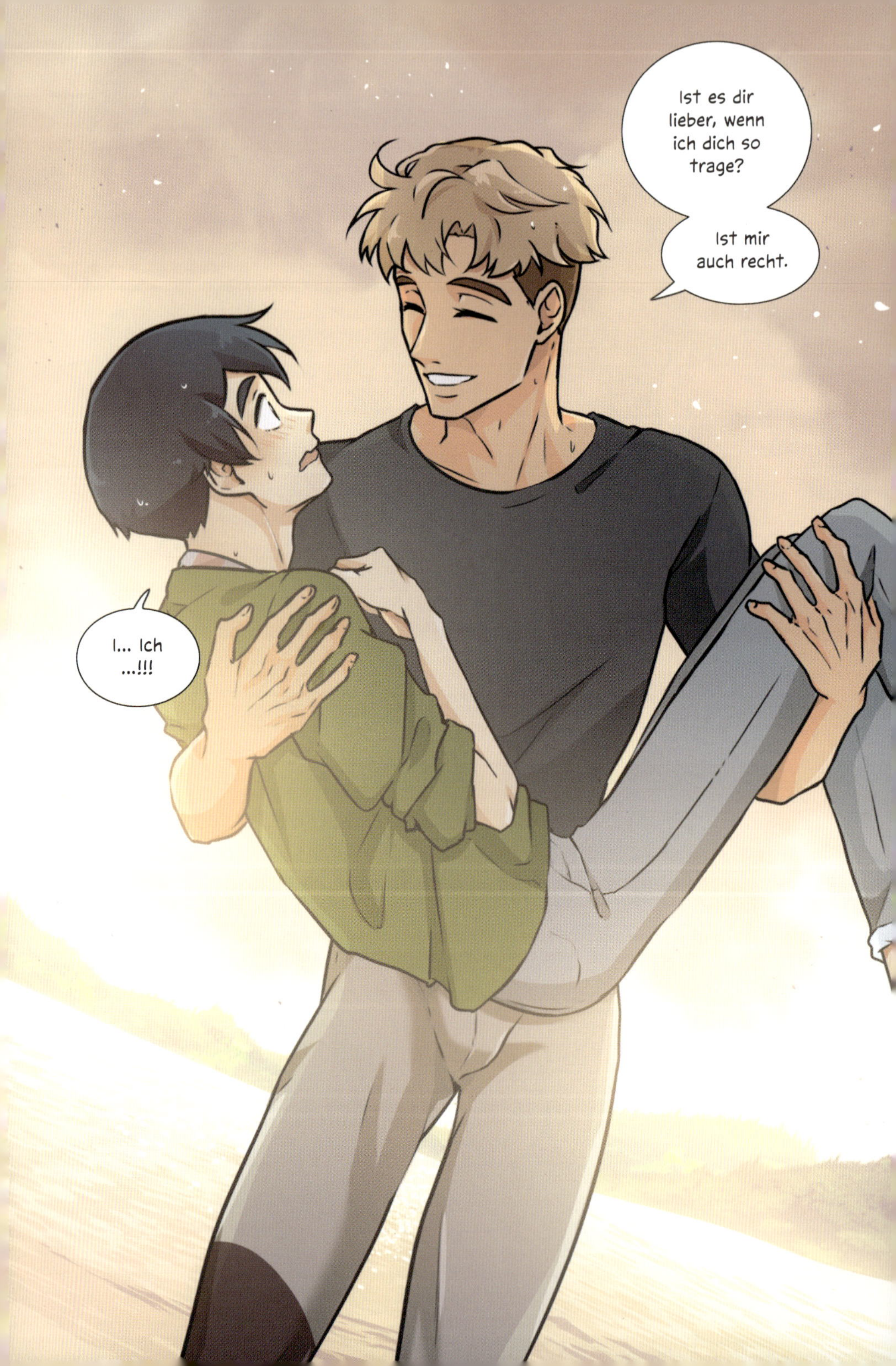
Ist es dir lieber, wenn ich dich so trage?
Ist mir auch recht.
I... Ich ...!!!

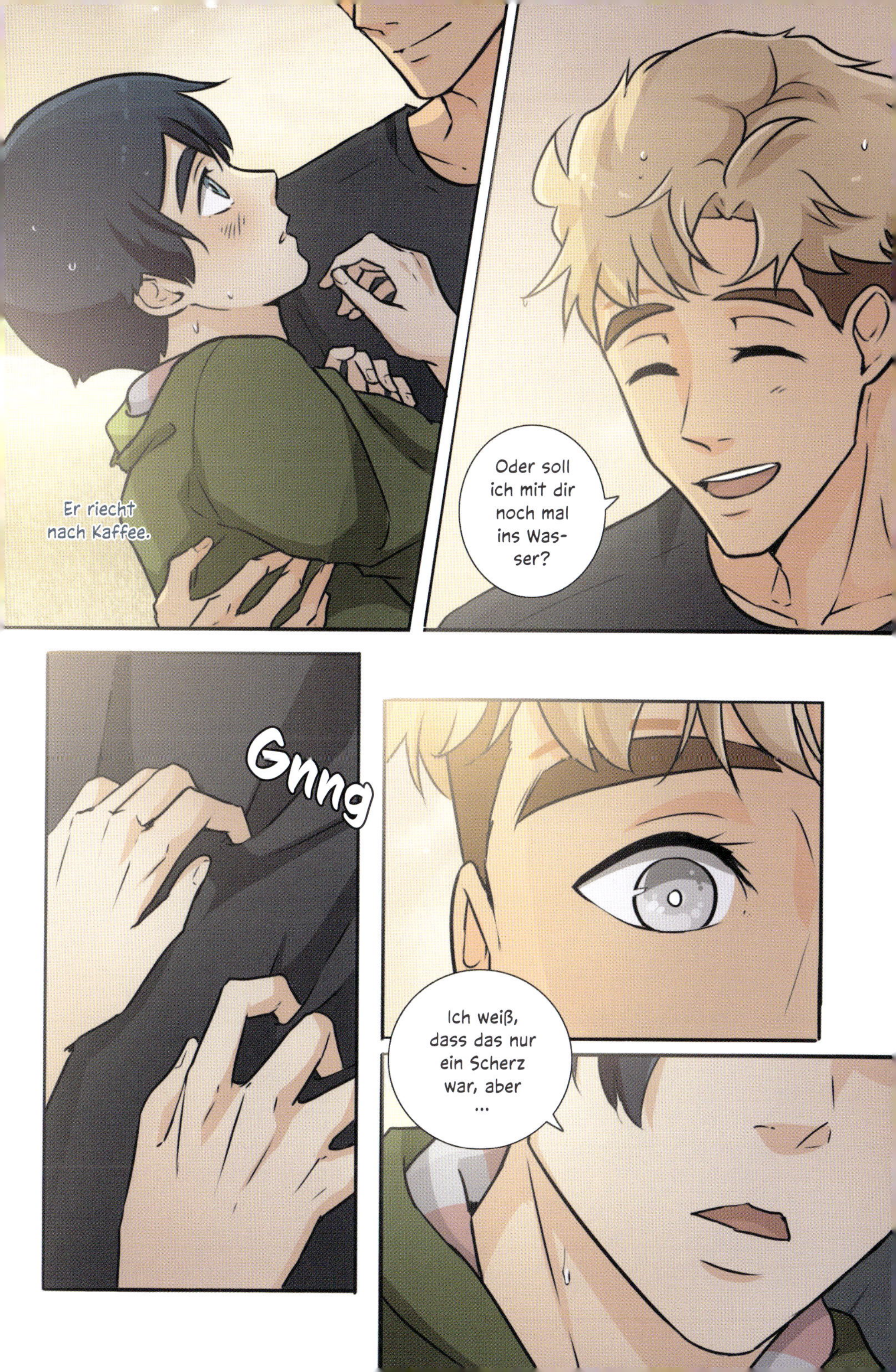
Er riecht nach Kaffee.
Oder soll ich mit dir noch mal ins Wasser?
Gnng
Ich weiß, dass das nur ein Scherz war, aber ...

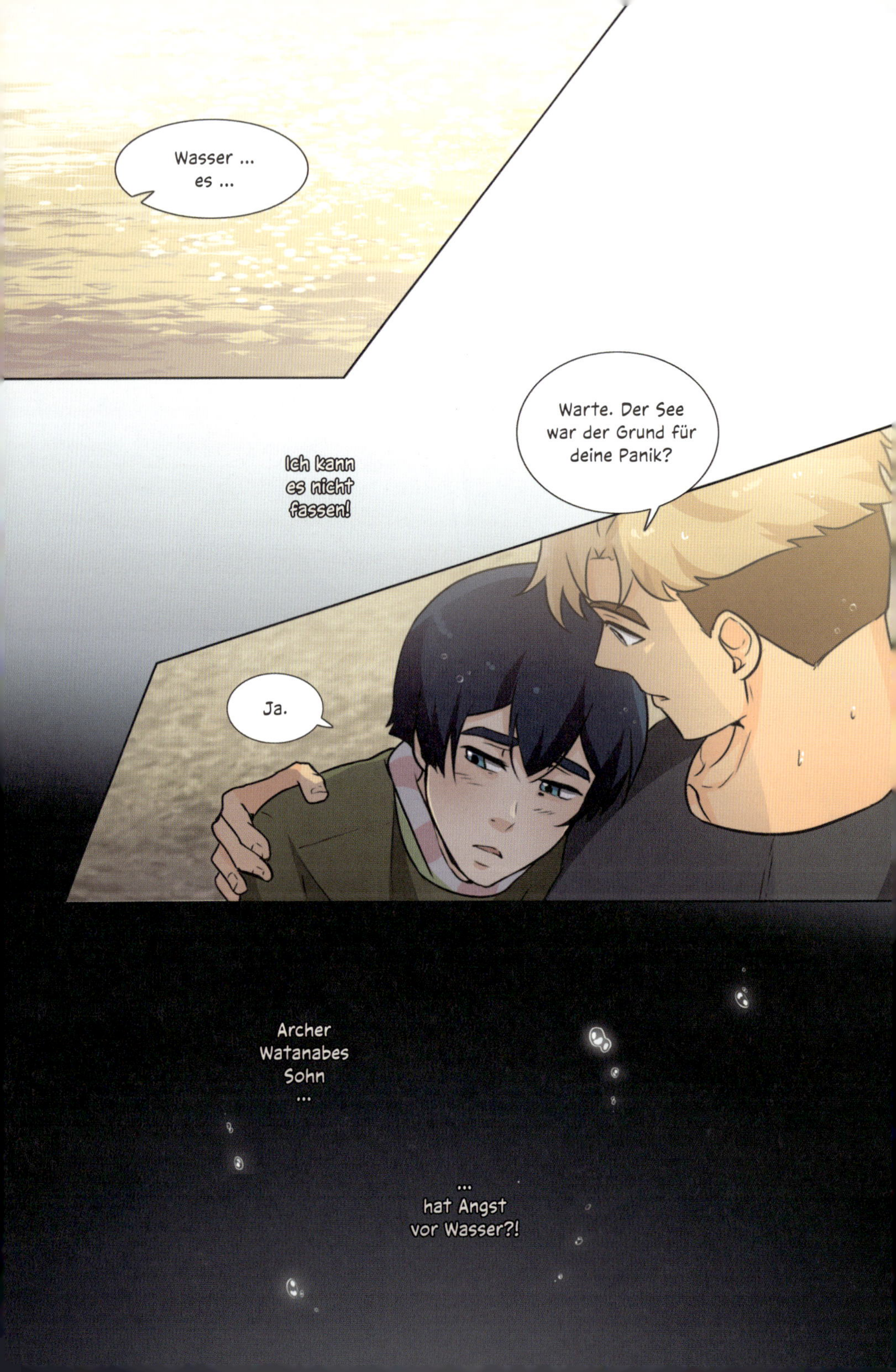
Wasser ...
es ...
Ich kann es nicht fassen!
Warte. Der See war der Grund für deine Panik?
Ja.
Archer Watanabes Sohn ...
... hat Angst vor Wasser?!

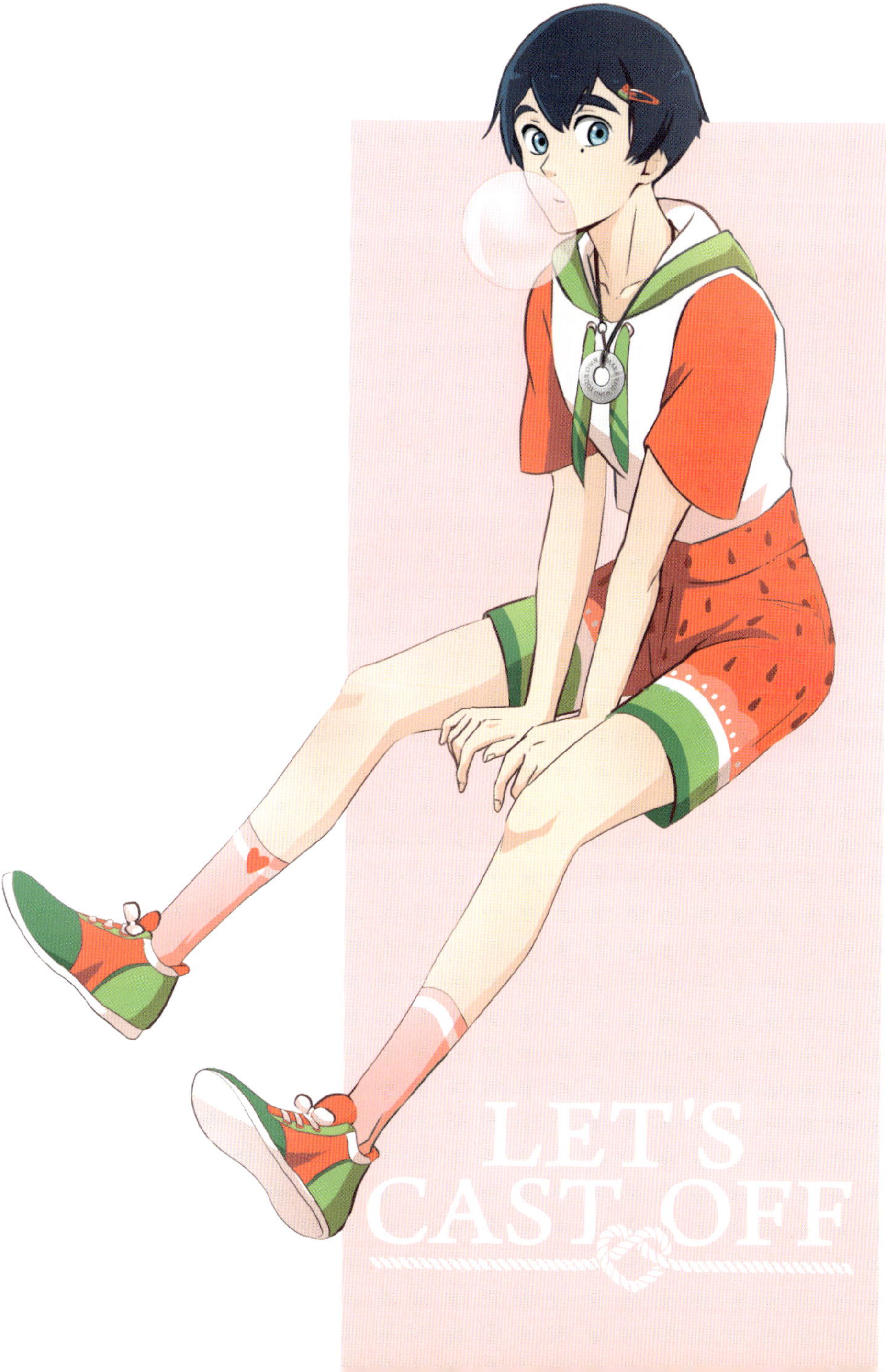
LET'S
CAST OFF

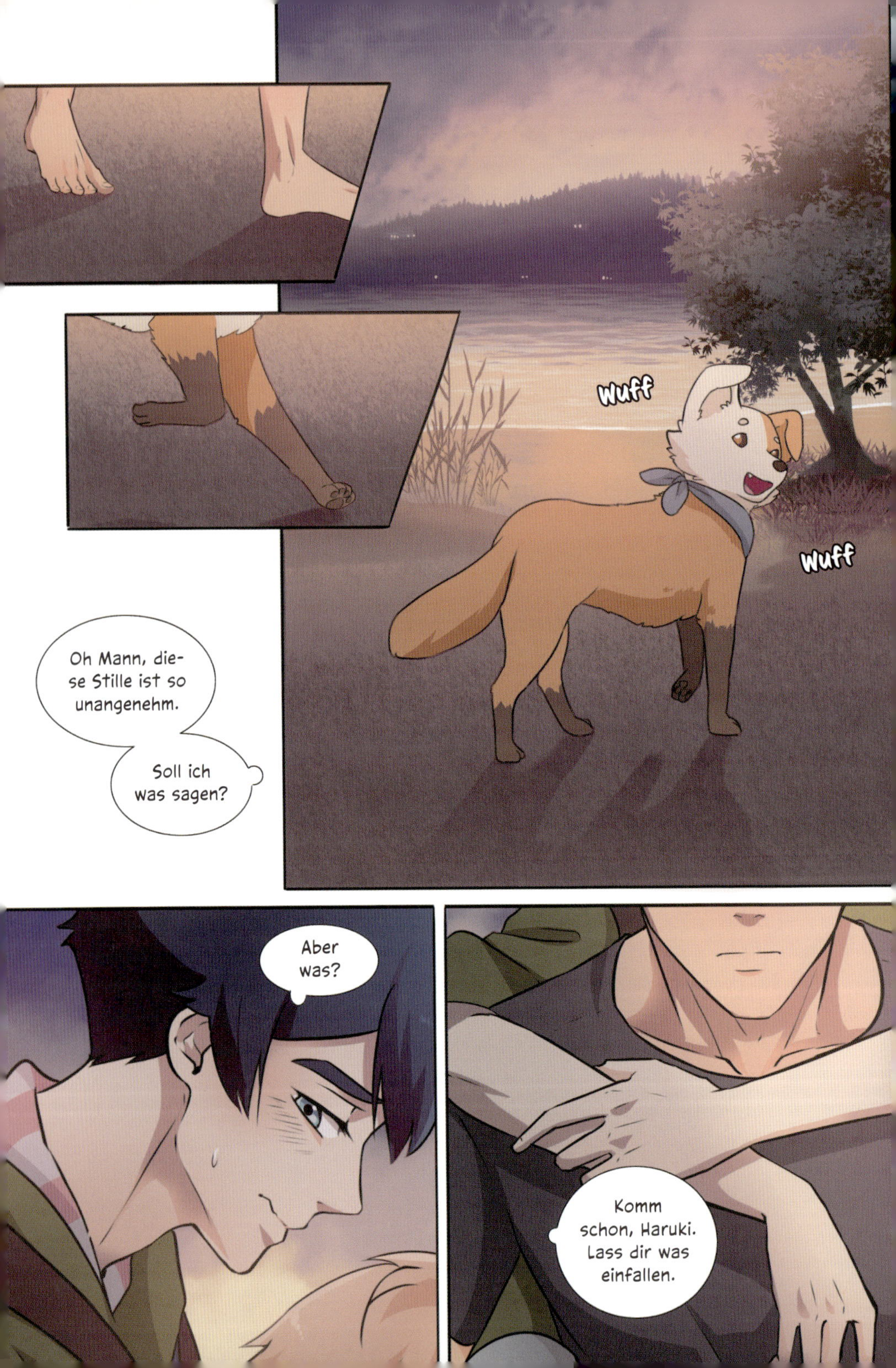
wuff
wuff
Oh Mann, diese Stille ist so unangenehm.
Soll ich was sagen?
Aber was?
Komm schon, Haruki. Lass dir was einfallen.

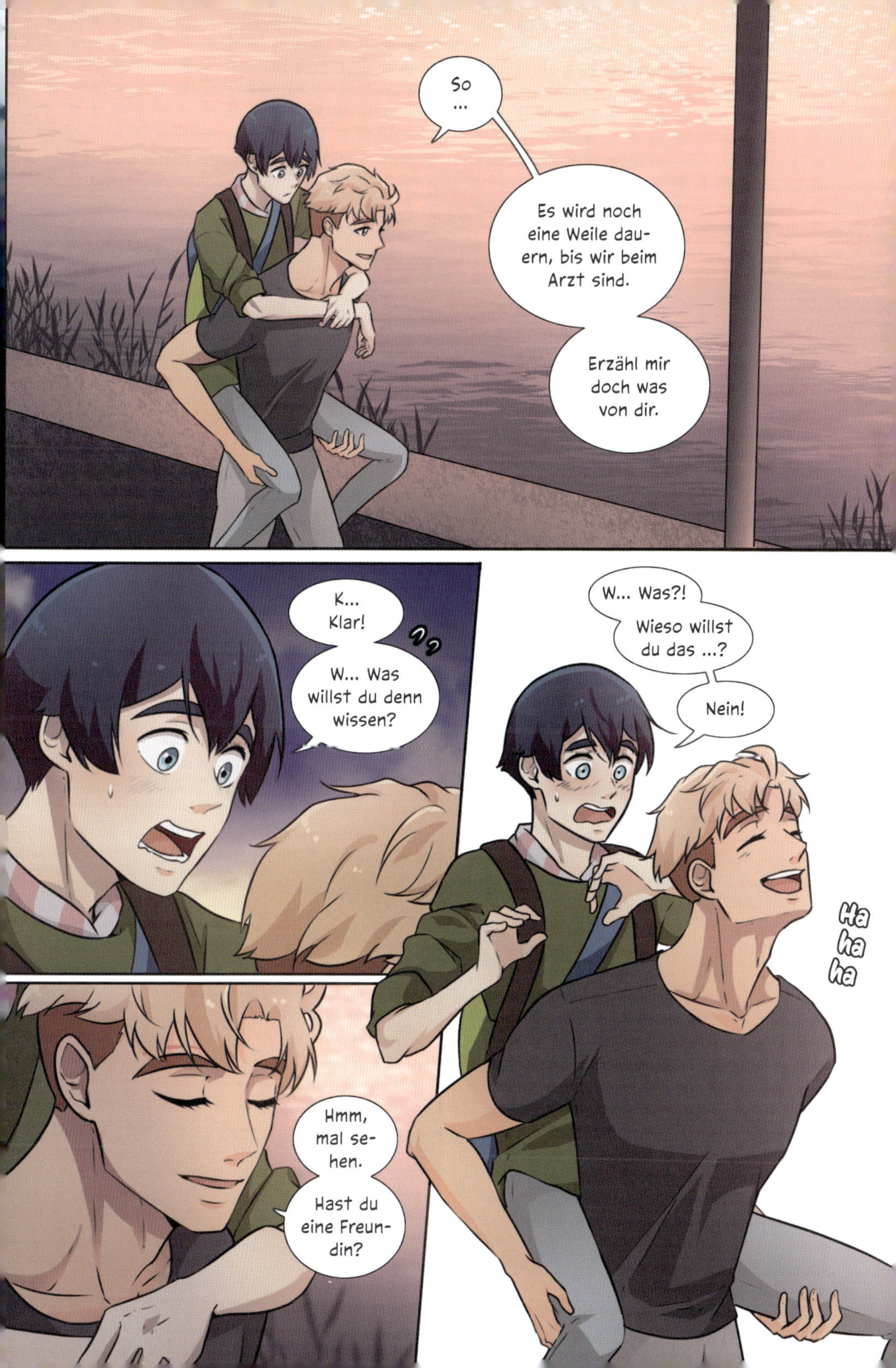
So
...
Es wird noch eine Weile dau-ern, bis wir beim Arzt sind.
Erzähl mir doch was von dir.
K...
Klar!
W... Was willst du denn wissen?
Hmm, mal se-hen.
Hast du eine Freun-din?
W... Was?!
Wieso willst du das ...?
Nein!
Ha ha ha

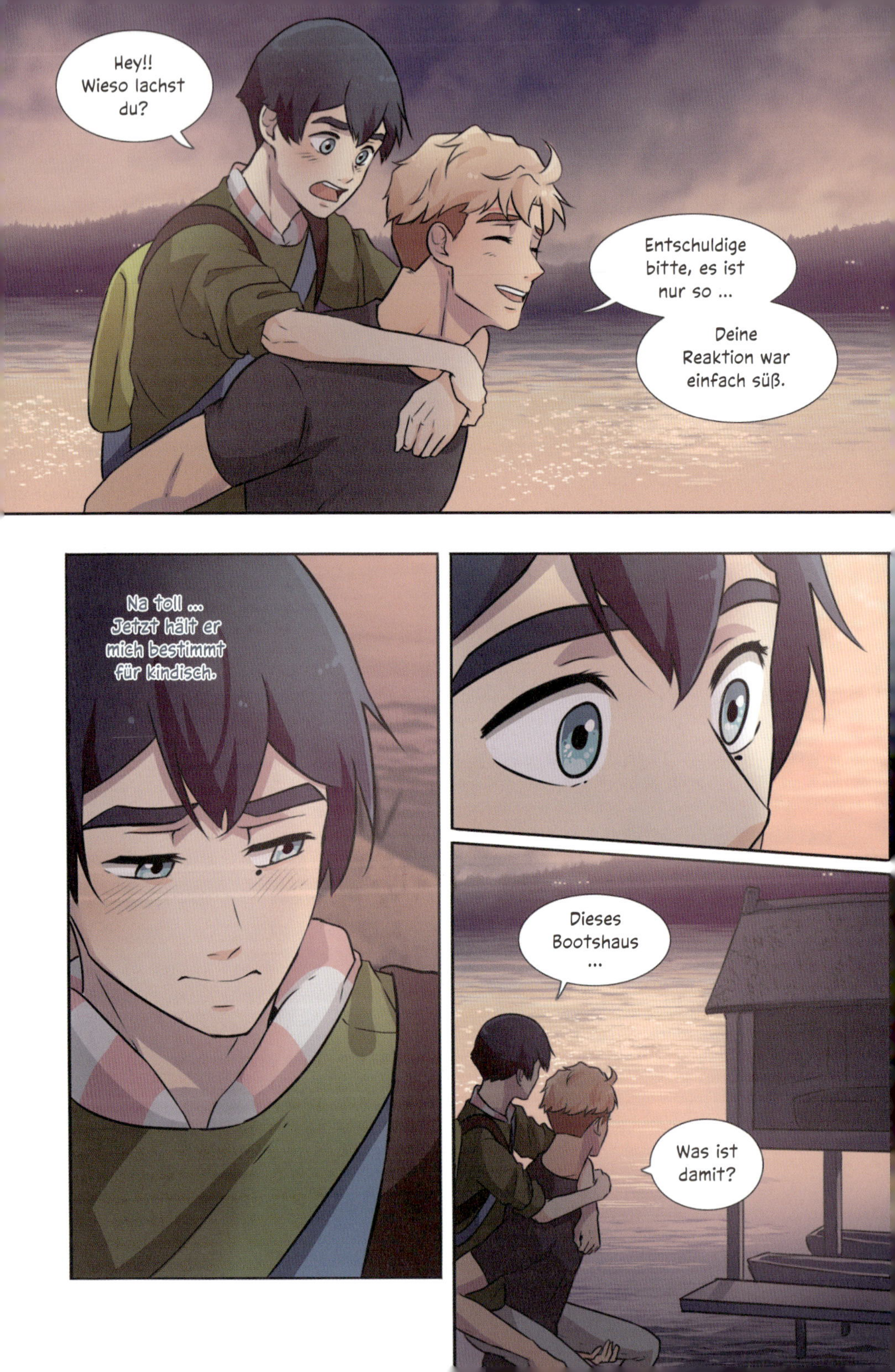
Hey!!
Wieso lachst du?
Entschuldige bitte, es ist nur so ...
Deine Reaktion war einfach süß.
Na toll ... Jetzt hält er mich bestimmt für kindisch.
Dieses Bootshaus ...
Was ist damit?

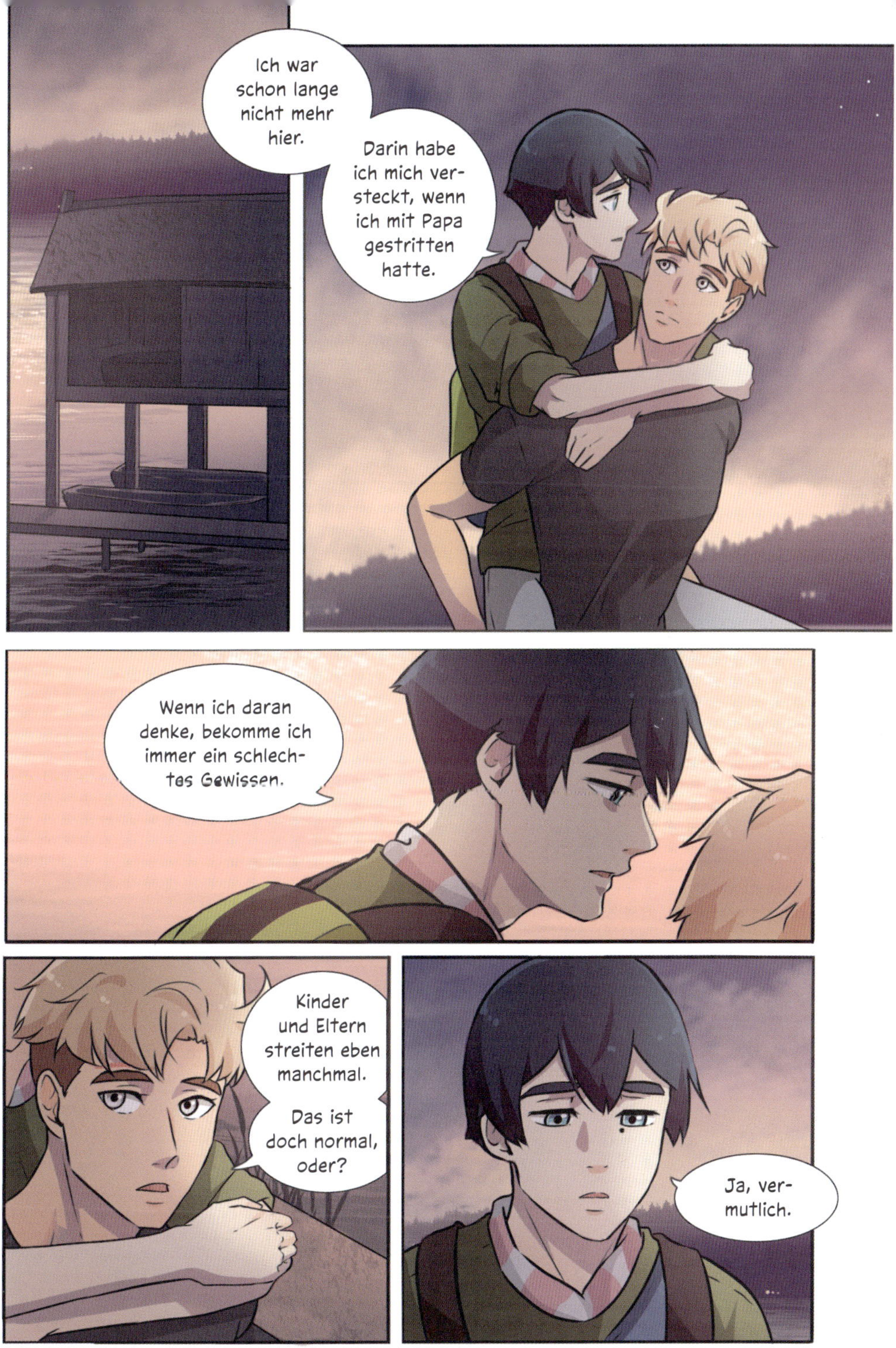
Ich war schon lange nicht mehr hier.
Darin habe ich mich versteckt, wenn ich mit Papa gestritten hatte.
Wenn ich daran denke, bekomme ich immer ein schlechtes Gewissen.
Kinder und Eltern streiten eben manchmal.
Das ist doch normal, oder?
Ja, vermutlich.

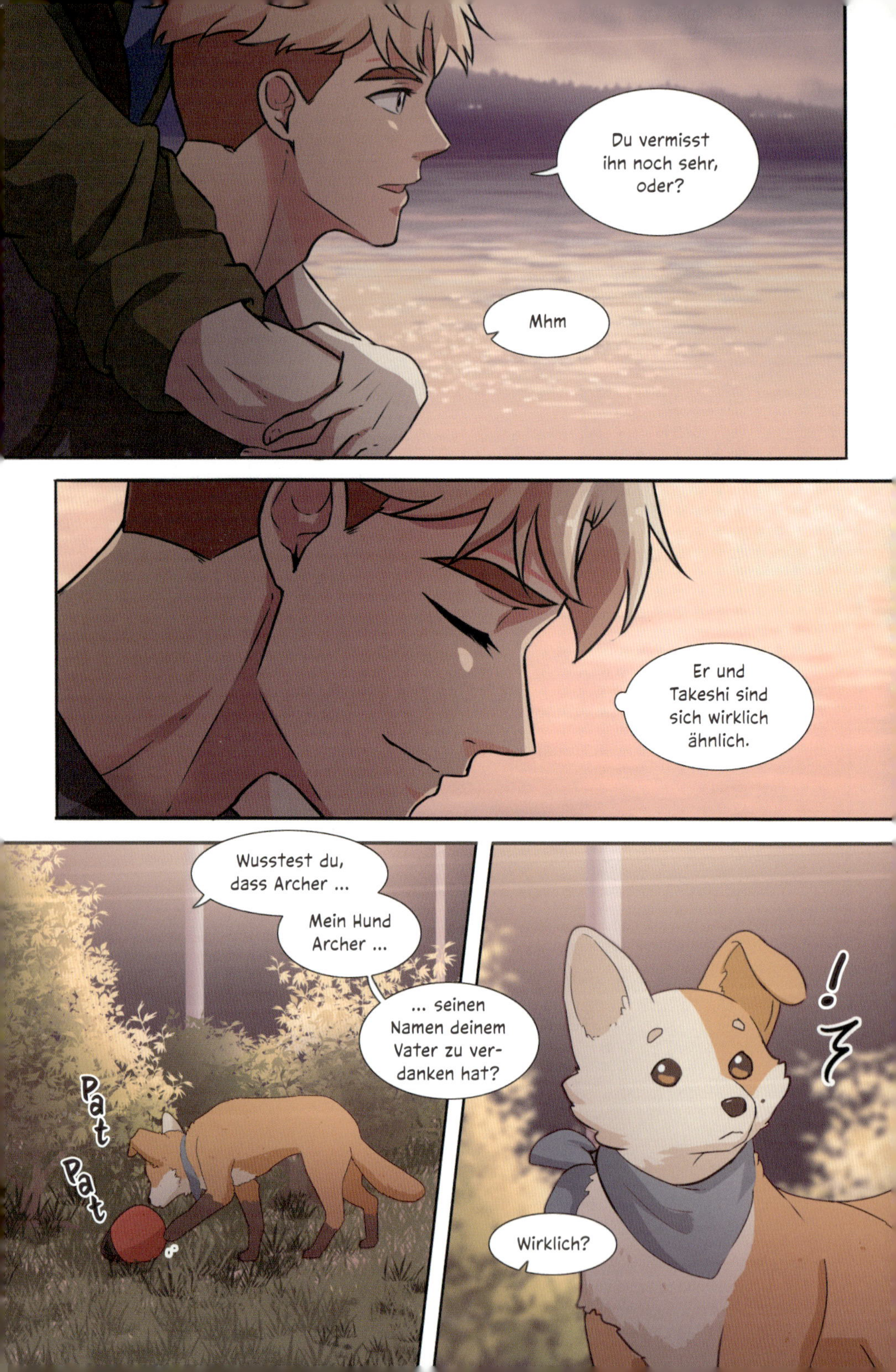
Du vermisst ihn noch sehr, oder?
Mhm
Er und Takeshi sind sich wirklich ähnlich.
Wusstest du, dass Archer ...
Mein Hund Archer ...
... seinen Namen deinem Vater zu ver- danken hat?
Pat
Pat
!?
Wirklich?

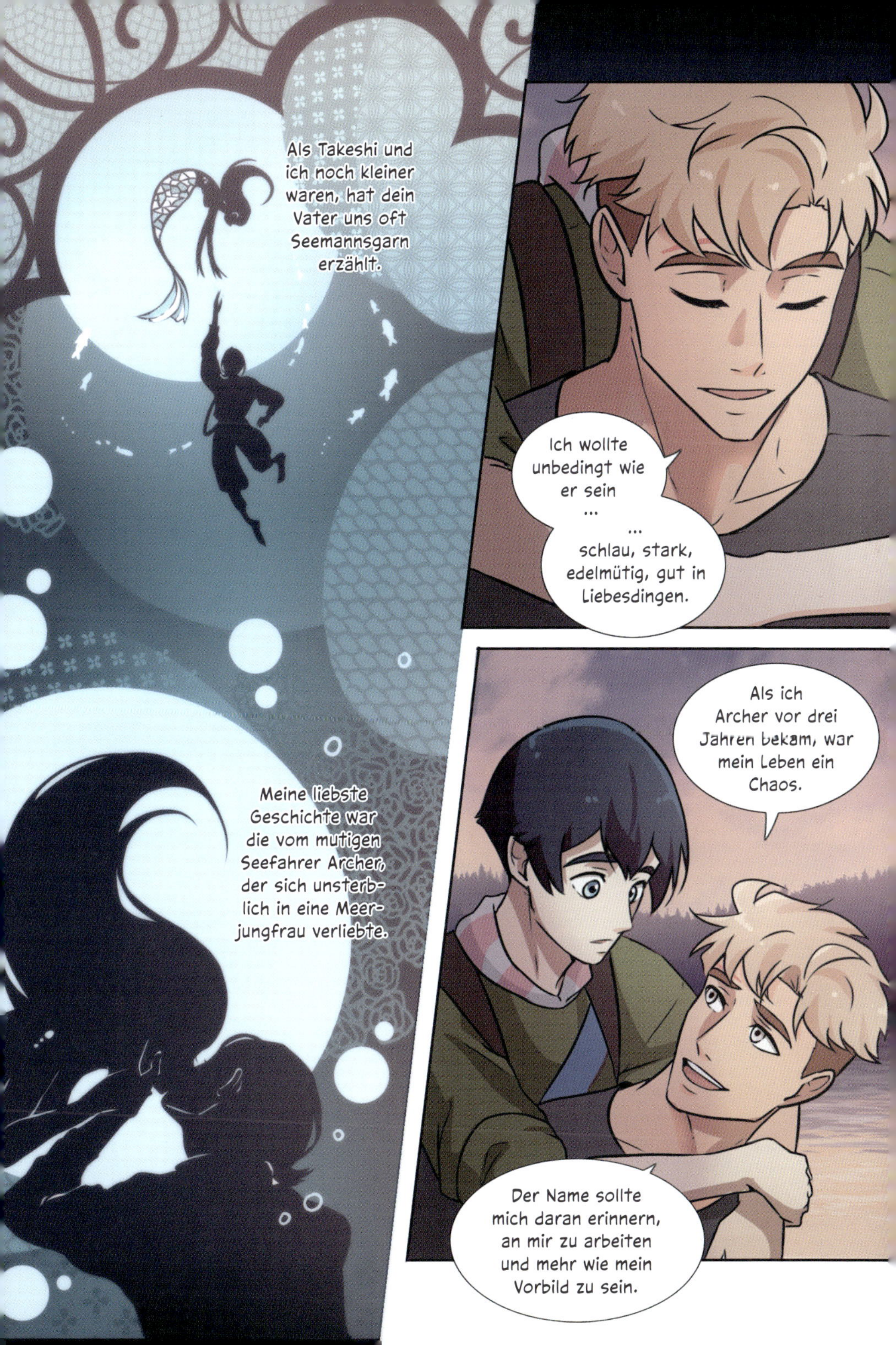
Als Takeshi und ich noch kleiner waren, hat dein Vater uns oft Seemannsgarn erzählt.
Meine liebste Geschichte war die vom mutigen Seefahrer Archer, der sich unsterblich in eine Meerjungfrau verliebte.
Ich wollte unbedingt wie er sein ...
... schlau, stark, edelmütig, gut in Liebesdingen.
Als ich Archer vor drei Jahren bekam, war mein Leben ein Chaos.
Der Name sollte mich daran erinnern, an mir zu arbeiten und mehr wie mein Vorbild zu sein.

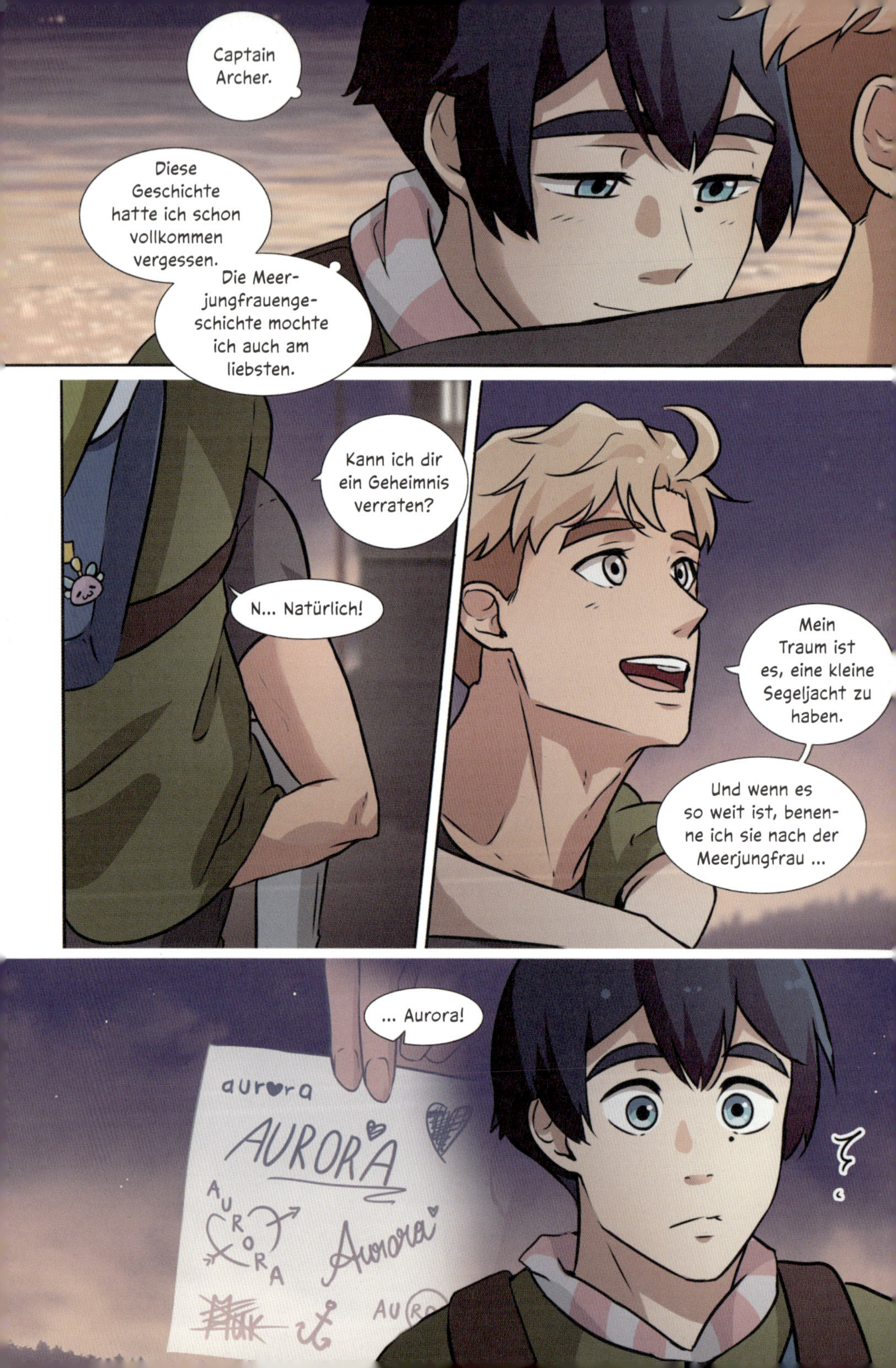
Captain Archer.
Diese Geschichte hatte ich schon vollkommen vergessen.
Die Meerjungfrauengeschichte mochte ich auch am liebsten.
Kann ich dir ein Geheimnis verraten?
N... Natürlich!
Mein Traum ist es, eine kleine Segeljacht zu haben.
Und wenn es so weit ist, benenne ich sie nach der Meerjungfrau ...
... Aurora!
aurora
AURORA
AURORA
Aurora

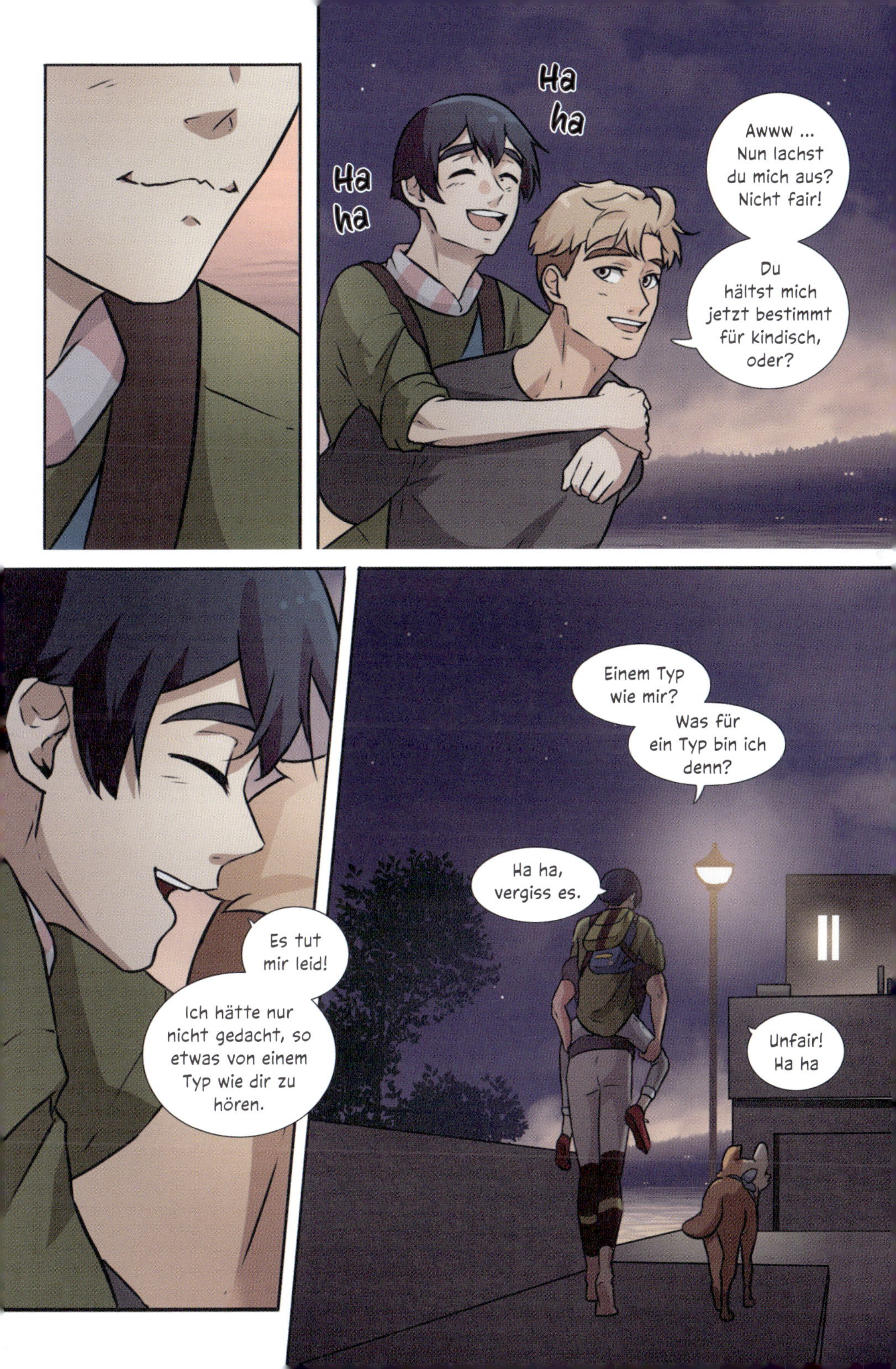
Ha ha
Ha ha
Awww ... Nun lachst du mich aus? Nicht fair!
Du hältst mich jetzt bestimmt für kindisch, oder?
Es tut mir leid!
Ich hätte nur nicht gedacht, so etwas von einem Typ wie dir zu hören.
Einem Typ wie mir?
Was für ein Typ bin ich denn?
Ha ha, vergiss es.
Unfair! Ha ha

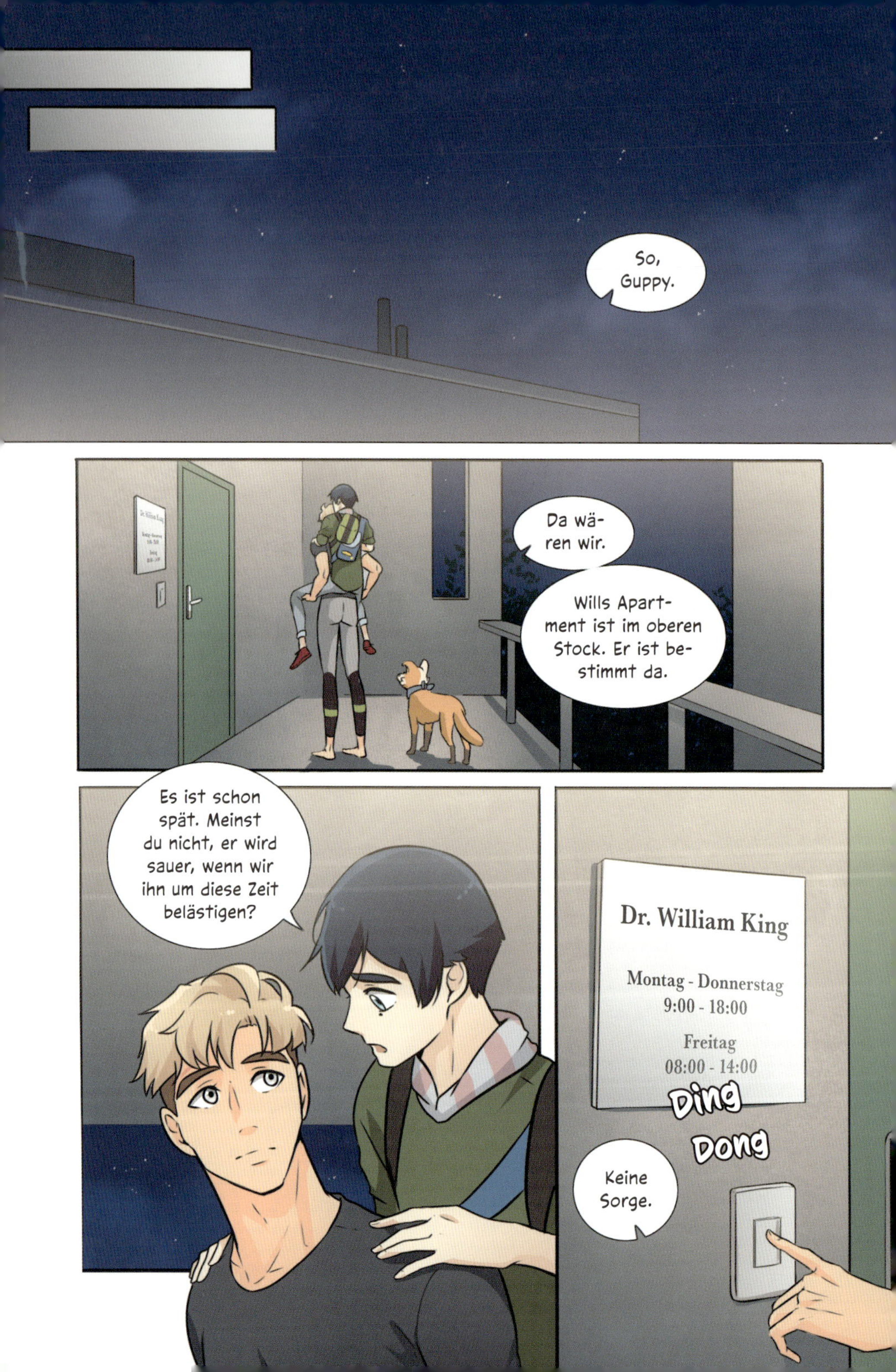
So, Guppy.
Da wären wir.
Wills Apartment ist im oberen Stock. Er ist bestimmt da.
Es ist schon spät. Meinst du nicht, er wird sauer, wenn wir ihn um diese Zeit belästigen?
Dr. William King
Montag - Donnerstag
9:00 - 18:00
Freitag
08:00 - 14:00
Ding
Dong
Keine Sorge.

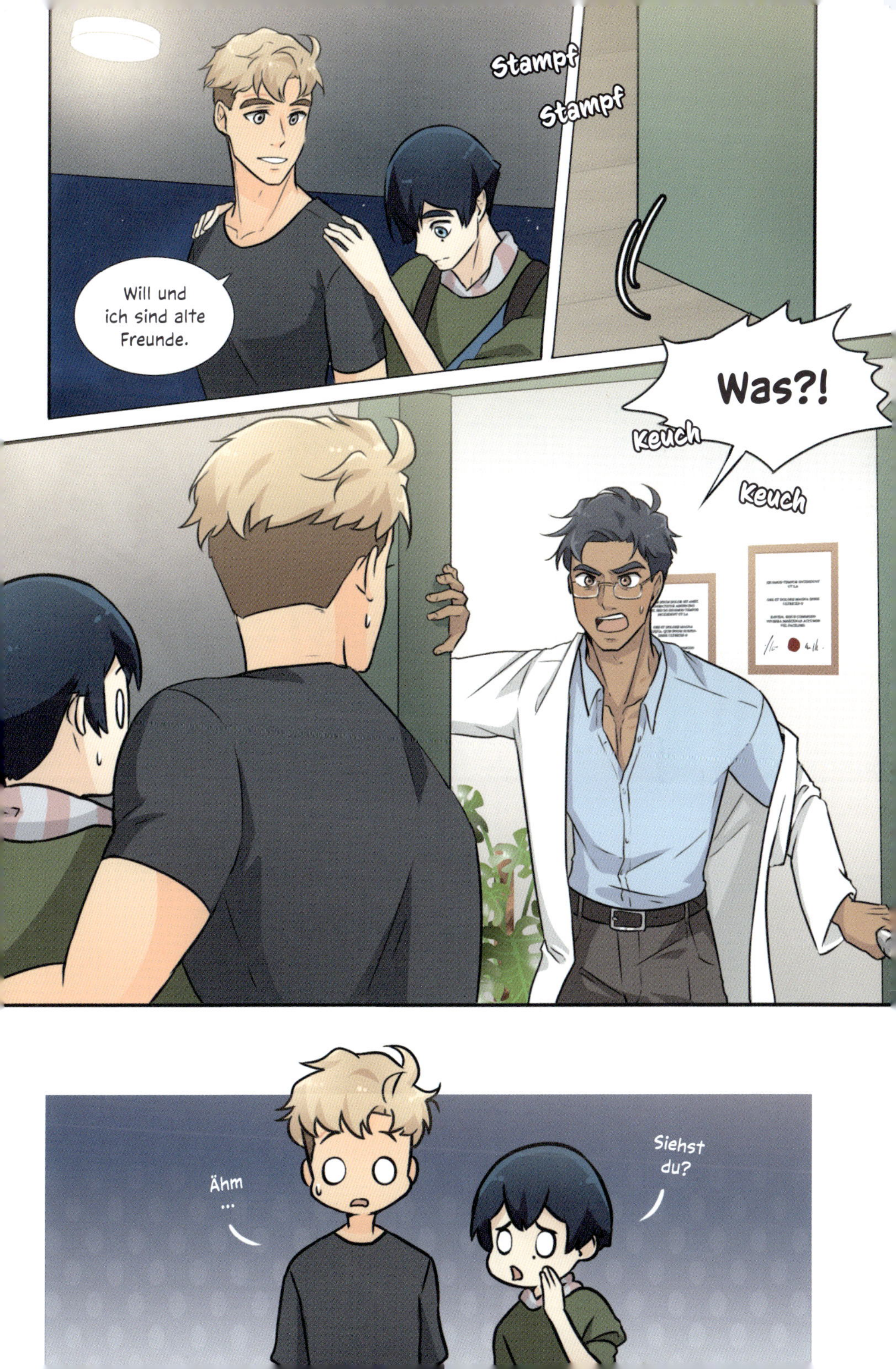
Stampf
Stampf
Will und ich sind alte Freunde.
Was?!
Keuch
Keuch
Ähm ...
Siehst du?

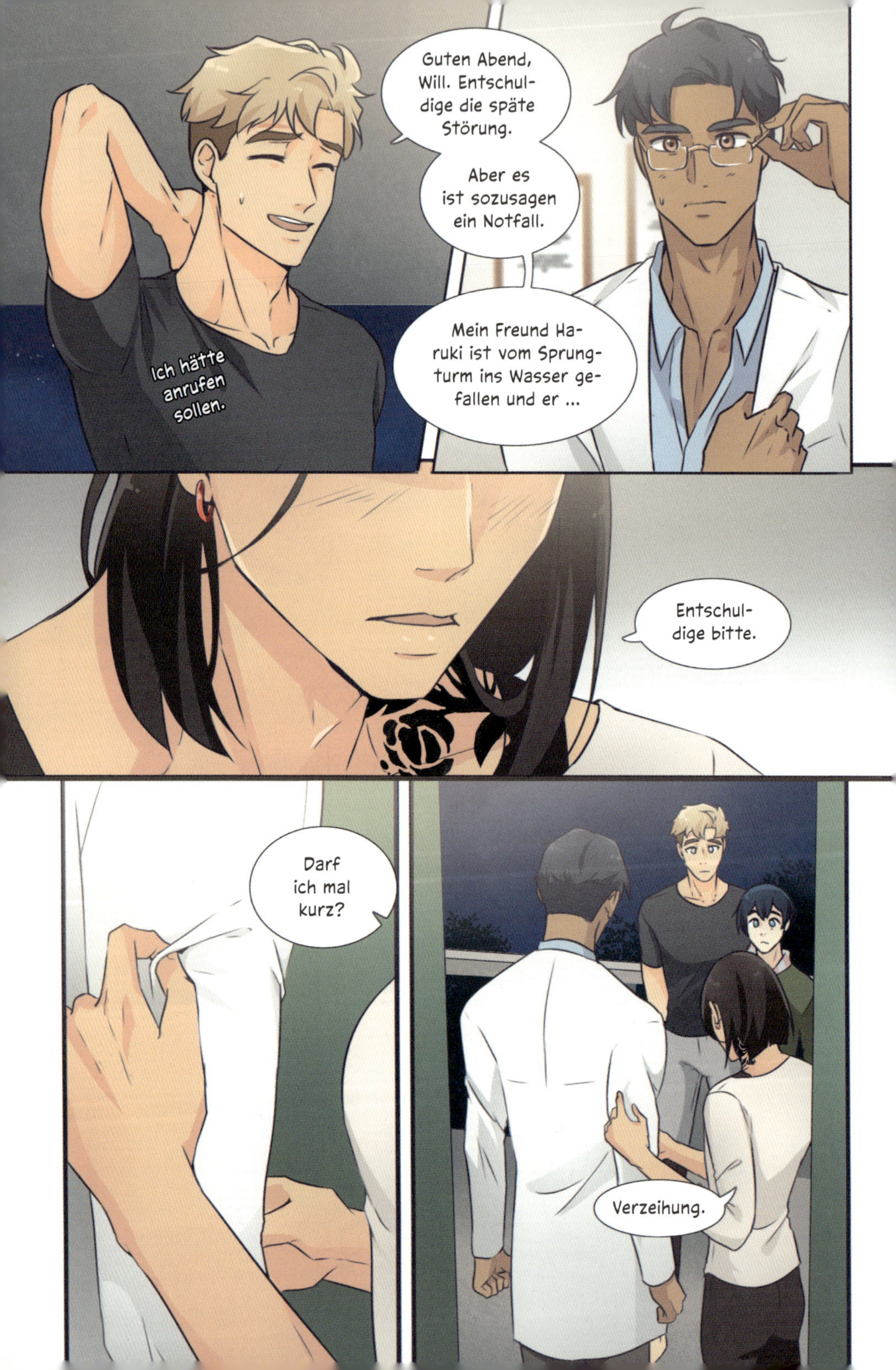
Guten Abend, Will. Entschuldige die späte Störung.
Aber es ist sozusagen ein Notfall.
Ich hätte anrufen sollen.
Mein Freund Haruki ist vom Sprungturm ins Wasser gefallen und er ...
Entschuldige bitte.
Darf ich mal kurz?
Verzeihung.

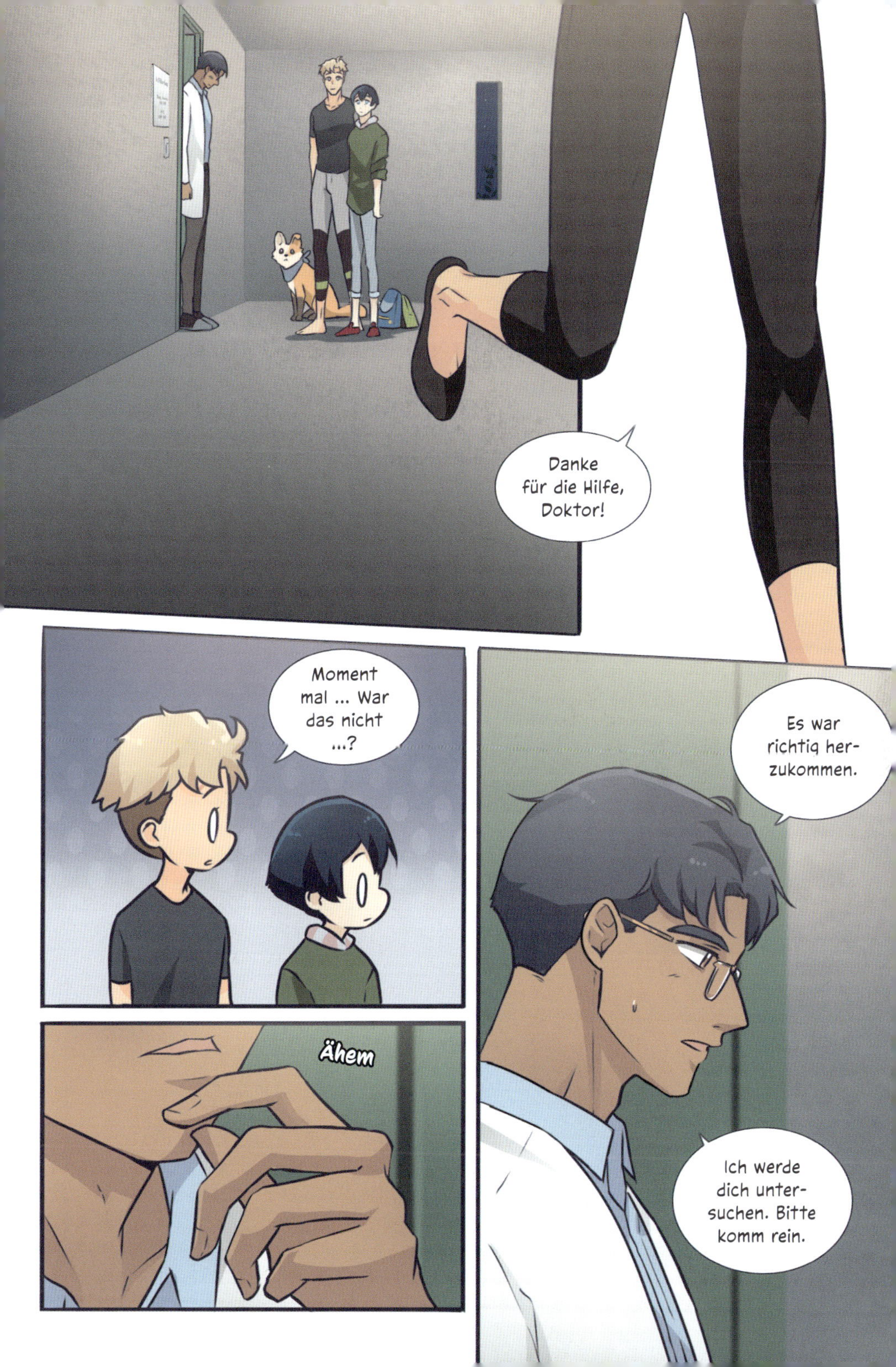

Danke für die Hilfe, Doktor!
Moment mal ... War das nicht ...?
Es war richtig her-zukommen.
Ähem
Ich werde dich unter-suchen. Bitte komm rein.

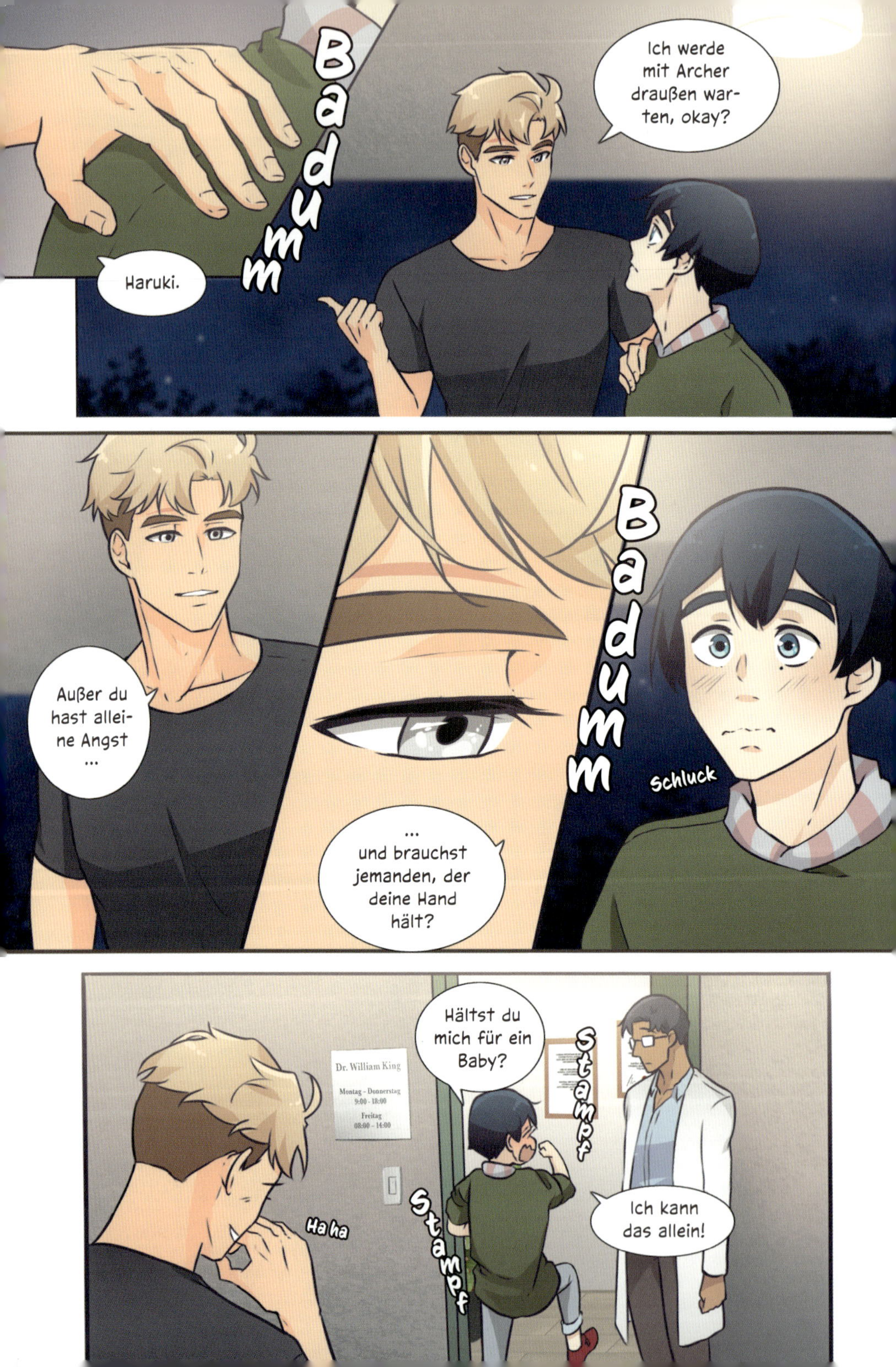
Badumm
Ich werde mit Archer draußen warten, okay?
Haruki.
Außer du hast alleine Angst ...
Badumm
... und brauchst jemanden, der deine Hand hält?
Schluck
Dr. William King
Montag - Donnerstag
9:00 - 18:00
Freitag
08:00 - 14:00
Hältst du mich für ein Baby?
Stampf
Ich kann das allein!
Stampf
Haha

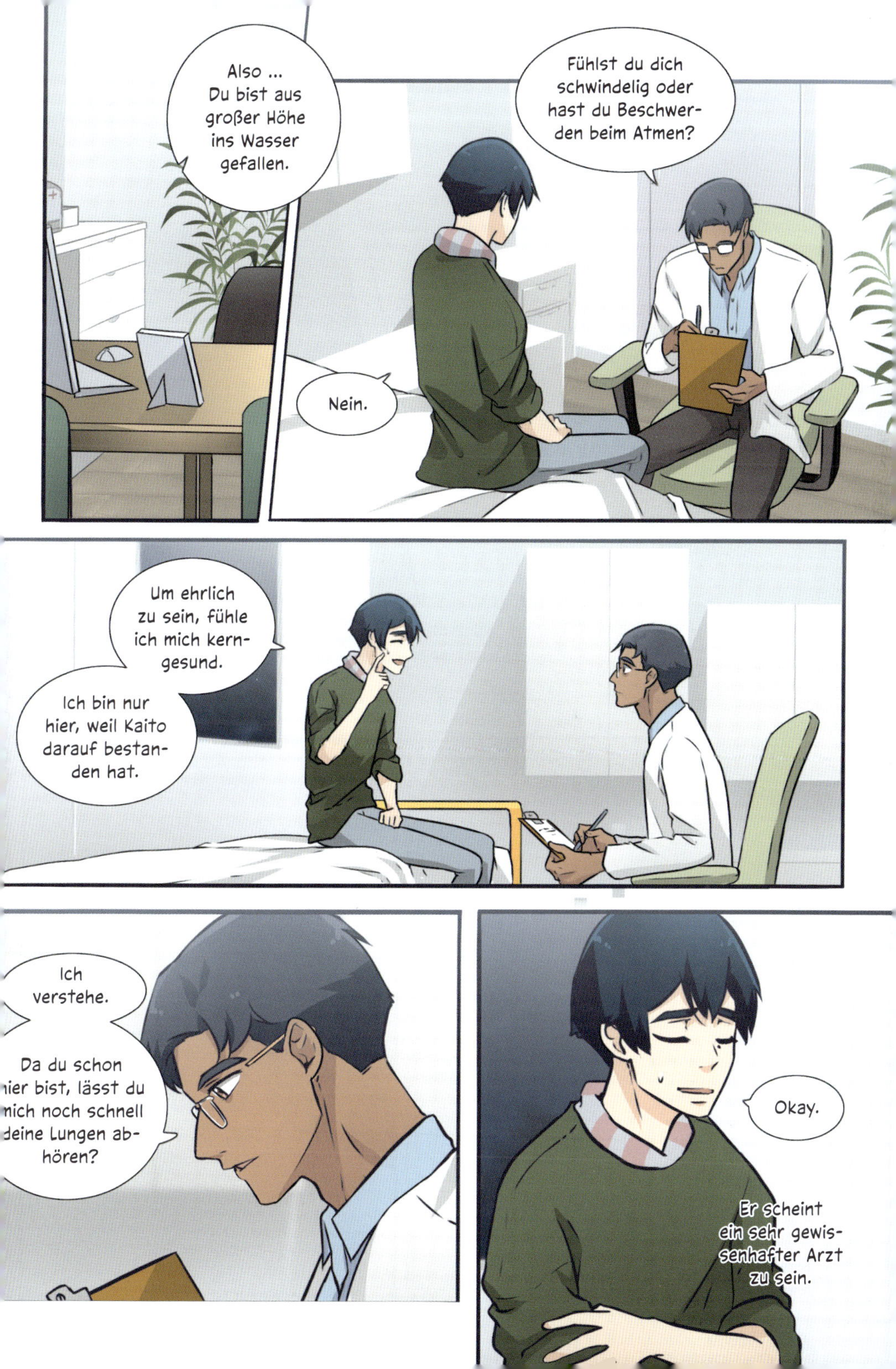

Also ... Du bist aus großer Höhe ins Wasser gefallen.
Fühlst du dich schwindelig oder hast du Beschwerden beim Atmen?
Nein.
Um ehrlich zu sein, fühle ich mich kerngesund.
Ich bin nur hier, weil Kaito darauf bestanden hat.
Ich verstehe.
Da du schon hier bist, lässt du mich noch schnell deine Lungen abhören?
Okay.
Er scheint ein sehr gewissenhafter Arzt zu sein.

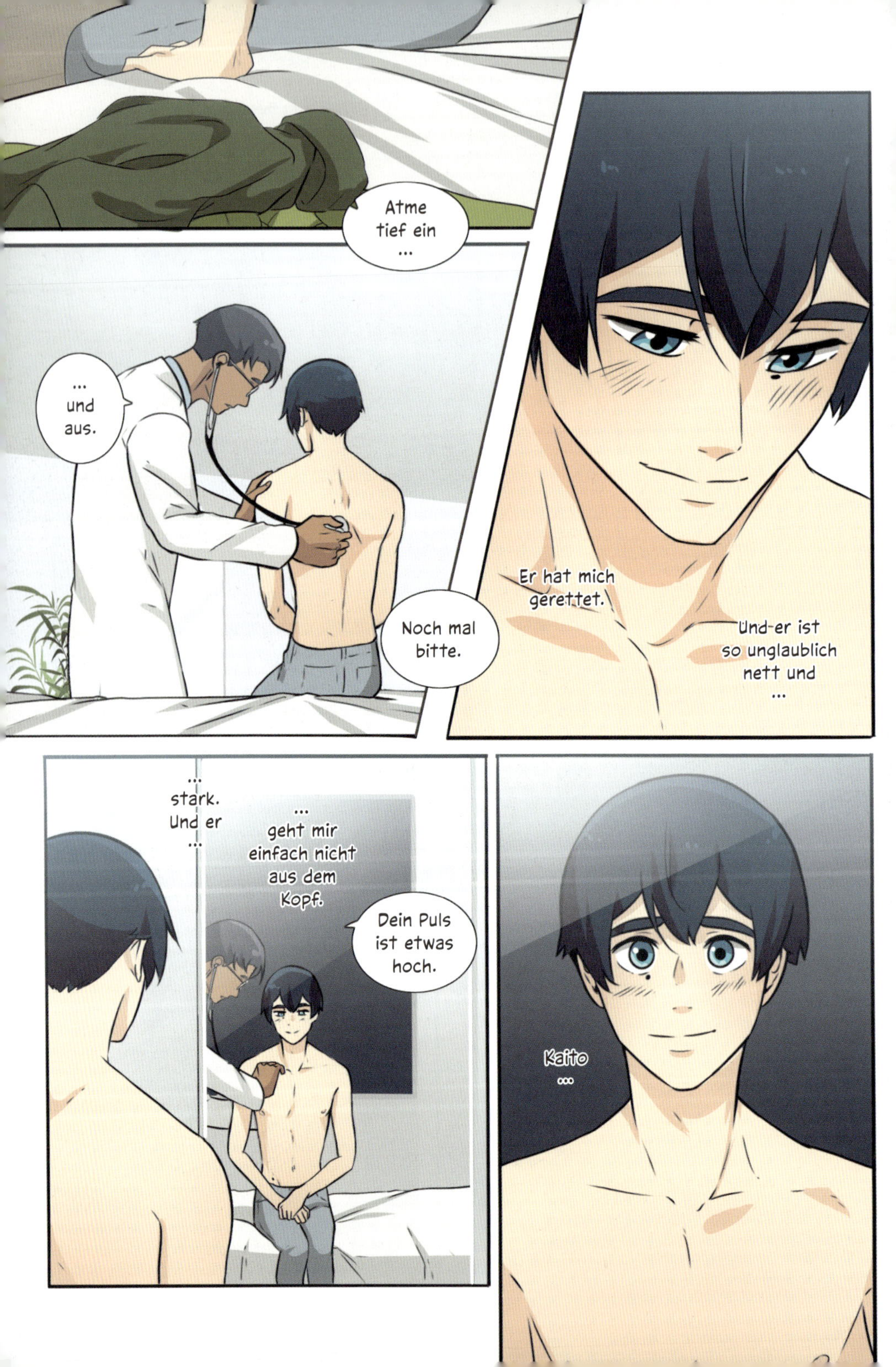
Atme tief ein …
… und aus.
Noch mal bitte.
Er hat mich gerettet.
Und er ist so unglaublich nett und …
… stark. Und er …
… geht mir einfach nicht aus dem Kopf.
Dein Puls ist etwas hoch.
Kaito …

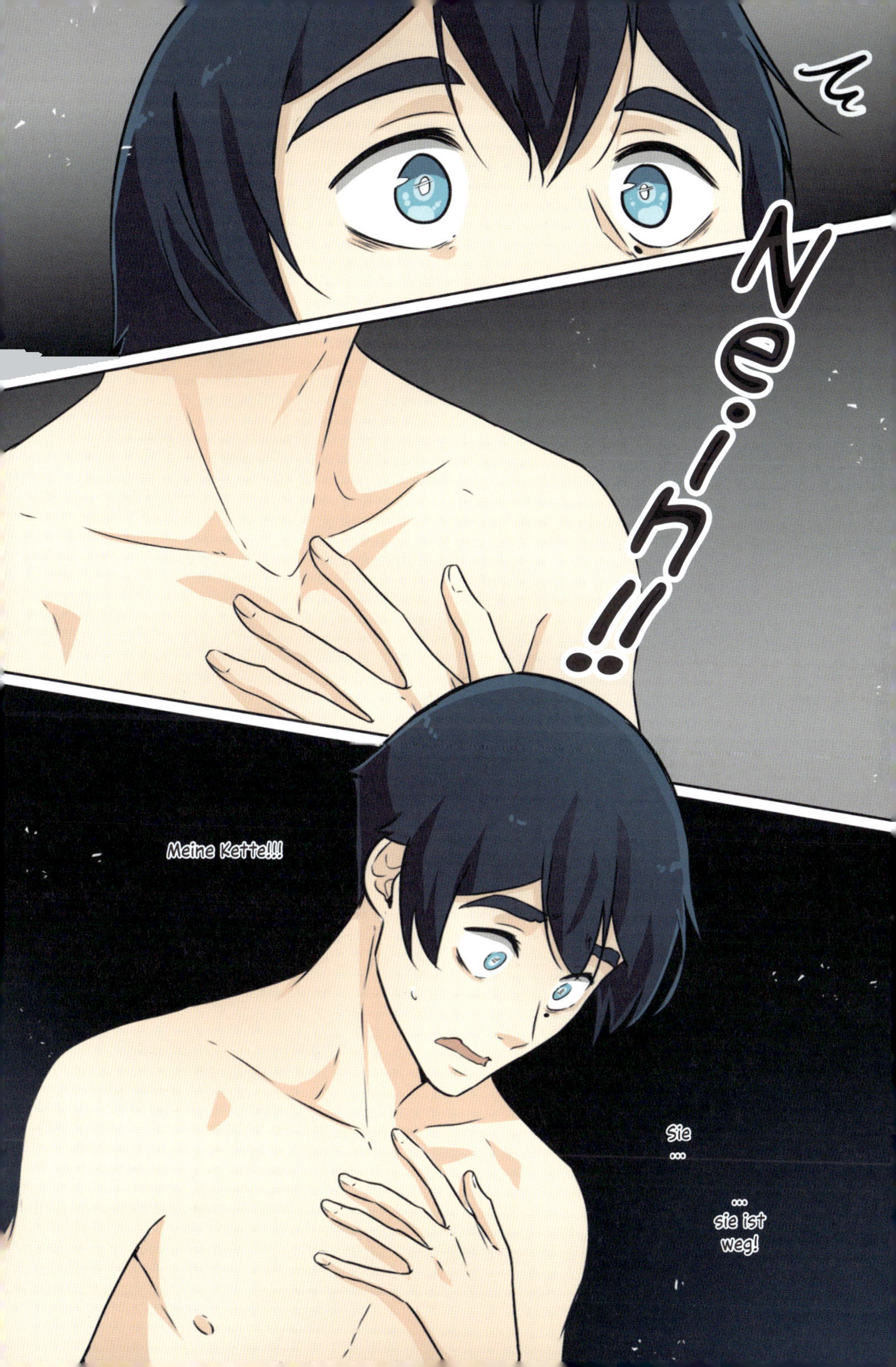
Nein!!
Meine Kette!!!
Sie …
… sie ist weg!

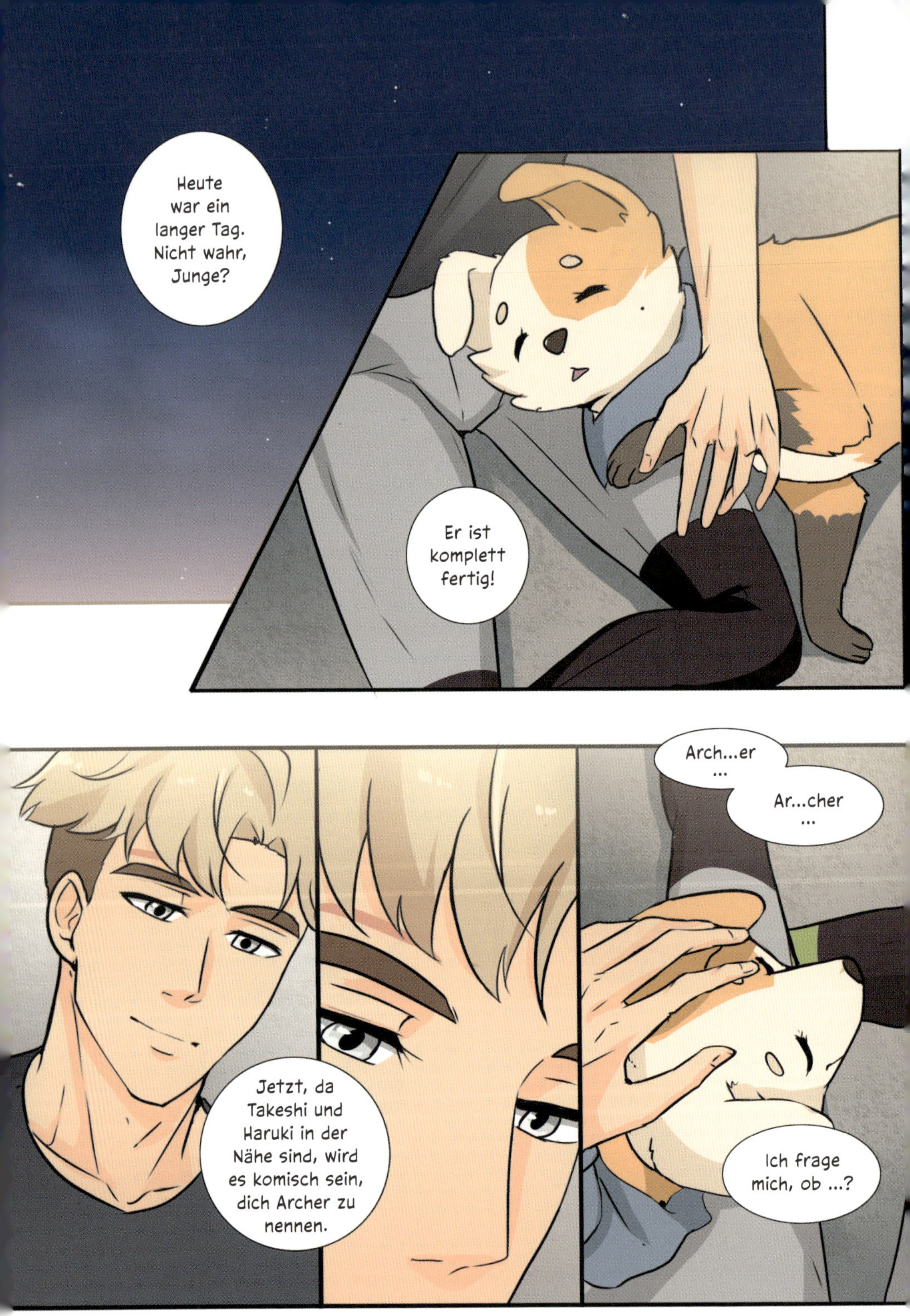
Heute war ein langer Tag. Nicht wahr, Junge?
Er ist komplett fertig!
Jetzt, da Takeshi und Haruki in der Nähe sind, wird es komisch sein, dich Archer zu nennen.
Arch...er ...
Ar...cher ...
Ich frage mich, ob ...?

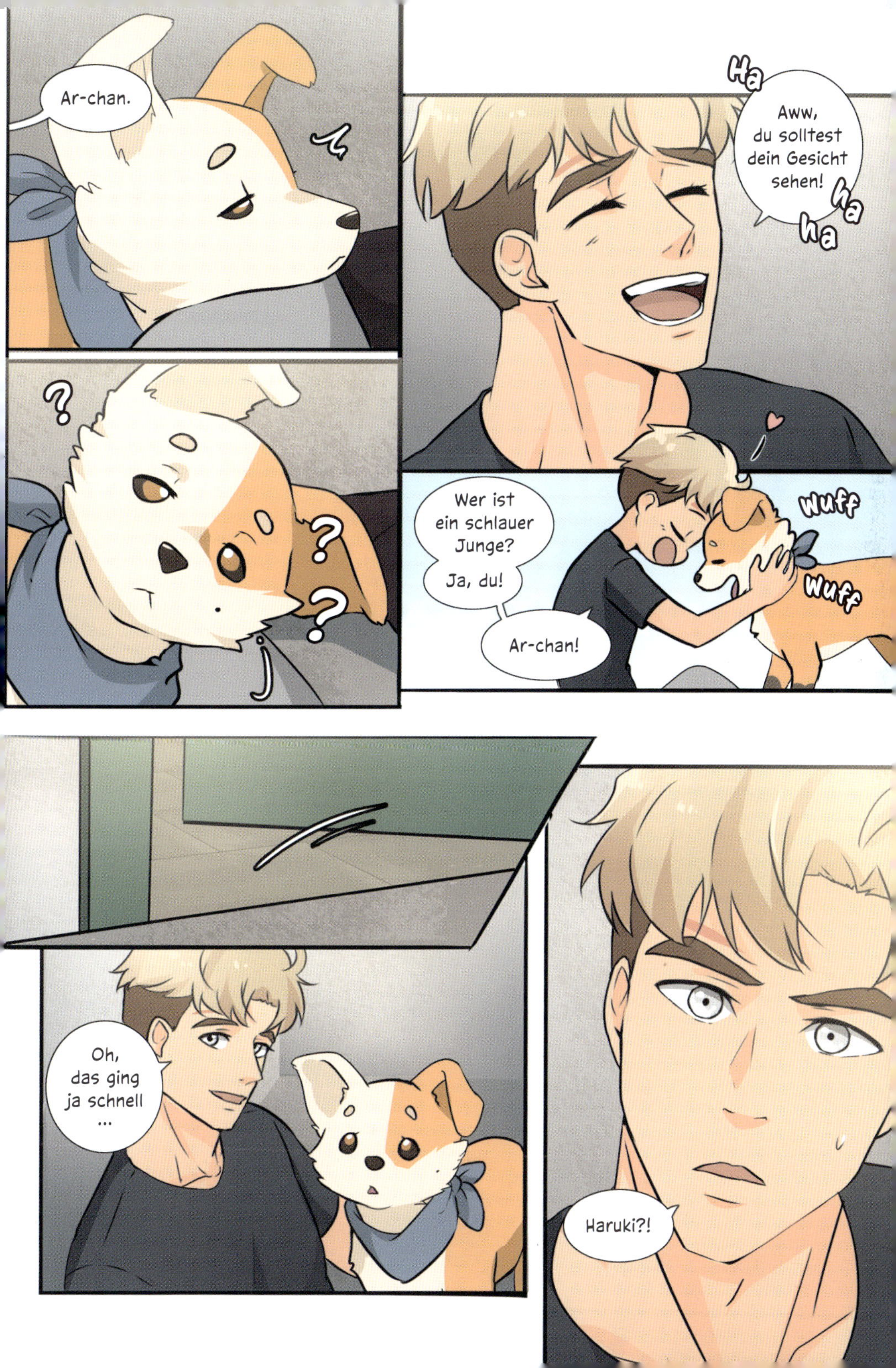
Ar-chan.
Ha
Aww, du solltest dein Gesicht sehen!
ha
ha
Wer ist ein schlauer Junge?
Ja, du!
Ar-chan!
wuff
wuff
Oh, das ging ja schnell ...
Haruki?!

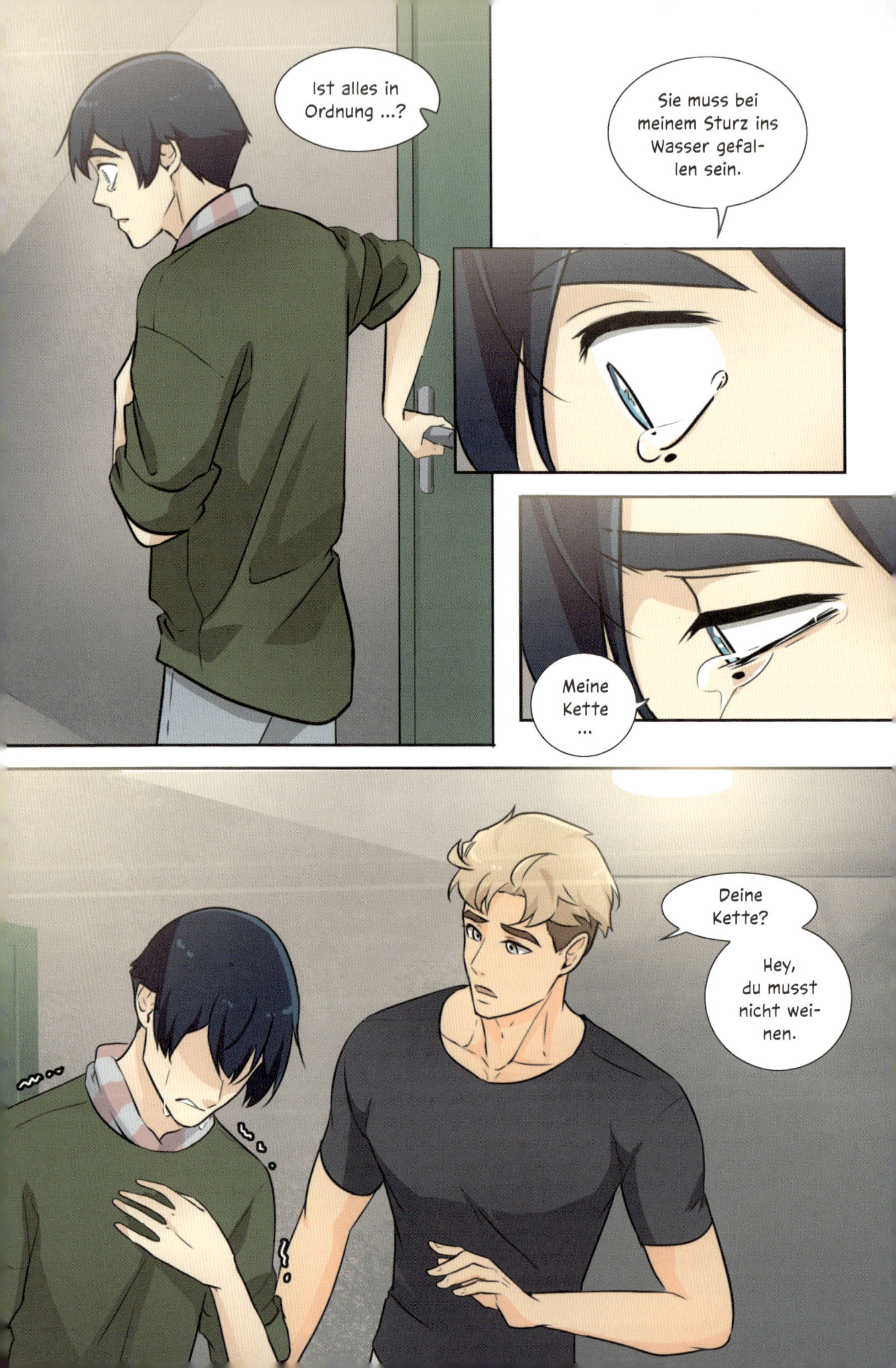

Ist alles in Ordnung ...?
Sie muss bei meinem Sturz ins Wasser gefal-len sein.
Meine Kette ...
Deine Kette?
Hey, du musst nicht wei-nen.

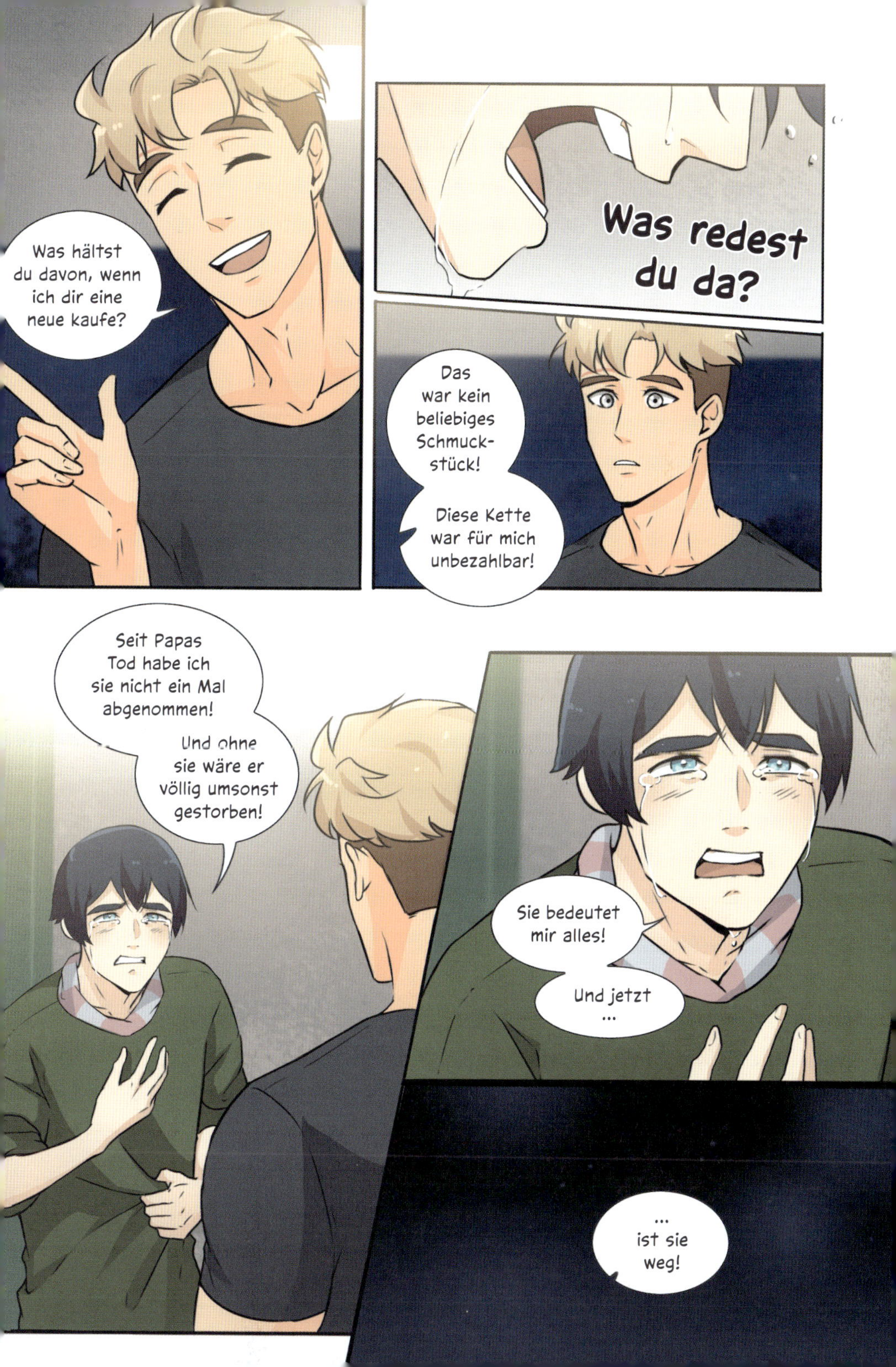
Was hältst du davon, wenn ich dir eine neue kaufe?
Was redest du da?
Das war kein beliebiges Schmuck-stück!
Diese Kette war für mich unbezahlbar!
Seit Papas Tod habe ich sie nicht ein Mal abgenommen!
Und ohne sie wäre er völlig umsonst gestorben!
Sie bedeutet mir alles!
Und jetzt ...
... ist sie weg!

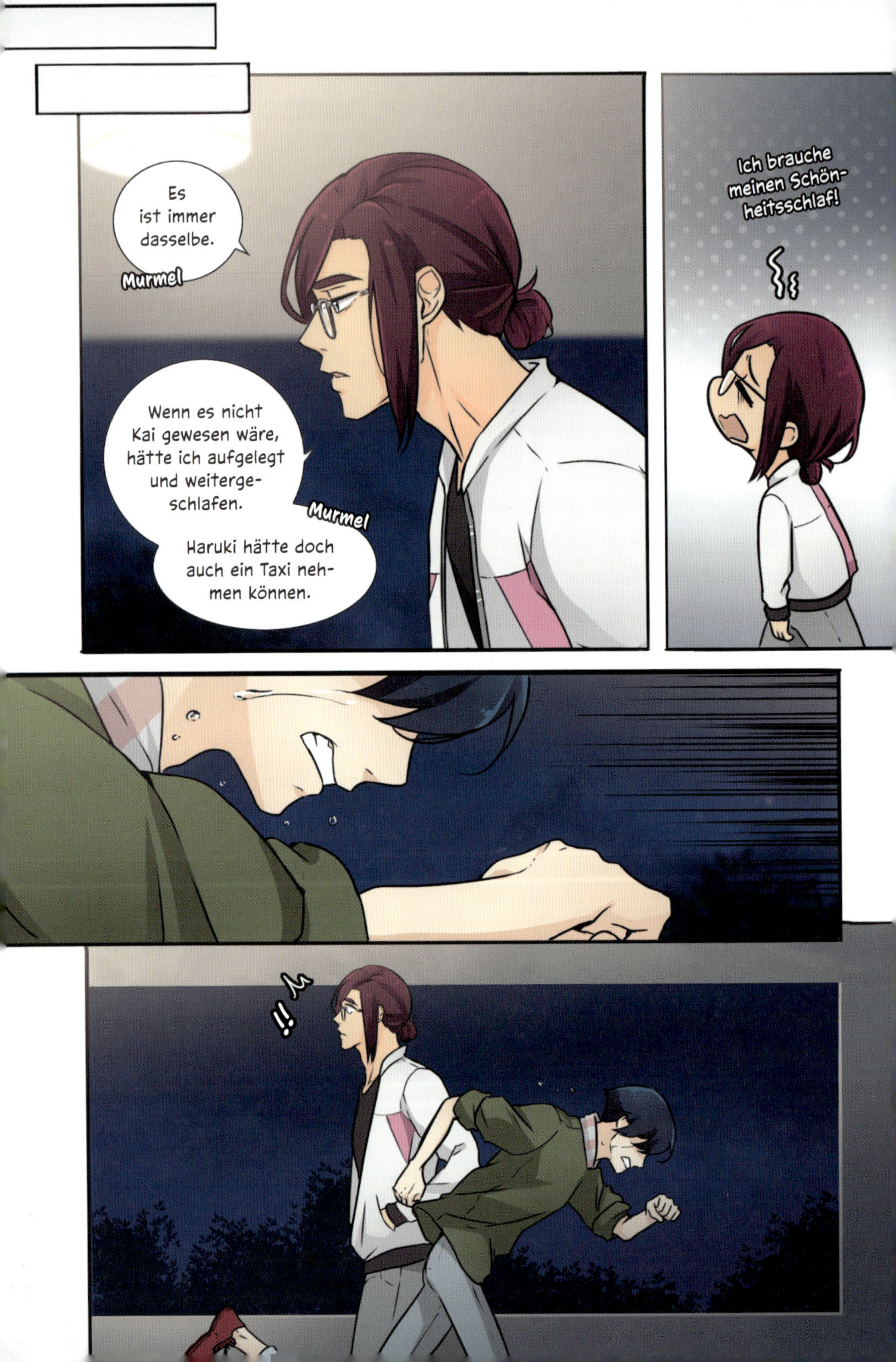

Es ist immer dasselbe.
Murmel
Wenn es nicht Kai gewesen wäre, hätte ich aufgelegt und weiterge-schlafen.
Murmel
Haruki hätte doch auch ein Taxi neh-men können.
Ich brauche meinen Schön-heitsschlaf!
!!

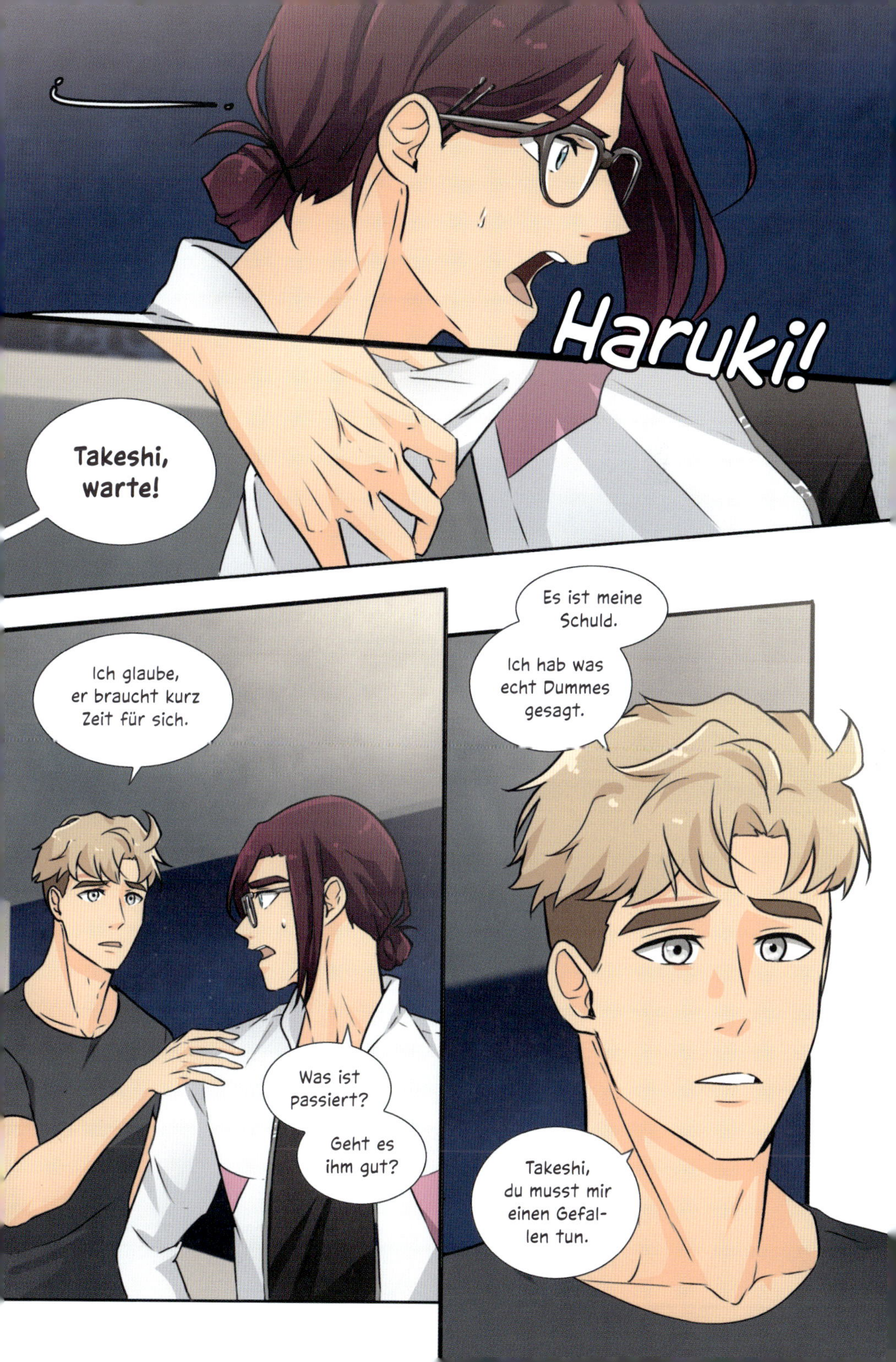
Haruki!
Takeshi, warte!
Ich glaube, er braucht kurz Zeit für sich.
Was ist passiert?
Geht es ihm gut?
Es ist meine Schuld.
Ich hab was echt Dummes gesagt.
Takeshi, du musst mir einen Gefallen tun.

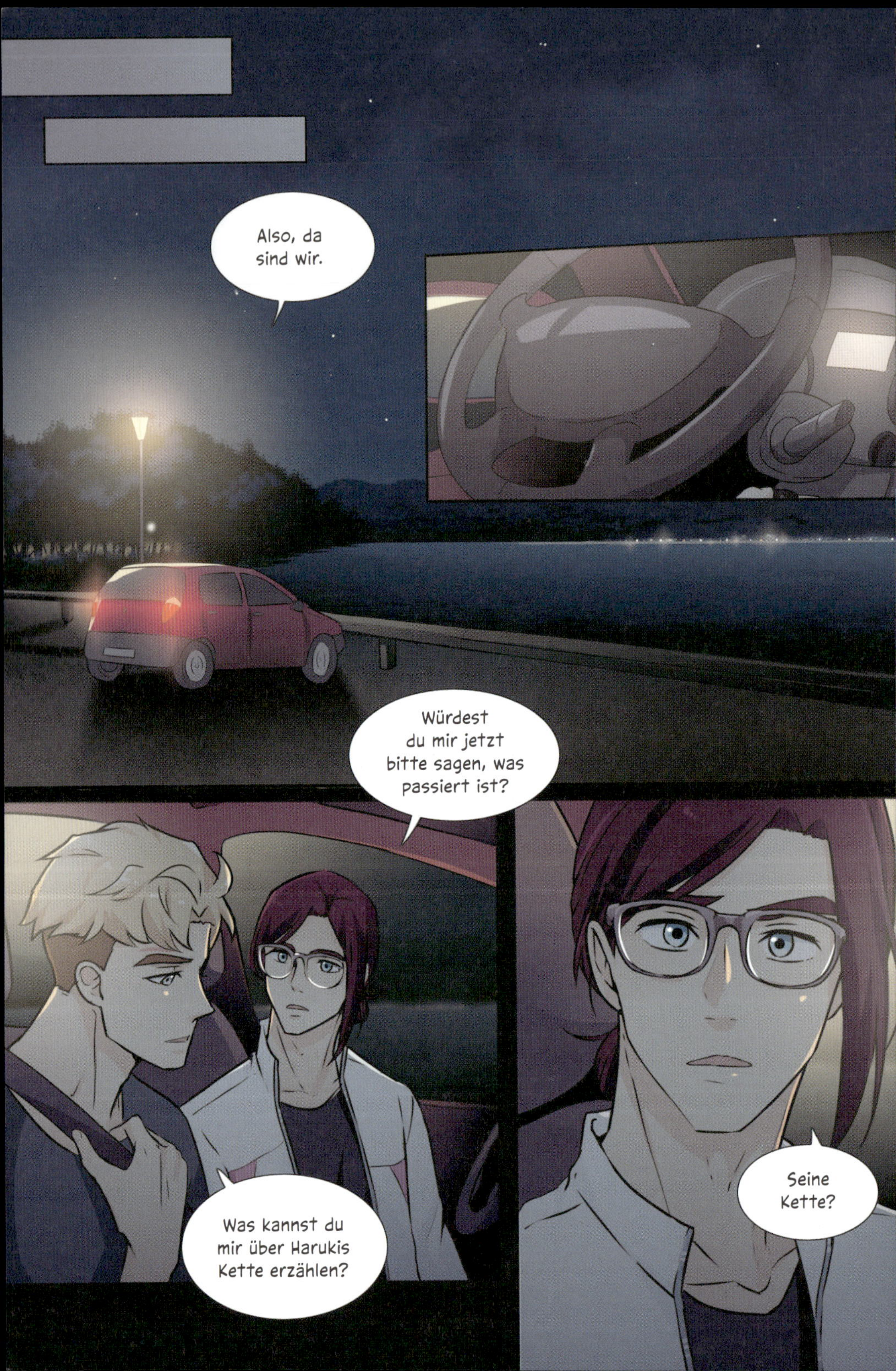
Also, da sind wir.
Würdest du mir jetzt bitte sagen, was passiert ist?
Was kannst du mir über Harukis Kette erzählen?
Seine Kette?

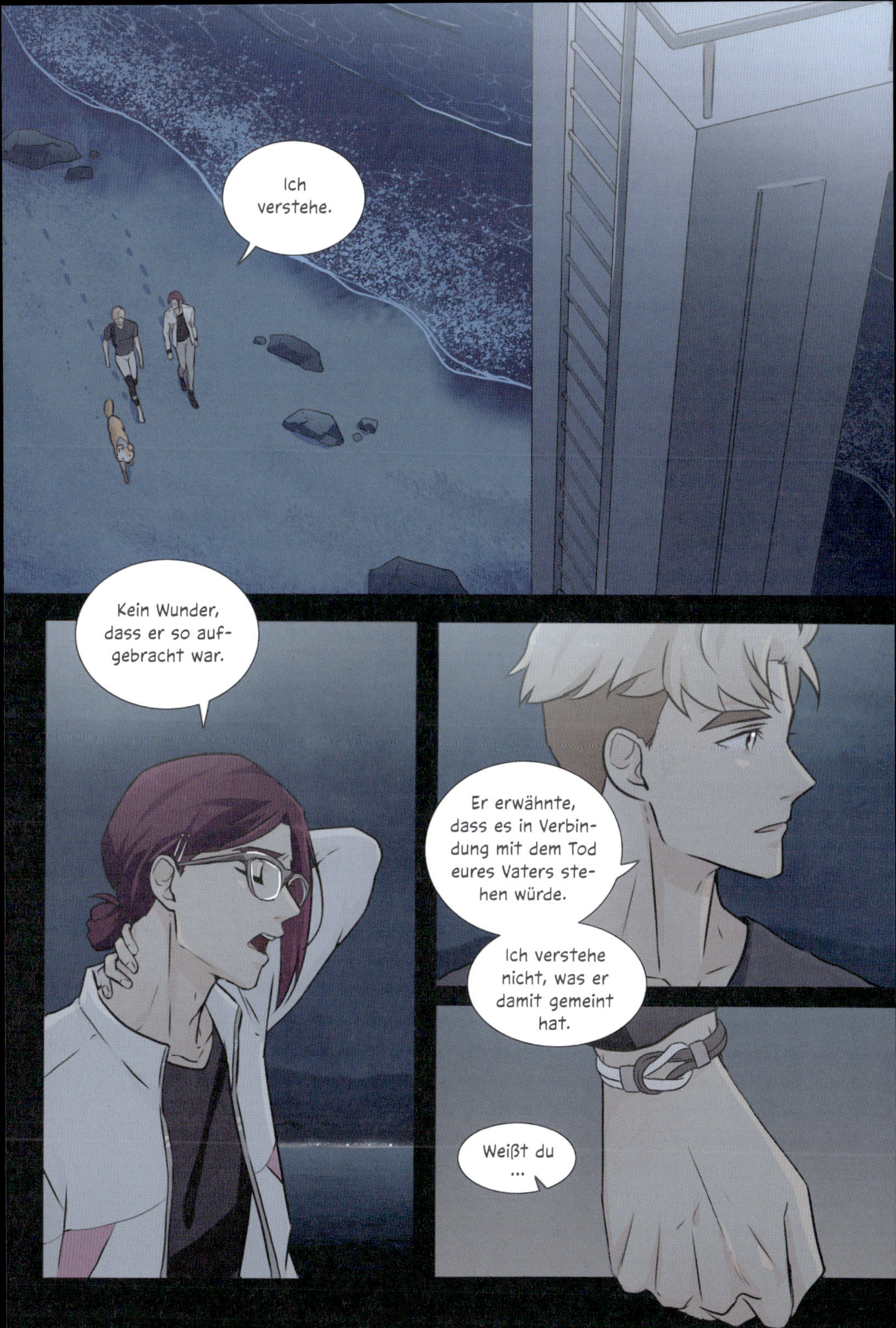
Ich verstehe.
Kein Wunder, dass er so aufgebracht war.
Er erwähnte, dass es in Verbindung mit dem Tod eures Vaters stehen würde.
Ich verstehe nicht, was er damit gemeint hat.
Weißt du ...

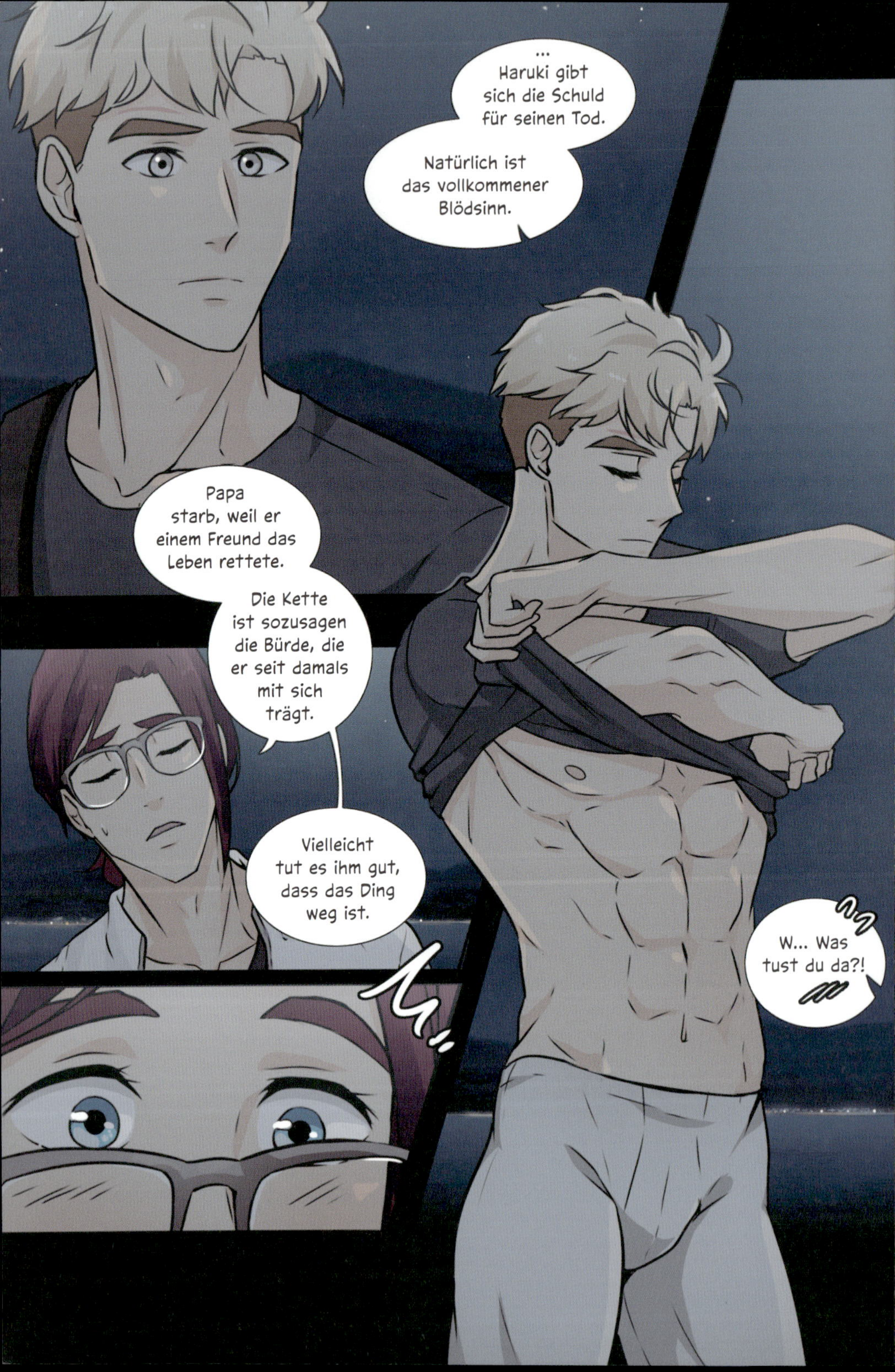

...
Haruki gibt sich die Schuld für seinen Tod.
Natürlich ist das vollkommener Blödsinn.
Papa starb, weil er einem Freund das Leben rettete.
Die Kette ist sozusagen die Bürde, die er seit damals mit sich trägt.
Vielleicht tut es ihm gut, dass das Ding weg ist.
W... Was tust du da?!

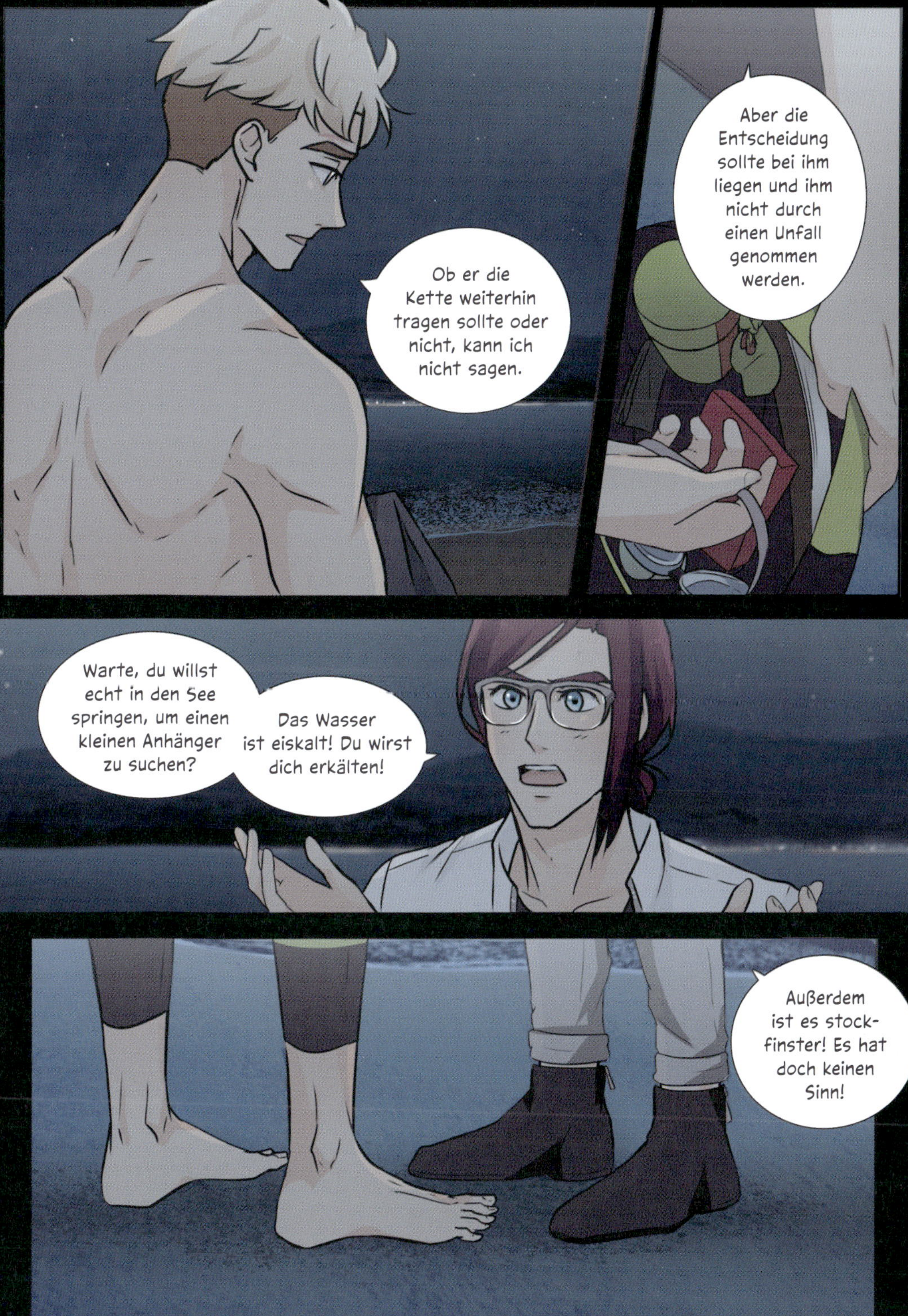
Ob er die Kette weiterhin tragen sollte oder nicht, kann ich nicht sagen.
Aber die Entscheidung sollte bei ihm liegen und ihm nicht durch einen Unfall genommen werden.
Warte, du willst echt in den See springen, um einen kleinen Anhänger zu suchen?
Das Wasser ist eiskalt! Du wirst dich erkälten!
Außerdem ist es stock-finster! Es hat doch keinen Sinn!

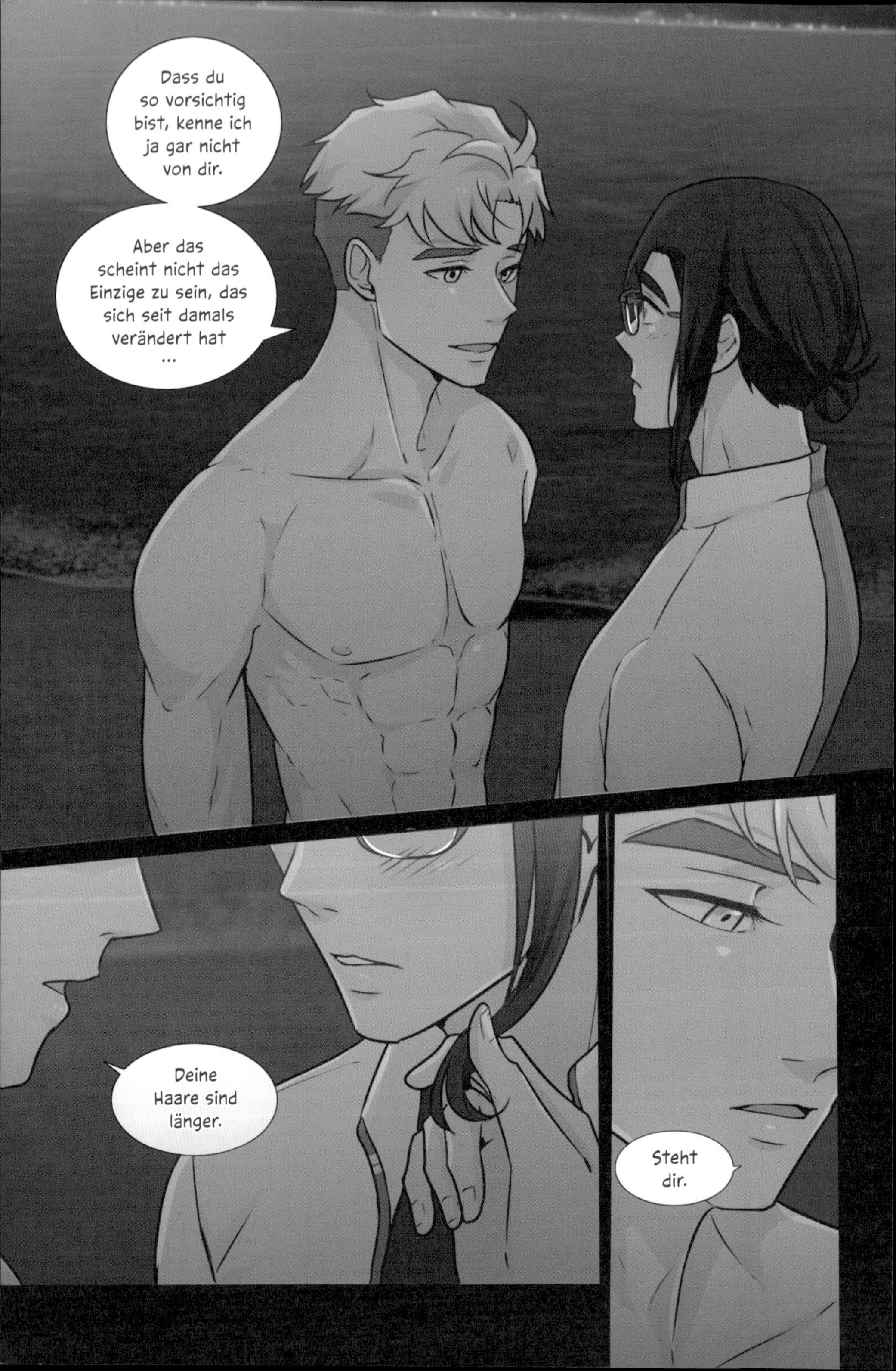
Dass du so vorsichtig bist, kenne ich ja gar nicht von dir.
Aber das scheint nicht das Einzige zu sein, das sich seit damals verändert hat ...
Deine Haare sind länger.
Steht dir.

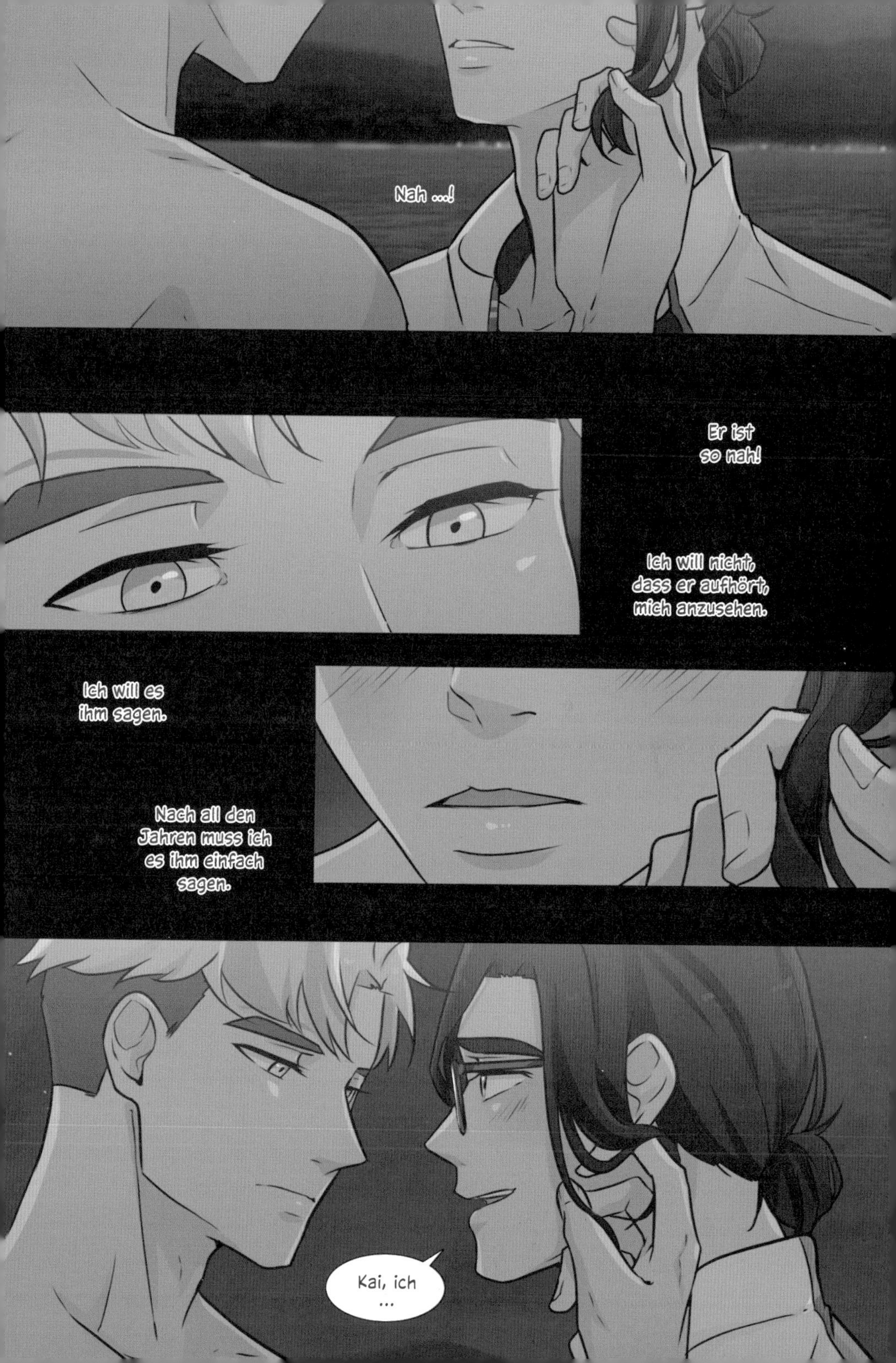
Nah ...!
Er ist so nah!
Ich will nicht, dass er aufhört, mich anzusehen.
Ich will es ihm sagen.
Nach all den Jahren muss ich es ihm einfach sagen.
Kai, ich ...

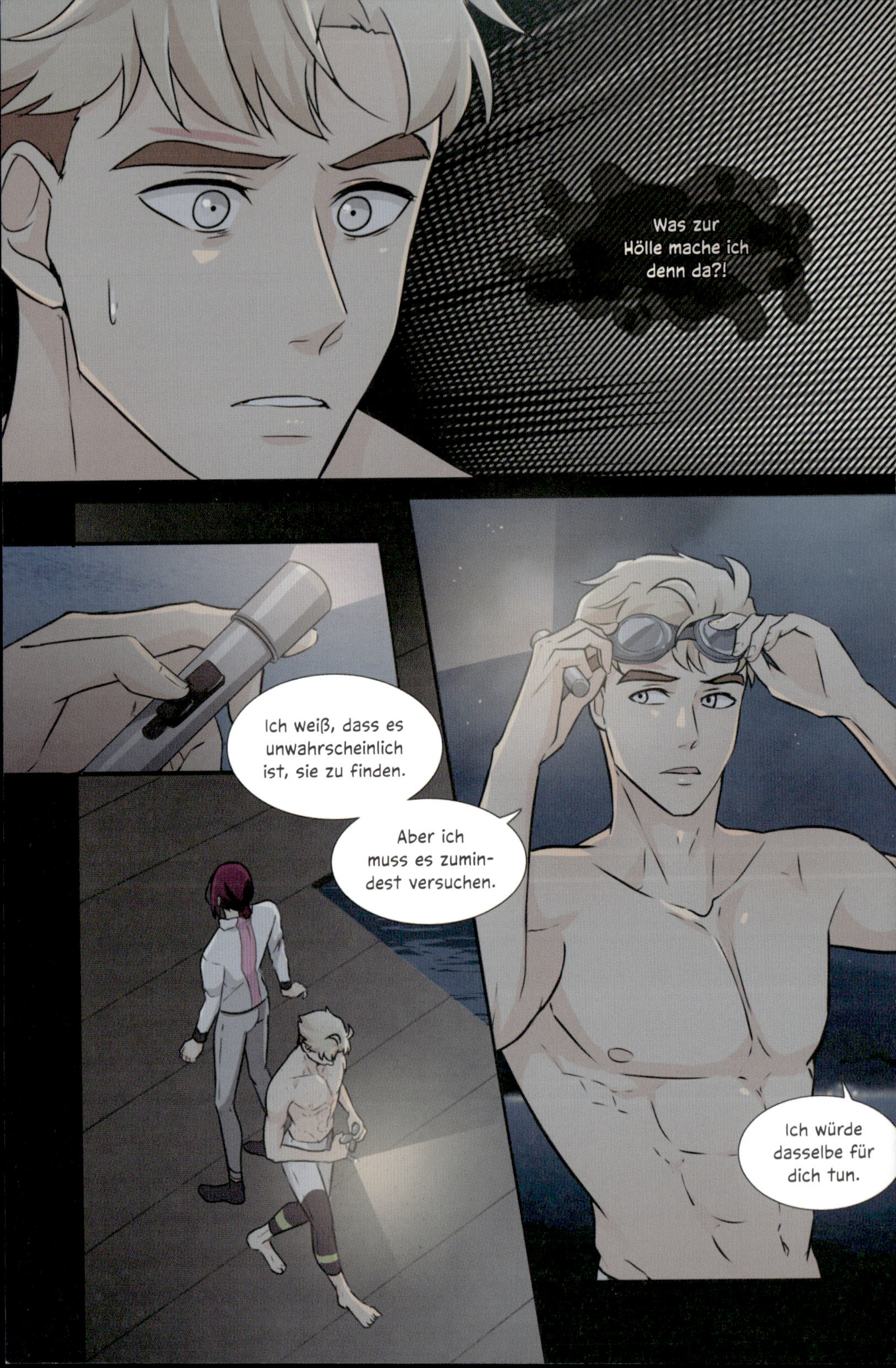
Was zur Hölle mache ich denn da?!
Ich weiß, dass es unwahrscheinlich ist, sie zu finden.
Aber ich muss es zumindest versuchen.
Ich würde dasselbe für dich tun.

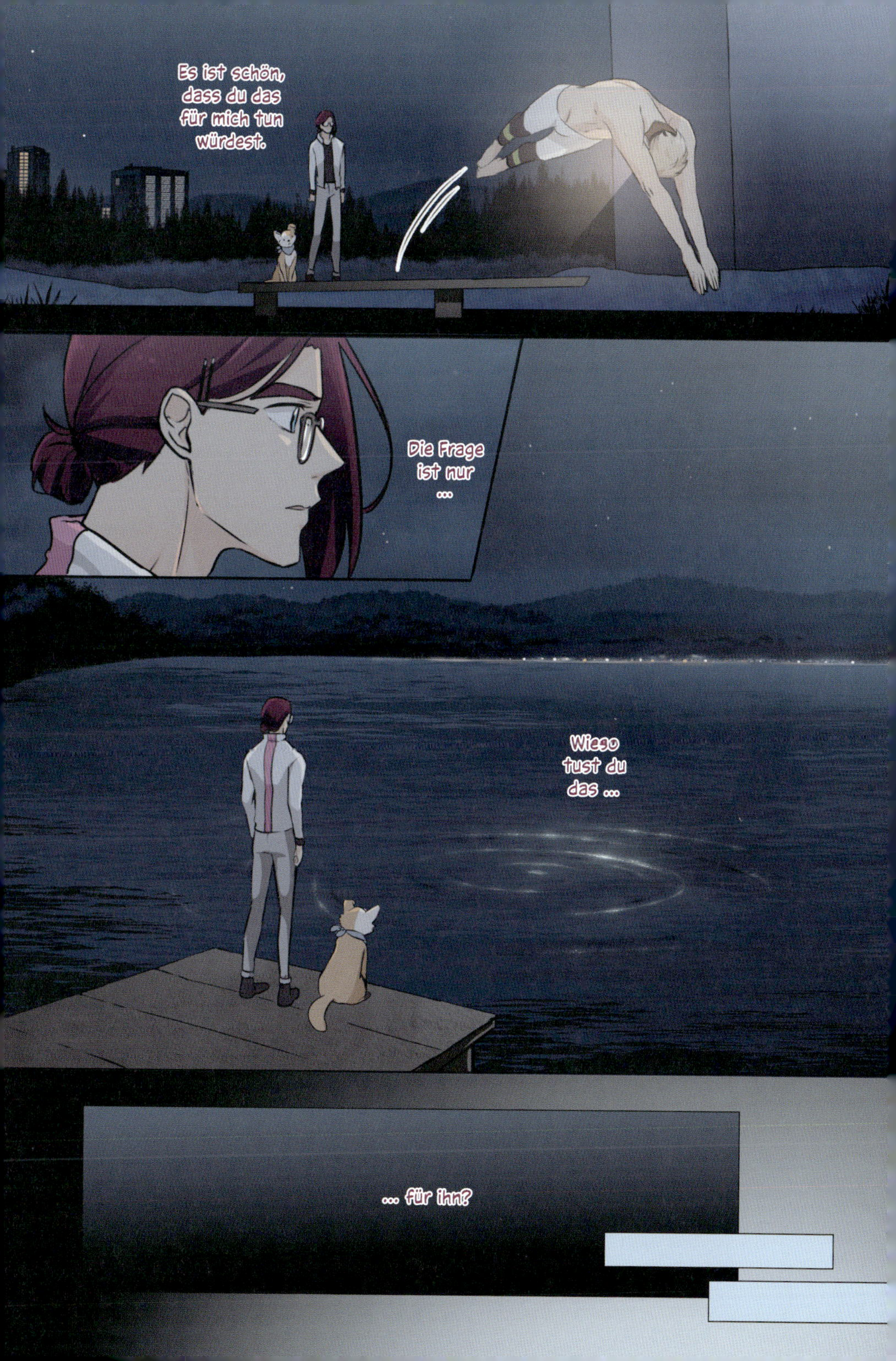
Es ist schön, dass du das für mich tun würdest.
Die Frage ist nur ...
Wieso tust du das ...
... für ihn?

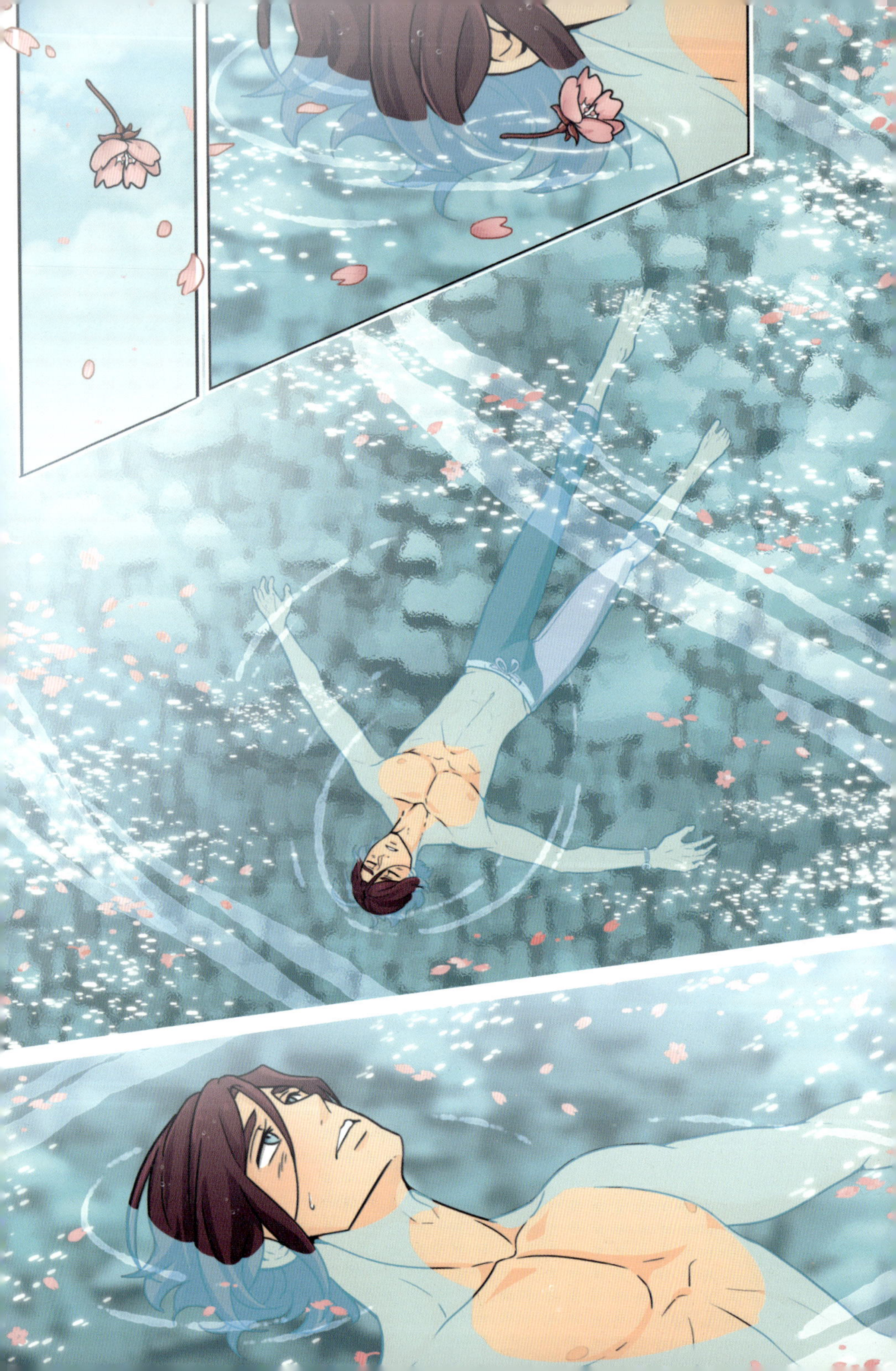

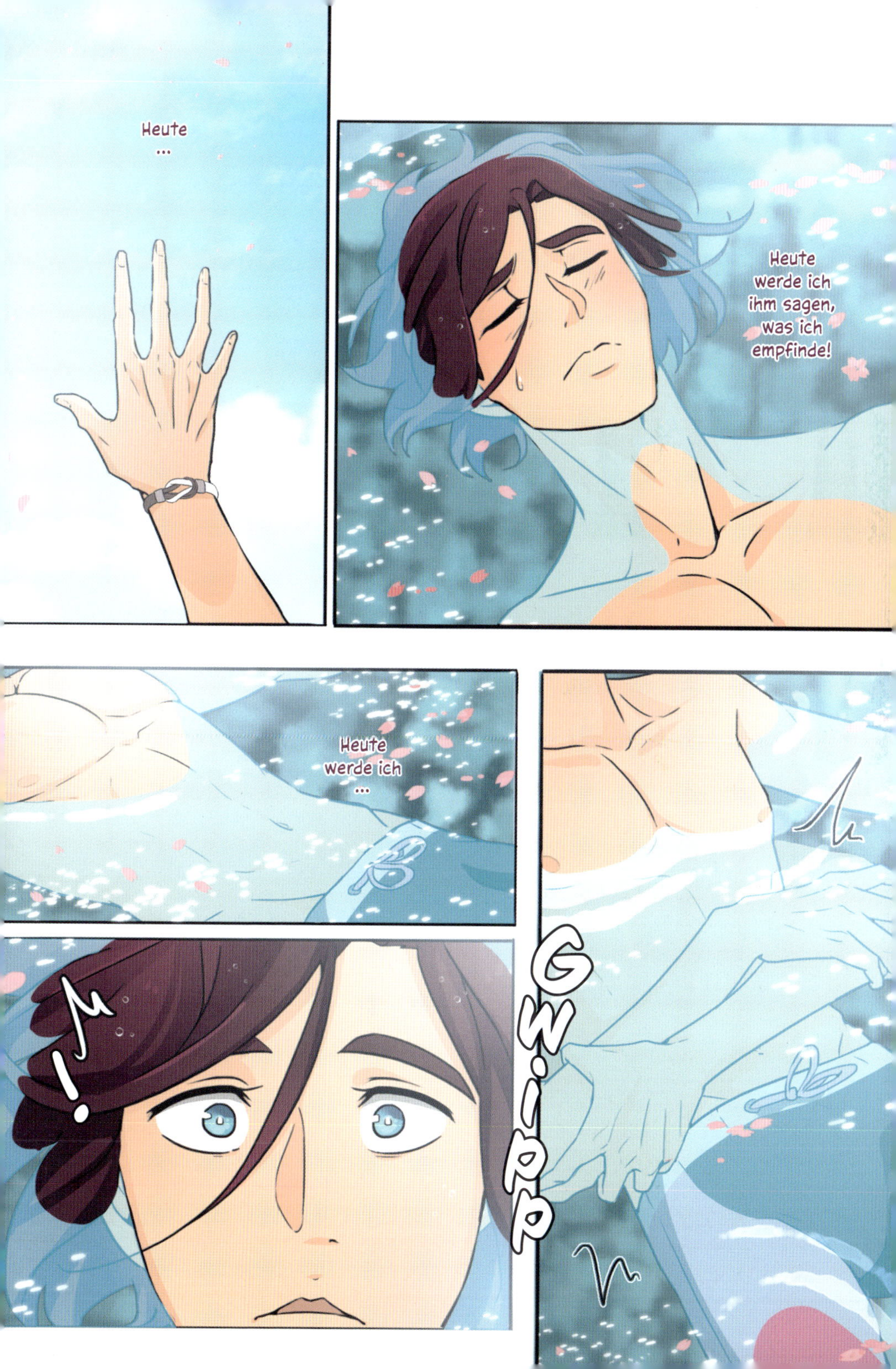
Heute
...
Heute werde ich ihm sagen, was ich empfinde!
Heute werde ich
...
!
GWIPP

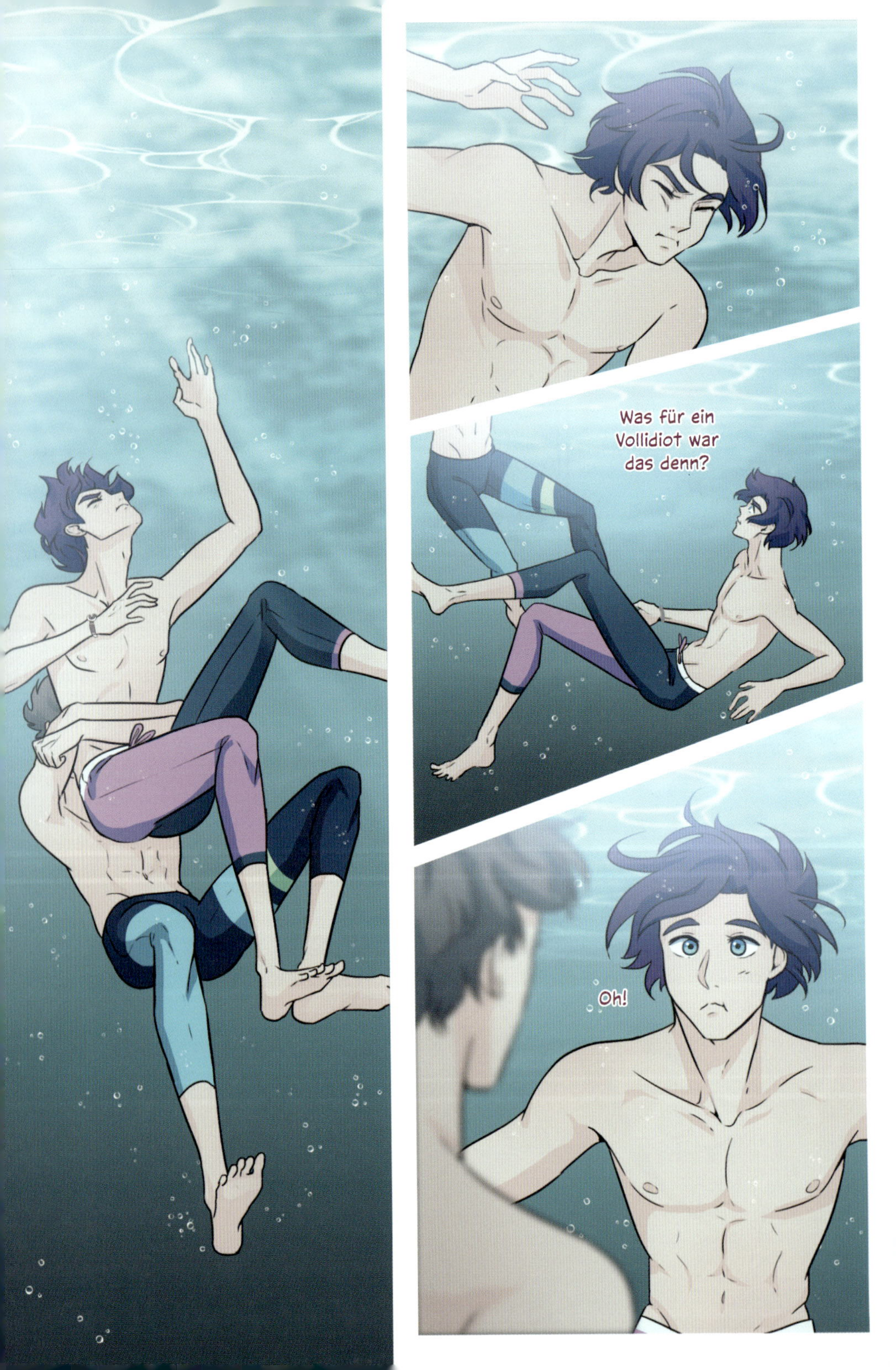
Was für ein
Vollidiot war
das denn?
Oh!

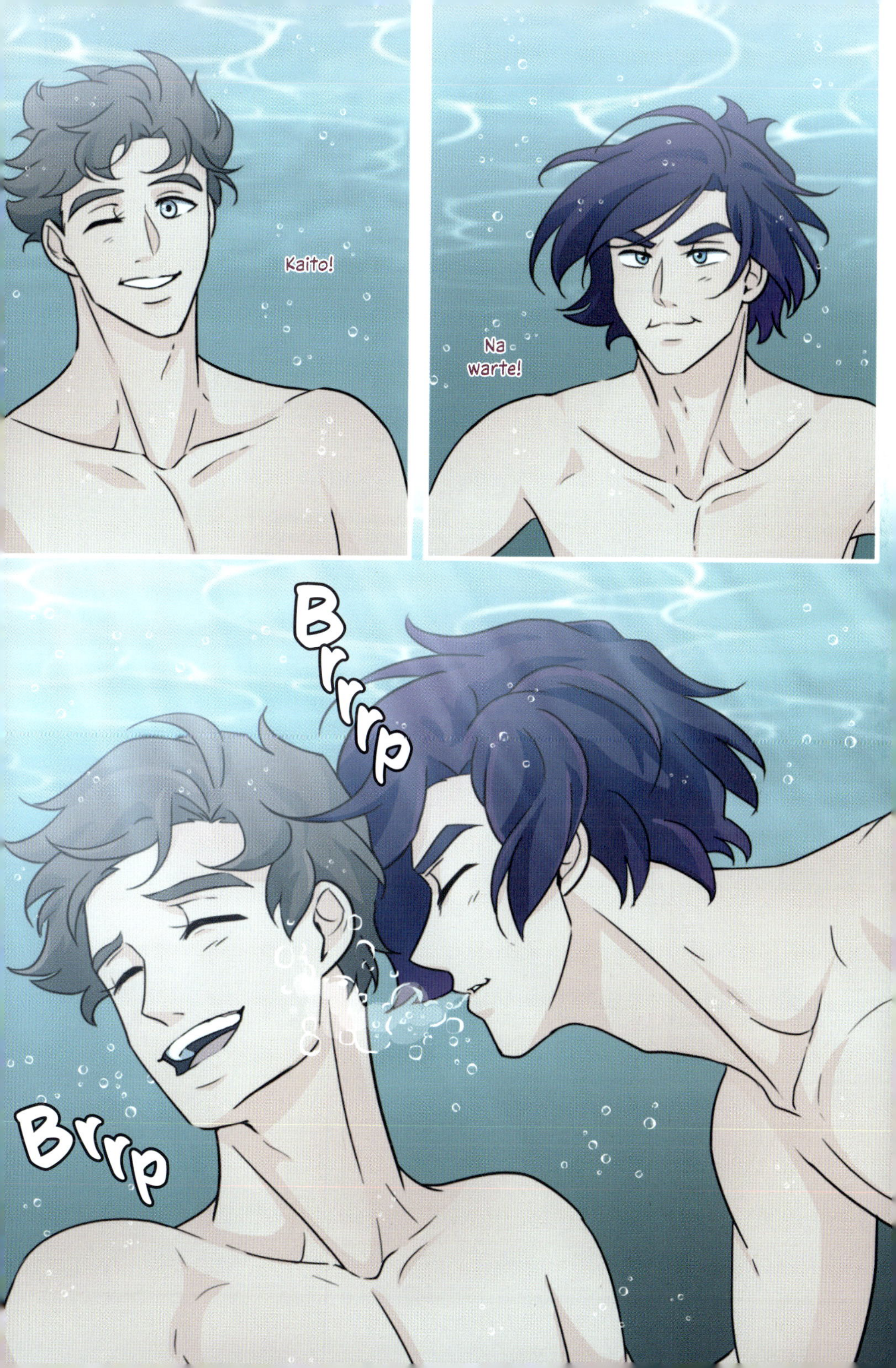
Kaito!
Na
warte!
Brrrp
Brrp

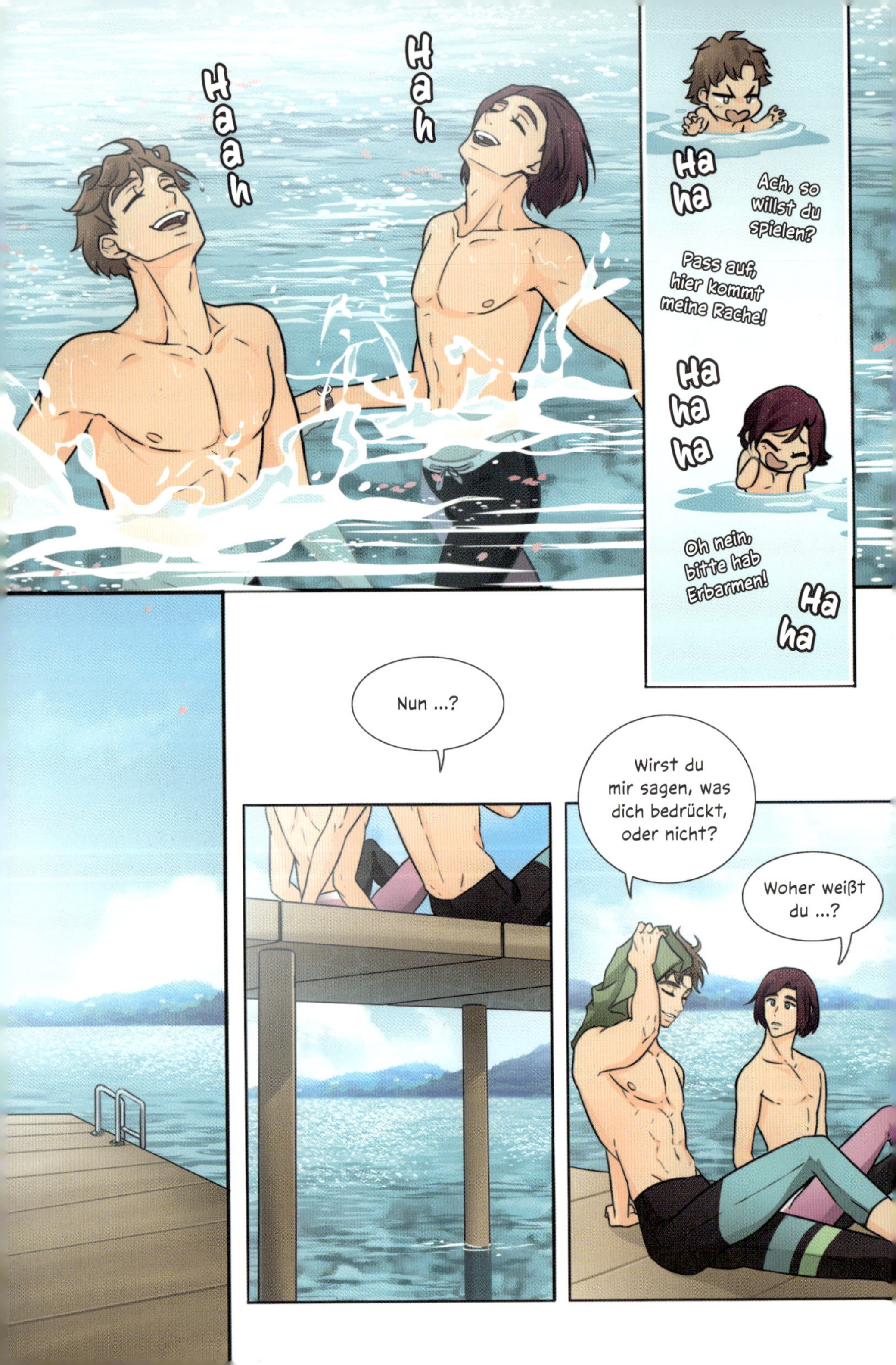
Haaah
Hah
Haha
Ach, so willst du spielen?
Pass auf, hier kommt meine Rache!
Hahaha
Oh nein, bitte hab Erbarmen!
Haha
Nun ...?
Wirst du mir sagen, was dich bedrückt, oder nicht?
Woher weißt du ...?

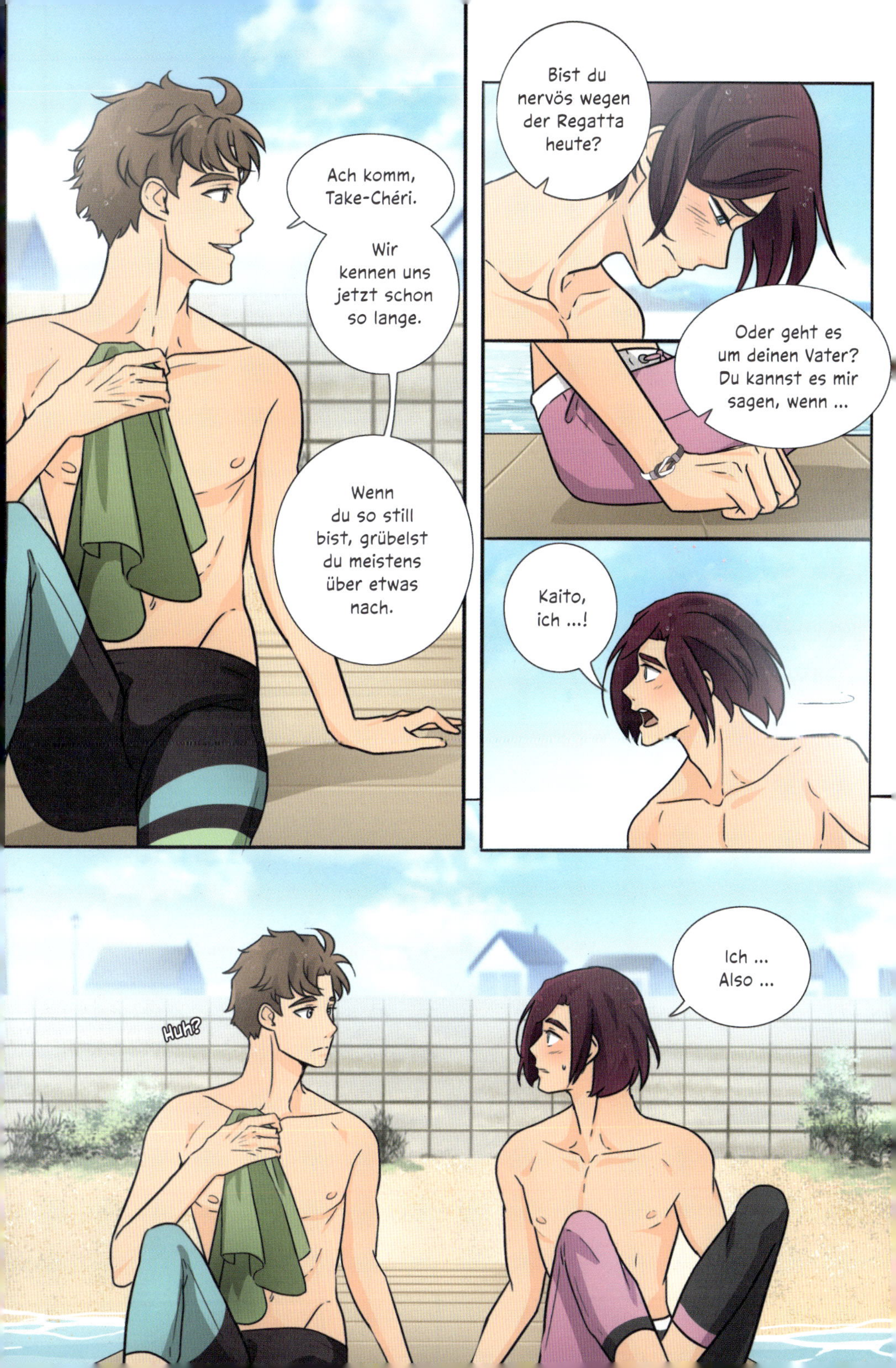
Ach komm, Take-Chéri.
Wir kennen uns jetzt schon so lange.
Wenn du so still bist, grübelst du meistens über etwas nach.
Bist du nervös wegen der Regatta heute?
Oder geht es um deinen Vater? Du kannst es mir sagen, wenn ...
Kaito, ich ...!
Huh?
Ich ... Also ...

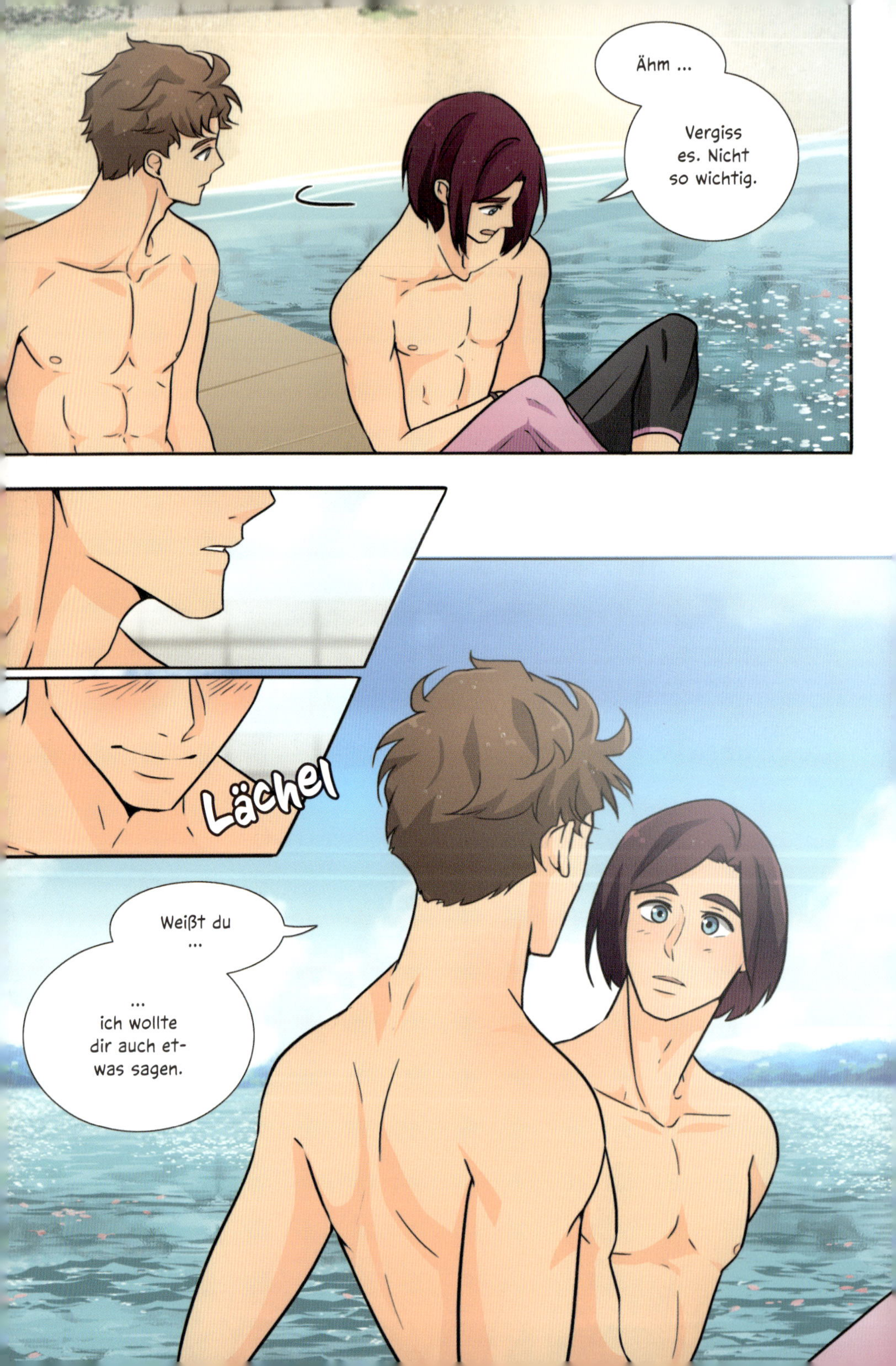
Ähm ...
Vergiss es. Nicht so wichtig.
Lächel
Weißt du ...
... ich wollte dir auch et- was sagen.

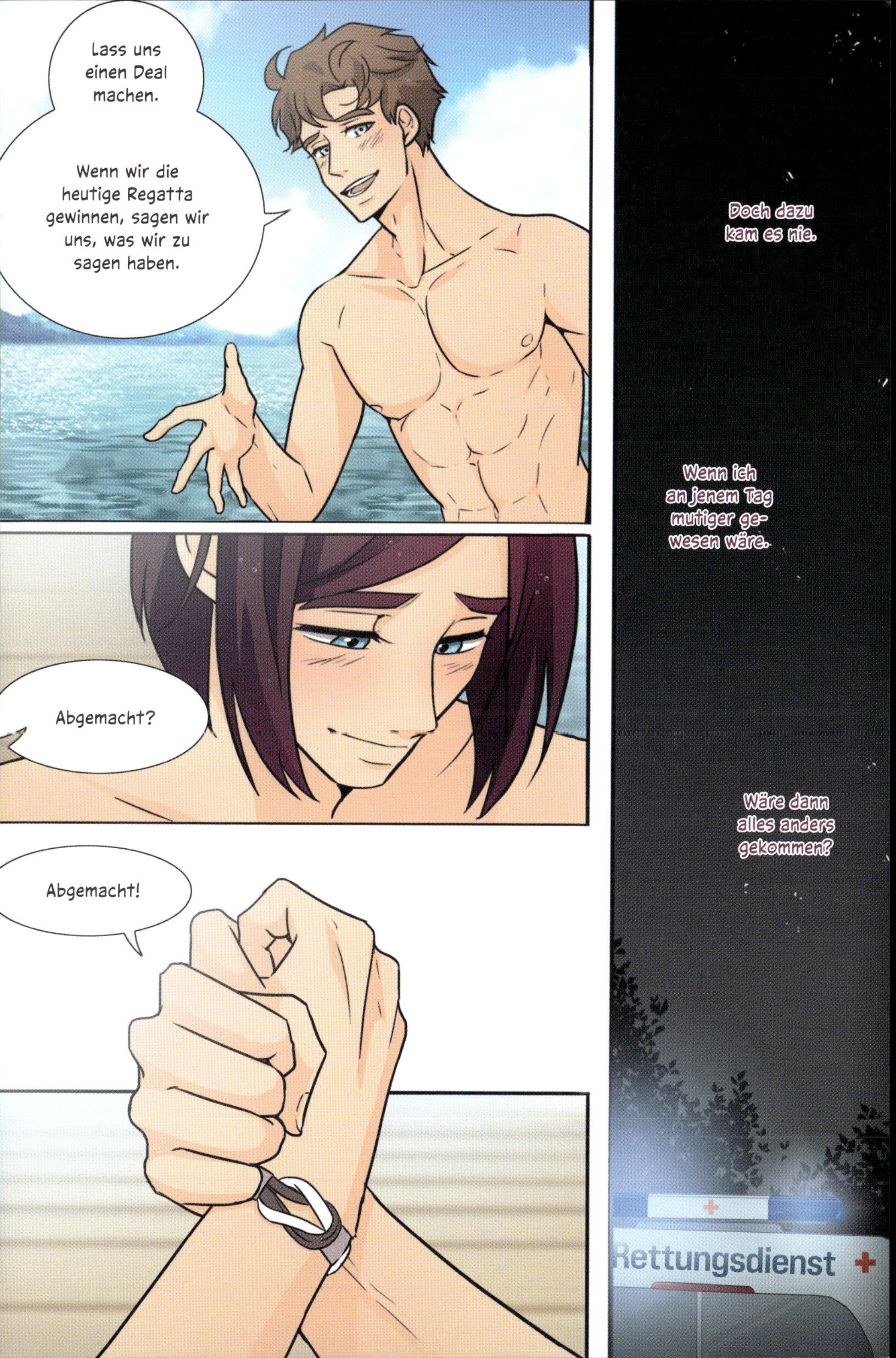

Lass uns einen Deal machen.
Wenn wir die heutige Regatta gewinnen, sagen wir uns, was wir zu sagen haben.
Abgemacht?
Abgemacht!
Doch dazu kam es nie.
Wenn ich an jenem Tag mutiger gewesen wäre.
Wäre dann alles anders gekommen?
Rettungsdienst

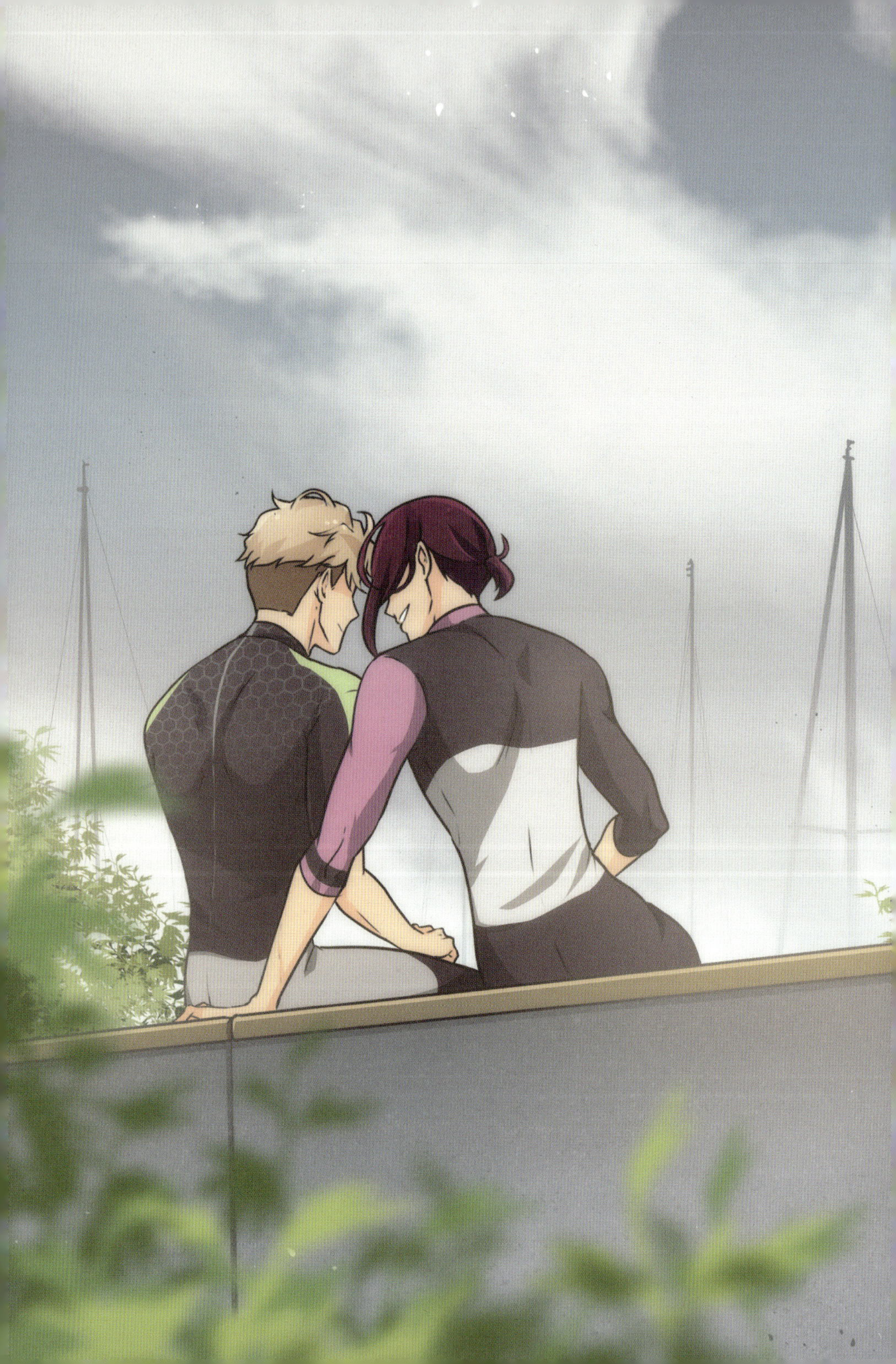

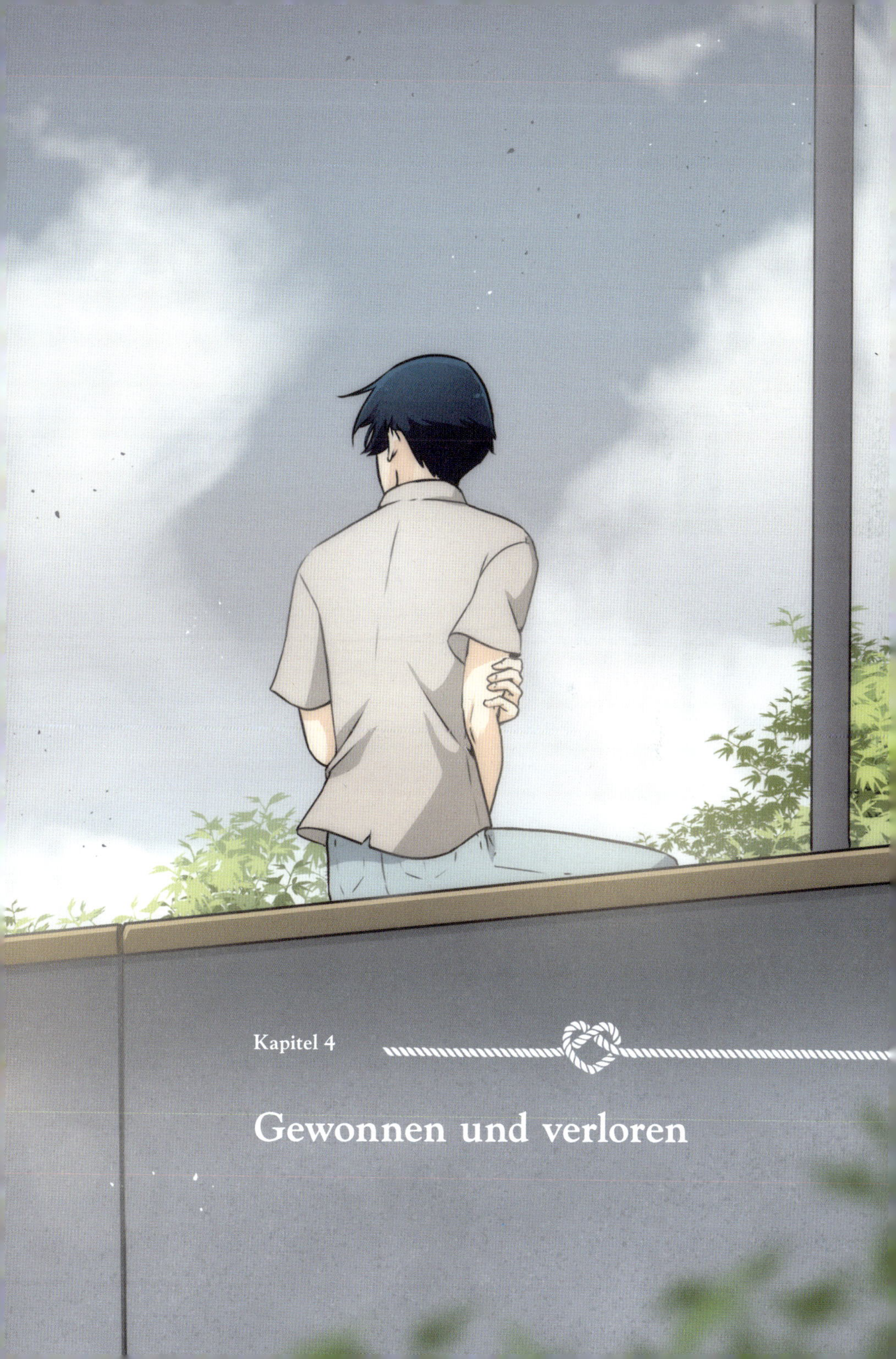

Kapitel 4

Gewonnen und verloren

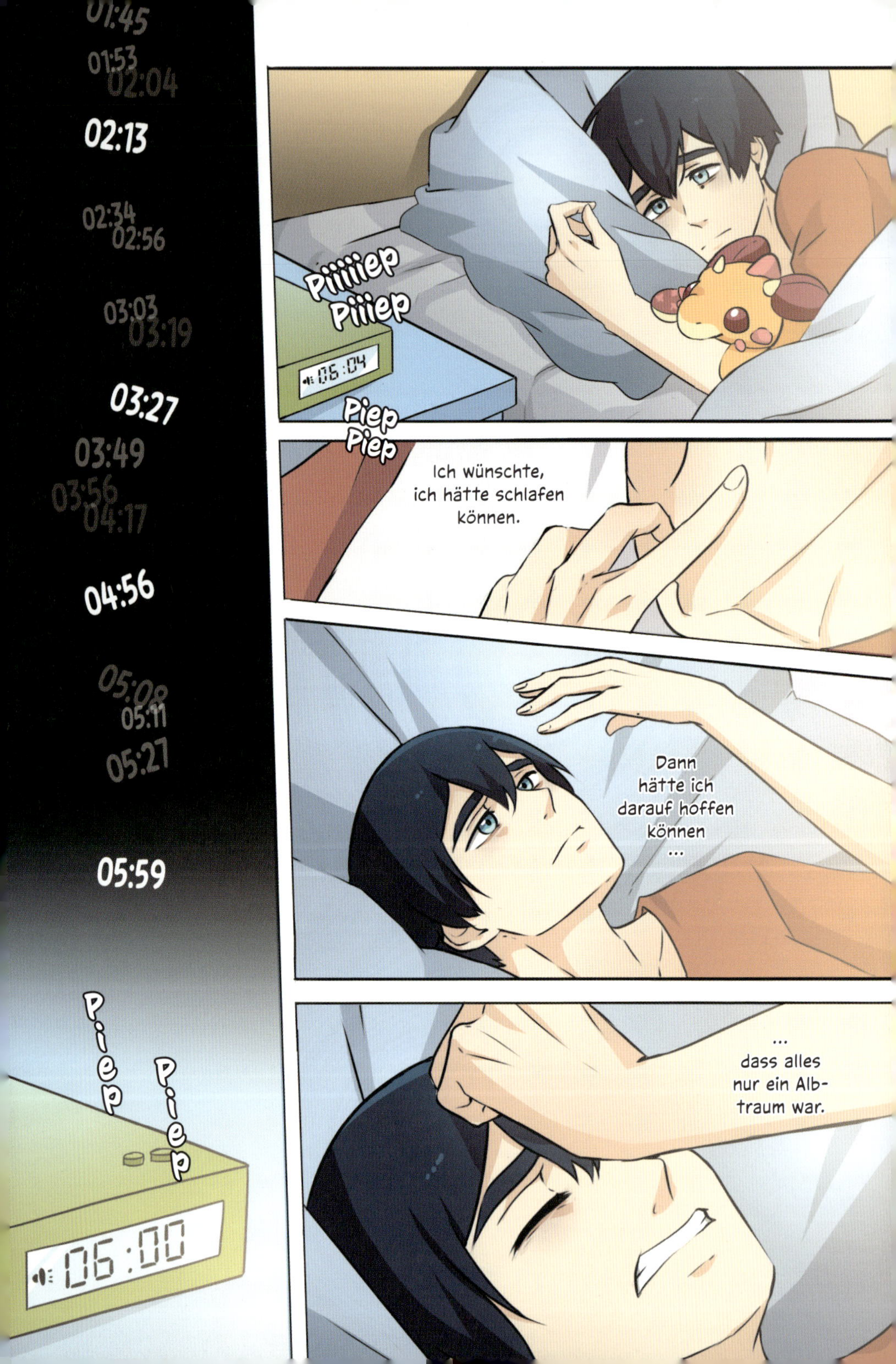
01:45
01:53
02:04
02:13
02:34
02:56
03:03
03:19
03:27
03:49
03:56
04:17
04:56
05:08
05:11
05:27
05:59
Piep
Piep
06:00
Piiiiiep
Piiiep
06:04
Piep
Piep
Ich wünschte, ich hätte schlafen können.
Dann hätte ich darauf hoffen können …
… dass alles nur ein Albtraum war.

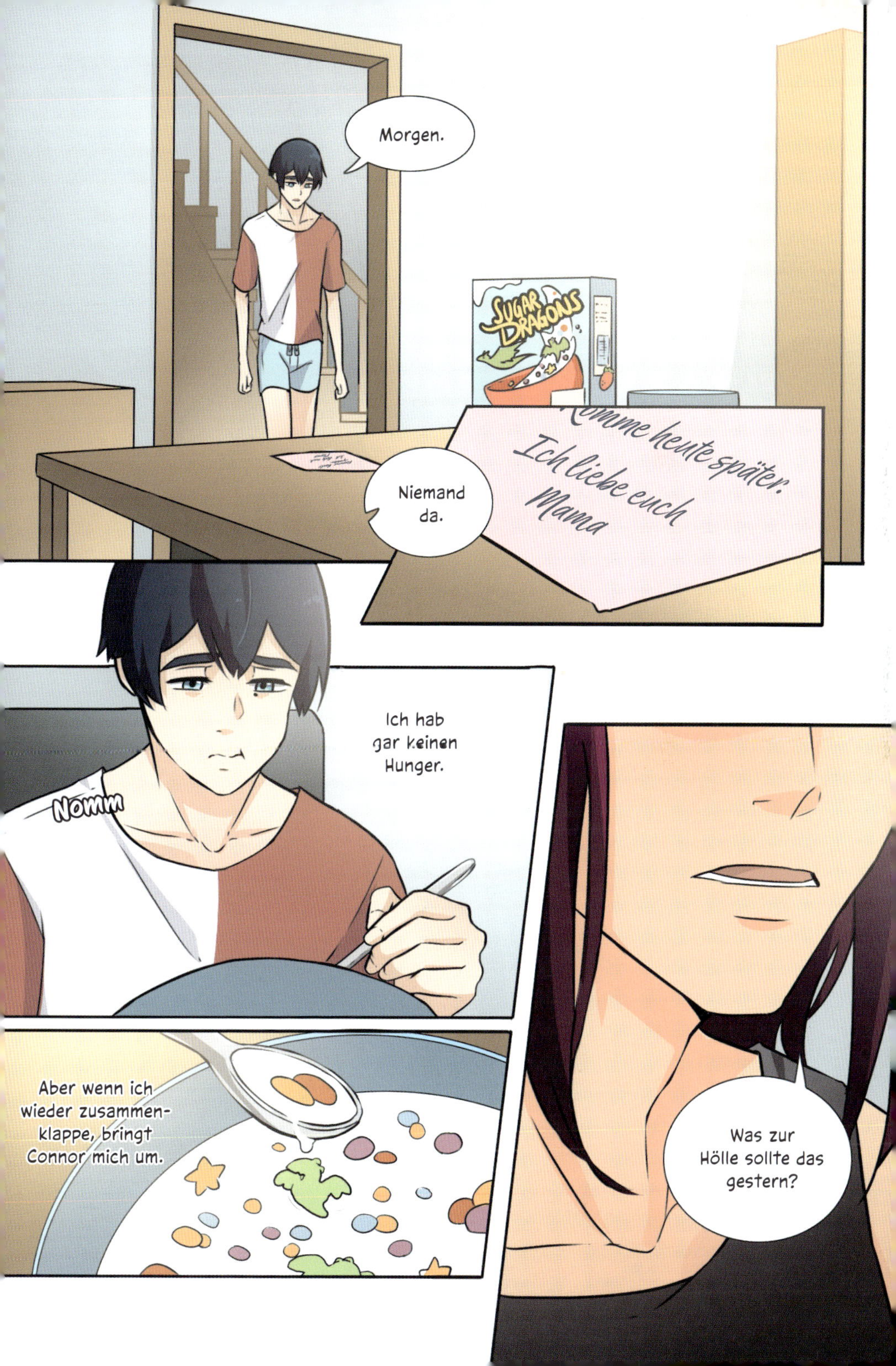
Morgen.
Komme heute später.
Ich liebe euch
Mama
Niemand da.
Ich hab gar keinen Hunger.
Nomm
Aber wenn ich wieder zusammen-klappe, bringt Connor mich um.
Was zur Hölle sollte das gestern?

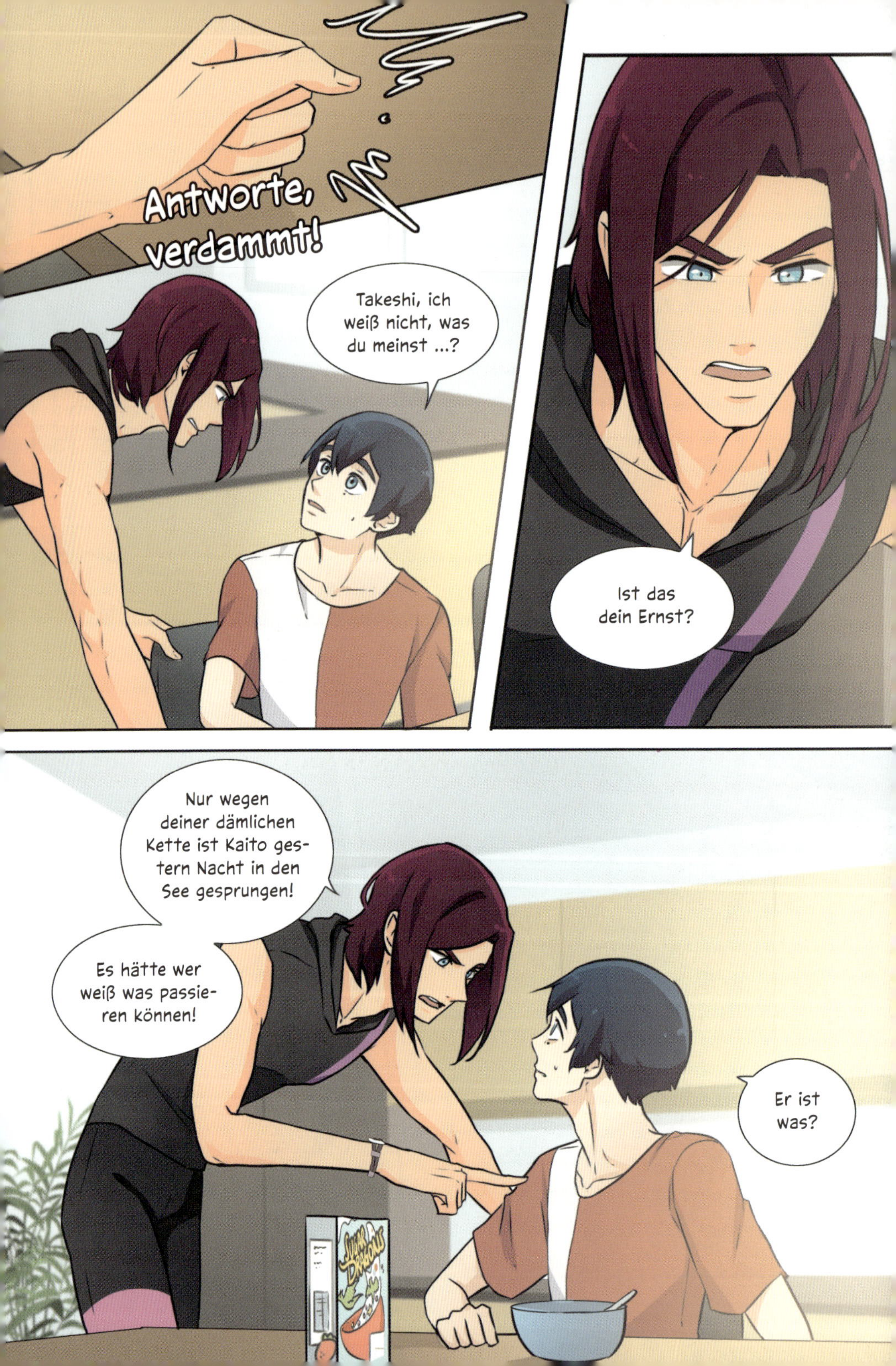
Antworte, verdammt!
Takeshi, ich weiß nicht, was du meinst ...?
Ist das dein Ernst?
Nur wegen deiner dämlichen Kette ist Kaito gestern Nacht in den See gesprungen!
Es hätte wer weiß was passieren können!
Er ist was?

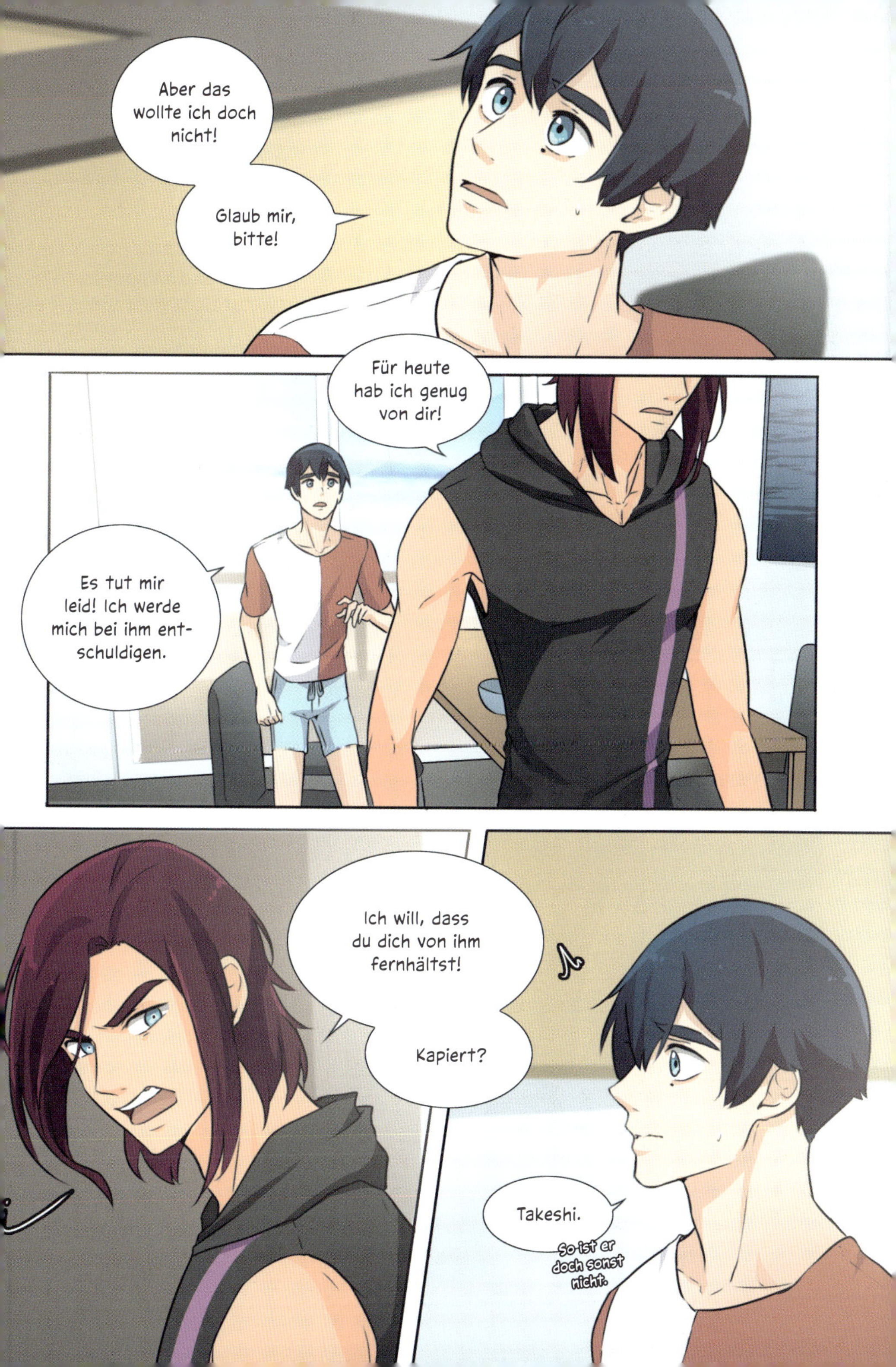
Aber das wollte ich doch nicht!
Glaub mir, bitte!
Für heute hab ich genug von dir!
Es tut mir leid! Ich werde mich bei ihm ent-schuldigen.
Ich will, dass du dich von ihm fernhältst!
Kapiert?
Takeshi.
So ist er doch sonst nicht.

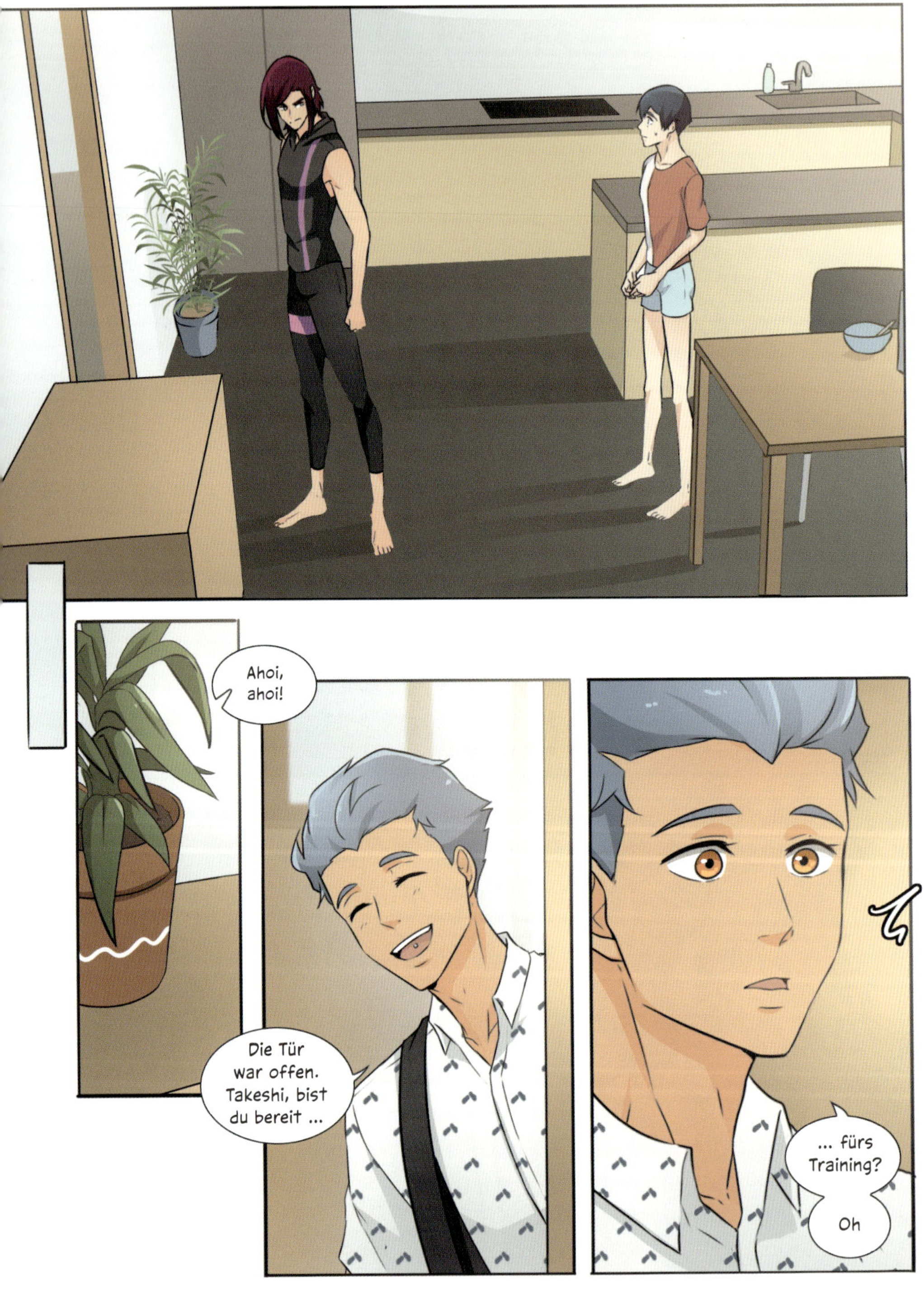
Ahoi,
ahoi!
Die Tür
war offen.
Takeshi, bist
du bereit ...
... fürs
Training?
Oh

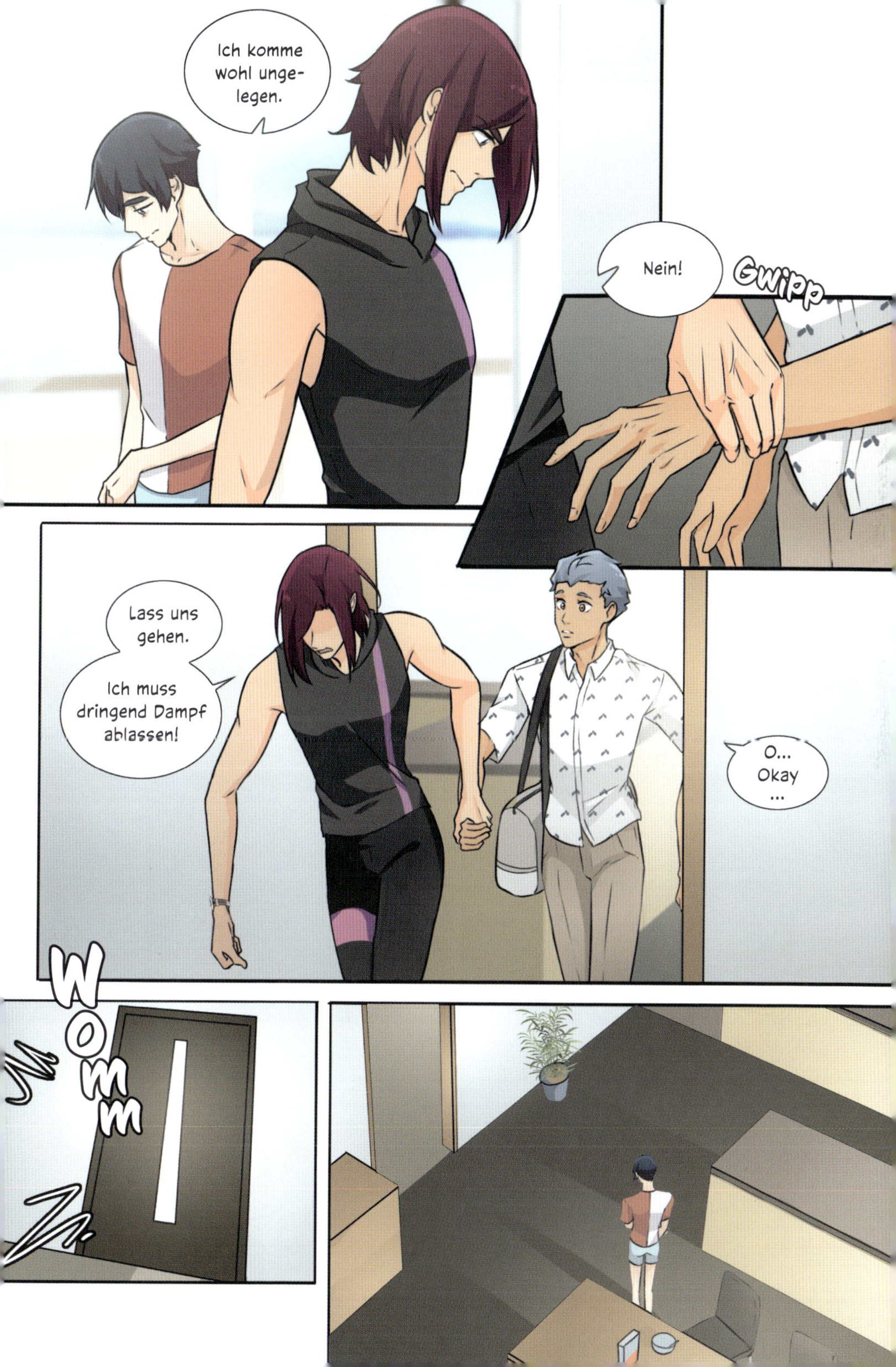

Ich komme wohl ungelegen.
Nein!
Gwipp
Lass uns gehen.
Ich muss dringend Dampf ablassen!
O... Okay ...
Womm

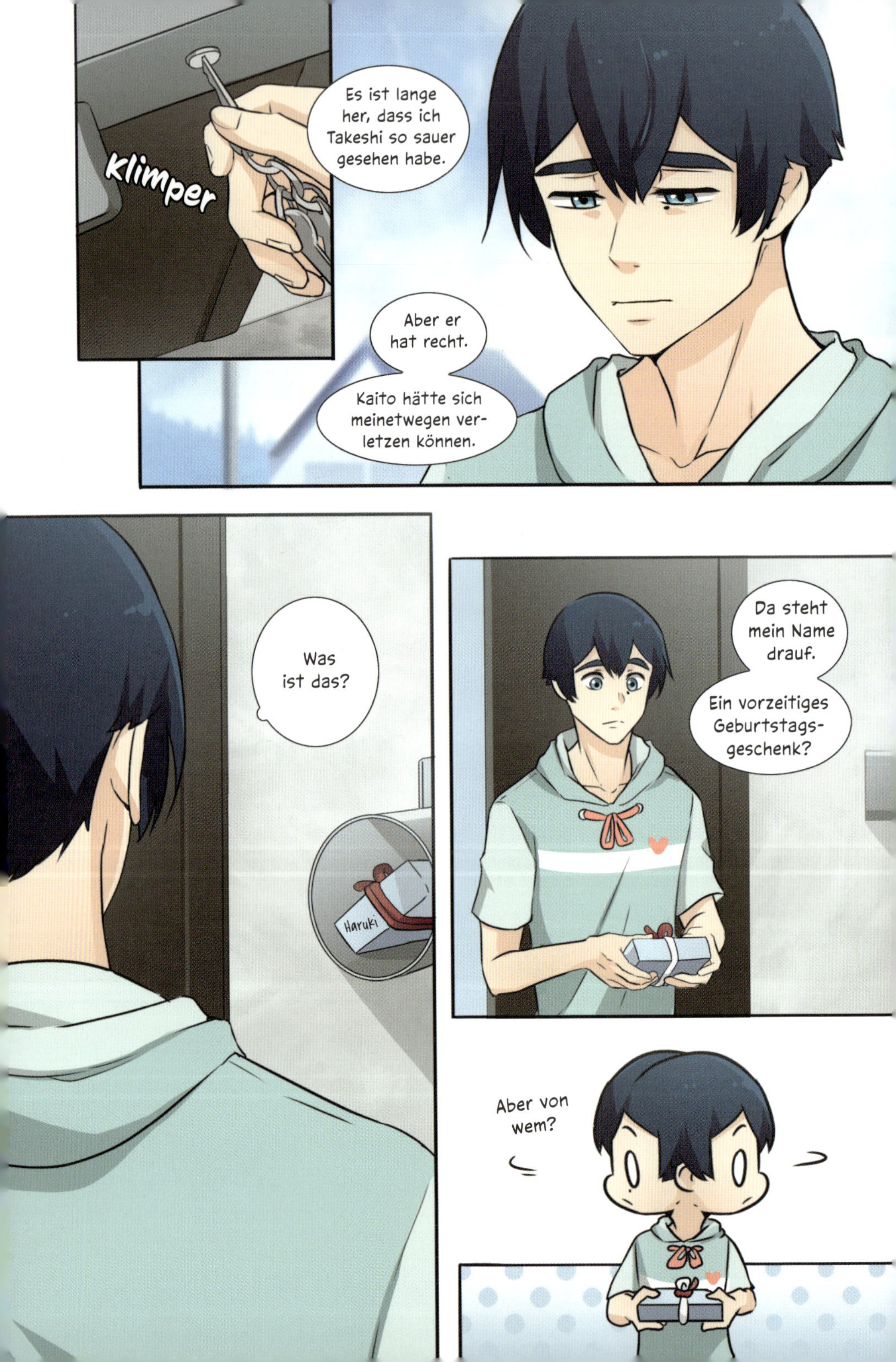
Klimper
Es ist lange her, dass ich Takeshi so sauer gesehen habe.
Aber er hat recht.
Kaito hätte sich meinetwegen verletzen können.
Was ist das?
Haruki
Da steht mein Name drauf.
Ein vorzeitiges Geburtstagsgeschenk?
Aber von wem?

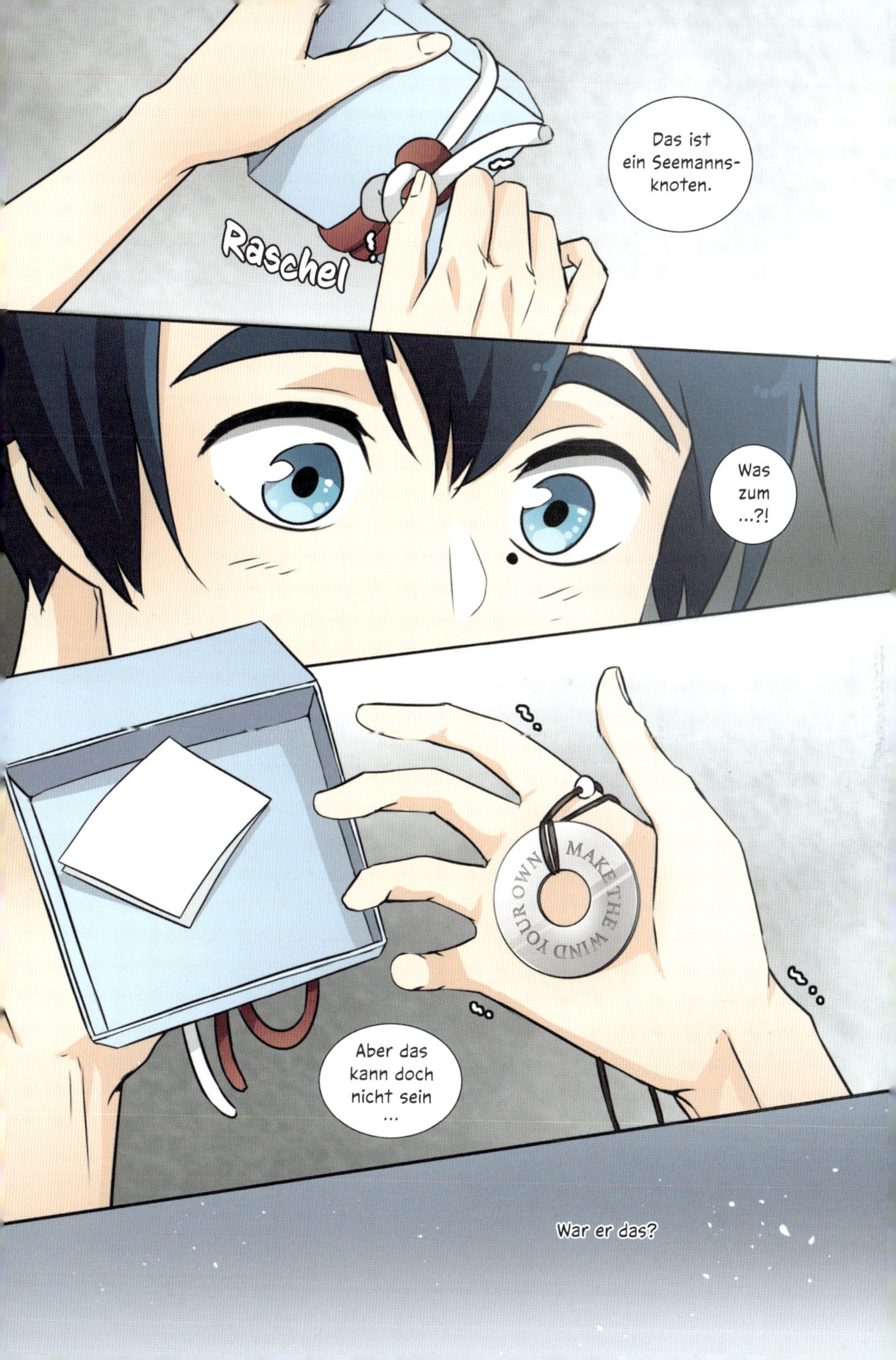
Das ist
ein Seemanns-
knoten.
Raschel
Was
zum
...?!
MAKE THE WIND YOUR OWN
Aber das
kann doch
nicht sein
...
War er das?

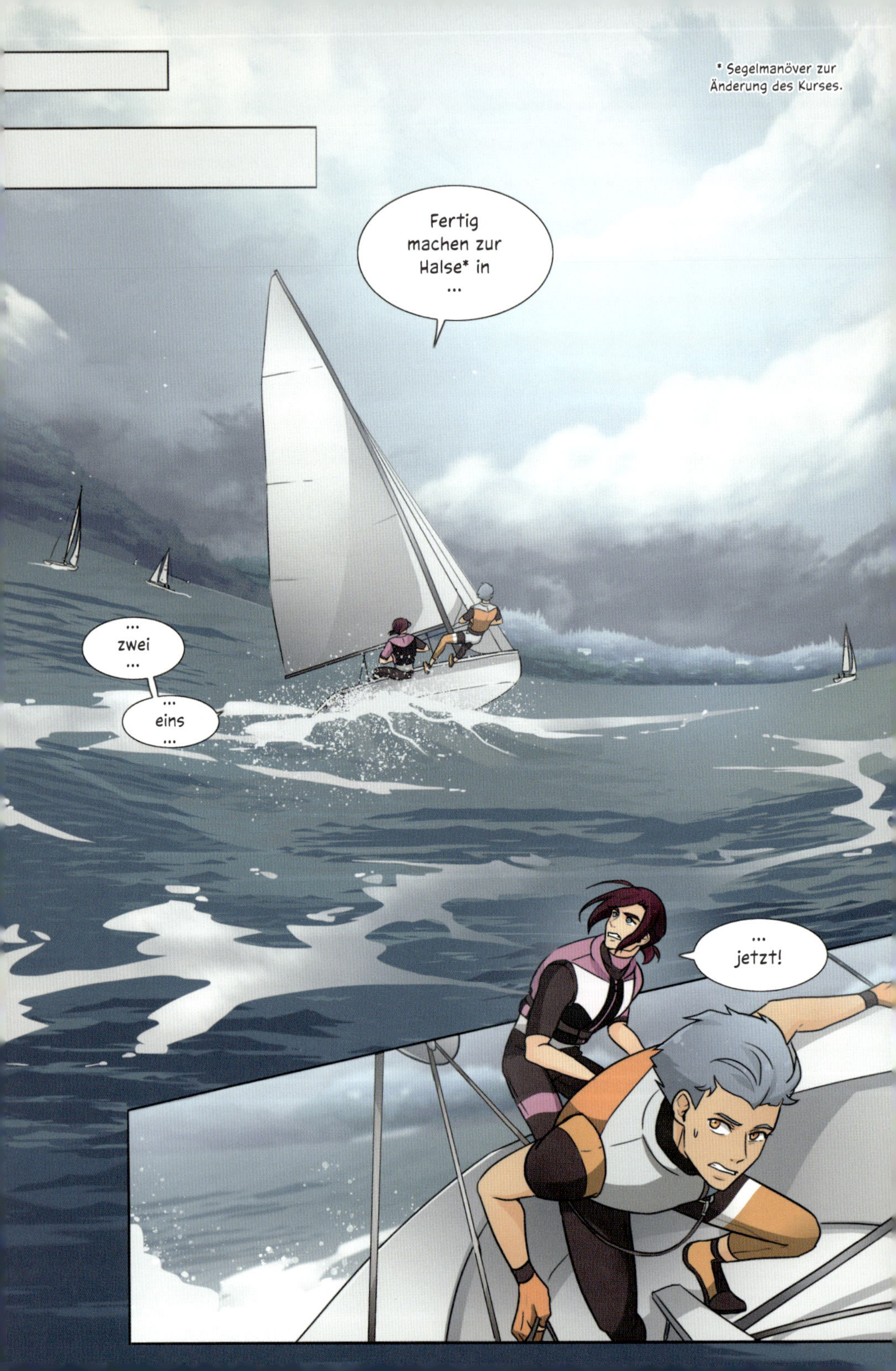
* Segelmanöver zur Änderung des Kurses.
Fertig machen zur Halse* in ...
... zwei ...
... eins ...
... jetzt!

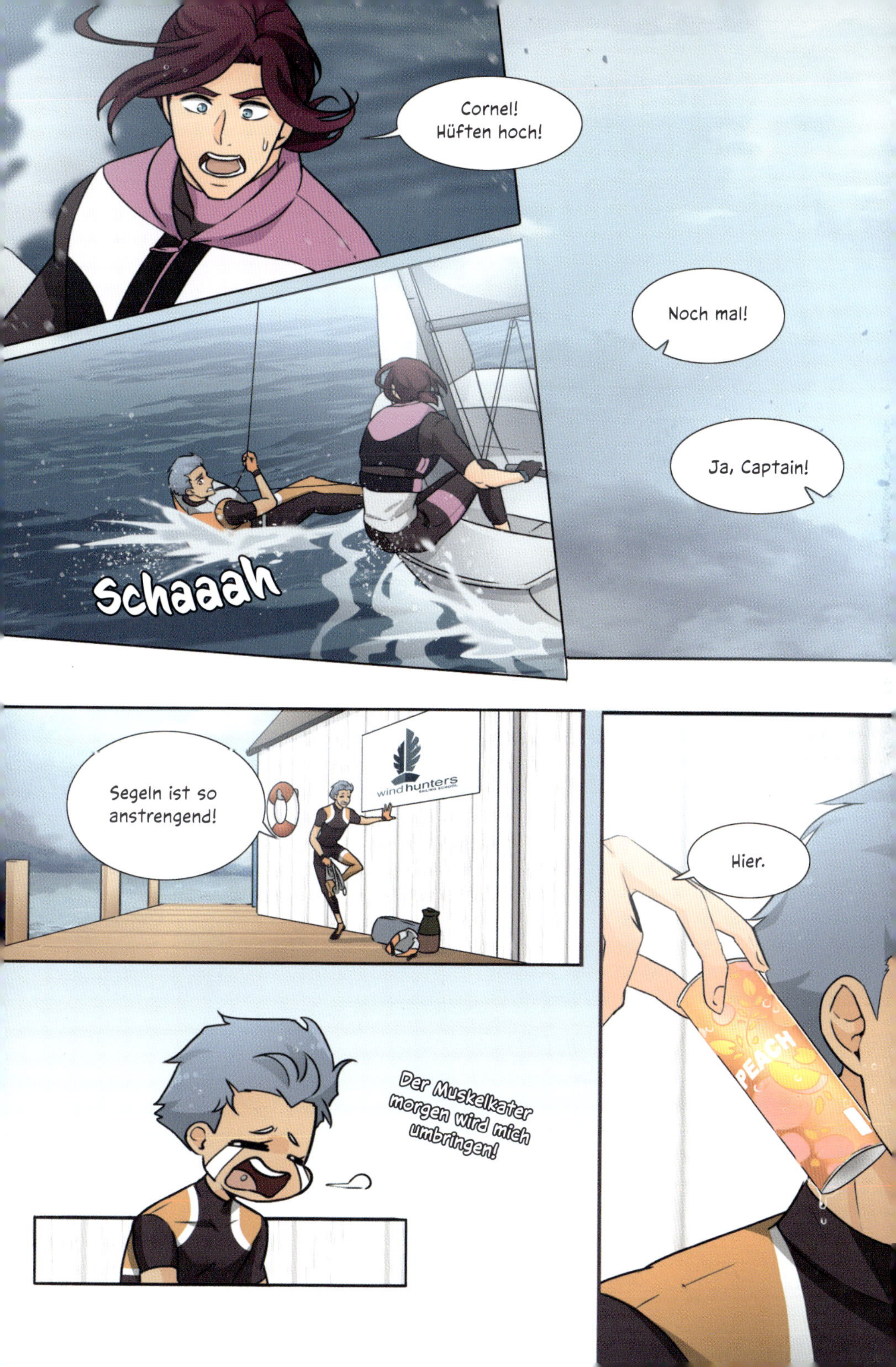
Cornel!
Hüften hoch!
Noch mal!
Ja, Captain!
Schaaah
wind hunters
SAILING SCHOOL
Segeln ist so
anstrengend!
Hier.
PEACH
Der Muskelkater
morgen wird mich
umbringen!

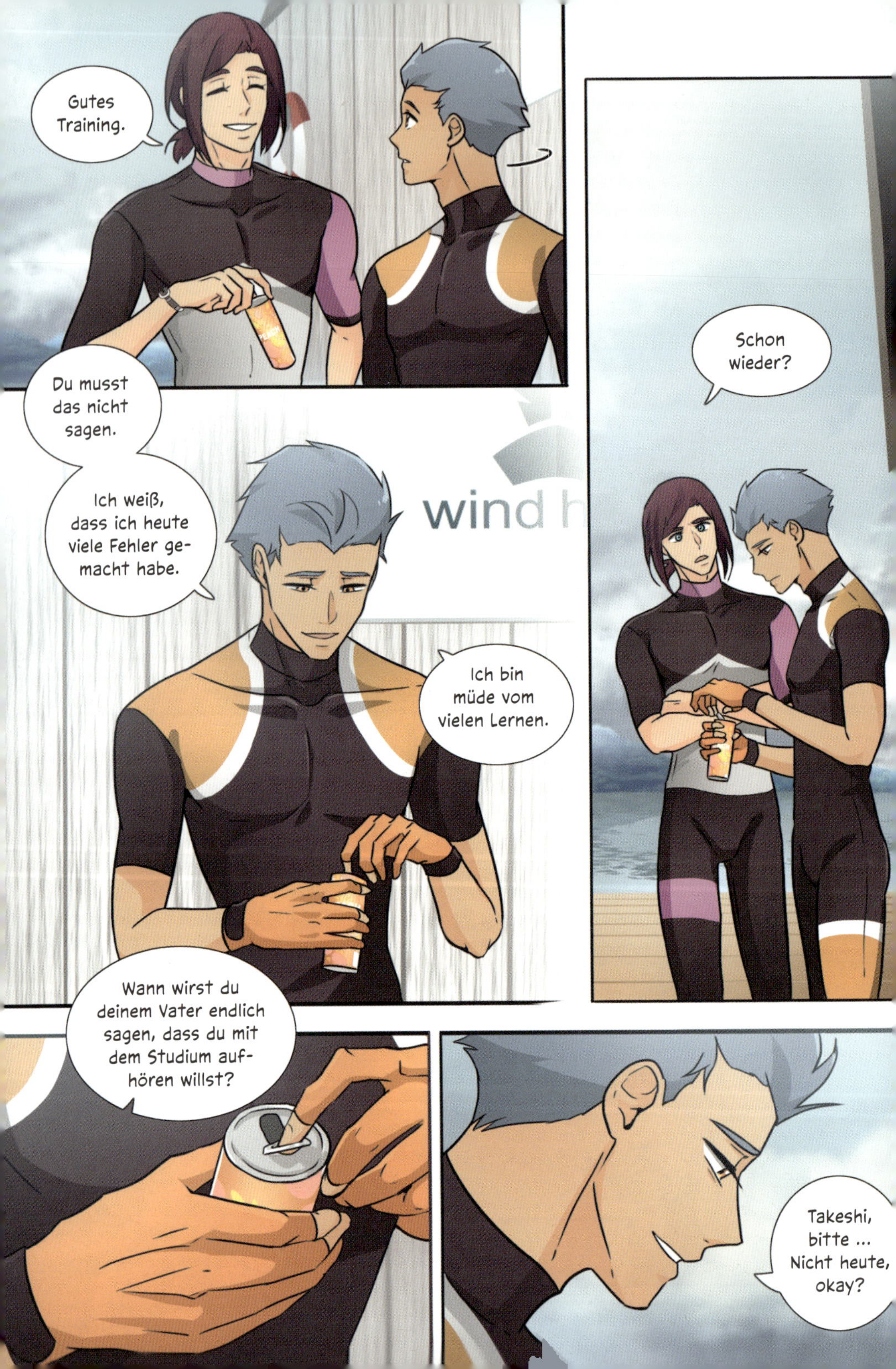
Gutes Training.
Schon wieder?
Du musst das nicht sagen.
Ich weiß, dass ich heute viele Fehler gemacht habe.
wind h
Ich bin müde vom vielen Lernen.
Wann wirst du deinem Vater endlich sagen, dass du mit dem Studium aufhören willst?
Takeshi, bitte ... Nicht heute, okay?

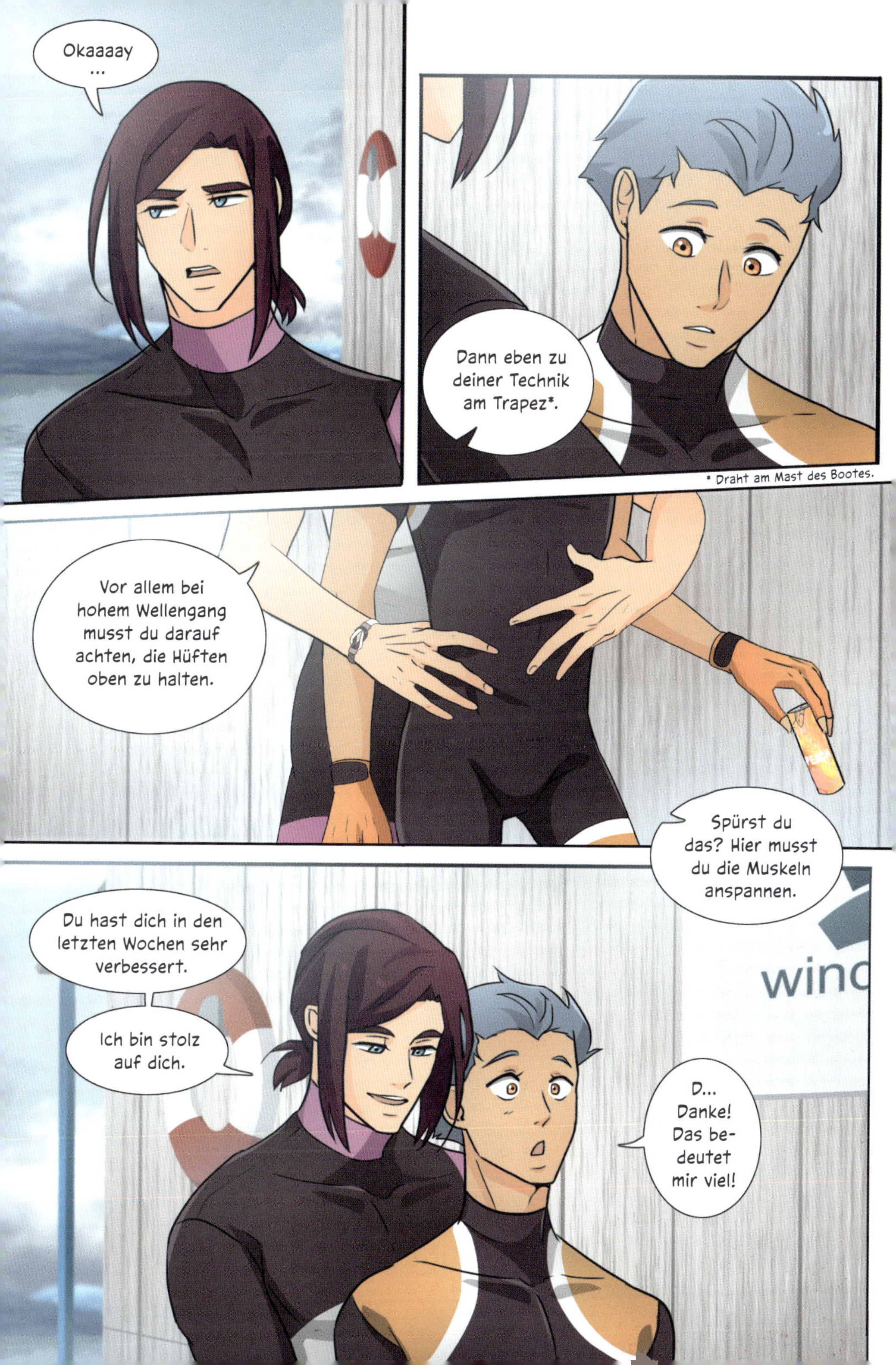
Okaaaay
...
Dann eben zu deiner Technik am Trapez*.
* Draht am Mast des Bootes.
Vor allem bei hohem Wellengang musst du darauf achten, die Hüften oben zu halten.
Spürst du das? Hier musst du die Muskeln anspannen.
Du hast dich in den letzten Wochen sehr verbessert.
Ich bin stolz auf dich.
D... Danke! Das be-deutet mir viel!
win

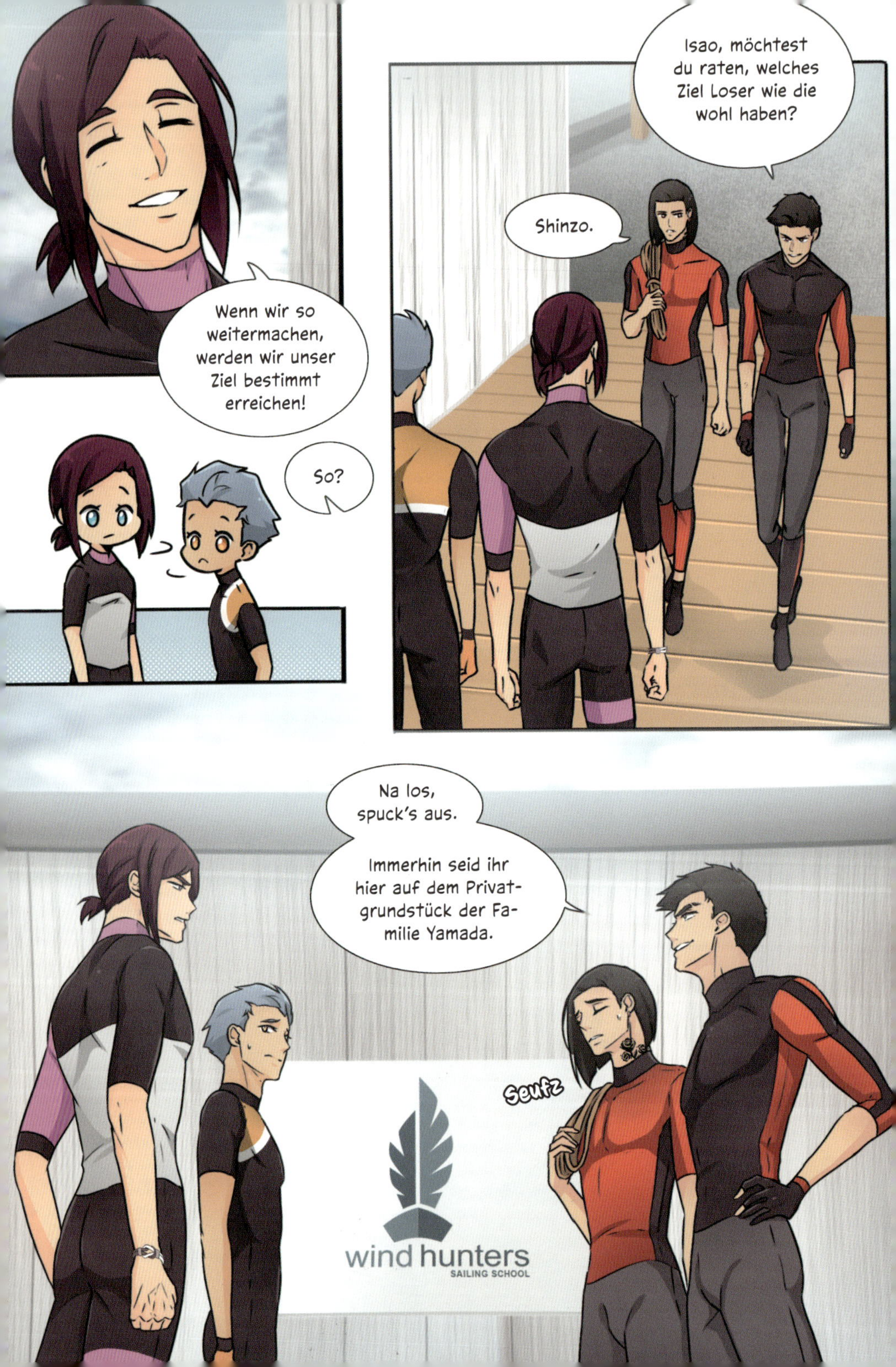
Wenn wir so weitermachen, werden wir unser Ziel bestimmt erreichen!
So?
Isao, möchtest du raten, welches Ziel Loser wie die wohl haben?
Shinzo.
Na los, spuck's aus.
Immerhin seid ihr hier auf dem Privatgrundstück der Familie Yamada.
Seufz
wind hunters
SAILING SCHOOL

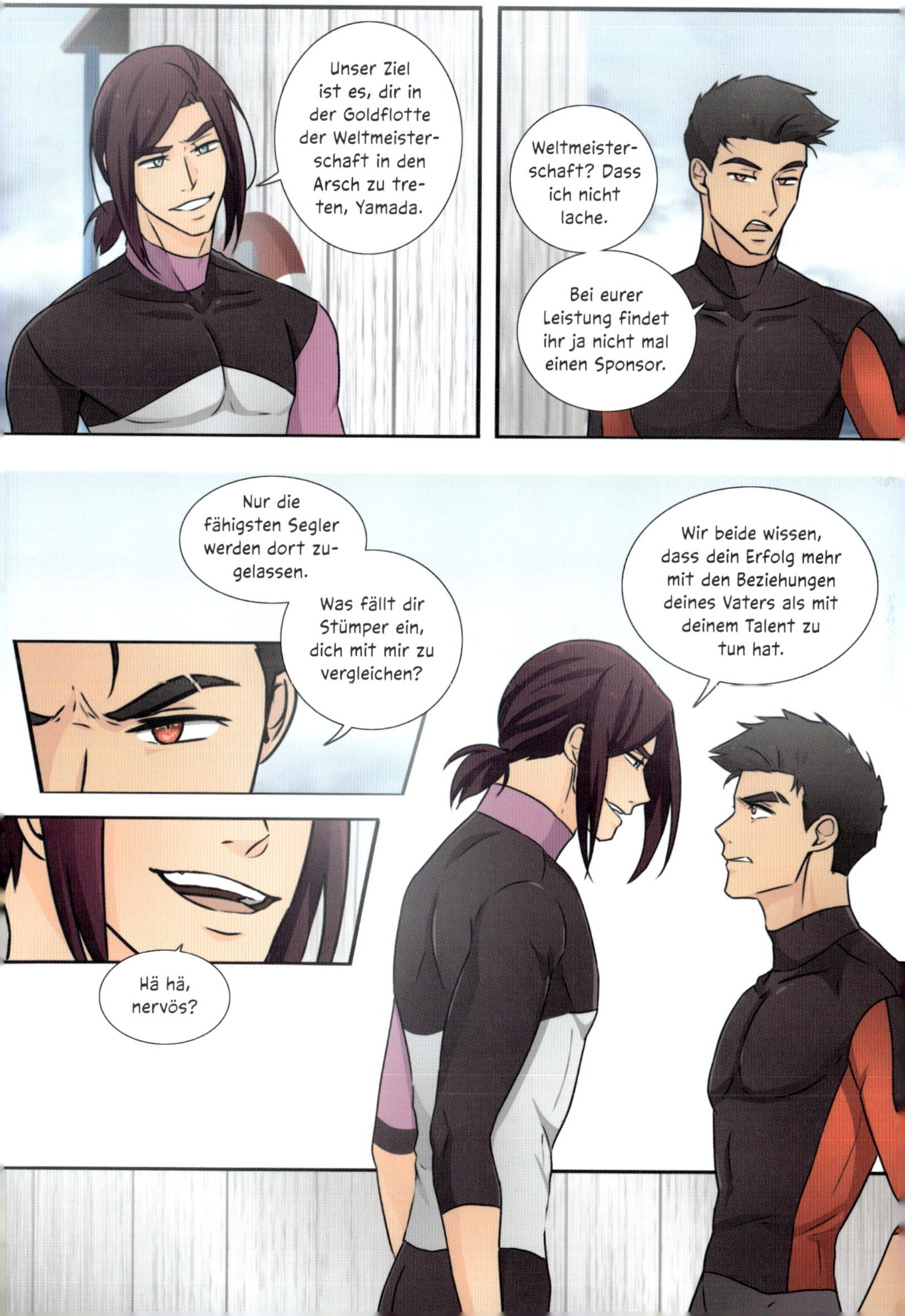
Unser Ziel ist es, dir in der Goldflotte der Weltmeister-schaft in den Arsch zu tre-ten, Yamada.
Weltmeister-schaft? Dass ich nicht lache.
Bei eurer Leistung findet ihr ja nicht mal einen Sponsor.
Nur die fähigsten Segler werden dort zu-gelassen.
Was fällt dir Stümper ein, dich mit mir zu vergleichen?
Hä hä, nervös?
Wir beide wissen, dass dein Erfolg mehr mit den Beziehungen deines Vaters als mit deinem Talent zu tun hat.

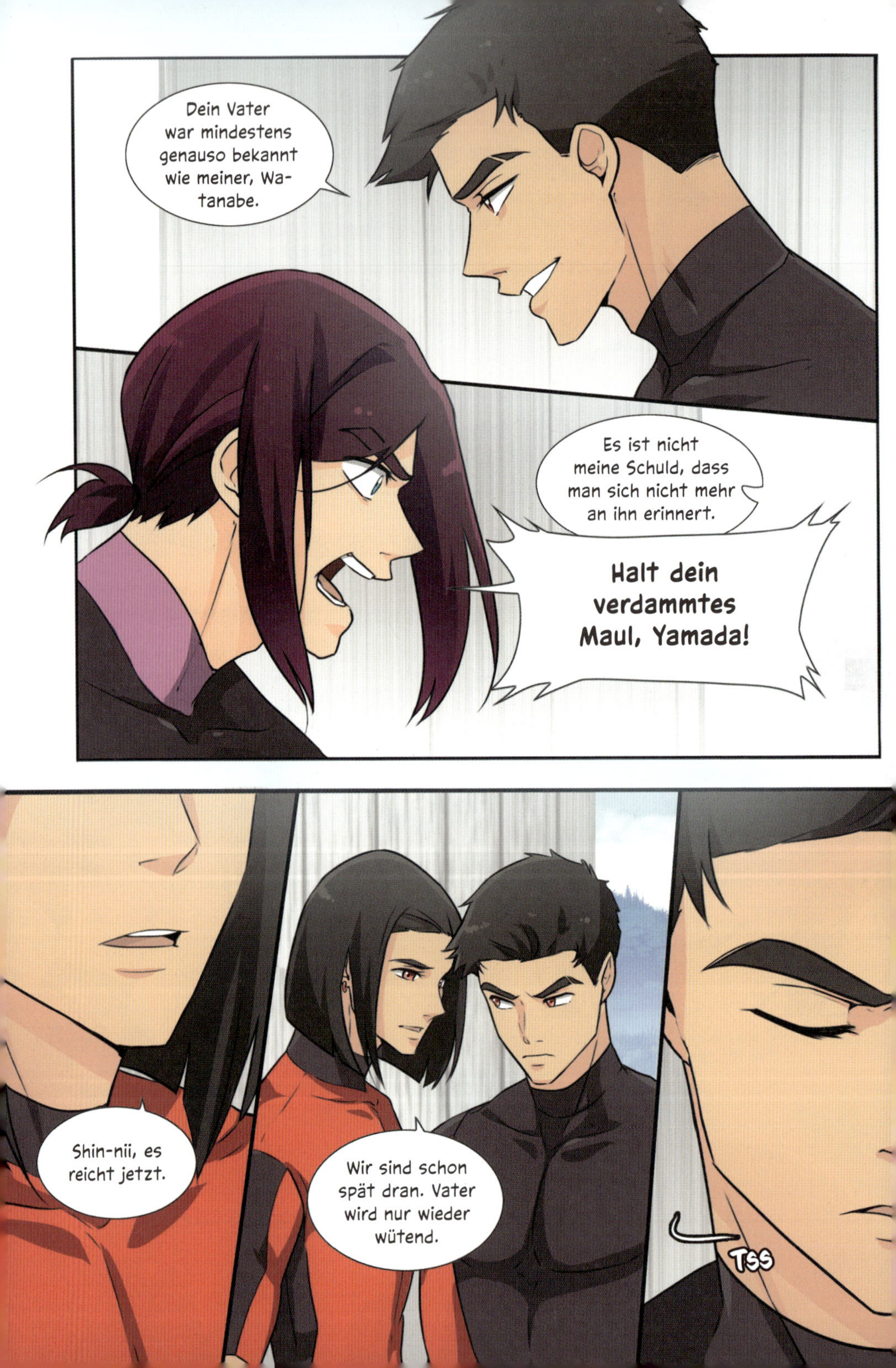
Dein Vater war mindestens genauso bekannt wie meiner, Watanabe.
Es ist nicht meine Schuld, dass man sich nicht mehr an ihn erinnert.
Halt dein verdammtes Maul, Yamada!
Shin-nii, es reicht jetzt.
Wir sind schon spät dran. Vater wird nur wieder wütend.
TSS

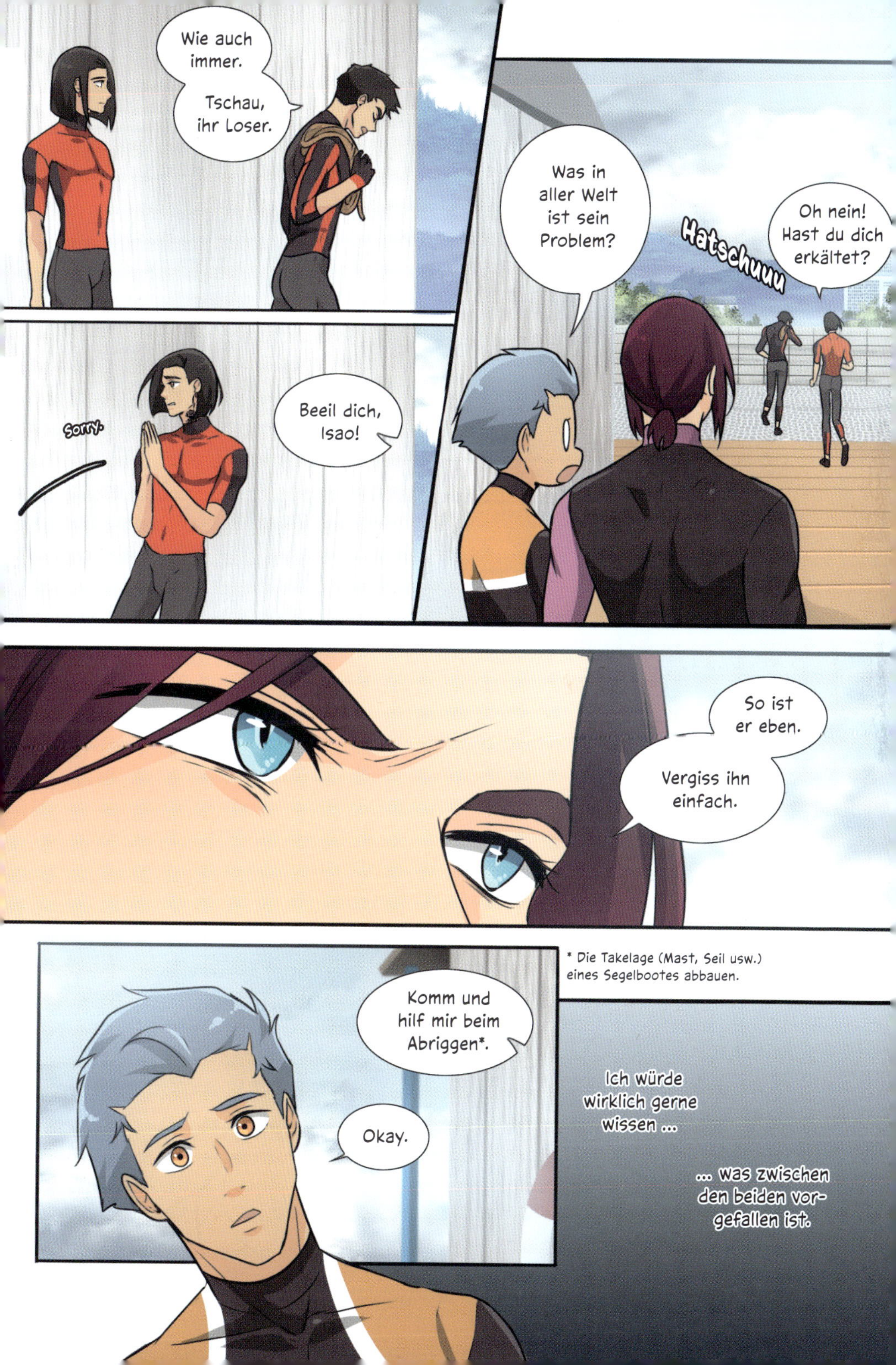

* Die Takelage (Mast, Seil usw.) eines Segelbootes abbauen.

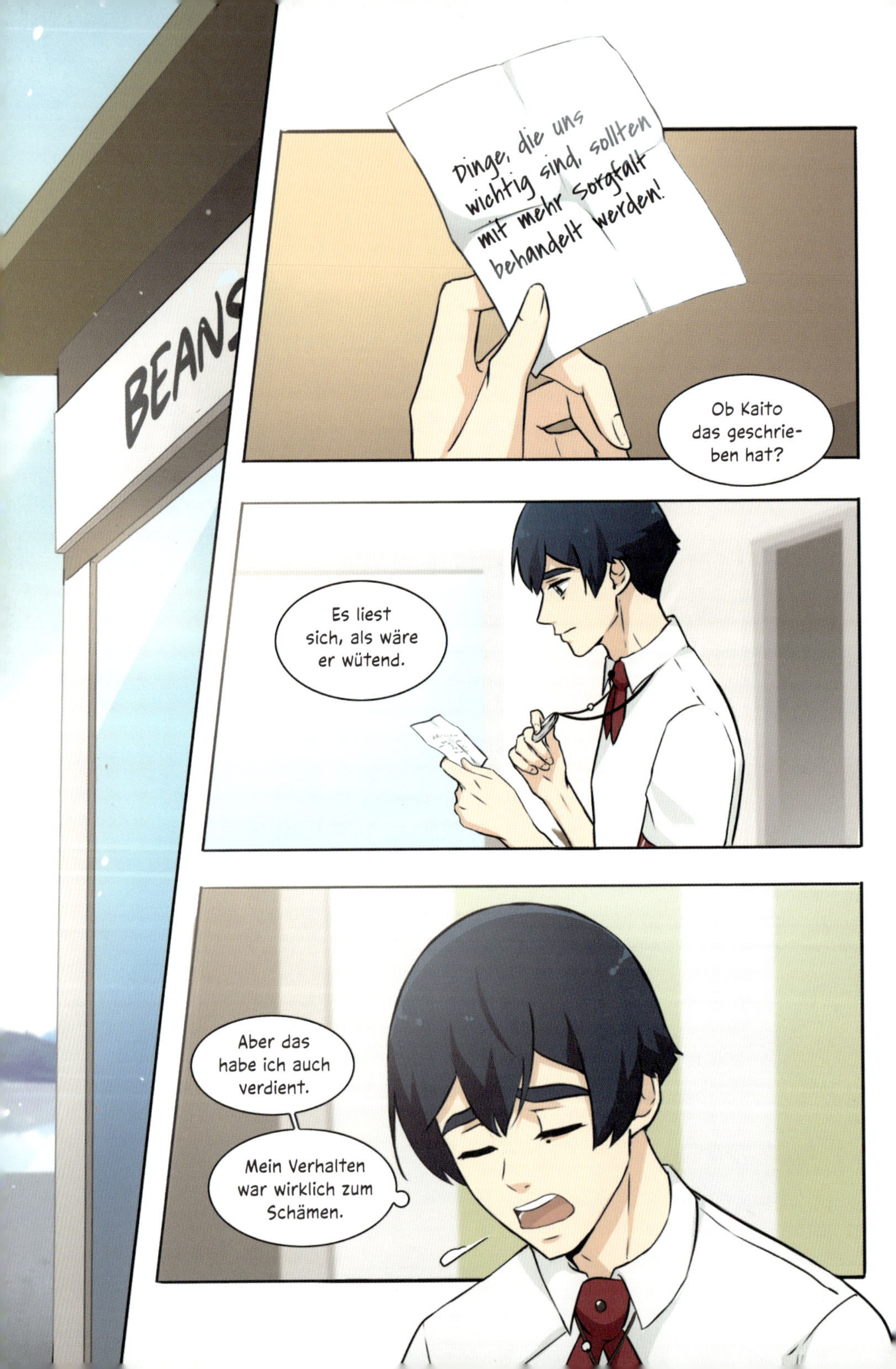
BEANS
Dinge, die uns wichtig sind, sollten mit mehr Sorgfalt behandelt werden!
Ob Kaito das geschrieben hat?
Es liest sich, als wäre er wütend.
Aber das habe ich auch verdient.
Mein Verhalten war wirklich zum Schämen.

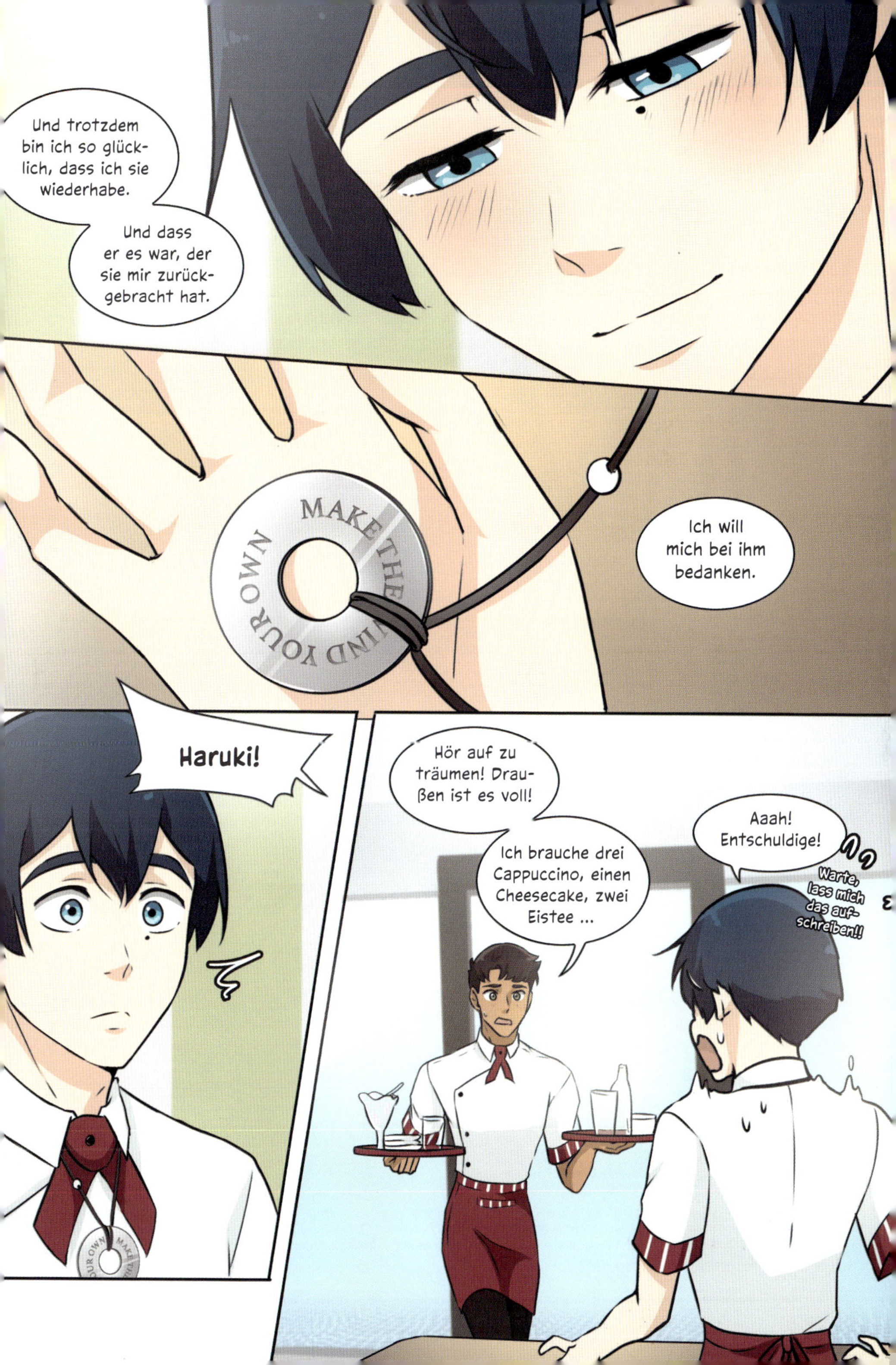
Und trotzdem bin ich so glück-lich, dass ich sie wiederhabe.
Und dass er es war, der sie mir zurück-gebracht hat.
MAKE THE WIND YOUR OWN
Ich will mich bei ihm bedanken.
Haruki!
Hör auf zu träumen! Drau-ßen ist es voll!
Ich brauche drei Cappuccino, einen Cheesecake, zwei Eistee ...
Aaah! Entschuldige!
Warte, lass mich das auf-schreiben!!

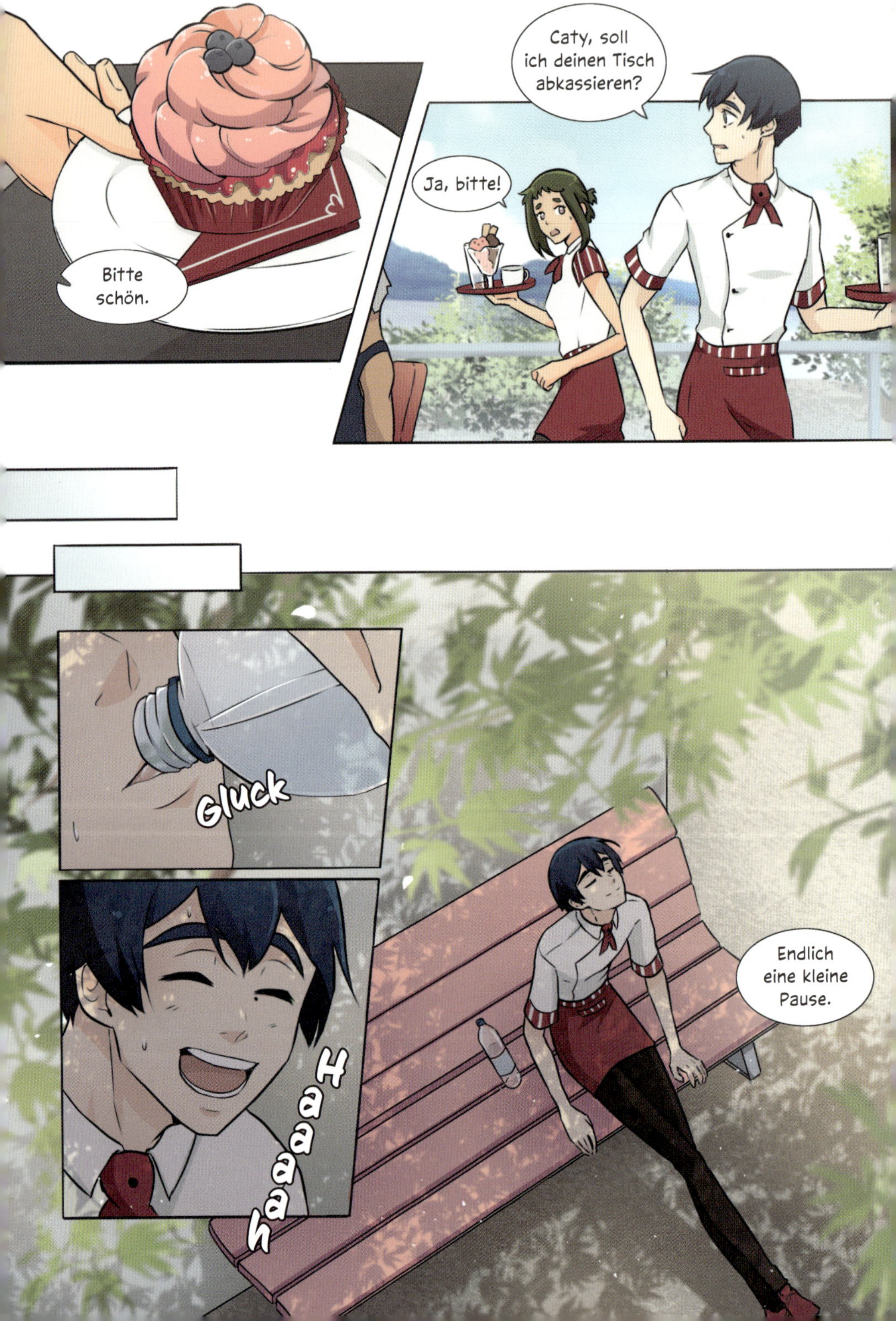
Bitte schön.
Caty, soll ich deinen Tisch abkassieren?
Ja, bitte!
Gluck
Haaaaah
Endlich eine kleine Pause.

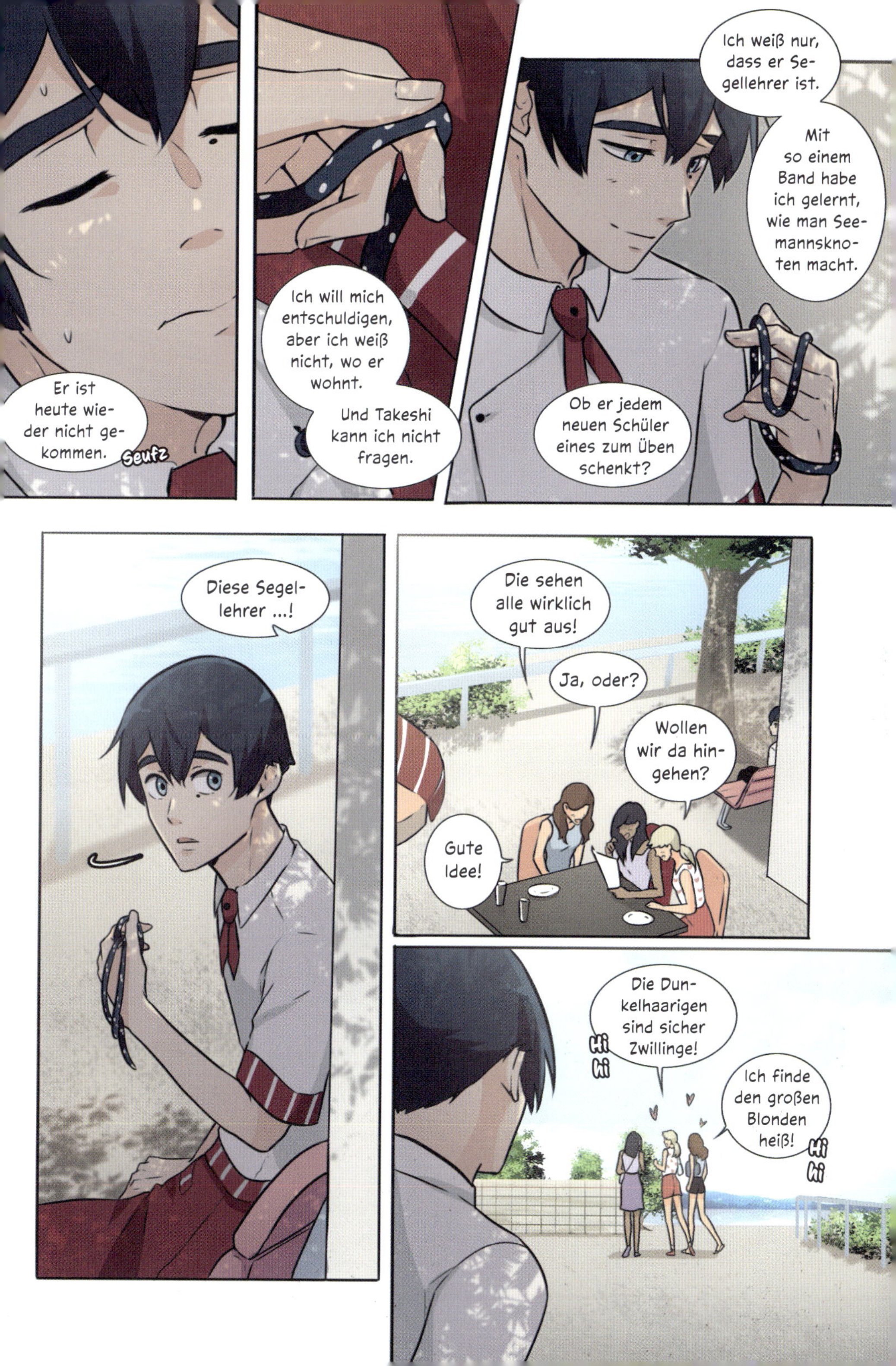
Er ist heute wieder nicht gekommen.
Seufz
Ich will mich entschuldigen, aber ich weiß nicht, wo er wohnt.
Und Takeshi kann ich nicht fragen.
Ich weiß nur, dass er Segellehrer ist.
Mit so einem Band habe ich gelernt, wie man Seemannsknoten macht.
Ob er jedem neuen Schüler eines zum Üben schenkt?
Diese Segellehrer …!
Die sehen alle wirklich gut aus!
Ja, oder?
Wollen wir da hingehen?
Gute Idee!
Die Dunkelhaarigen sind sicher Zwillinge!
Hi hi
Ich finde den großen Blonden heiß!
Hi hi

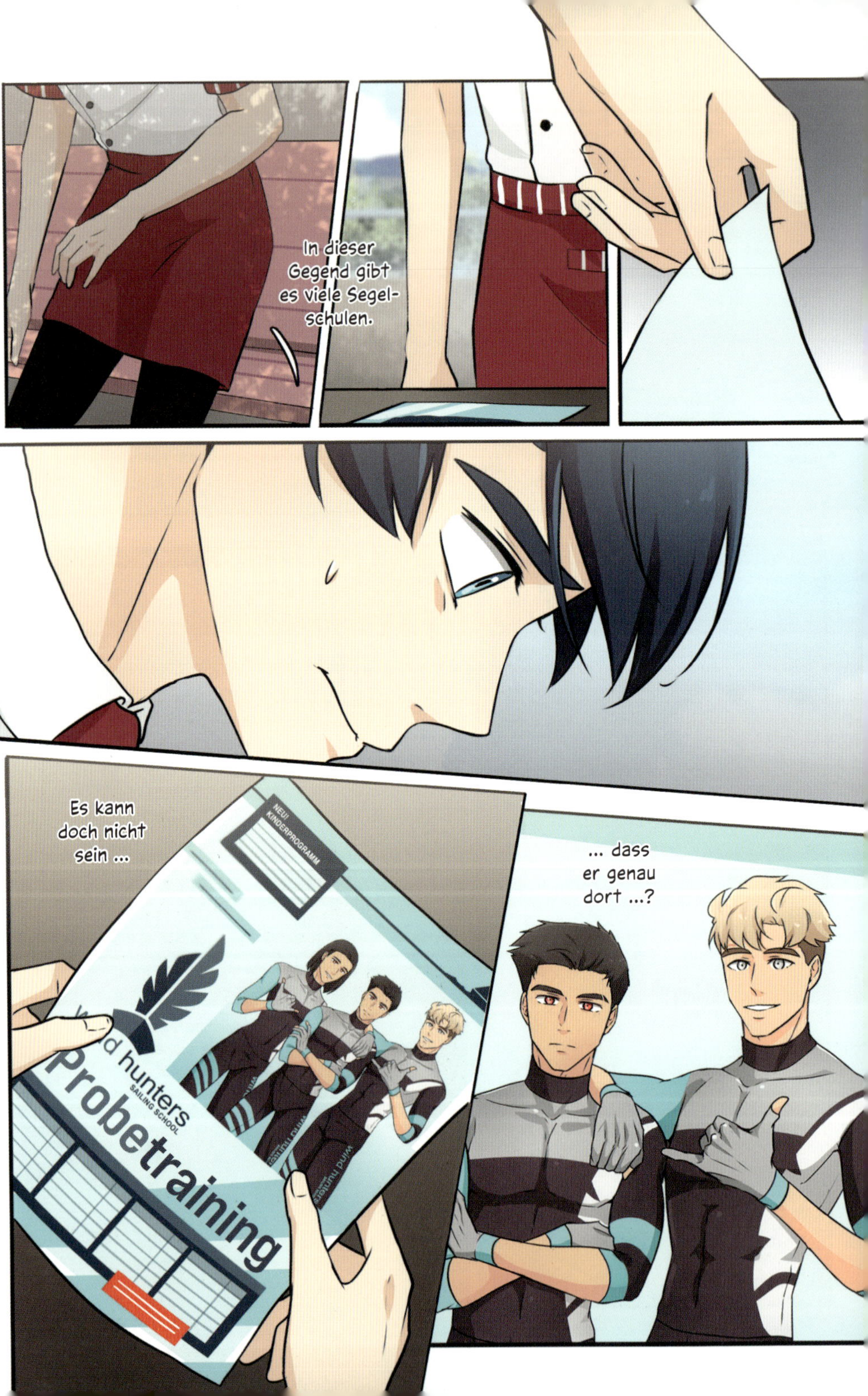
In dieser Gegend gibt es viele Segel-schulen.
Es kann doch nicht sein ...
NEU! KINDERPROGRAMM
SAILING SCHOOL
Probetraining
... dass er genau dort ...?

LET'S CAST OFF

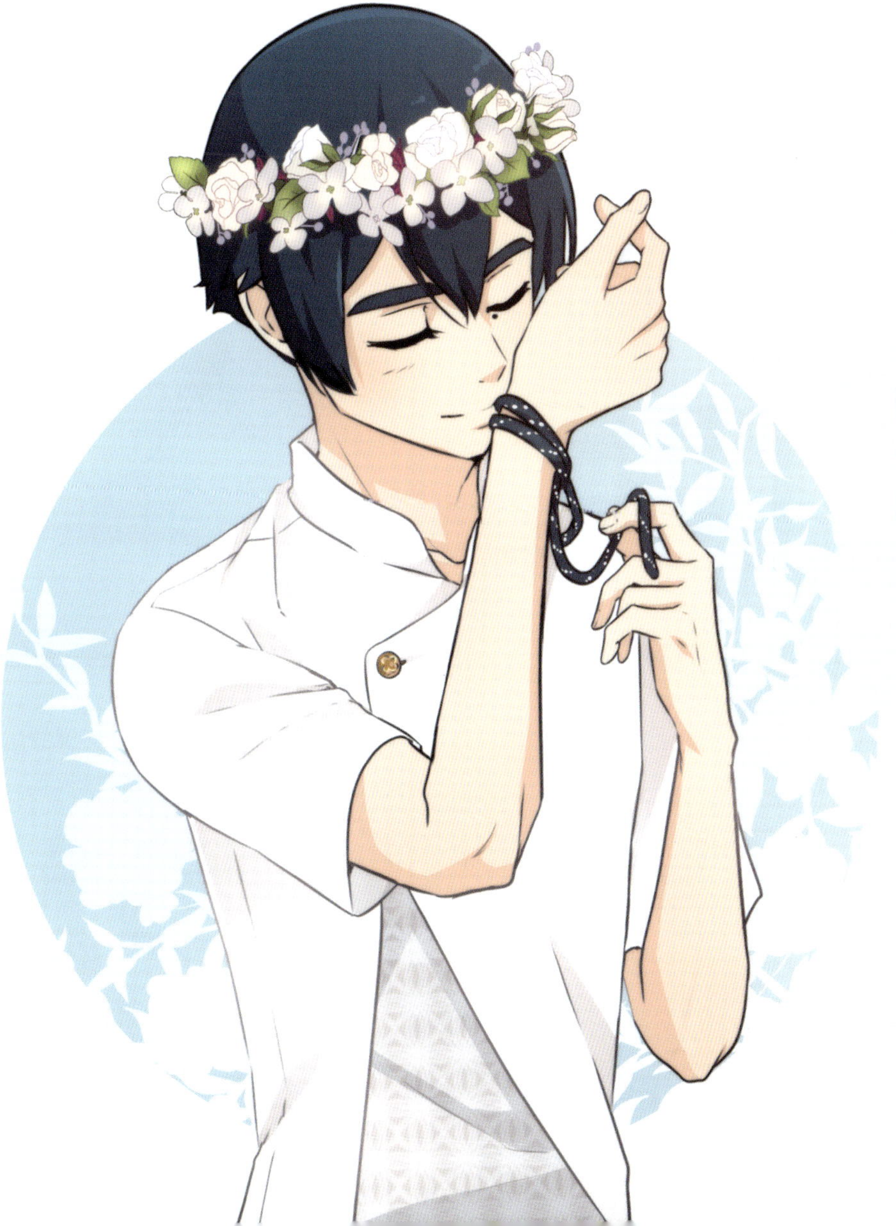

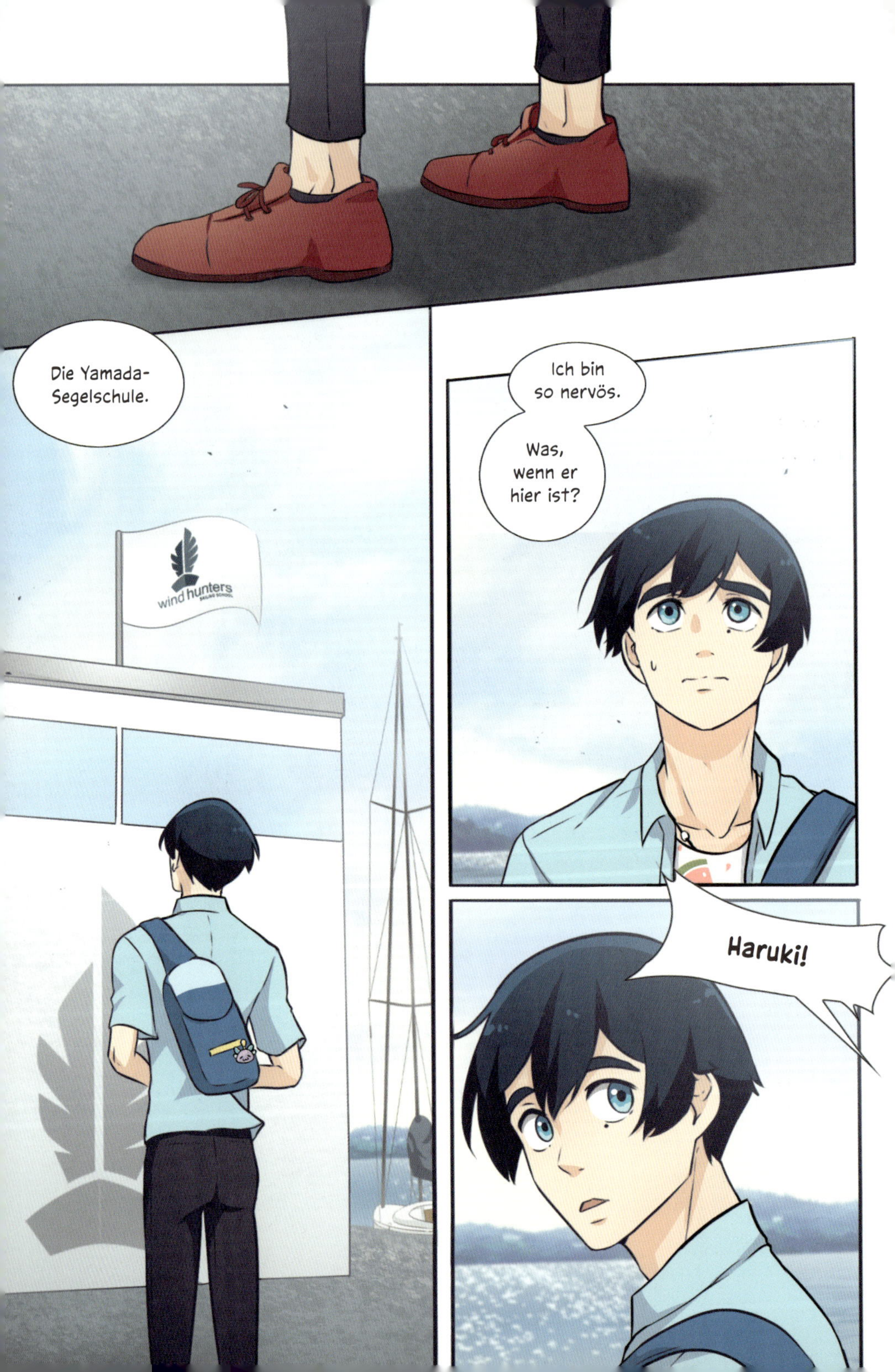
wind hunters
Die Yamada-Segelschule.
Ich bin so nervös.
Was, wenn er hier ist?
Haruki!

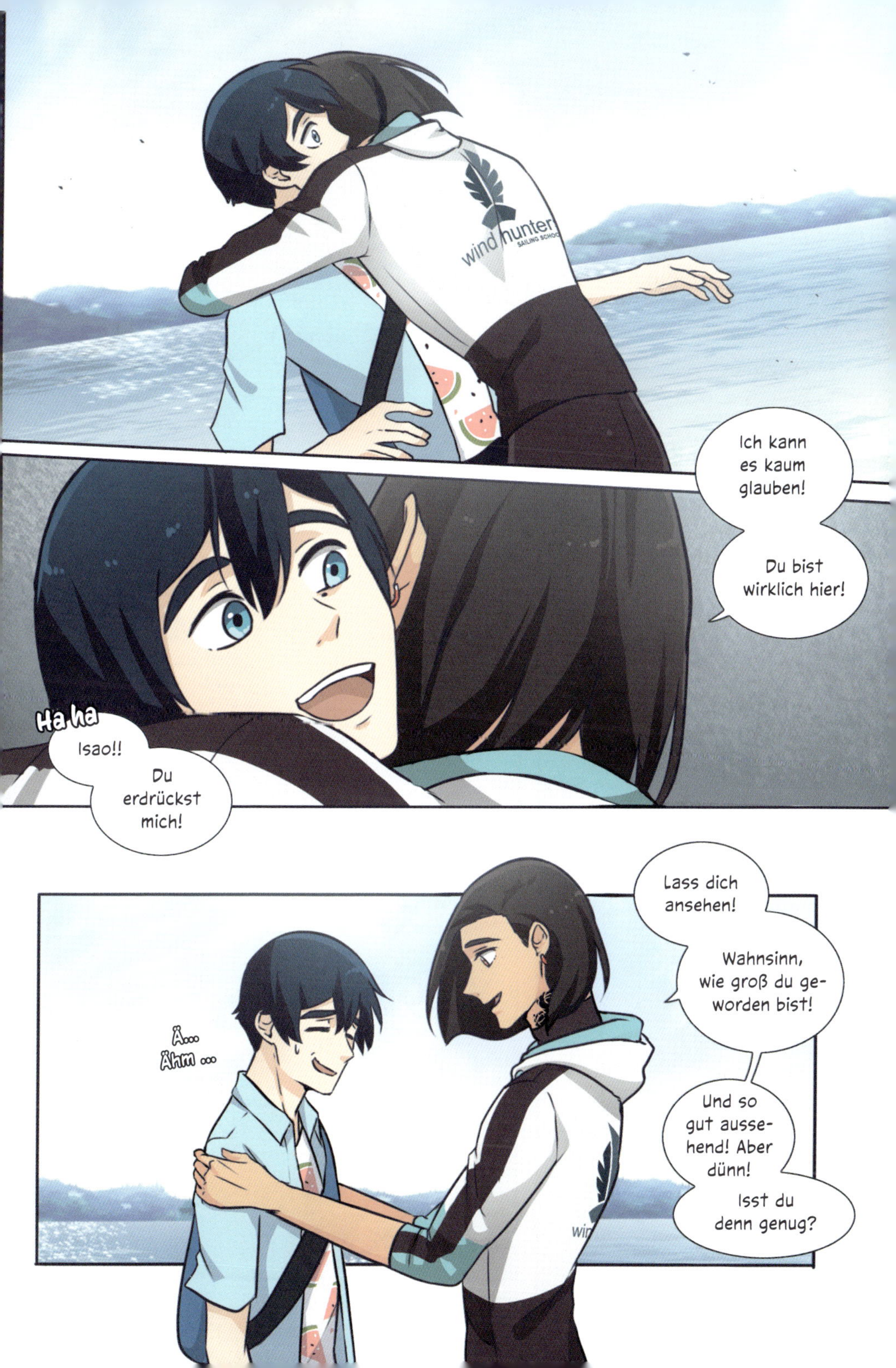
wind hunter
SAILING SCHOOL
Ich kann es kaum glauben!
Du bist wirklich hier!
Ha ha
Isao!!
Du erdrückst mich!
Lass dich ansehen!
Wahnsinn, wie groß du geworden bist!
Und so gut aussehend! Aber dünn!
Isst du denn genug?
Ä...
Ähm ...

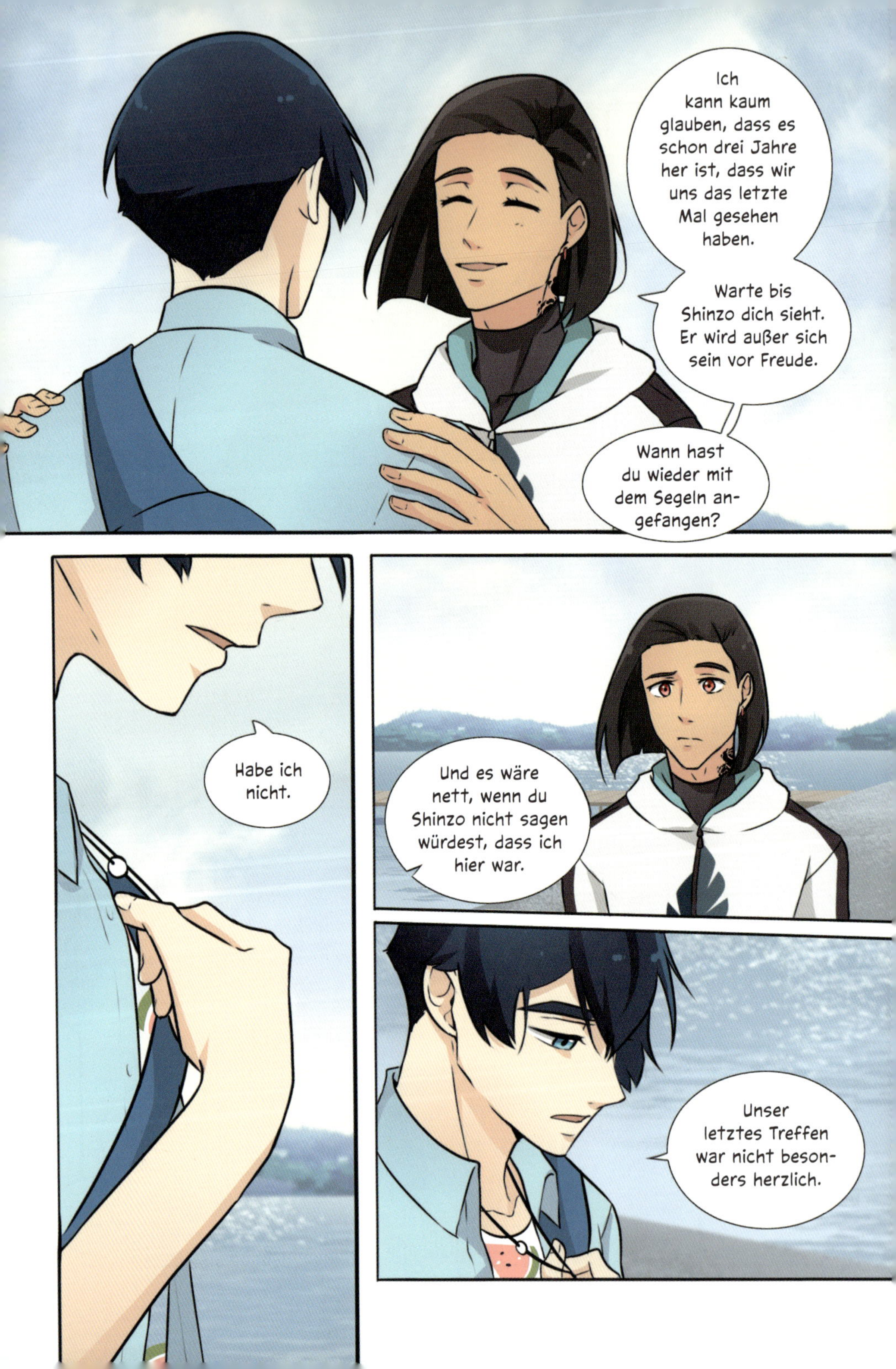
Ich kann kaum glauben, dass es schon drei Jahre her ist, dass wir uns das letzte Mal gesehen haben.
Warte bis Shinzo dich sieht. Er wird außer sich sein vor Freude.
Wann hast du wieder mit dem Segeln angefangen?
Habe ich nicht.
Und es wäre nett, wenn du Shinzo nicht sagen würdest, dass ich hier war.
Unser letztes Treffen war nicht besonders herzlich.

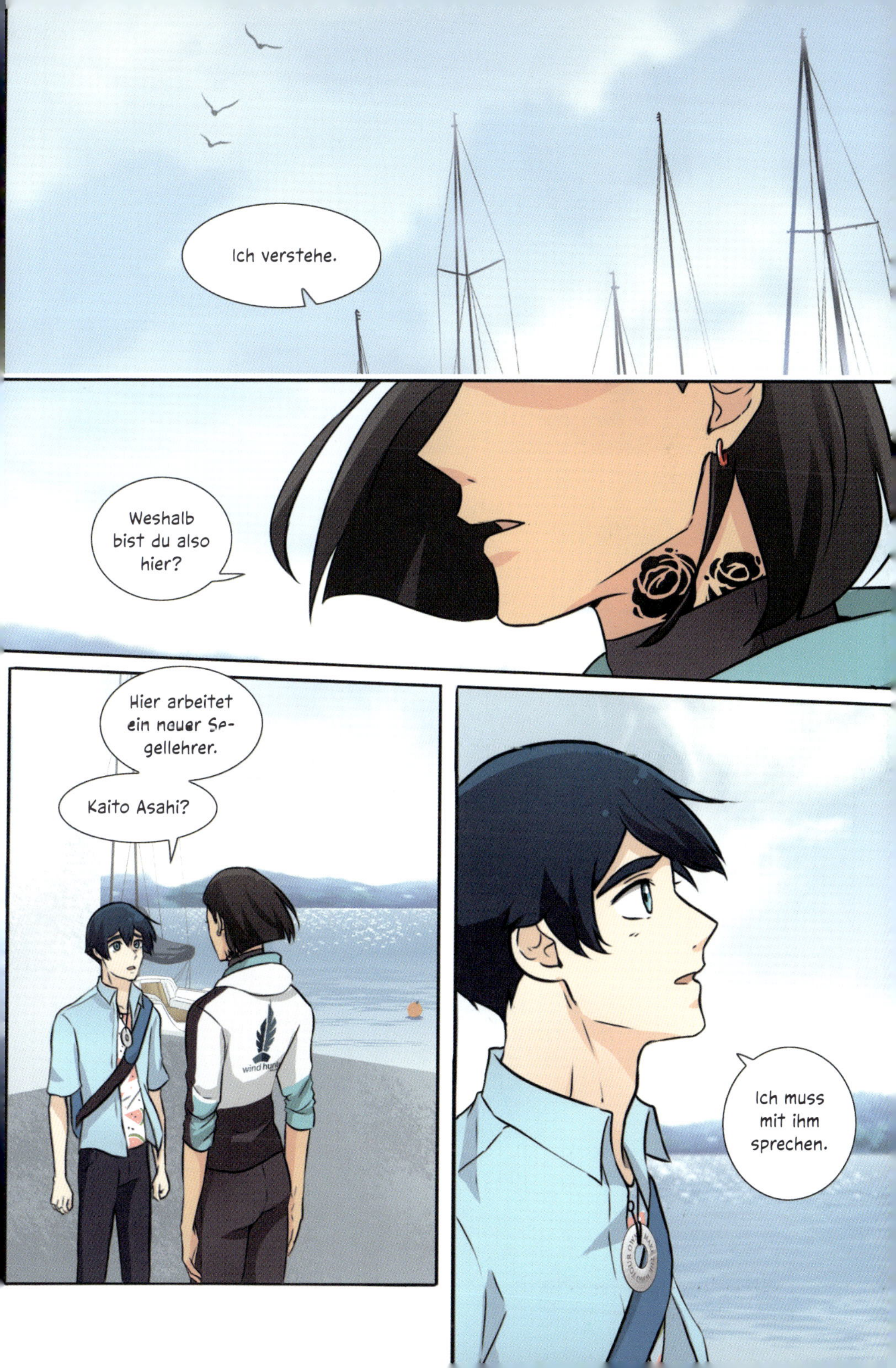
Ich verstehe.
Weshalb bist du also hier?
Hier arbeitet ein neuer Segellehrer.
Kaito Asahi?
Ich muss mit ihm sprechen.

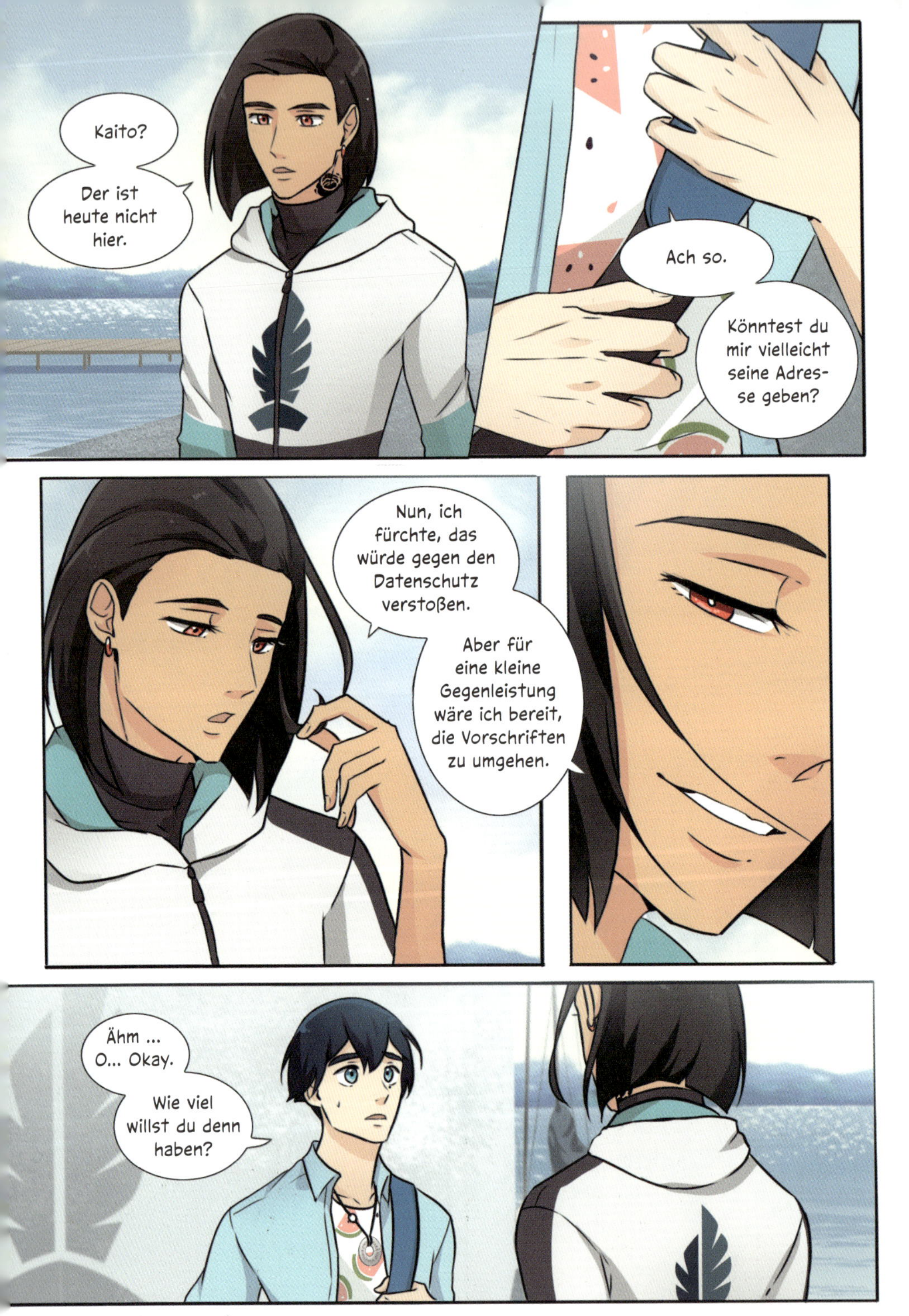
Kaito?
Der ist heute nicht hier.
Ach so.
Könntest du mir vielleicht seine Adres-se geben?
Nun, ich fürchte, das würde gegen den Datenschutz verstoßen.
Aber für eine kleine Gegenleistung wäre ich bereit, die Vorschriften zu umgehen.
Ähm ... O... Okay.
Wie viel willst du denn haben?

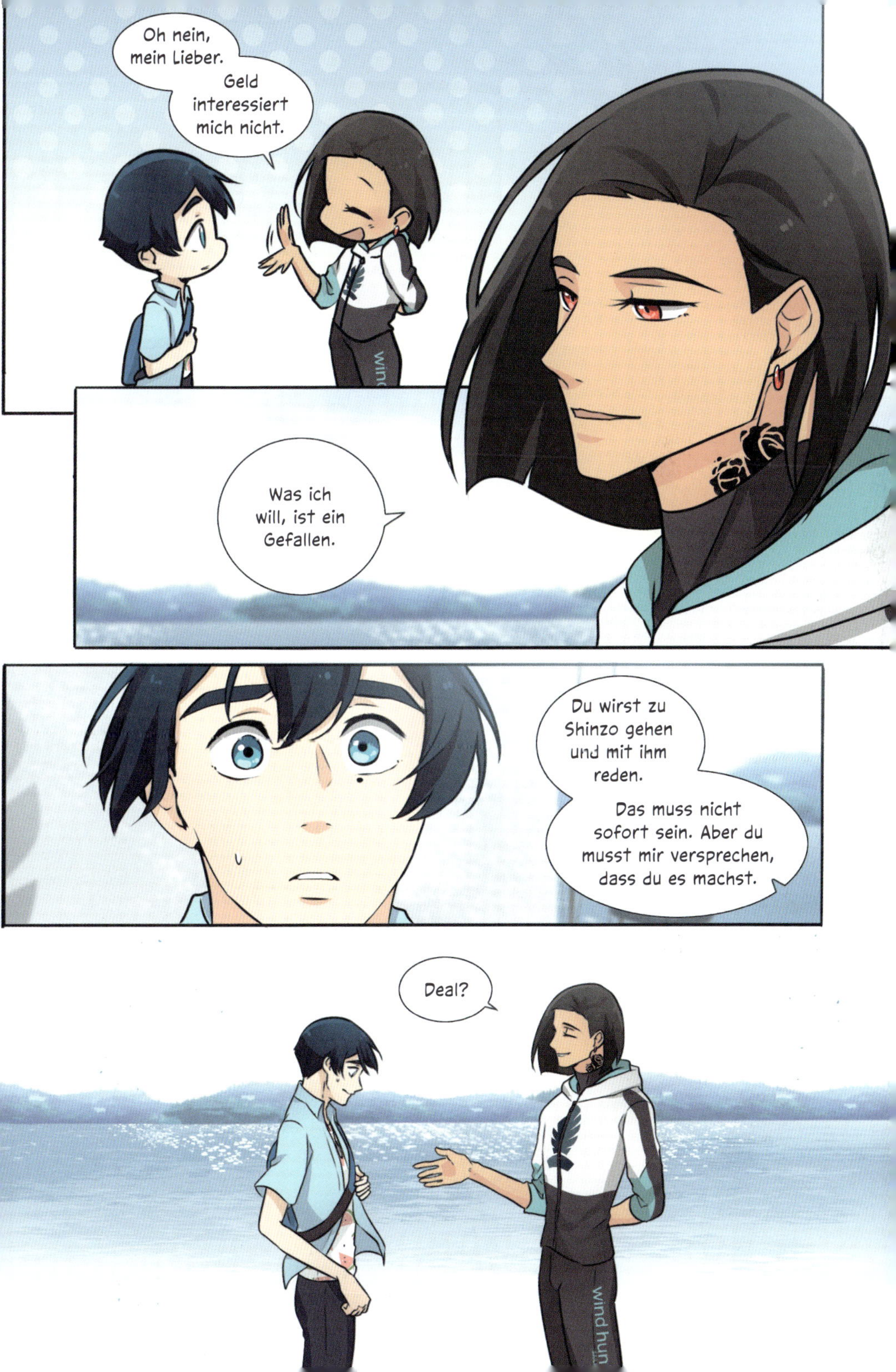
Oh nein, mein Lieber.
Geld interessiert mich nicht.
Was ich will, ist ein Gefallen.
Du wirst zu Shinzo gehen und mit ihm reden.
Das muss nicht sofort sein. Aber du musst mir versprechen, dass du es machst.
Deal?

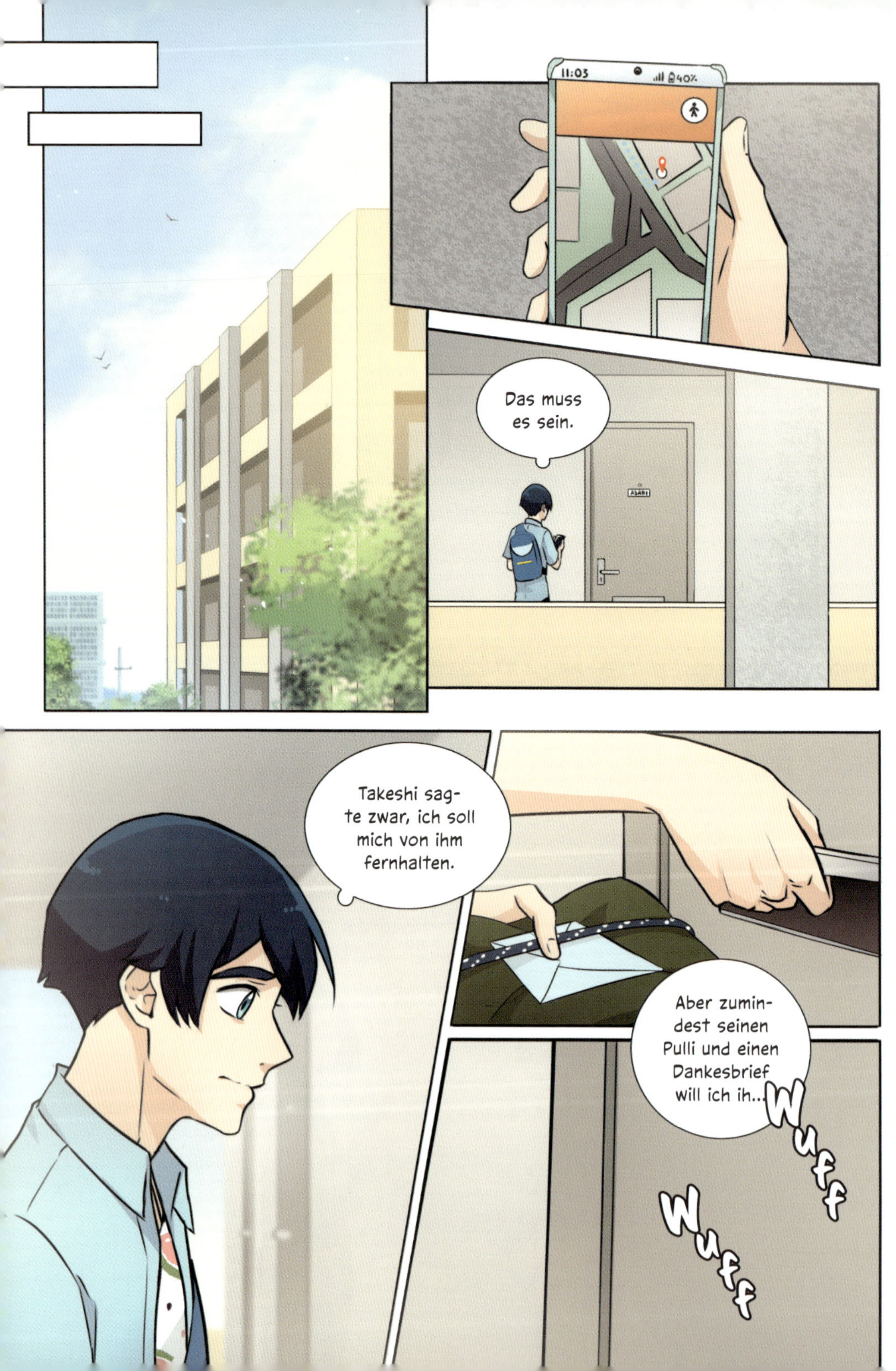
11:03
40%
Das muss es sein.
Takeshi sagte zwar, ich soll mich von ihm fernhalten.
Aber zumindest seinen Pulli und einen Dankesbrief will ich ih...
Wuff
Wuff

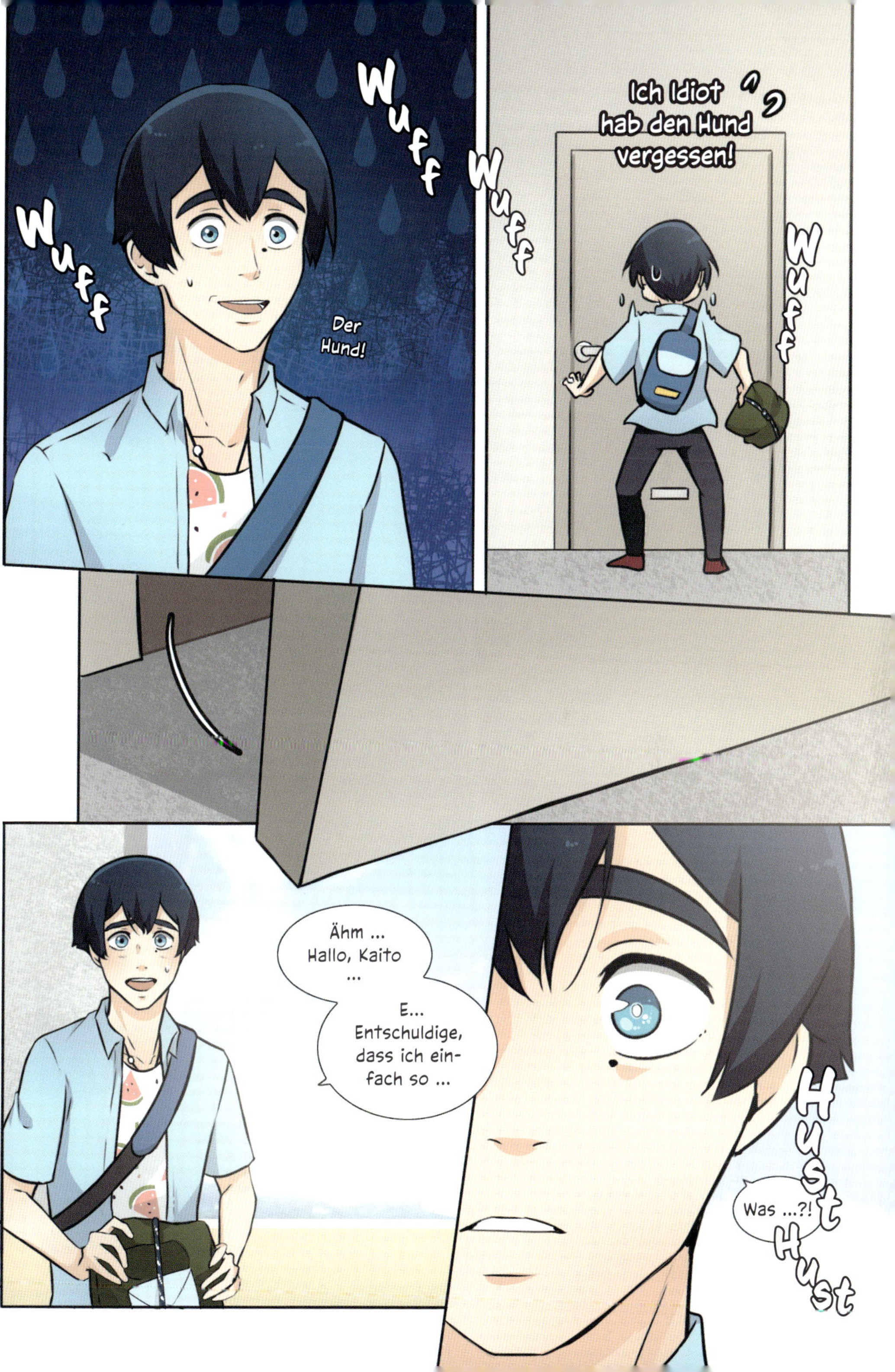
Wuff
Wuff
Der Hund!
Wuff
Ich Idiot hab den Hund vergessen!
Wuff
Ähm ... Hallo, Kaito ...
E... Entschuldige, dass ich ein-fach so ...
Hust
Was ...?!
Hust

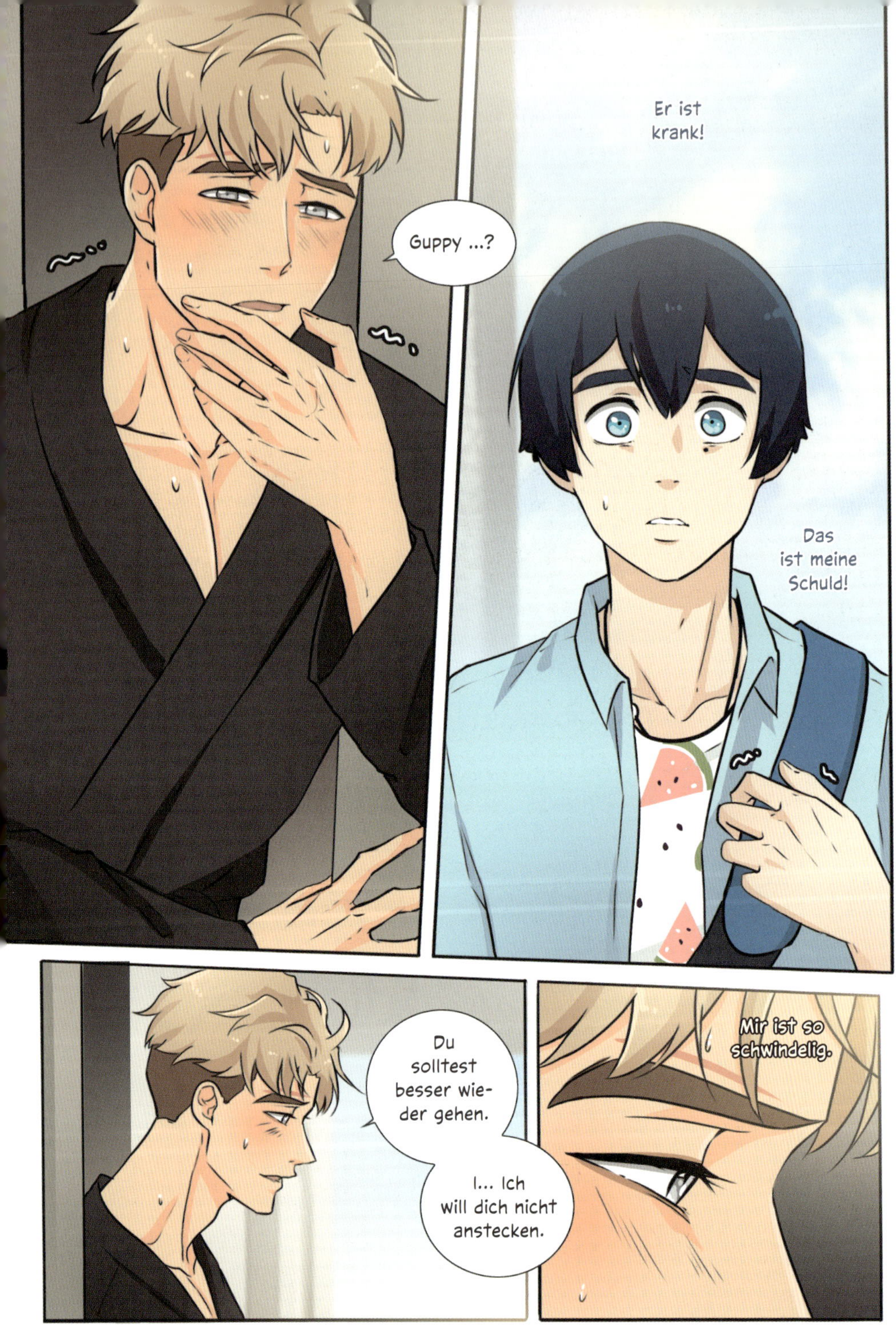
Guppy ...?
Er ist krank!
Das ist meine Schuld!
Du solltest besser wieder gehen.
I... Ich will dich nicht anstecken.
Mir ist so schwindelig.

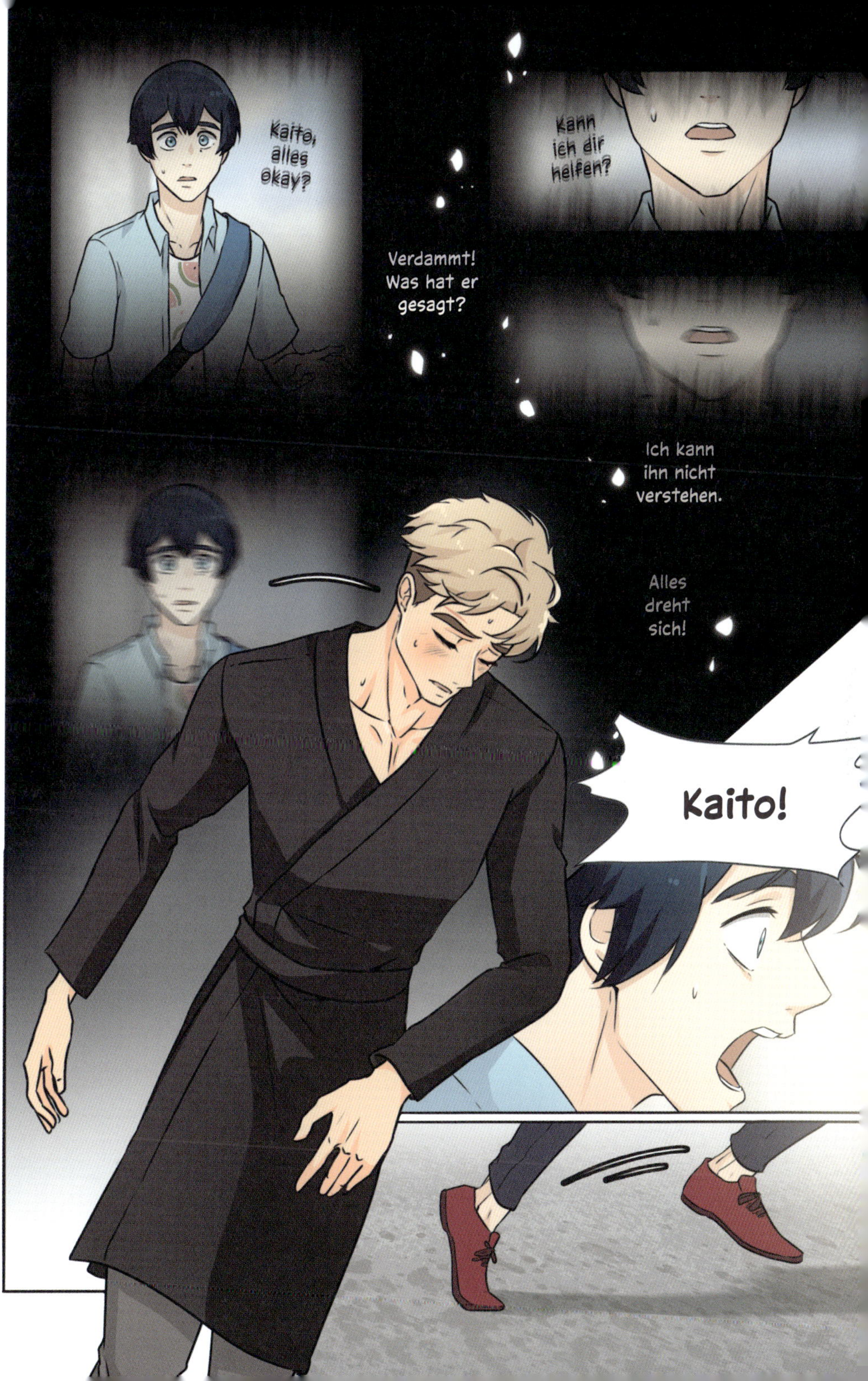
Kaito, alles okay?
Kann ich dir helfen?
Verdammt! Was hat er gesagt?
Ich kann ihn nicht verstehen.
Alles dreht sich!
Kaito!

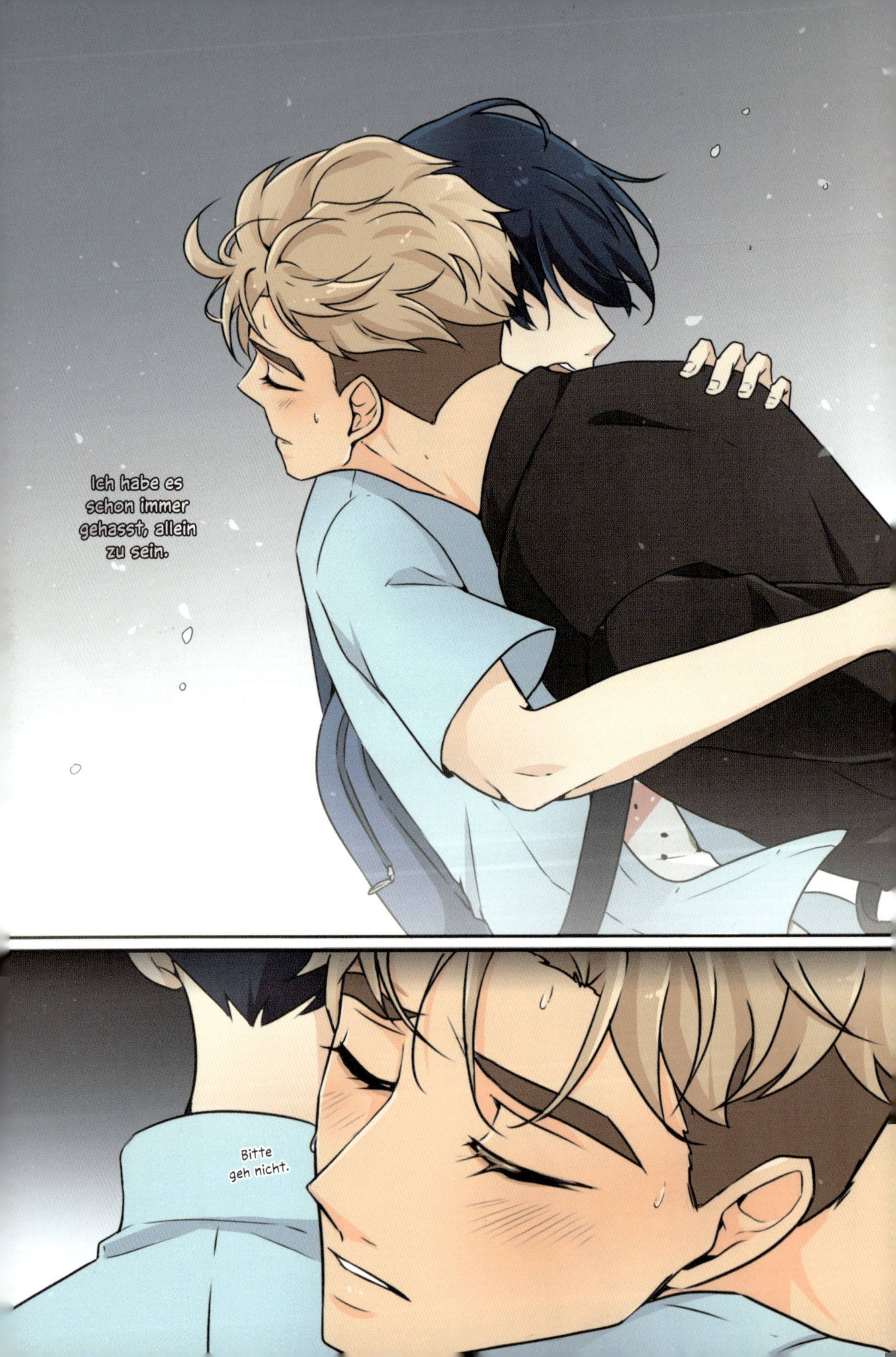
Ich habe es schon immer gehasst, allein zu sein.
Bitte geh nicht.

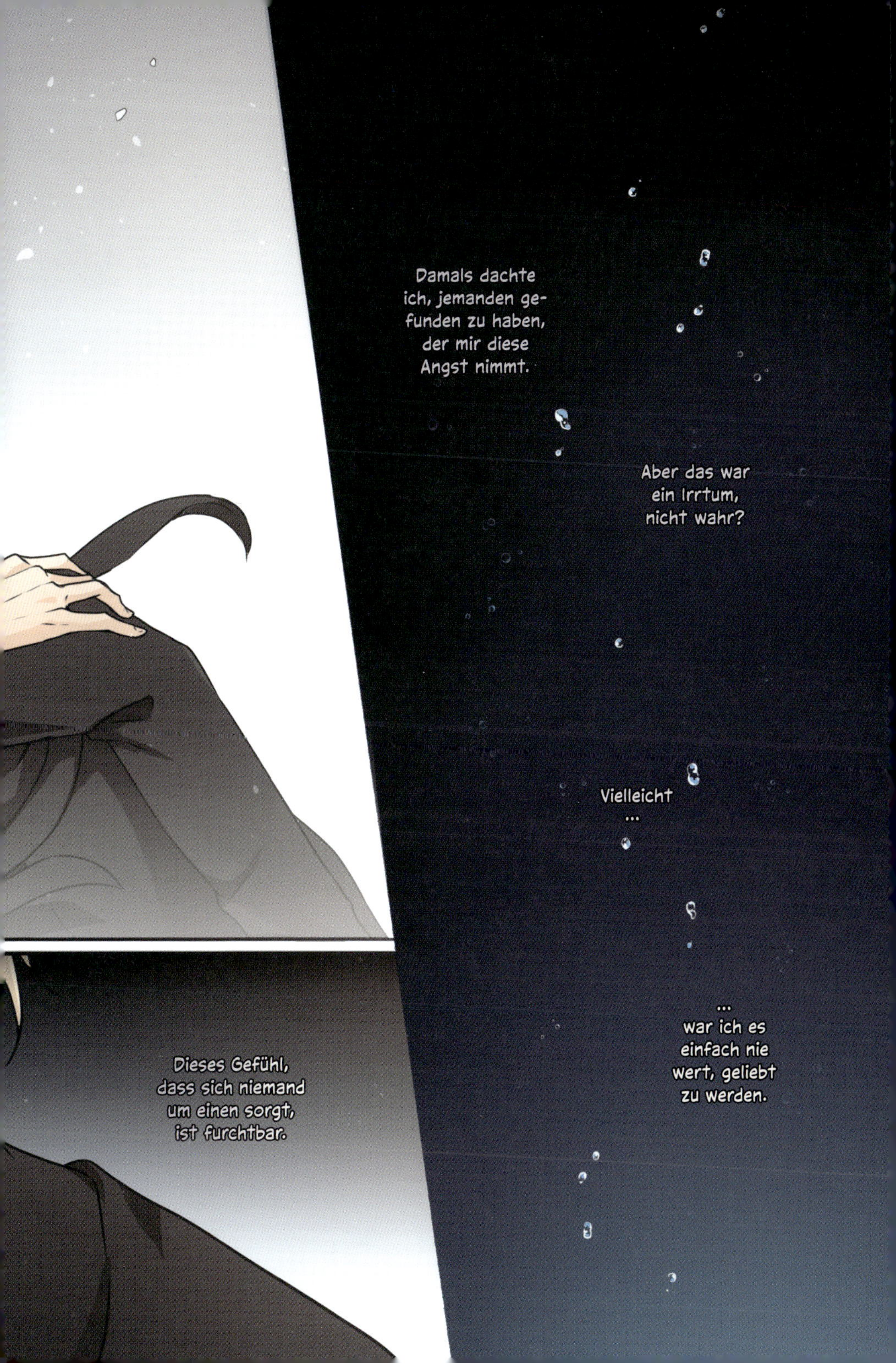
Damals dachte ich, jemanden gefunden zu haben, der mir diese Angst nimmt.
Aber das war ein Irrtum, nicht wahr?
Vielleicht …
… war ich es einfach nie wert, geliebt zu werden.
Dieses Gefühl, dass sich niemand um einen sorgt, ist furchtbar.

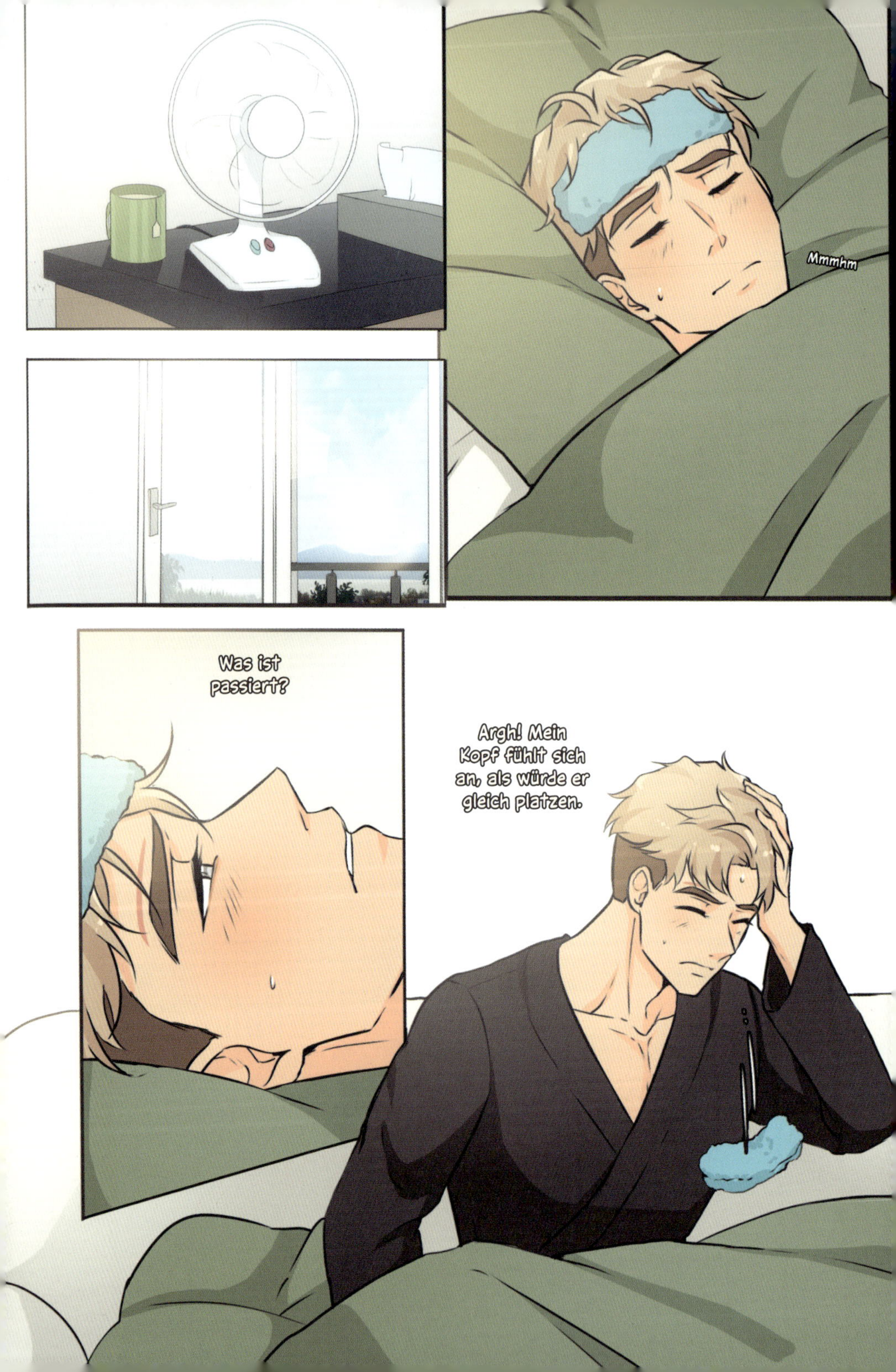
Mmmhm
Was ist passiert?
Argh! Mein Kopf fühlt sich an, als würde er gleich platzen.

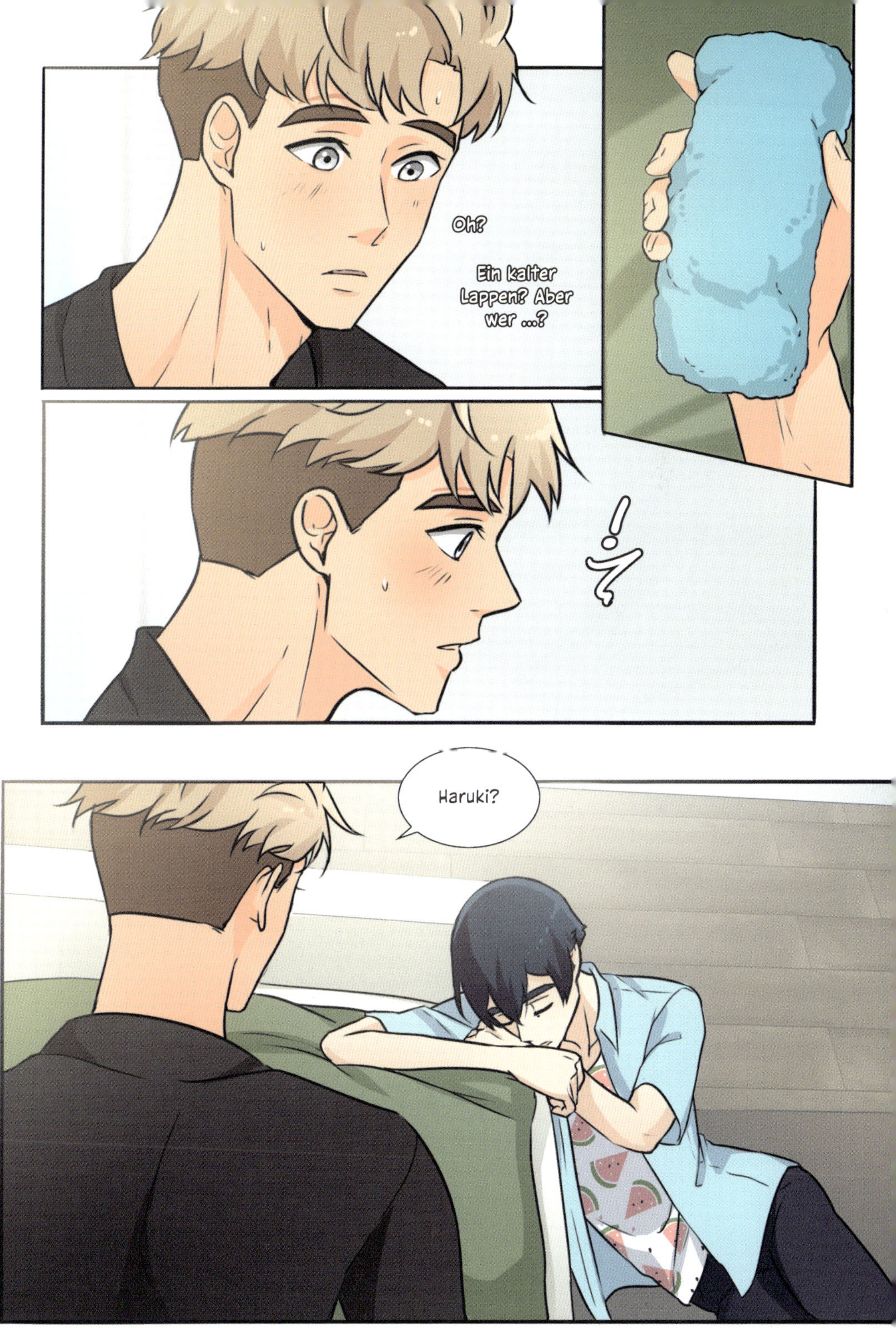
Oh?
Ein kalter Lappen? Aber wer ...?
!?
Haruki?

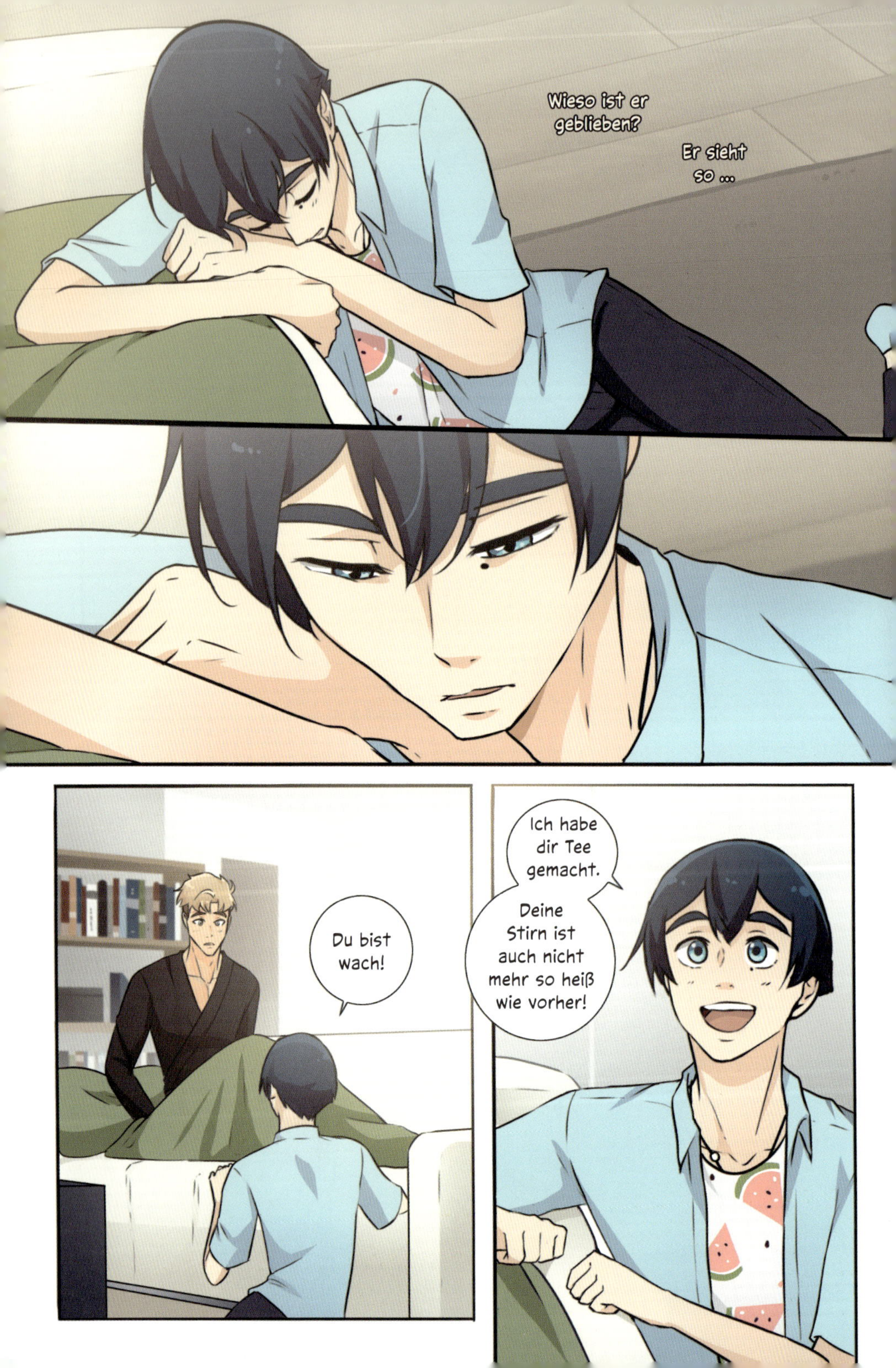
Wieso ist er geblieben?
Er sieht so ...
Du bist wach!
Ich habe dir Tee gemacht.
Deine Stirn ist auch nicht mehr so heiß wie vorher!

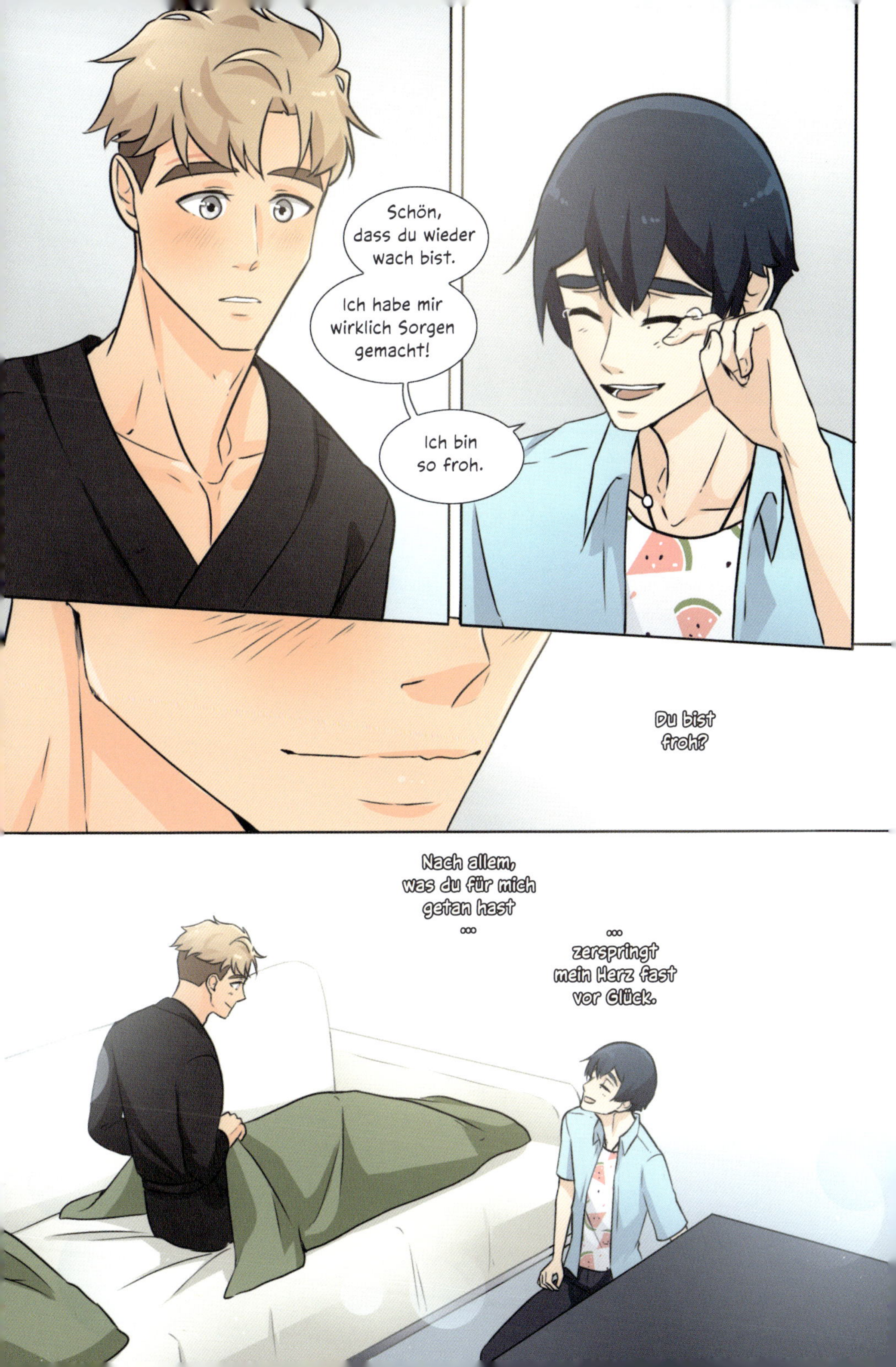
Schön, dass du wieder wach bist.
Ich habe mir wirklich Sorgen gemacht!
Ich bin so froh.
Du bist froh?
Nach allem, was du für mich getan hast ...
... zerspringt mein Herz fast vor Glück.

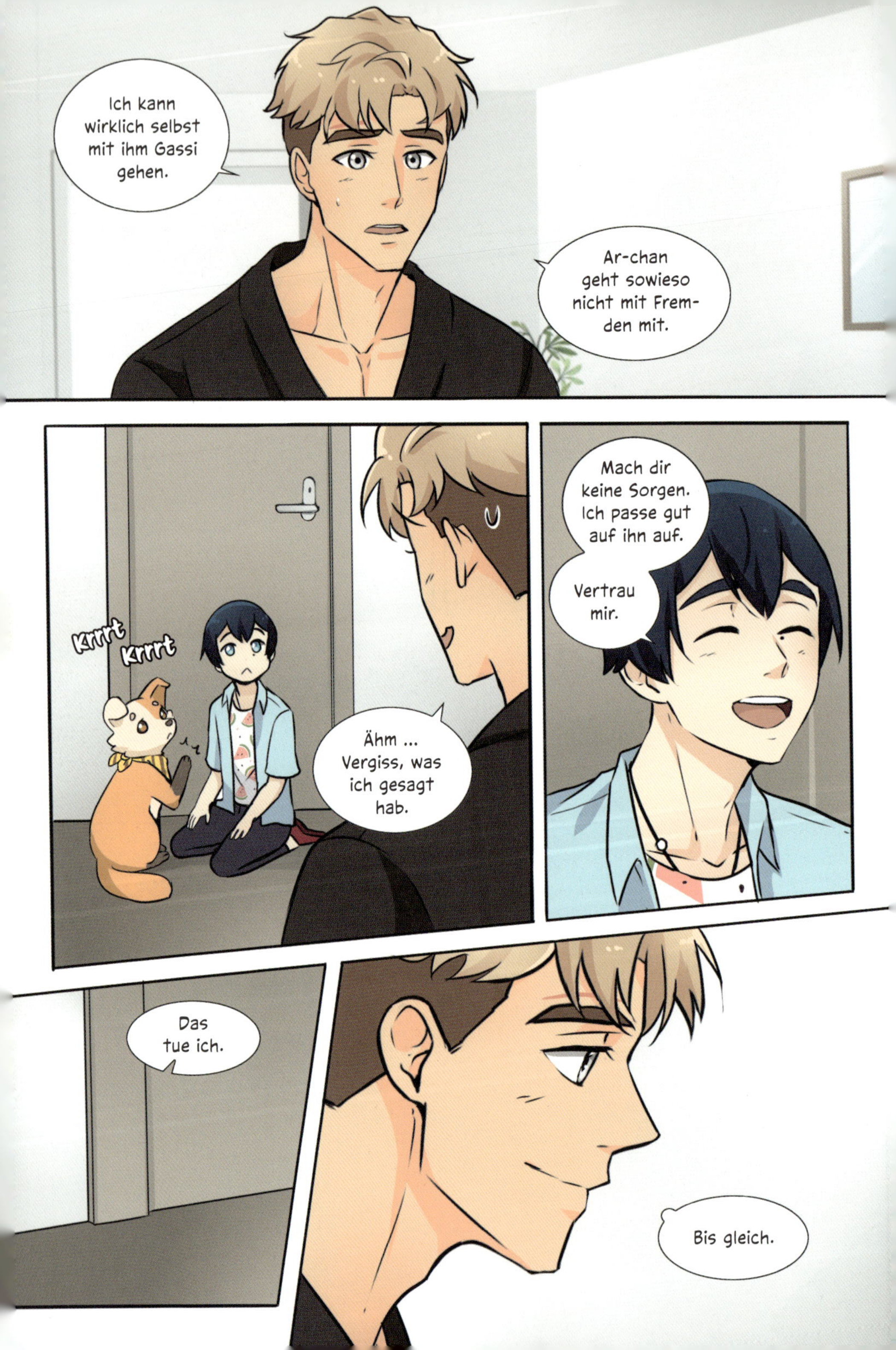
Ich kann wirklich selbst mit ihm Gassi gehen.
Ar-chan geht sowieso nicht mit Frem-den mit.
Krrrt
Krrrt
Ähm ... Vergiss, was ich gesagt hab.
Mach dir keine Sorgen. Ich passe gut auf ihn auf.
Vertrau mir.
Das tue ich.
Bis gleich.

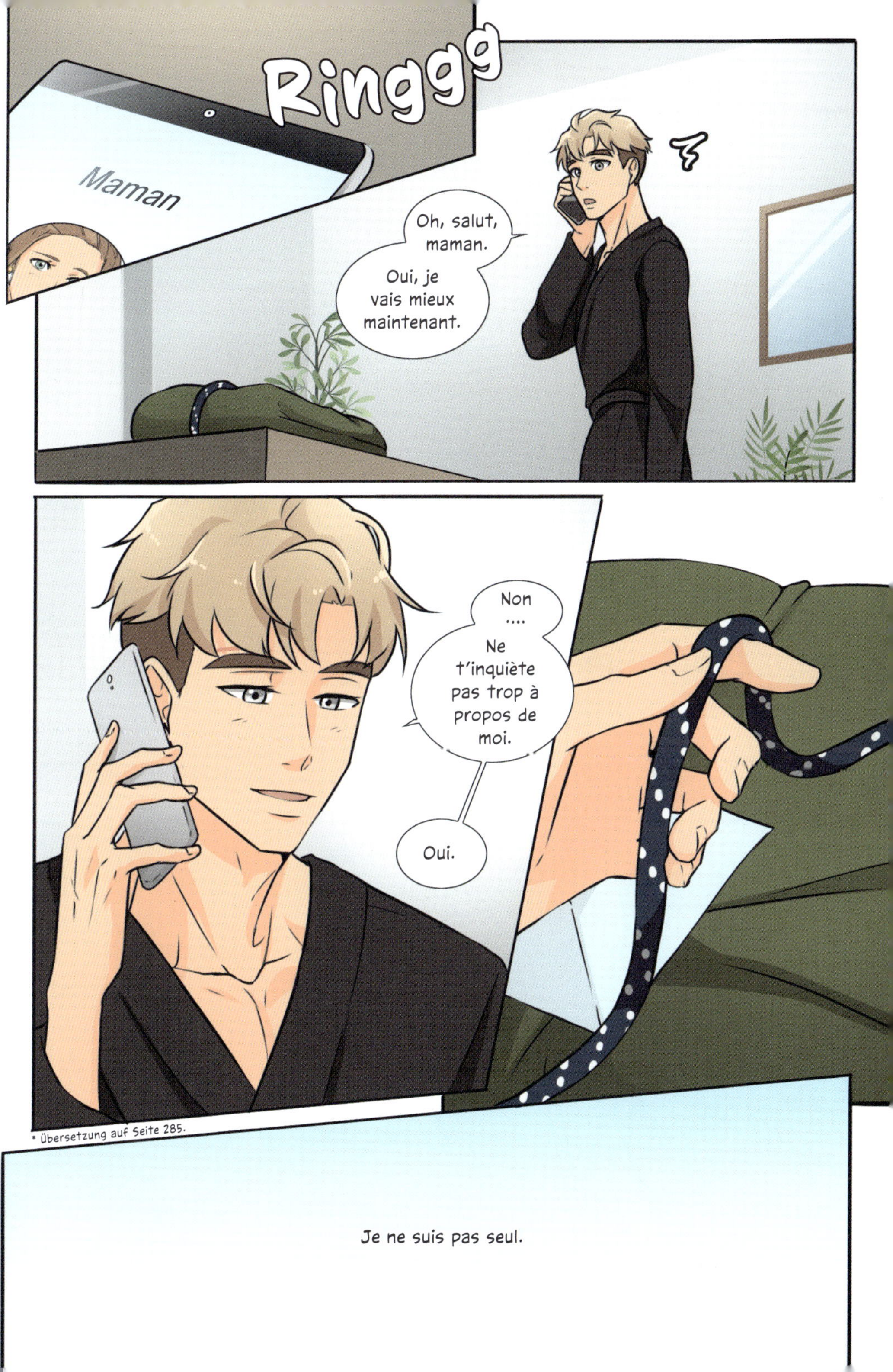

* Übersetzung auf Seite 285.

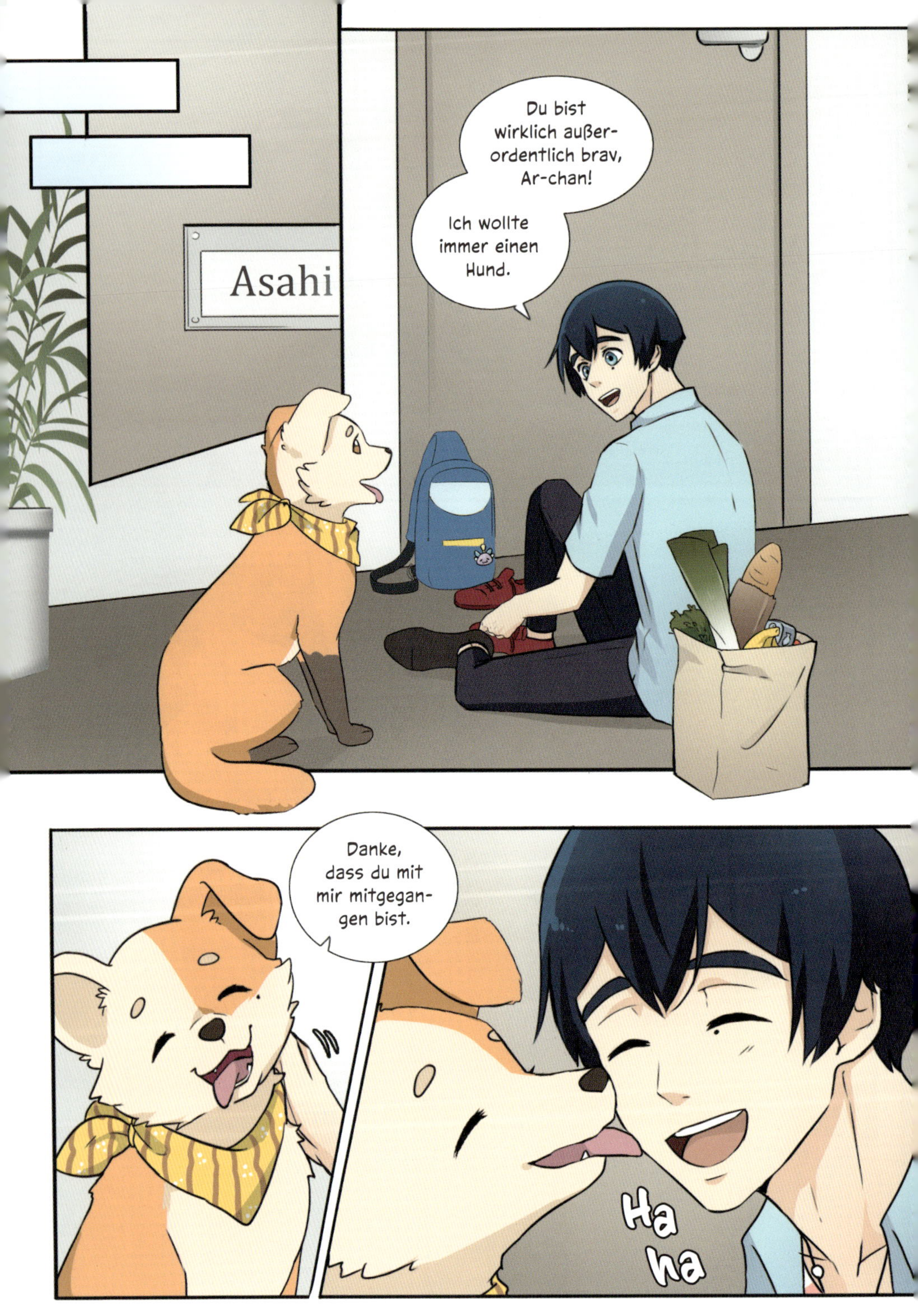
Asahi
Du bist wirklich außer-ordentlich brav, Ar-chan!
Ich wollte immer einen Hund.
Danke, dass du mit mir mitgegan-gen bist.
Ha ha

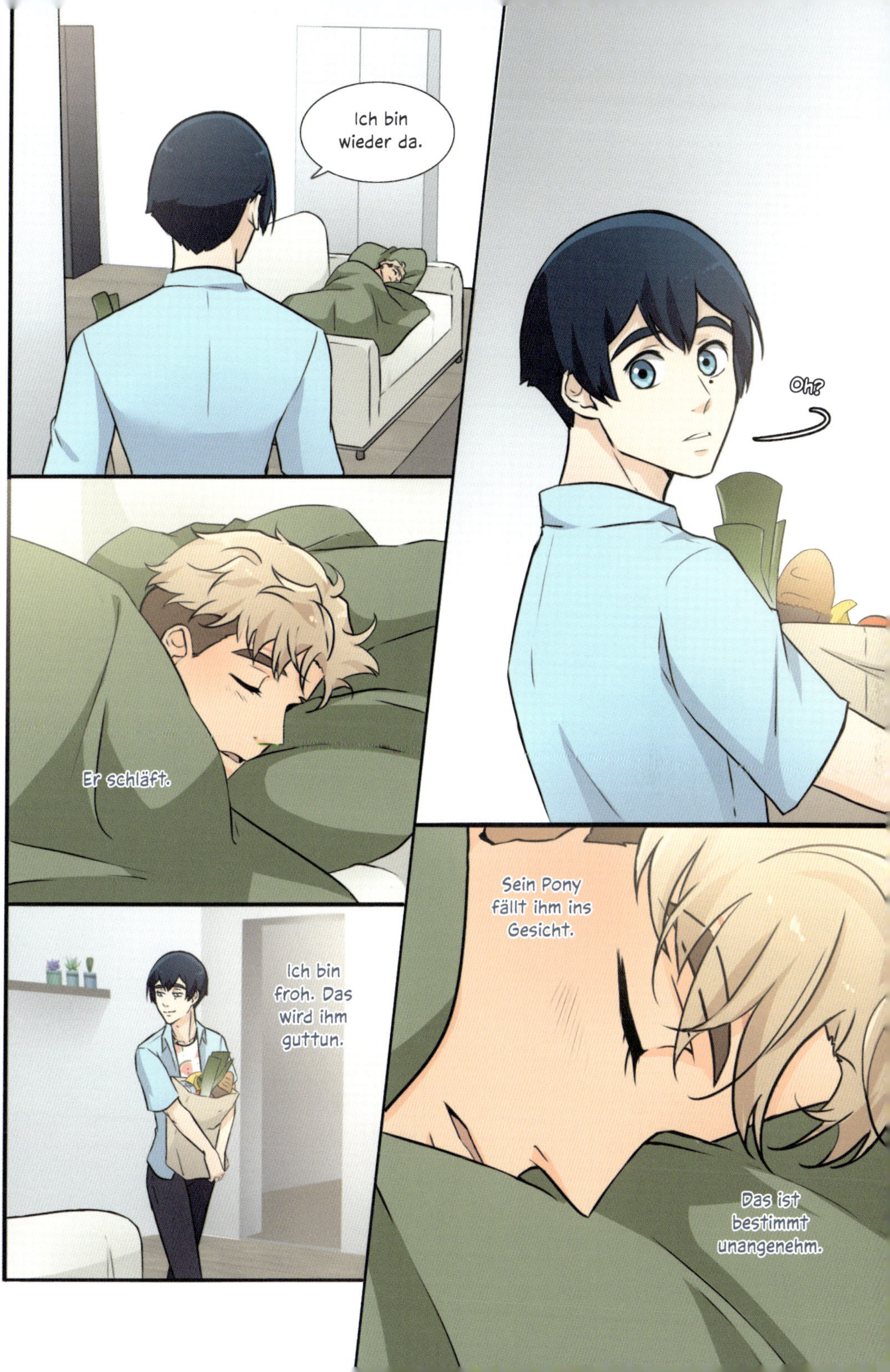

Ich bin wieder da.
Oh?
Er schläft.
Ich bin froh. Das wird ihm guttun.
Sein Pony fällt ihm ins Gesicht.
Das ist bestimmt unangenehm.

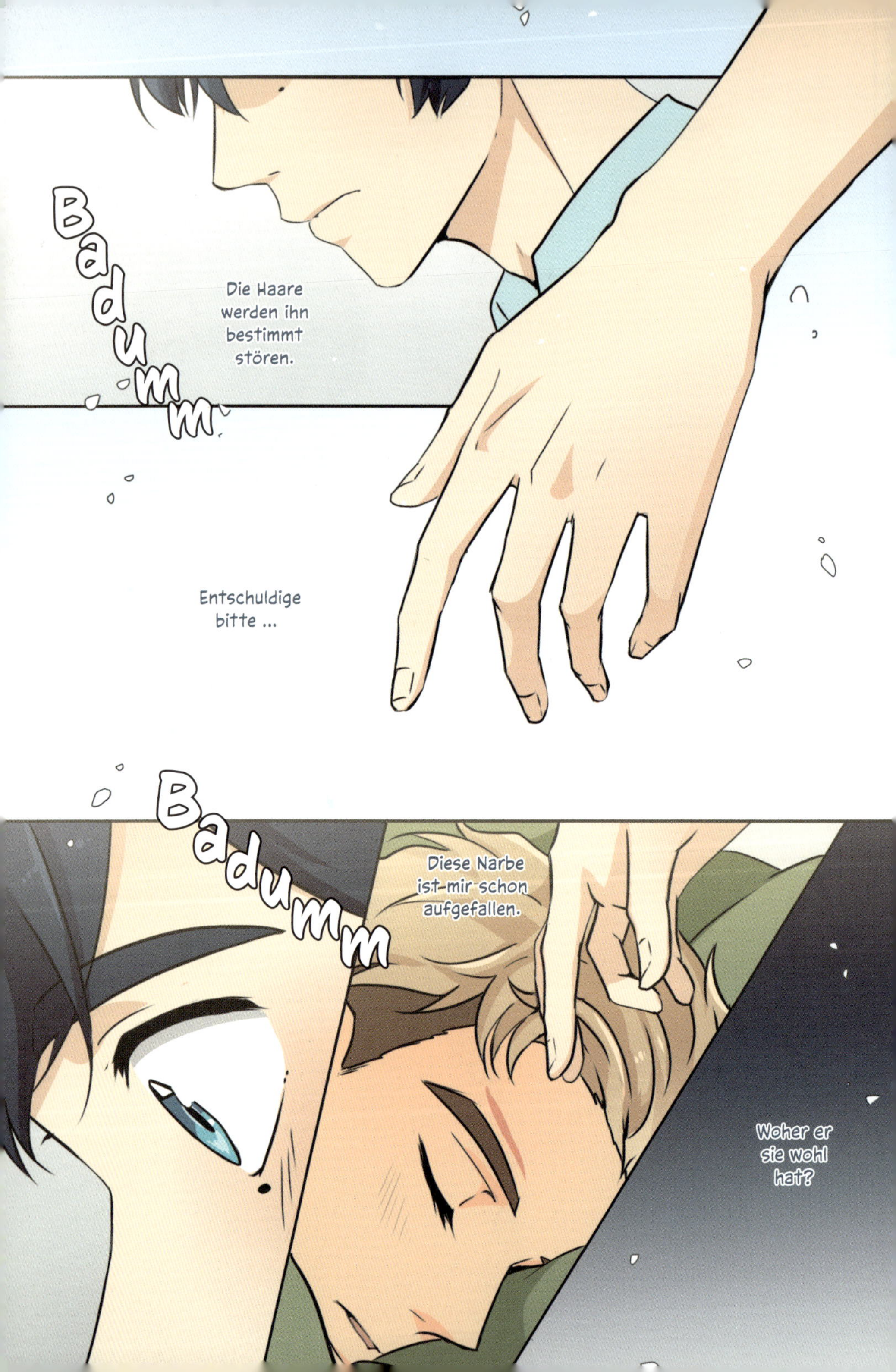
Badumm
Die Haare werden ihn bestimmt stören.
Entschuldige bitte ...
Badumm
Diese Narbe ist mir schon aufgefallen.
Woher er sie wohl hat?

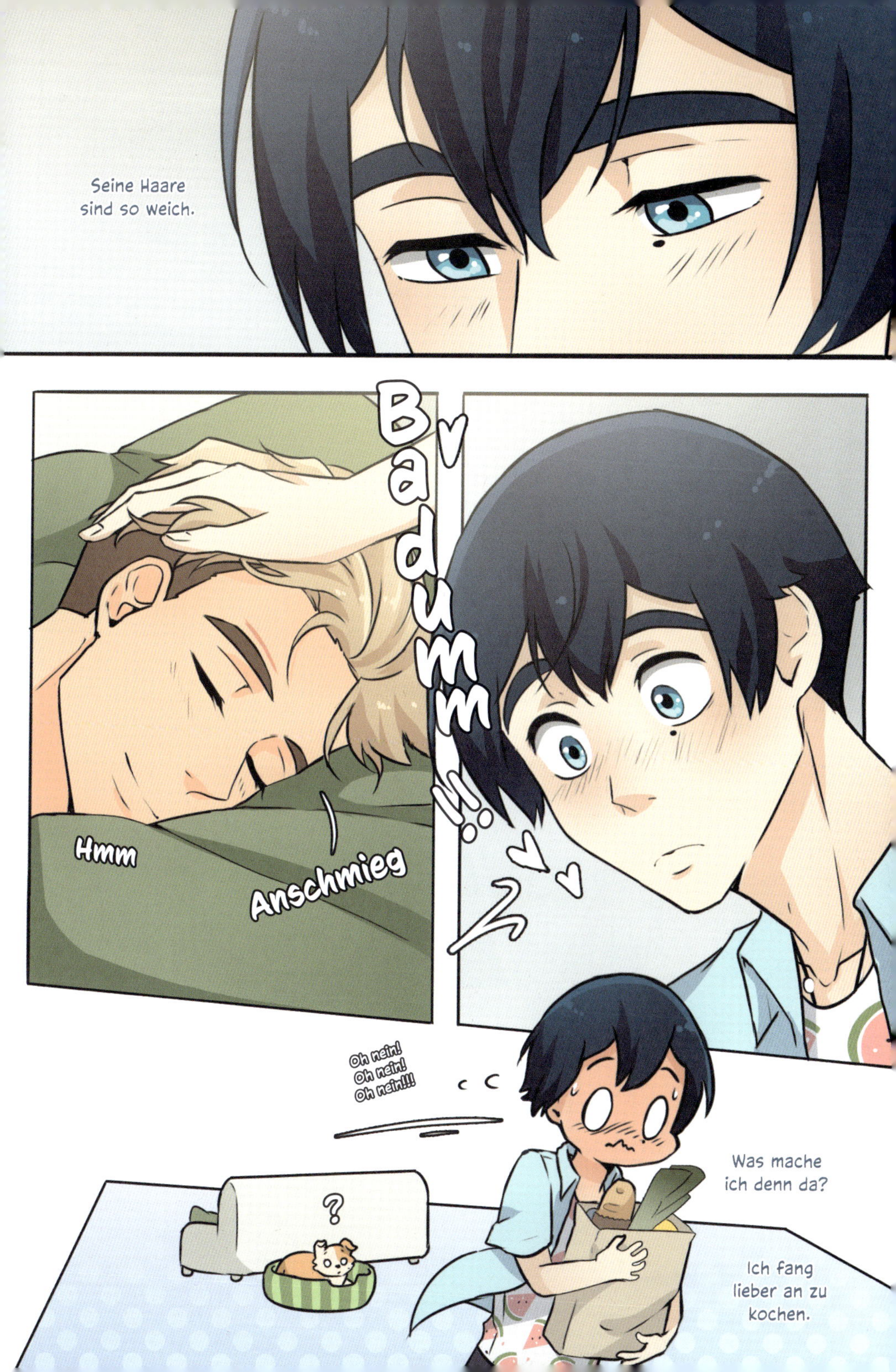
Seine Haare
sind so weich.
Badumm!!!
Hmm
Anschmieg
Oh nein!
Oh nein!
Oh nein!!!
Was mache
ich denn da?
Ich fang
lieber an zu
kochen.

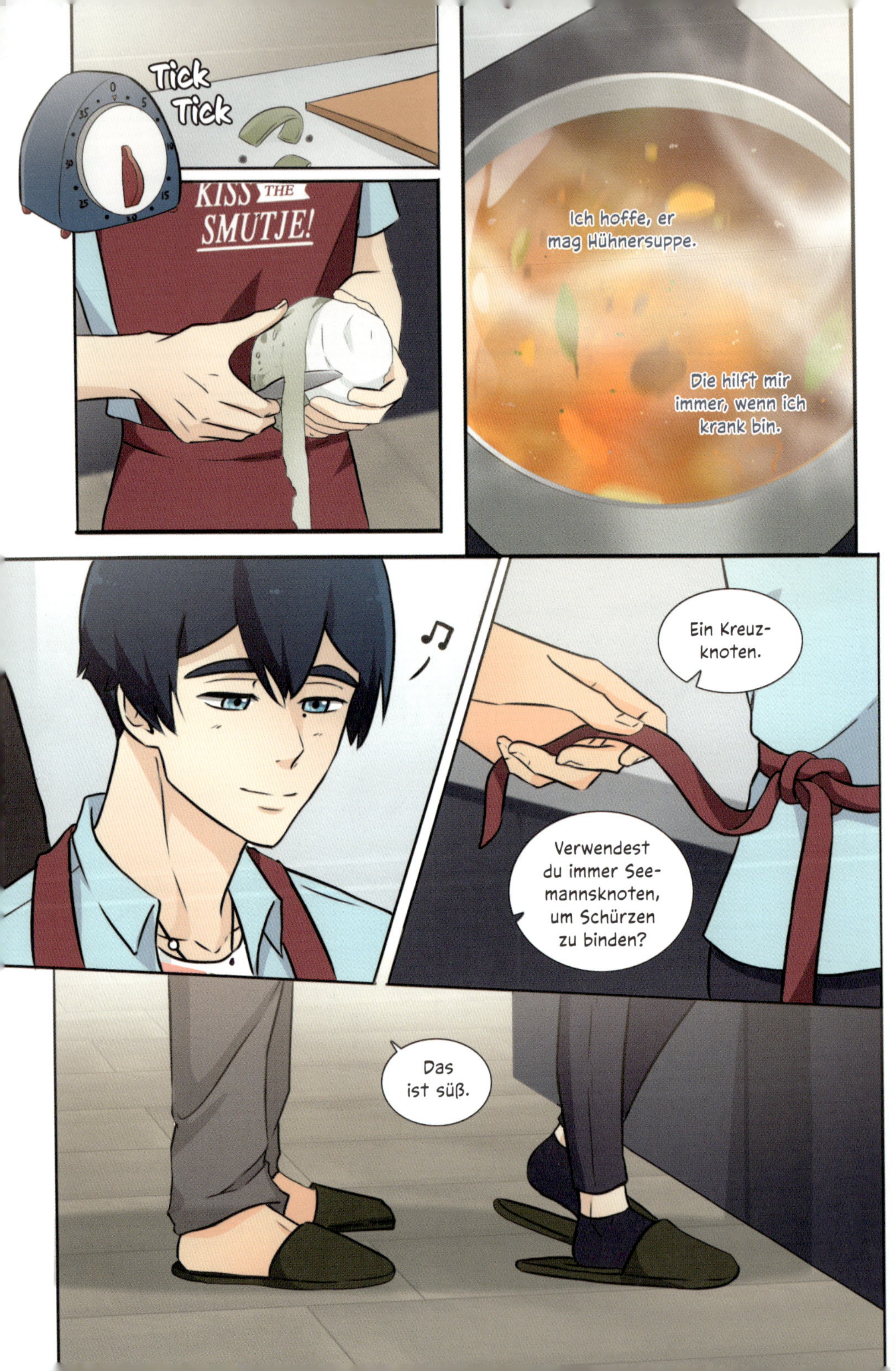
Tick
Tick
KISS THE SMUTJE!
Ich hoffe, er mag Hühnersuppe.
Die hilft mir immer, wenn ich krank bin.
Ein Kreuzknoten.
Verwendest du immer Seemannsknoten, um Schürzen zu binden?
Das ist süß.

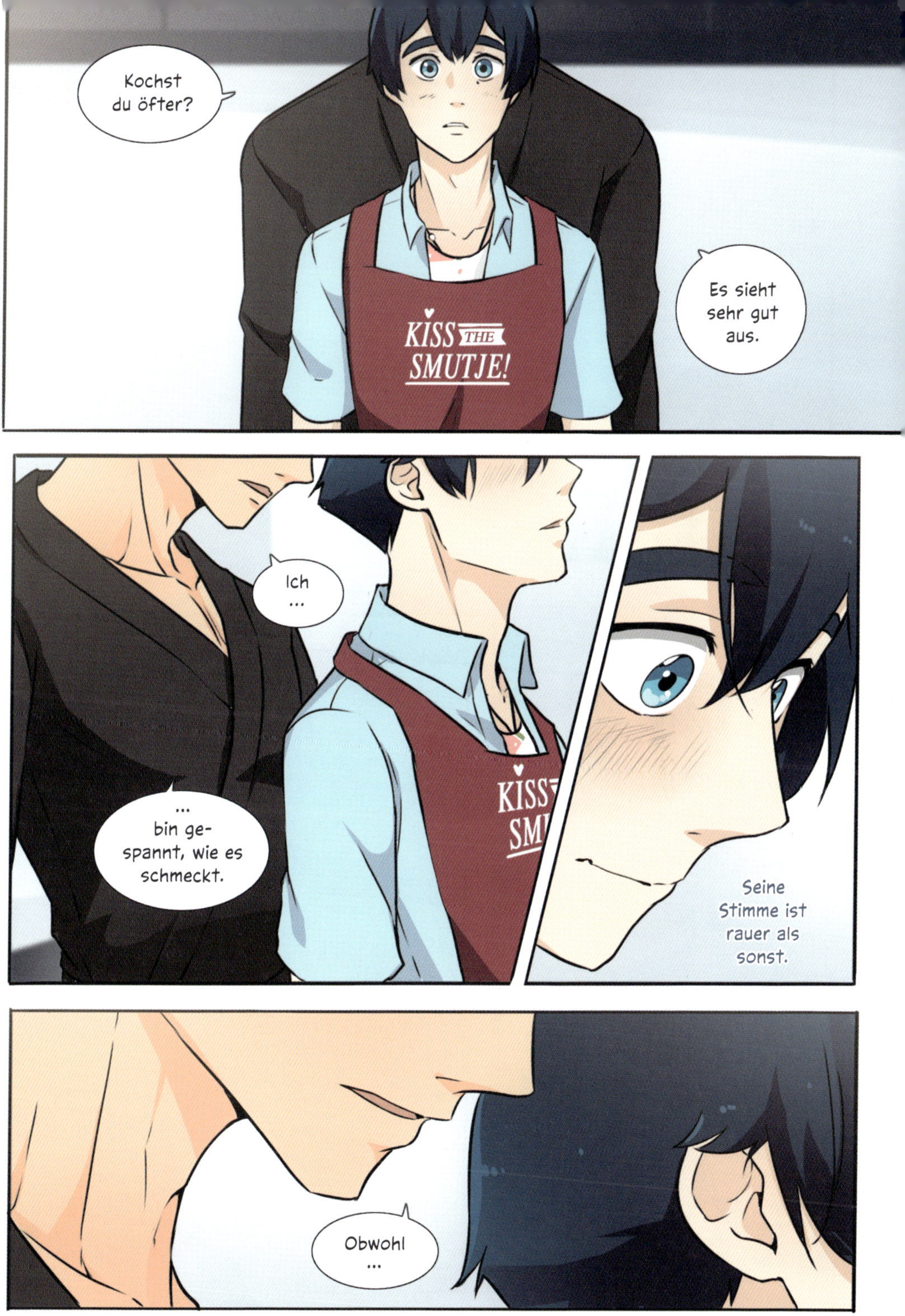
Kochst du öfter?
KISS THE SMUTJE!
Es sieht sehr gut aus.
Ich …
KISS SM
… bin gespannt, wie es schmeckt.
Seine Stimme ist rauer als sonst.
Obwohl …

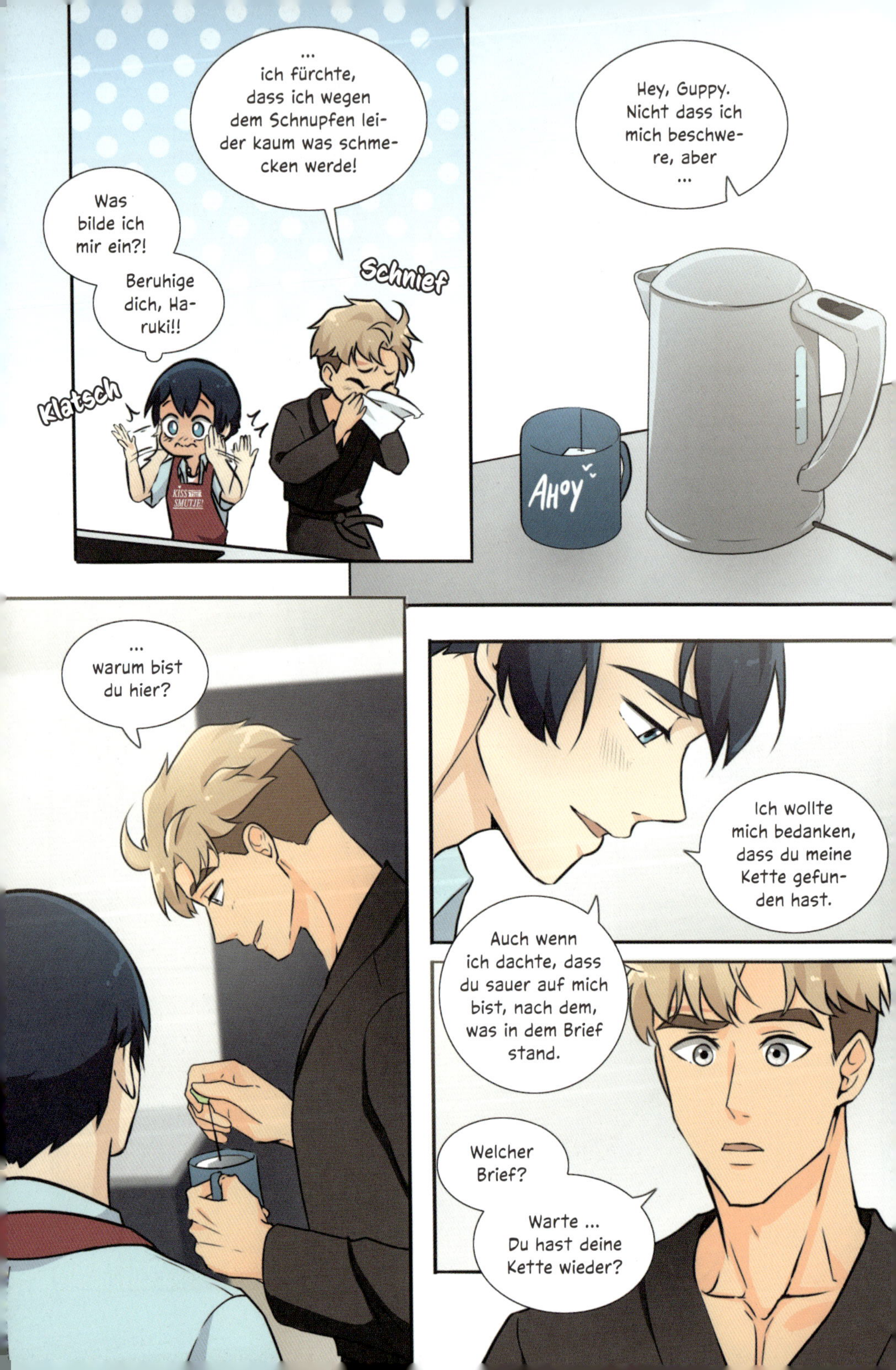

... ich fürchte, dass ich wegen dem Schnupfen leider kaum was schmecken werde!
Was bilde ich mir ein?!
Beruhige dich, Haruki!!
Schnief
Klatsch
KISS THE SMUTJE!
Hey, Guppy. Nicht dass ich mich beschwere, aber ...
AHOY
... warum bist du hier?
Ich wollte mich bedanken, dass du meine Kette gefunden hast.
Auch wenn ich dachte, dass du sauer auf mich bist, nach dem, was in dem Brief stand.
Welcher Brief?
Warte ... Du hast deine Kette wieder?

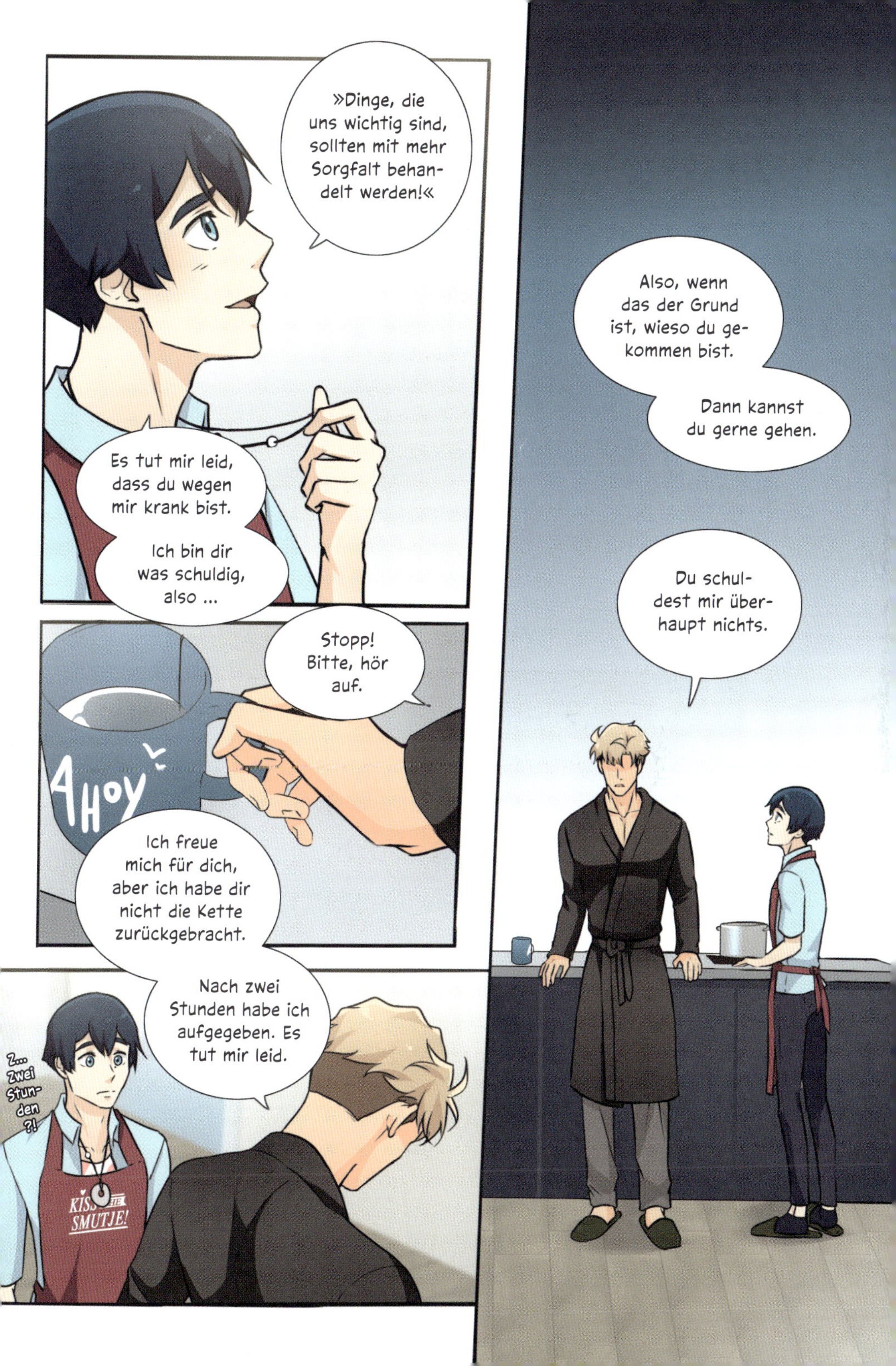
»Dinge, die uns wichtig sind, sollten mit mehr Sorgfalt behandelt werden!«
Es tut mir leid, dass du wegen mir krank bist.
Ich bin dir was schuldig, also ...
Stopp! Bitte, hör auf.
AHOY
Ich freue mich für dich, aber ich habe dir nicht die Kette zurückgebracht.
Nach zwei Stunden habe ich aufgegeben. Es tut mir leid.
Z... Zwei Stunden ?!
KISS THE SMUTJE!
Also, wenn das der Grund ist, wieso du gekommen bist.
Dann kannst du gerne gehen.
Du schuldest mir überhaupt nichts.

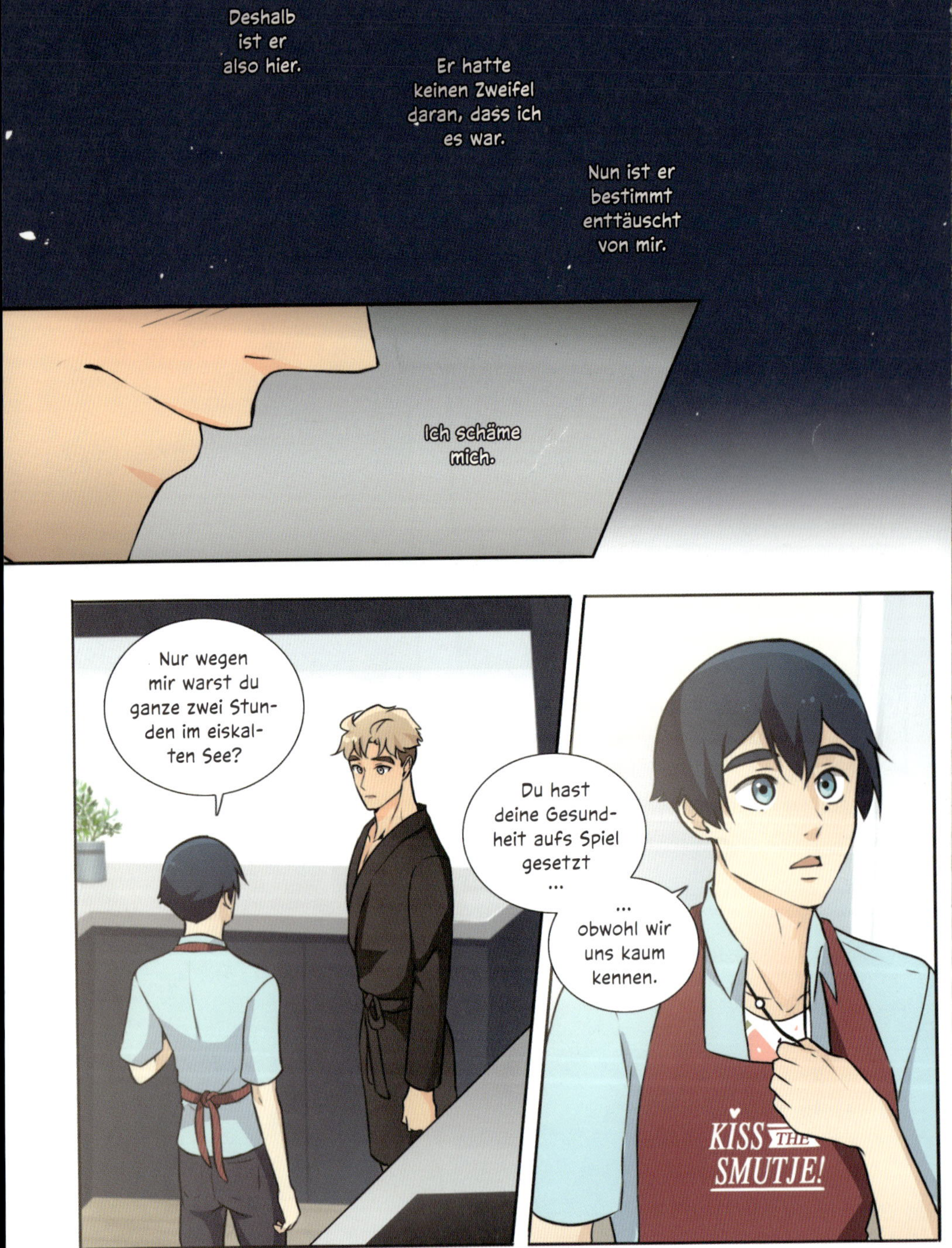
Deshalb ist er also hier.
Er hatte keinen Zweifel daran, dass ich es war.
Nun ist er bestimmt enttäuscht von mir.
Ich schäme mich.
Nur wegen mir warst du ganze zwei Stunden im eiskalten See?
Du hast deine Gesundheit aufs Spiel gesetzt …
… obwohl wir uns kaum kennen.
KISS THE SMUTJE!

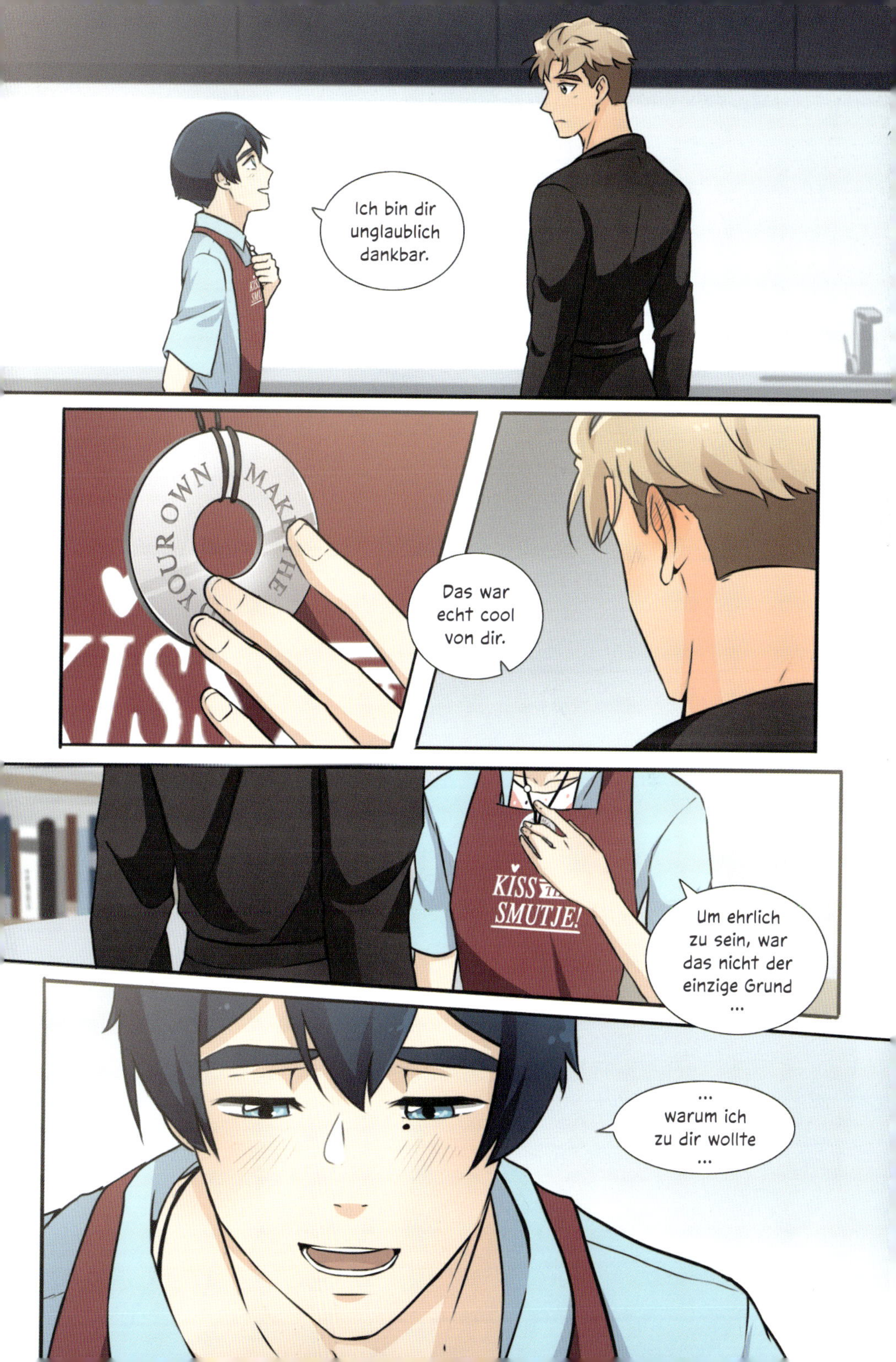
Ich bin dir unglaublich dankbar.
YOUR OWN MAKE THE
Das war echt cool von dir.
KISS THE SMUTJE!
Um ehrlich zu sein, war das nicht der einzige Grund ...
... warum ich zu dir wollte ...

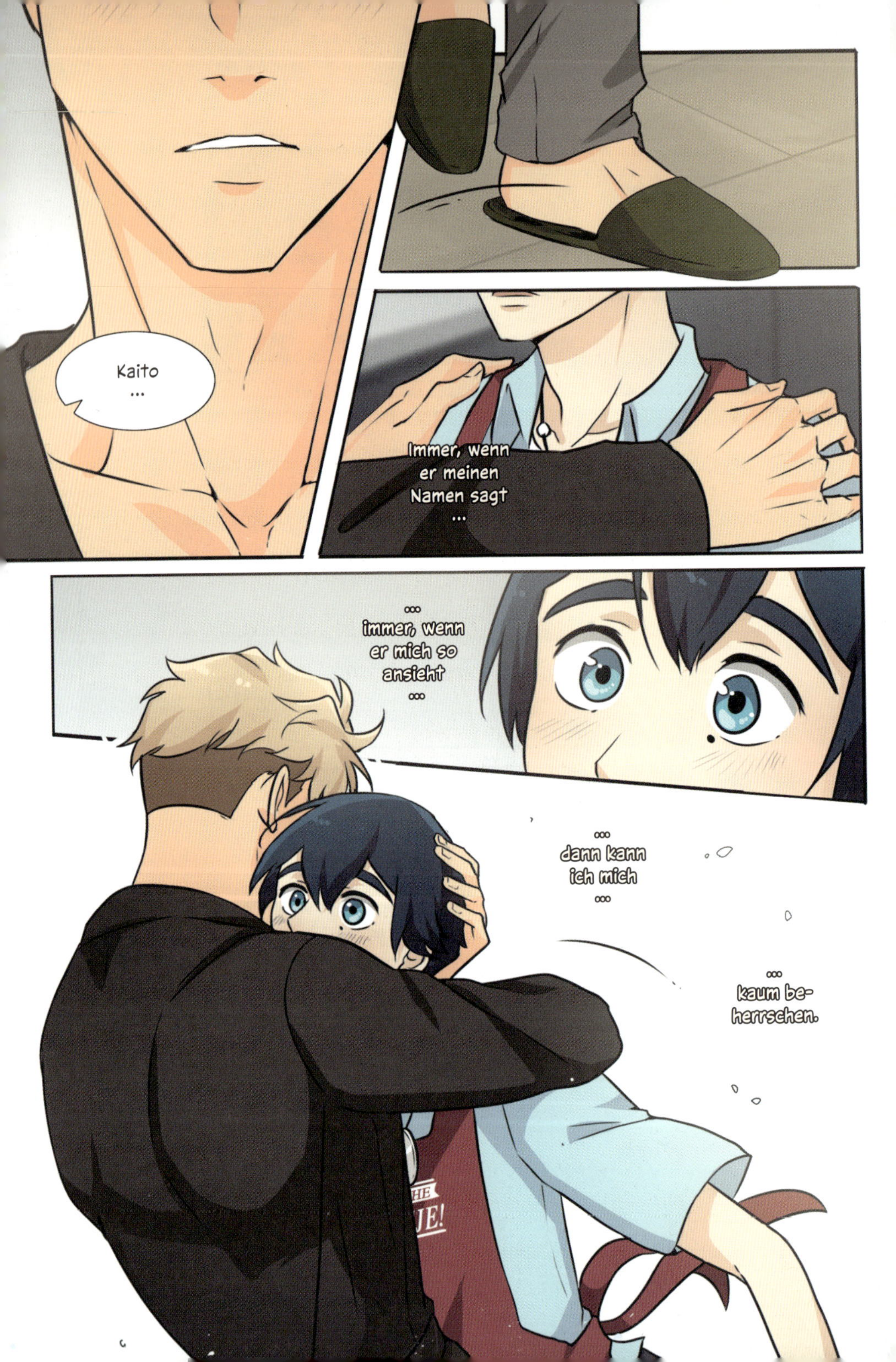
Kaito
...
Immer, wenn er meinen Namen sagt
...
...
immer, wenn er mich so ansieht
...
...
dann kann ich mich
...
...
kaum beherrschen.

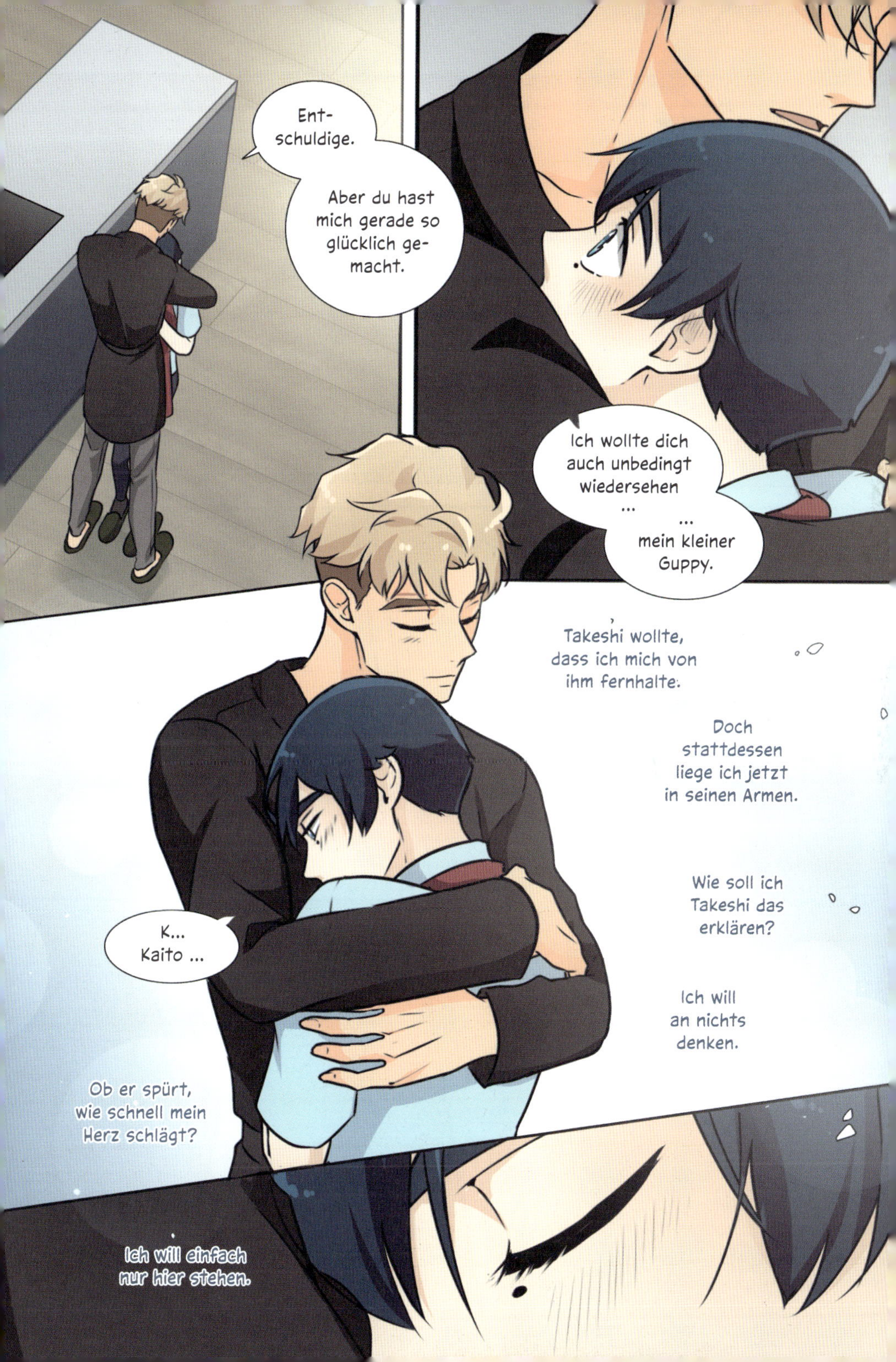
Ent-
schuldige.
Aber du hast
mich gerade so
glücklich ge-
macht.
Ich wollte dich
auch unbedingt
wiedersehen
...
...
mein kleiner
Guppy.
Takeshi wollte,
dass ich mich von
ihm fernhalte.
Doch
stattdessen
liege ich jetzt
in seinen Armen.
Wie soll ich
Takeshi das
erklären?
Ich will
an nichts
denken.
K...
Kaito ...
Ob er spürt,
wie schnell mein
Herz schlägt?
Ich will einfach
nur hier stehen.

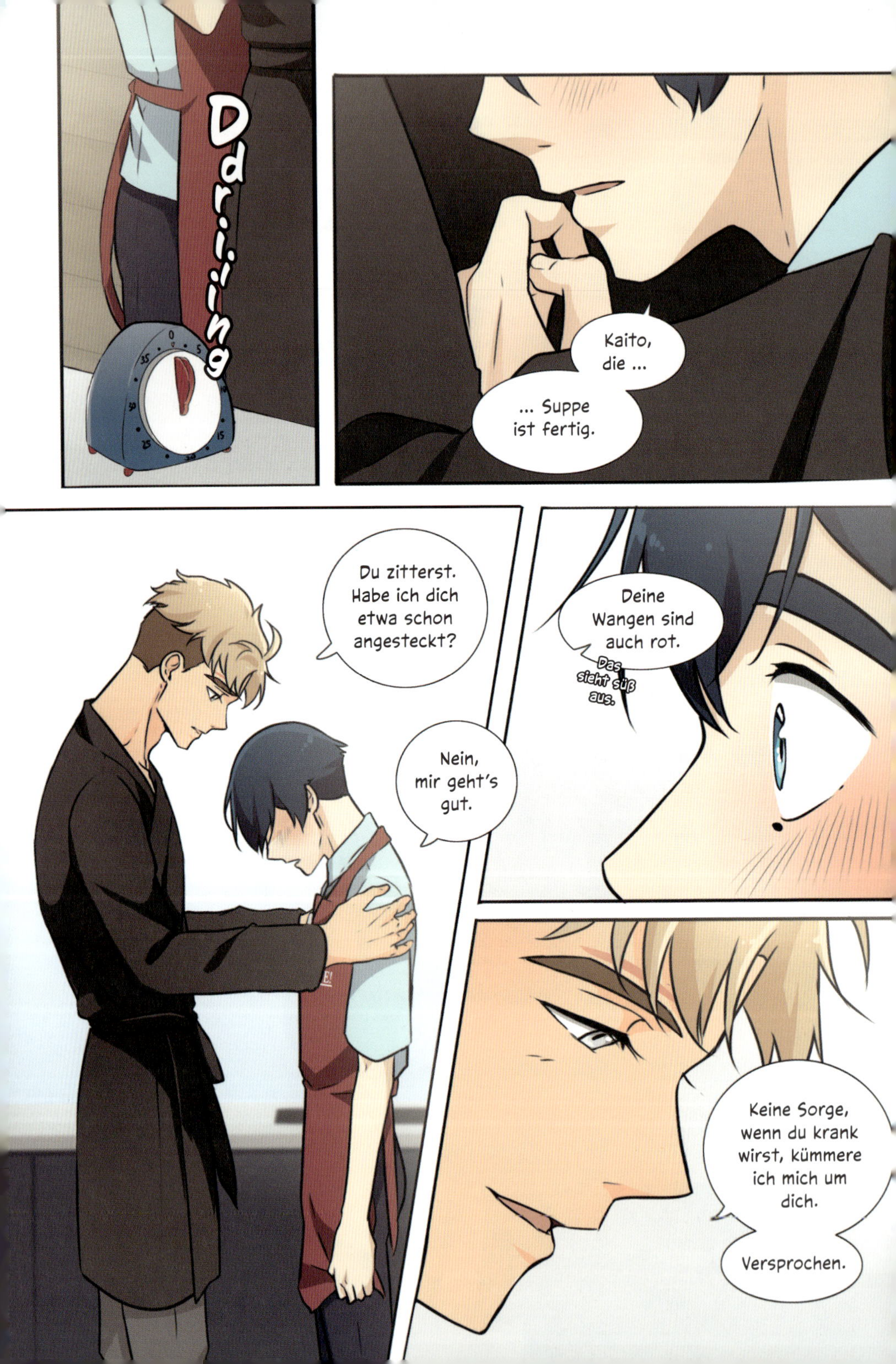
Ddriiiing
Kaito, die ...
... Suppe ist fertig.
Du zitterst. Habe ich dich etwa schon angesteckt?
Nein, mir geht's gut.
Deine Wangen sind auch rot.
Das sieht süß aus.
Keine Sorge, wenn du krank wirst, kümmere ich mich um dich.
Versprochen.

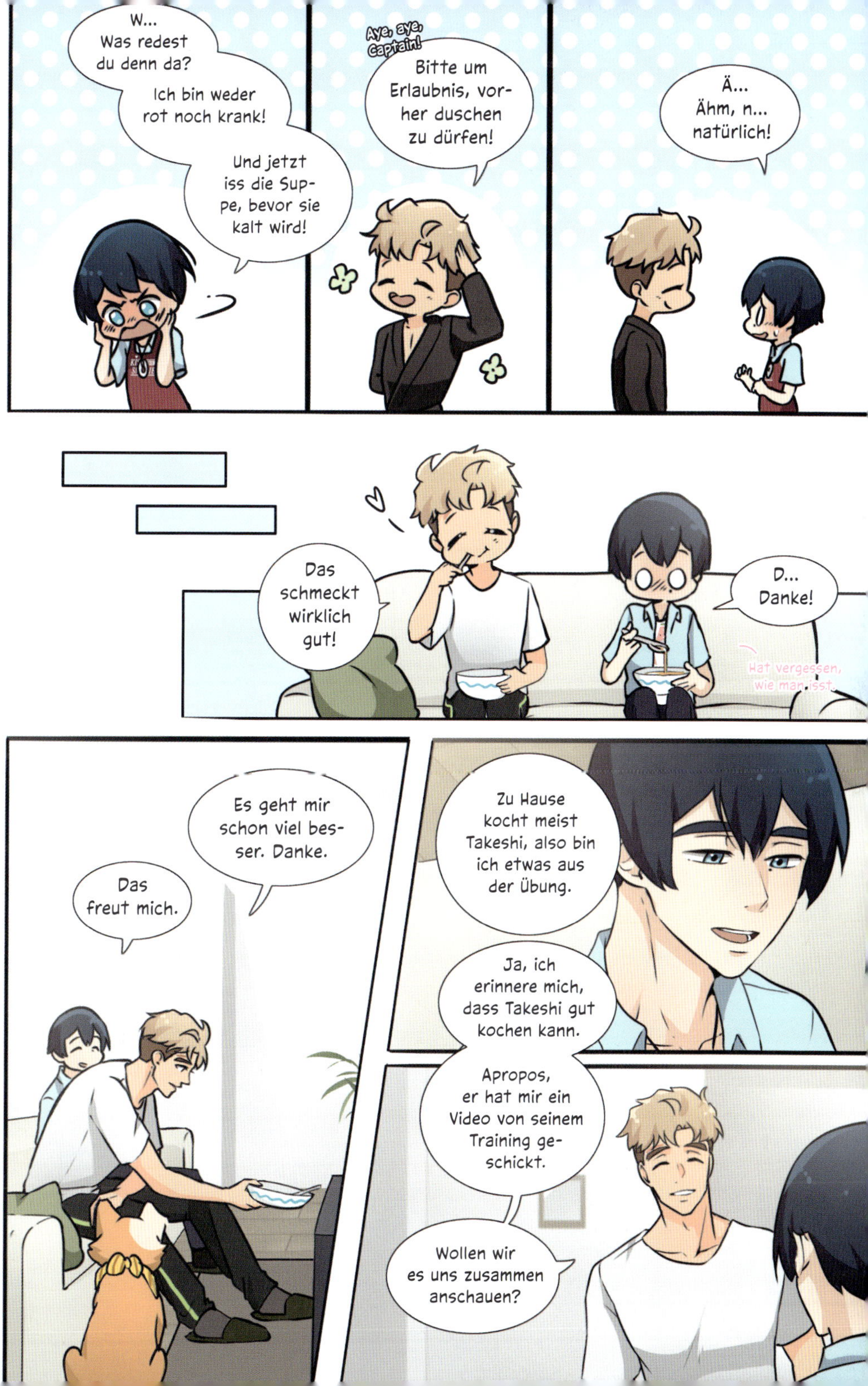
W...
Was redest du denn da?
Ich bin weder rot noch krank!
Und jetzt iss die Suppe, bevor sie kalt wird!
Aye, aye, Captain!
Bitte um Erlaubnis, vorher duschen zu dürfen!
Ä...
Ähm, n... natürlich!
Das schmeckt wirklich gut!
D... Danke!
Hat vergessen, wie man isst.
Es geht mir schon viel besser. Danke.
Das freut mich.
Zu Hause kocht meist Takeshi, also bin ich etwas aus der Übung.
Ja, ich erinnere mich, dass Takeshi gut kochen kann.
Apropos, er hat mir ein Video von seinem Training geschickt.
Wollen wir es uns zusammen anschauen?

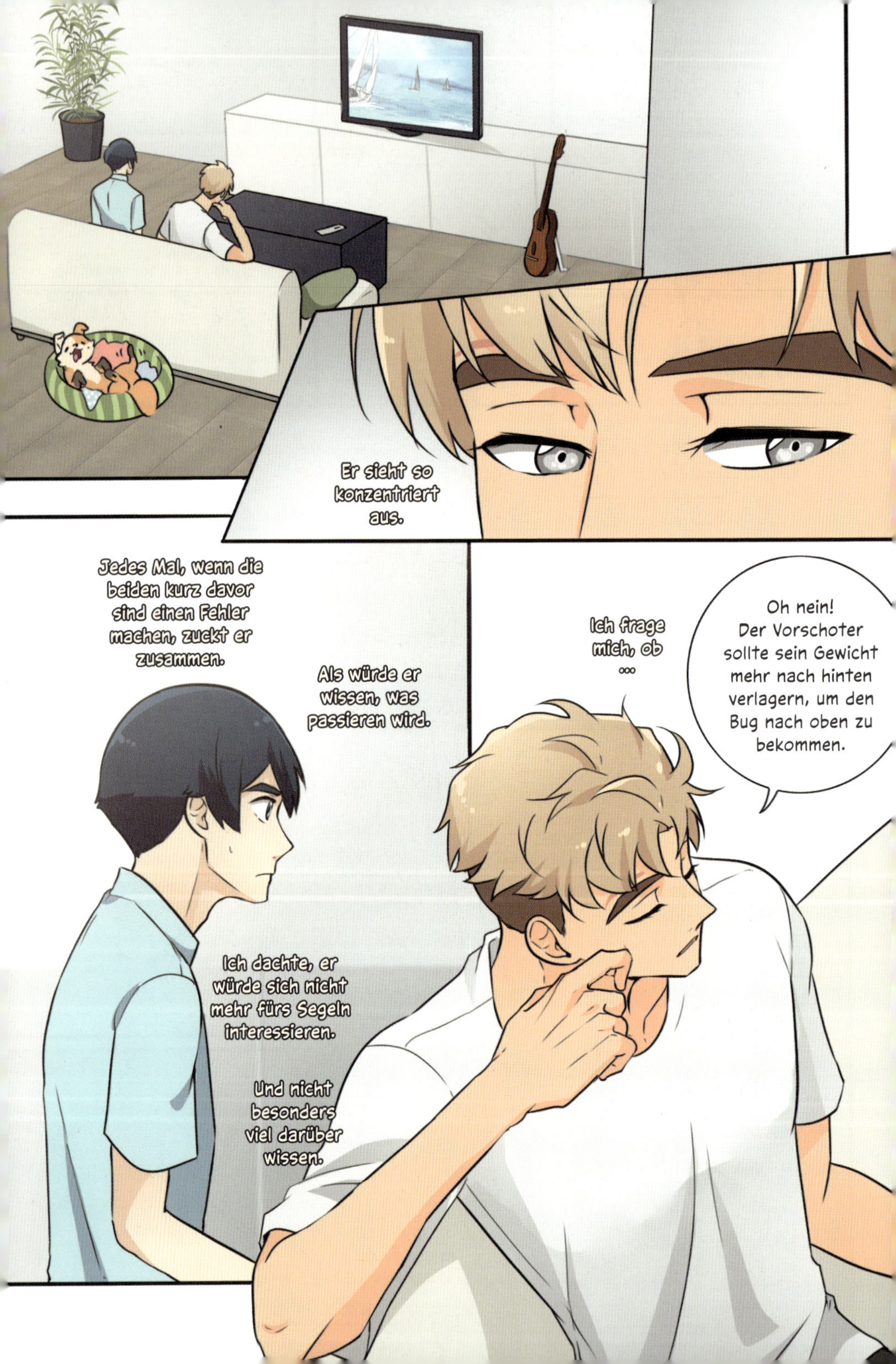
Er sieht so konzentriert aus.
Jedes Mal, wenn die beiden kurz davor sind einen Fehler machen, zuckt er zusammen.
Als würde er wissen, was passieren wird.
Ich frage mich, ob ...
Oh nein! Der Vorschoter sollte sein Gewicht mehr nach hinten verlagern, um den Bug nach oben zu bekommen.
Ich dachte, er würde sich nicht mehr fürs Segeln interessieren.
Und nicht besonders viel darüber wissen.

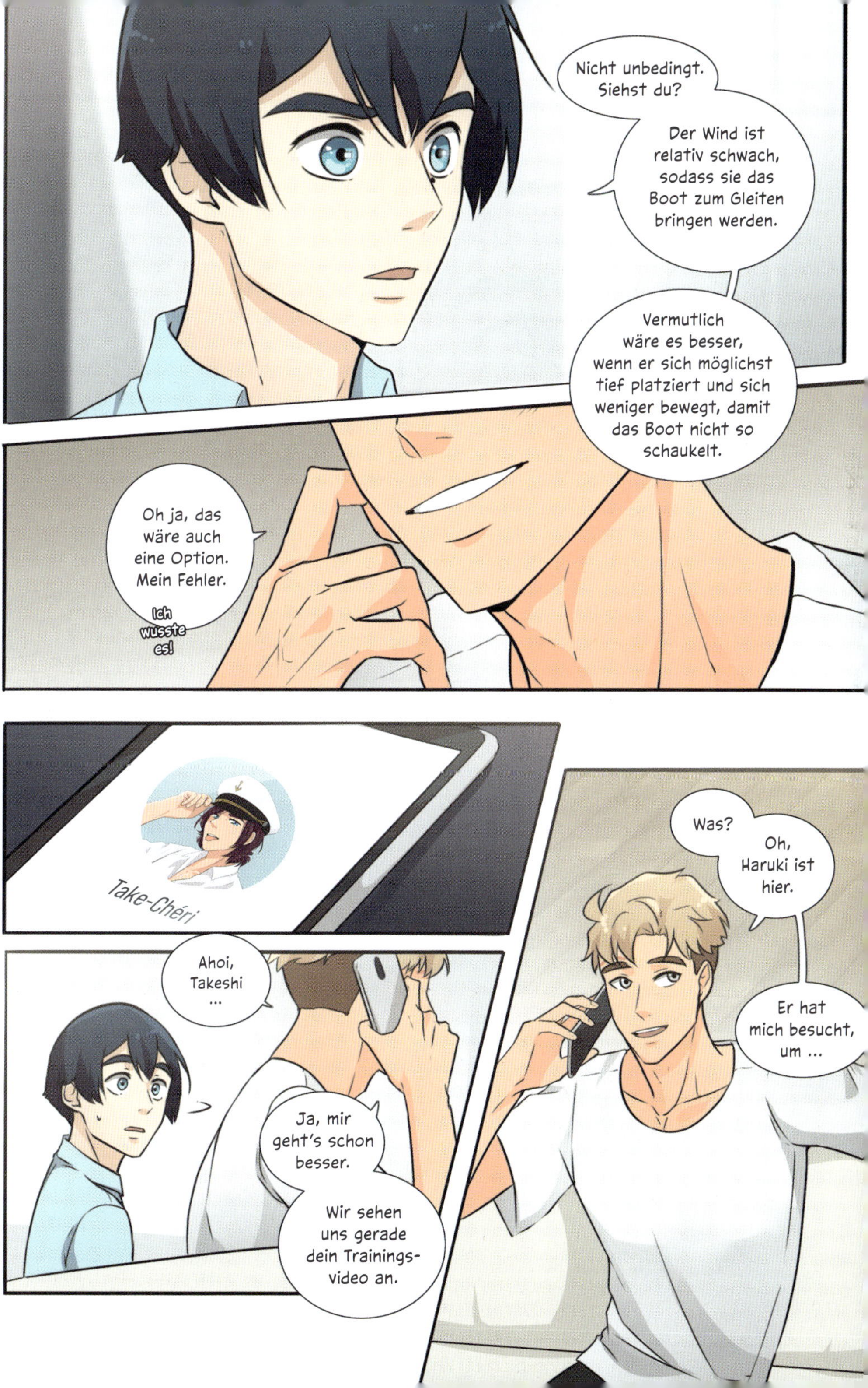
Nicht unbedingt. Siehst du?
Der Wind ist relativ schwach, sodass sie das Boot zum Gleiten bringen werden.
Vermutlich wäre es besser, wenn er sich möglichst tief platziert und sich weniger bewegt, damit das Boot nicht so schaukelt.
Oh ja, das wäre auch eine Option. Mein Fehler.
Ich wusste es!
Take-Chéri
Was?
Oh, Haruki ist hier.
Er hat mich besucht, um …
Ahoi, Takeshi …
Ja, mir geht's schon besser.
Wir sehen uns gerade dein Trainings-video an.

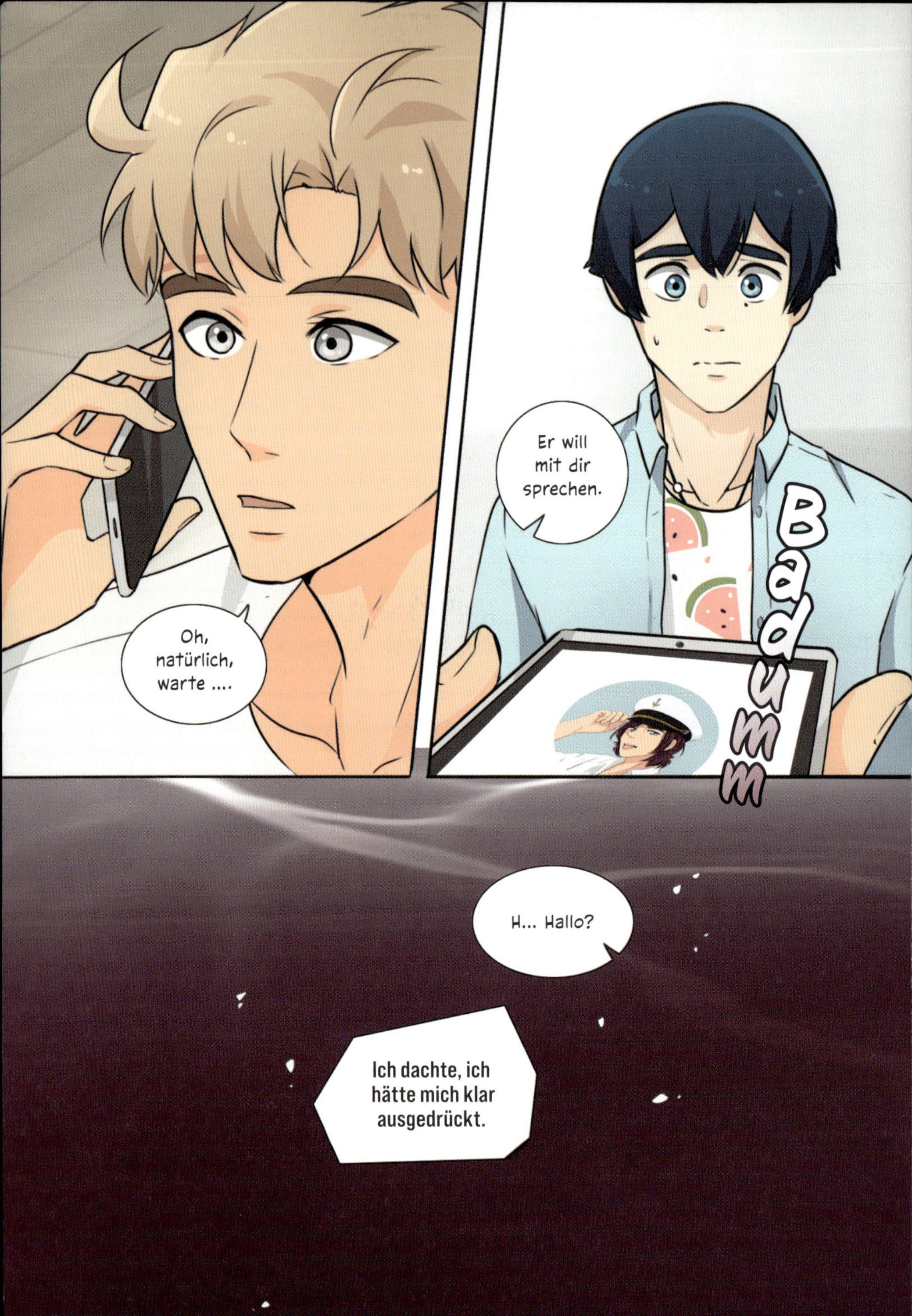
Oh, natürlich, warte ....
Er will mit dir sprechen.
Badumm
H... Hallo?
Ich dachte, ich hätte mich klar ausgedrückt.

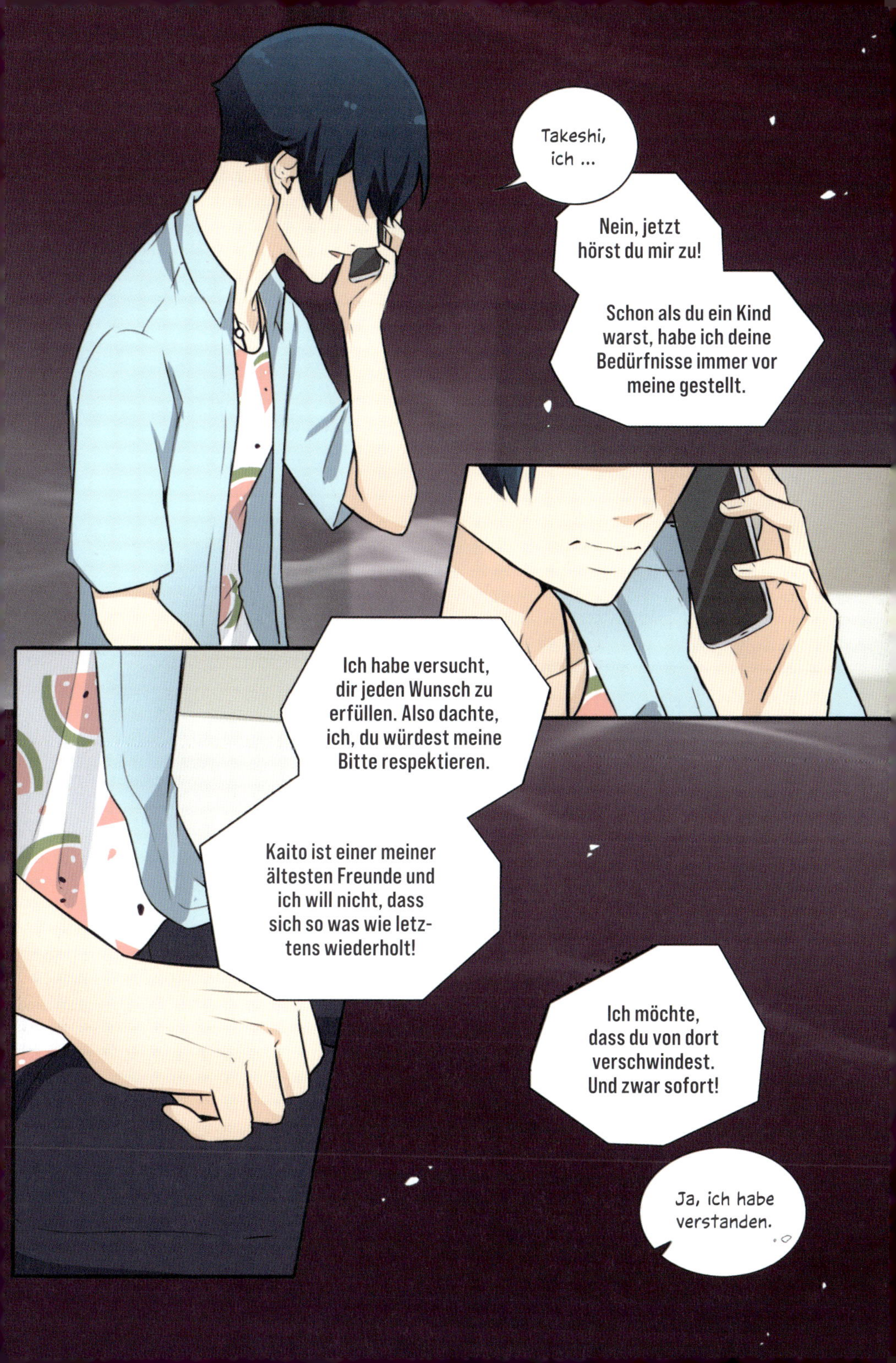
Takeshi, ich ...
Nein, jetzt hörst du mir zu!
Schon als du ein Kind warst, habe ich deine Bedürfnisse immer vor meine gestellt.
Ich habe versucht, dir jeden Wunsch zu erfüllen. Also dachte, ich, du würdest meine Bitte respektieren.
Kaito ist einer meiner ältesten Freunde und ich will nicht, dass sich so was wie letz- tens wiederholt!
Ich möchte, dass du von dort verschwindest. Und zwar sofort!
Ja, ich habe verstanden.

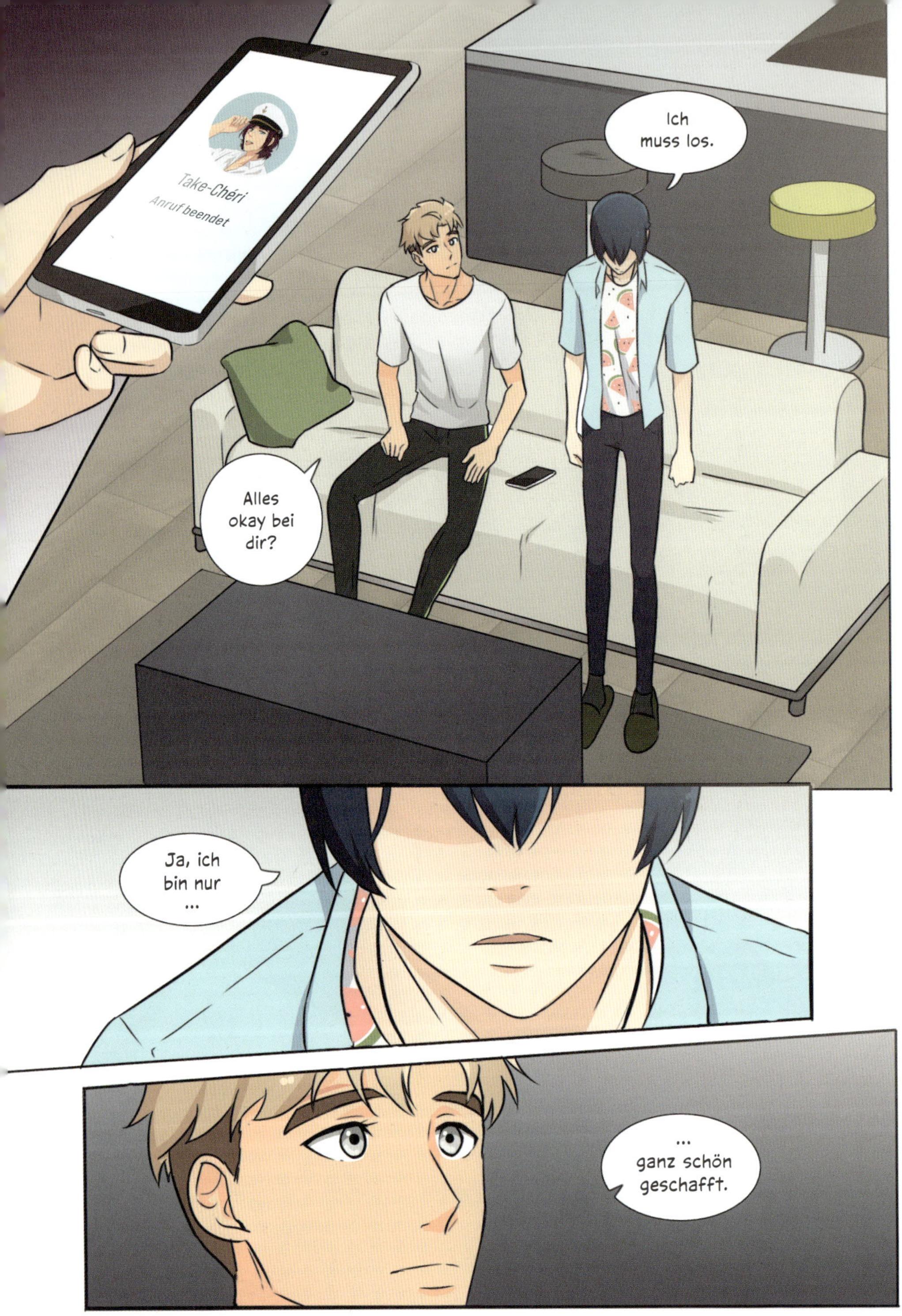
Take-Chéri
Anruf beendet
Ich muss los.
Alles okay bei dir?
Ja, ich bin nur ...
... ganz schön geschafft.

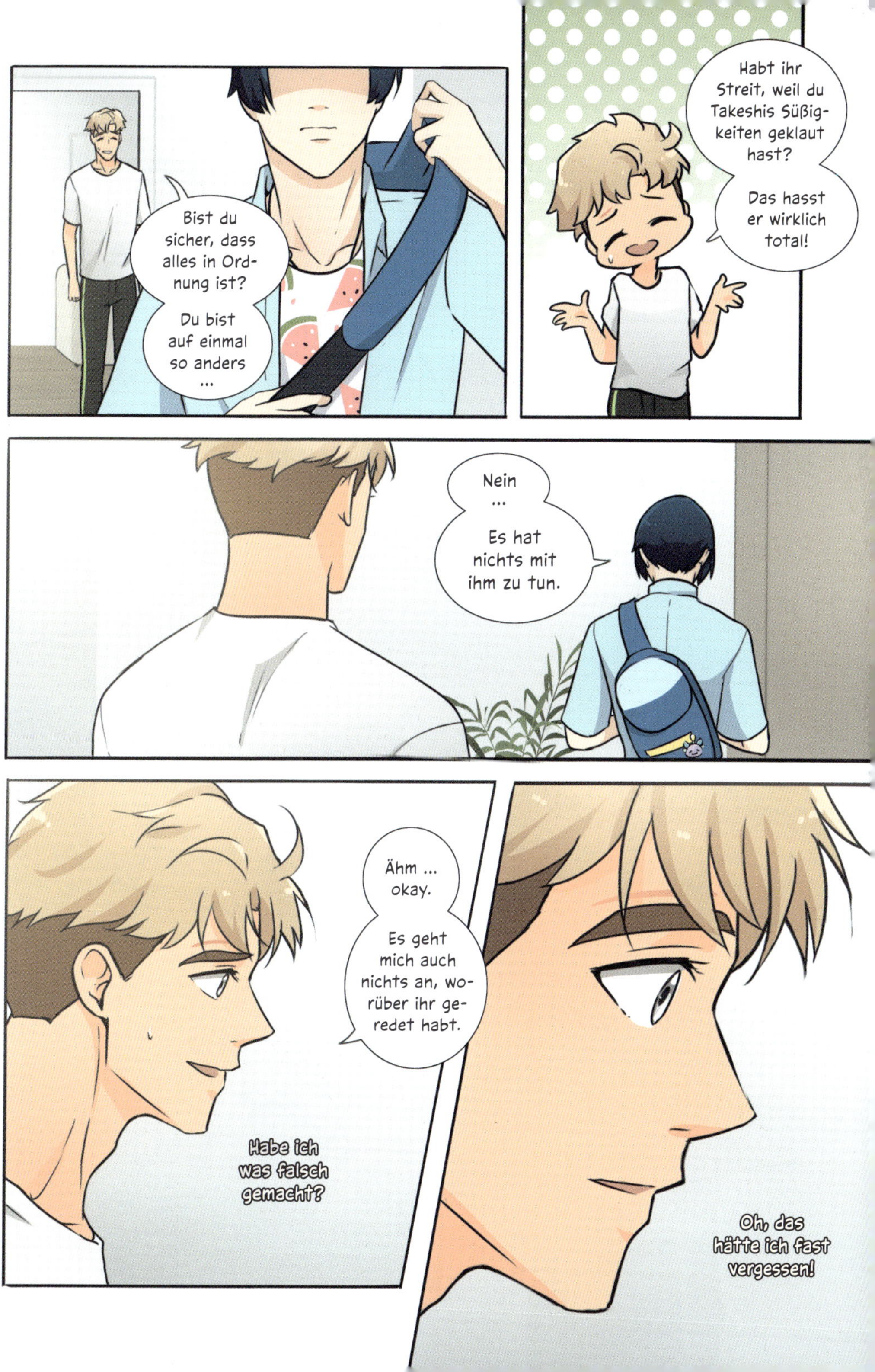
Bist du sicher, dass alles in Ordnung ist?
Du bist auf einmal so anders ...
Habt ihr Streit, weil du Takeshis Süßigkeiten geklaut hast?
Das hasst er wirklich total!
Nein ...
Es hat nichts mit ihm zu tun.
Ähm ... okay.
Es geht mich auch nichts an, worüber ihr geredet habt.
Habe ich was falsch gemacht?
Oh, das hätte ich fast vergessen!

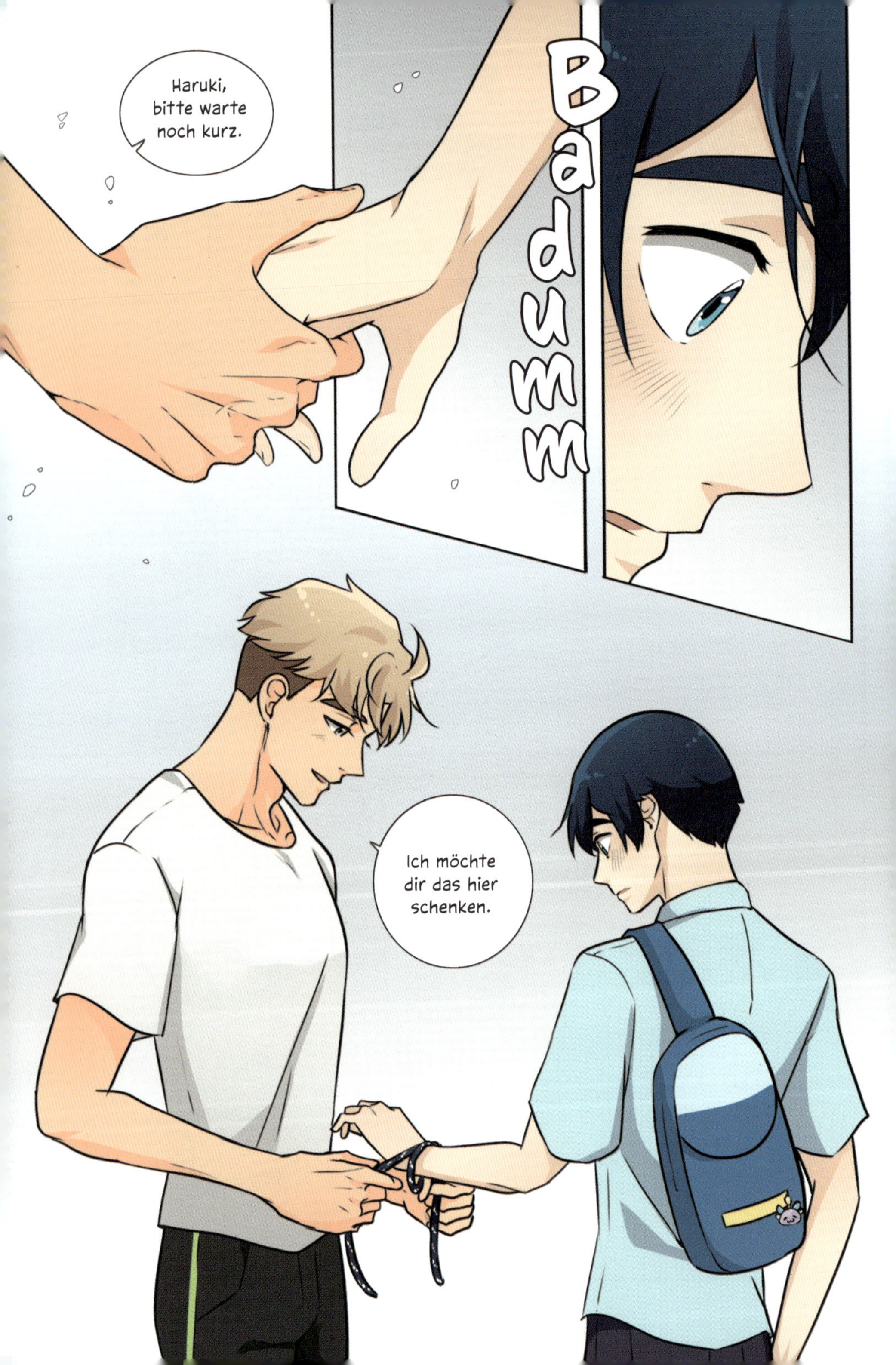
Haruki, bitte warte noch kurz.
Badumm
Ich möchte dir das hier schenken.

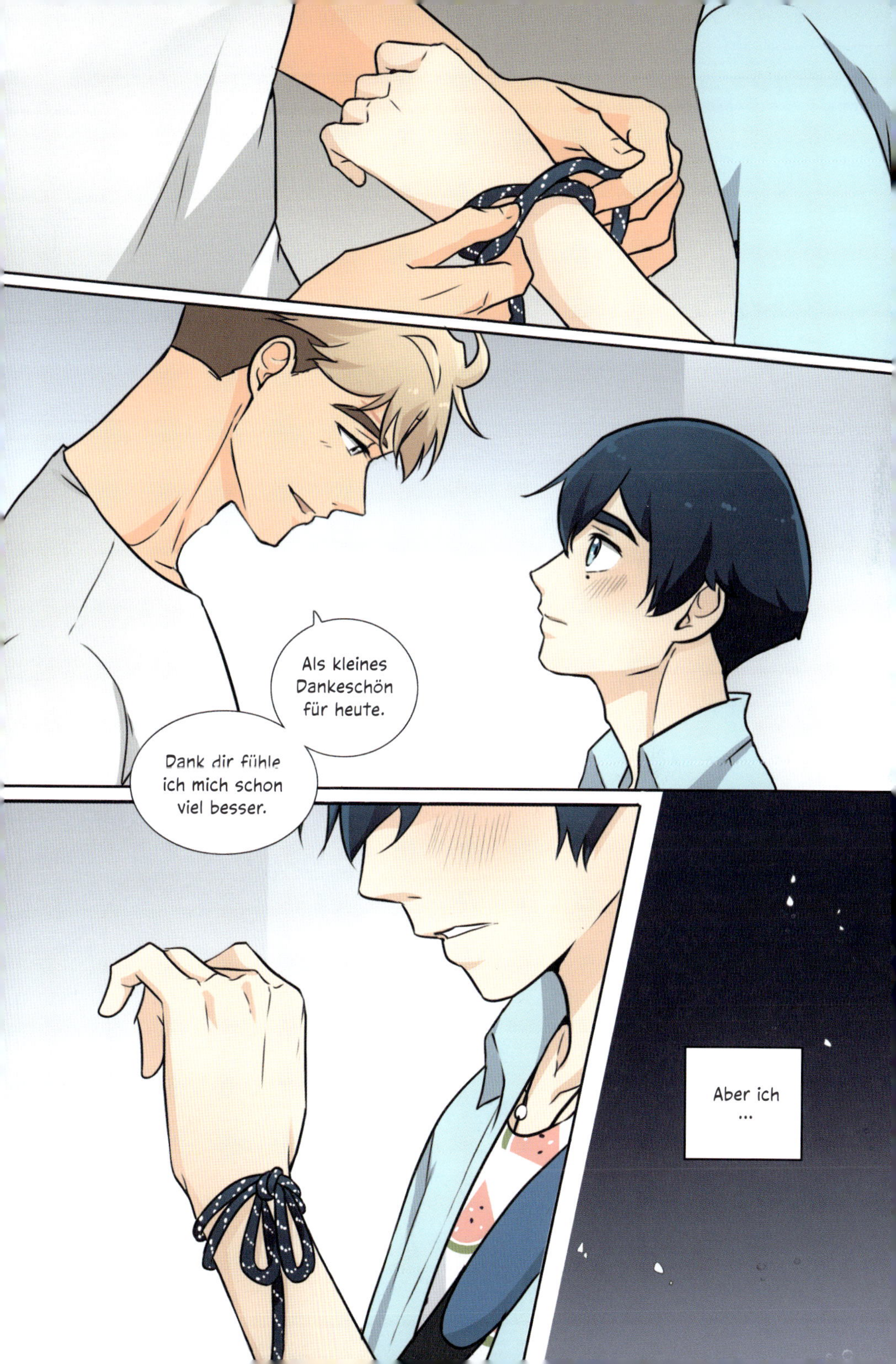
Als kleines Dankeschön für heute.
Dank dir fühle ich mich schon viel besser.
Aber ich ...

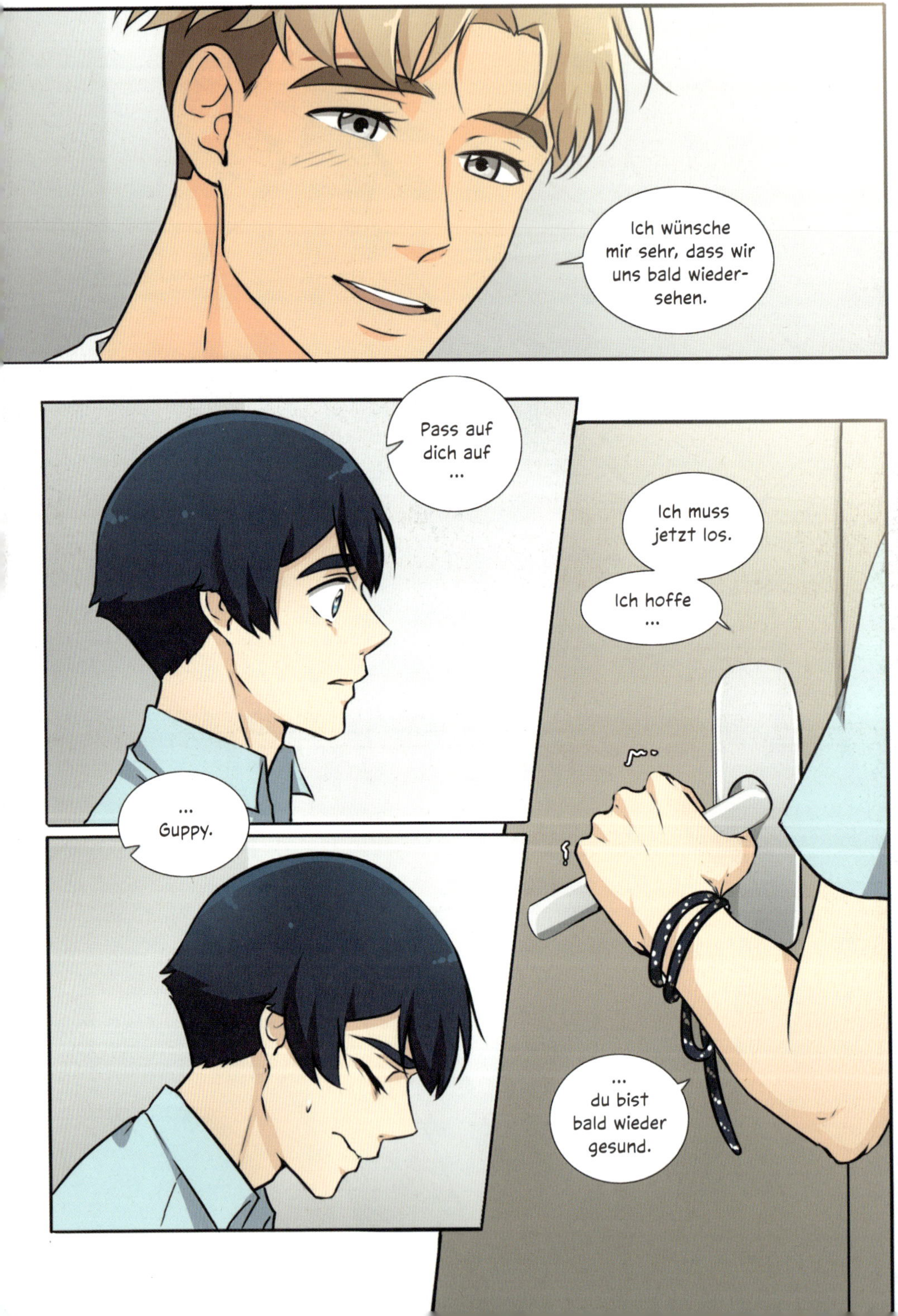
Ich wünsche mir sehr, dass wir uns bald wiedersehen.
Pass auf dich auf ...
Ich muss jetzt los.
Ich hoffe ...
... Guppy.
... du bist bald wieder gesund.

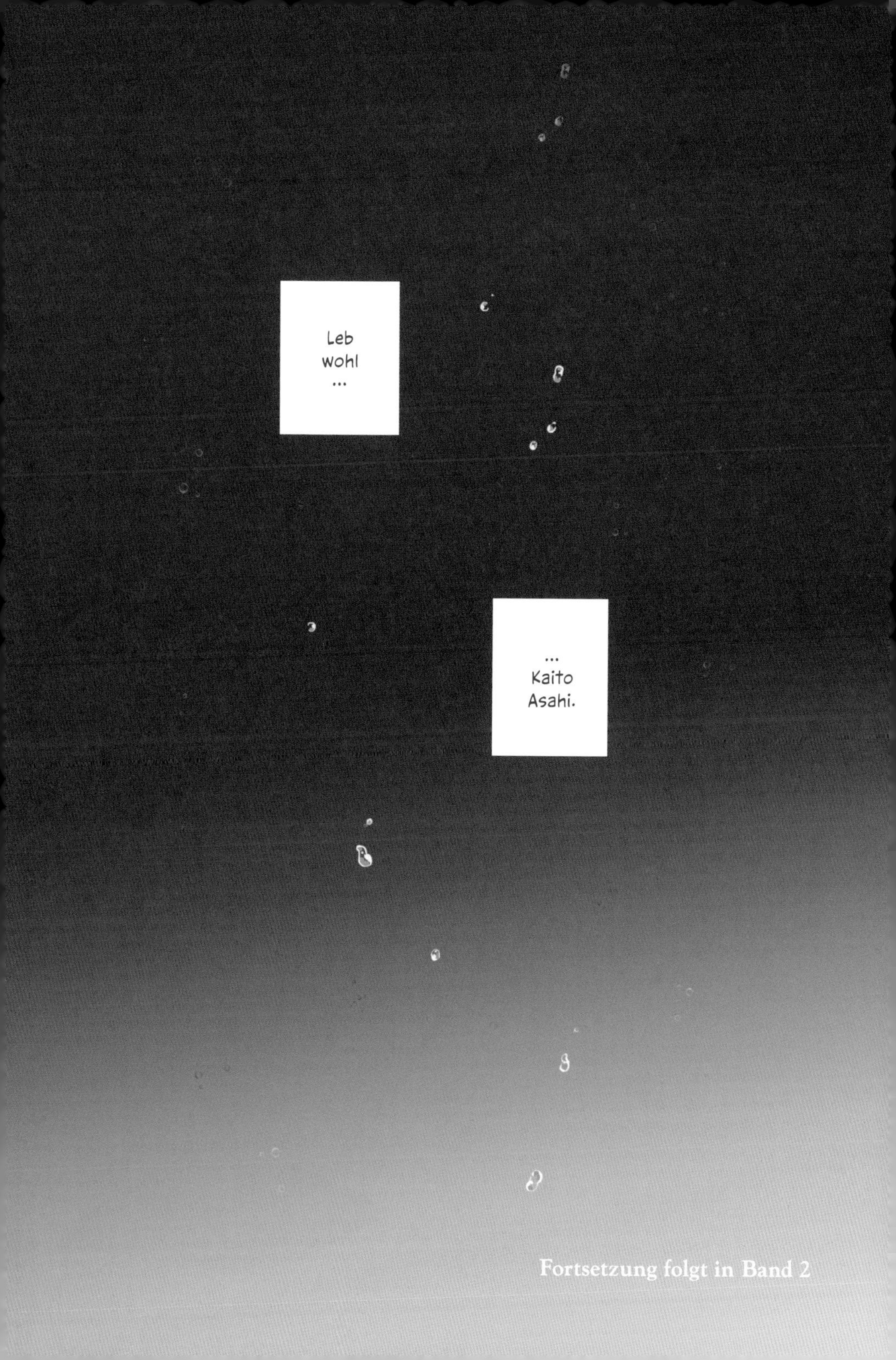
Leb wohl …
… Kaito Asahi.
Fortsetzung folgt in Band 2

Charakterbeschreibung

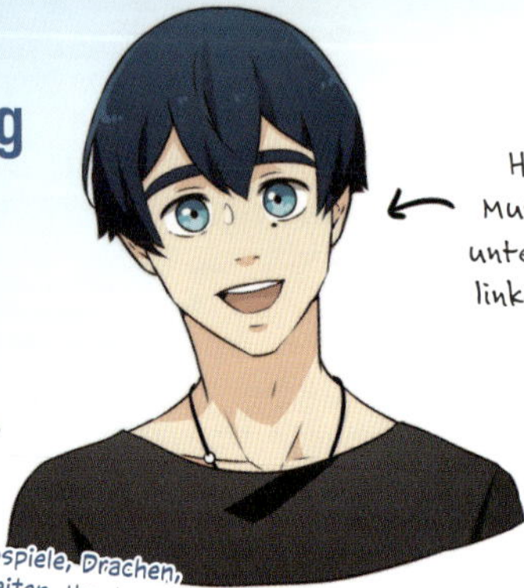

Hat ein Muttermal unter seinem linken Auge.

Haruki Watanabe

Element: Wasser

Sternzeichen: Krebs

Jobbt in einem Café. Weiß aber noch nicht, was er mal beruflich machen will. Bei Leuten, die er nicht kennt, ist er schüchtern und zurückhaltend. Beneidet Takeshi für sein Auftreten und seine Größe.

Mag: Videospiele, Drachen, Süßigkeiten, Hunde
Mag nicht: Gewitter, offene Gewässer, Kaffee, Frösche

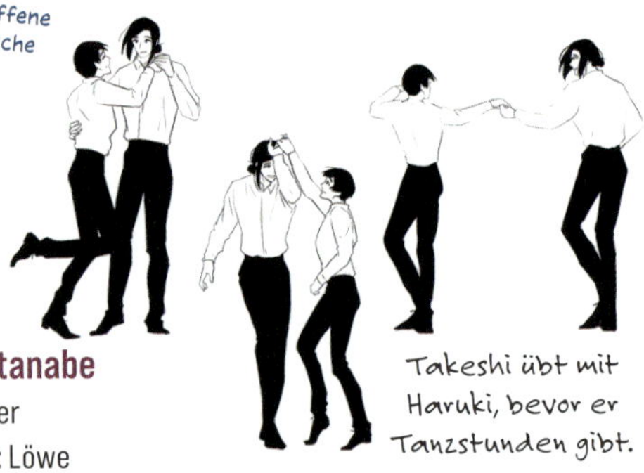

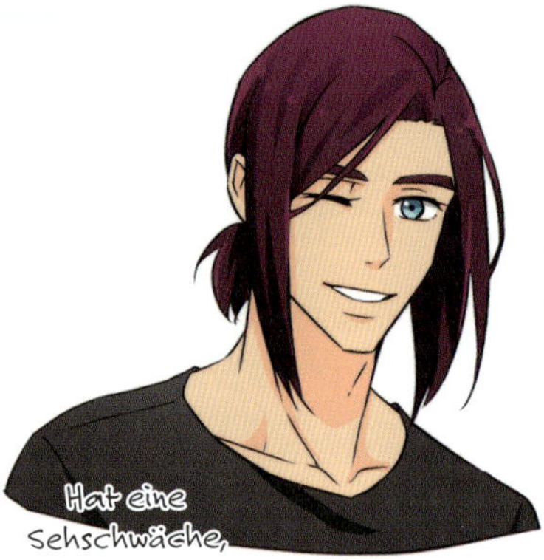

Hat eine Sehschwäche, trägt am liebsten Kontaktlinsen.

Takeshi Watanabe

Element: Feuer

Sternzeichen: Löwe

Verdient sein Geld als DJ und Tanzlehrer in einem Nachtklub. Verbringt jede freie Minute mit Segeln. Er ist sehr extrovertiert und flirtet gerne. Hat nach dem Tod seines Vaters in der Familie die Beschützerrolle übernommen.

Mag: Segeln, Sport, Tanzen, Motorräder, Musik, Aufmerksamkeit
Mag nicht: Regentage, Stille, Kaffee, Shinzo Yamada, Hunger

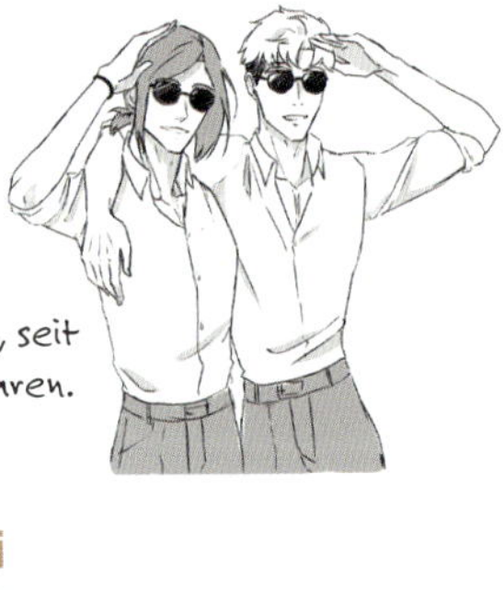

Kennen sich, seit sie klein waren.

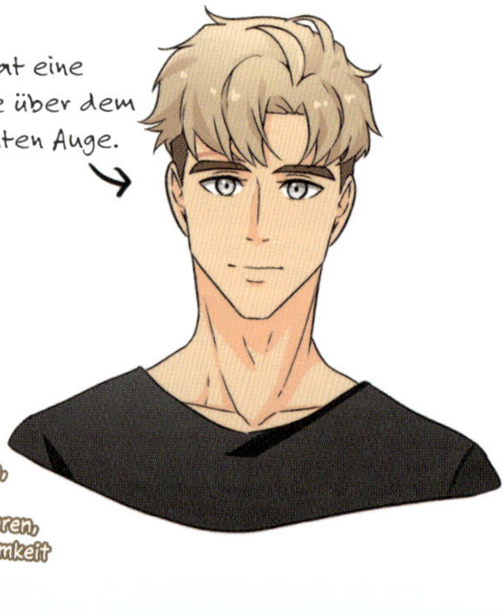

Hat eine Narbe über dem rechten Auge.

Kaito Asahi

Element: Luft

Sternzeichen: Wassermann

Kommt aus Frankreich, Einzelkind. Hat in seiner Jugend mit Takeshi zusammen gesegelt. Er ist ein positiver Mensch mit dem Drang zu helfen, wo er kann. Ein echter Sonnenschein.

Mag: Segeln, Spazieren, Kaffee, Jazz, Sport
Mag nicht: Kontrolle verlieren, Süßigkeiten, Karotten, Einsamkeit

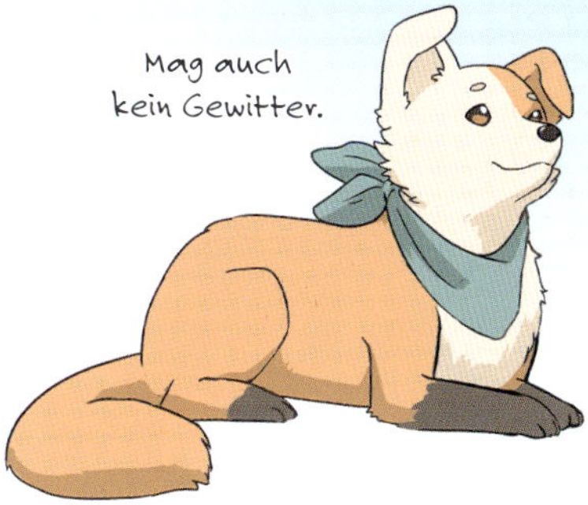

Ar-chan (Archer)

Ausgebildeter Wasserrettungshund. Liebt es zu schwimmen, zu spielen und zu essen. Ist sehr kinderlieb.

Wichtige Elemente

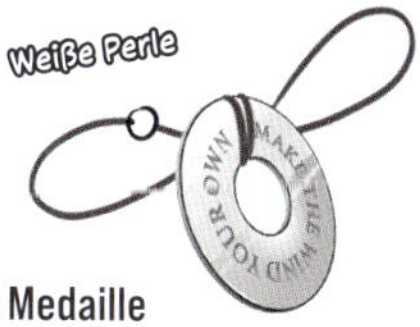

Harukis Medaille
Er hat sie gewonnen, bevor sein Vater starb.

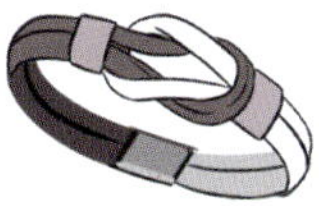

Takeshis Armband
Kaito hat es ihm geschenkt.

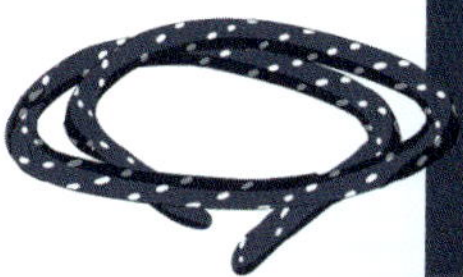

Kaitos Band
Kaito hat es Haruki geschenkt.

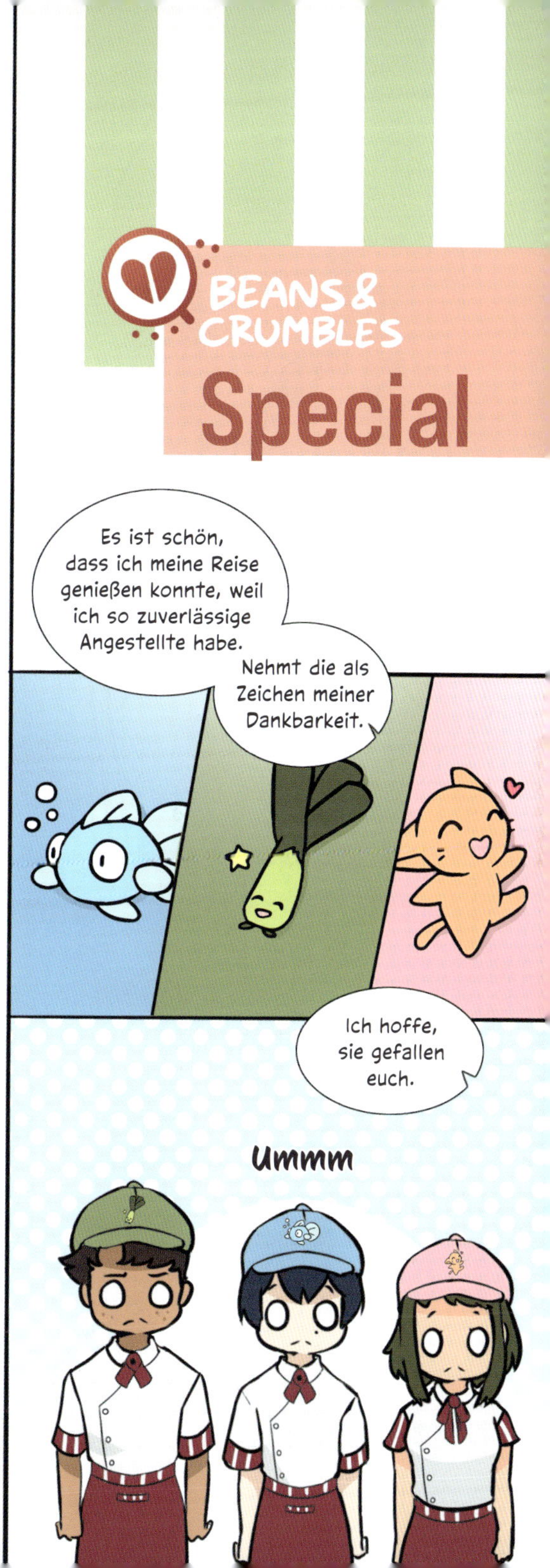

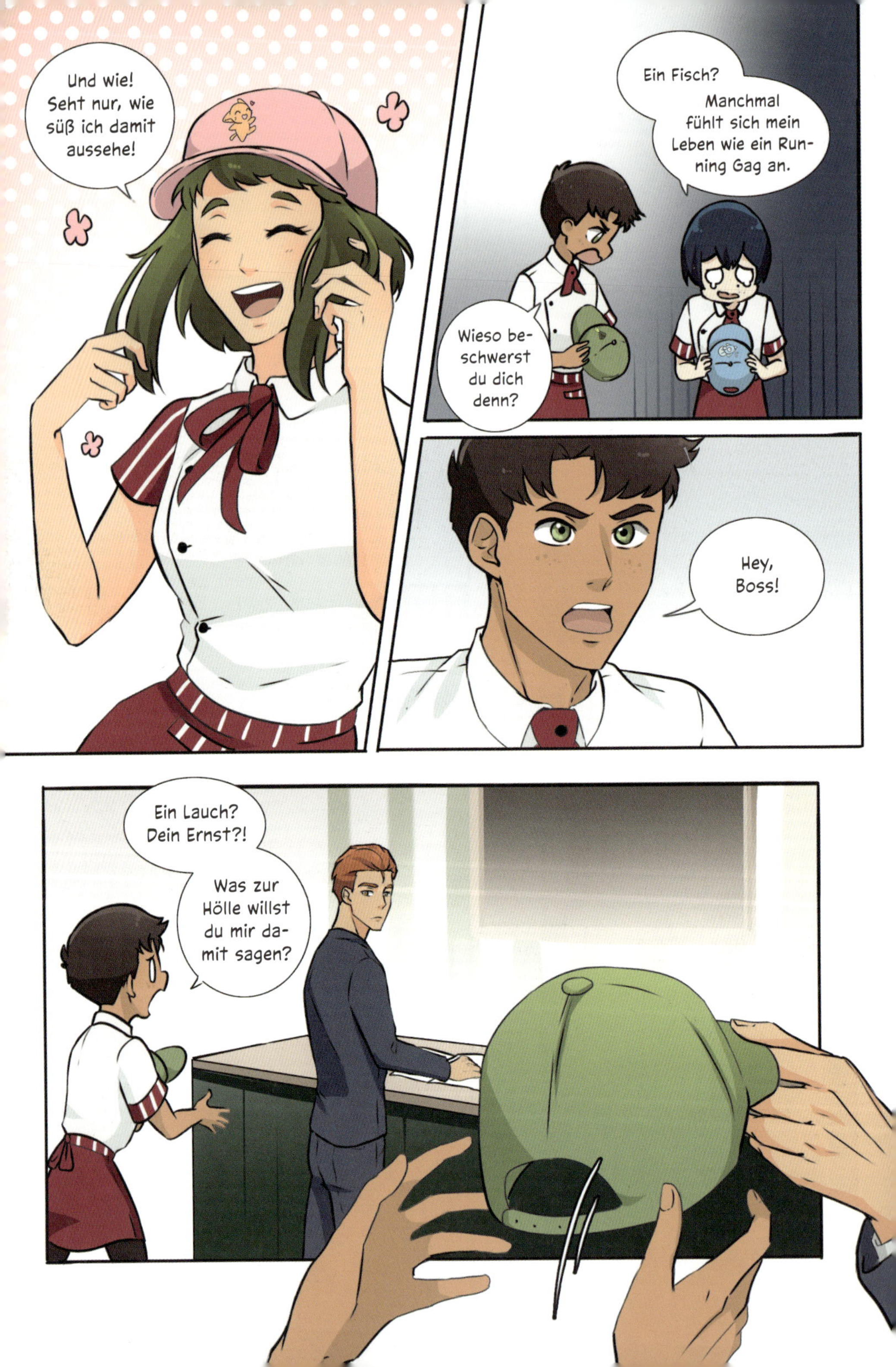
Und wie! Seht nur, wie süß ich damit aussehe!
Ein Fisch?
Manchmal fühlt sich mein Leben wie ein Running Gag an.
Wieso beschwerst du dich denn?
Hey, Boss!
Ein Lauch? Dein Ernst?!
Was zur Hölle willst du mir damit sagen?

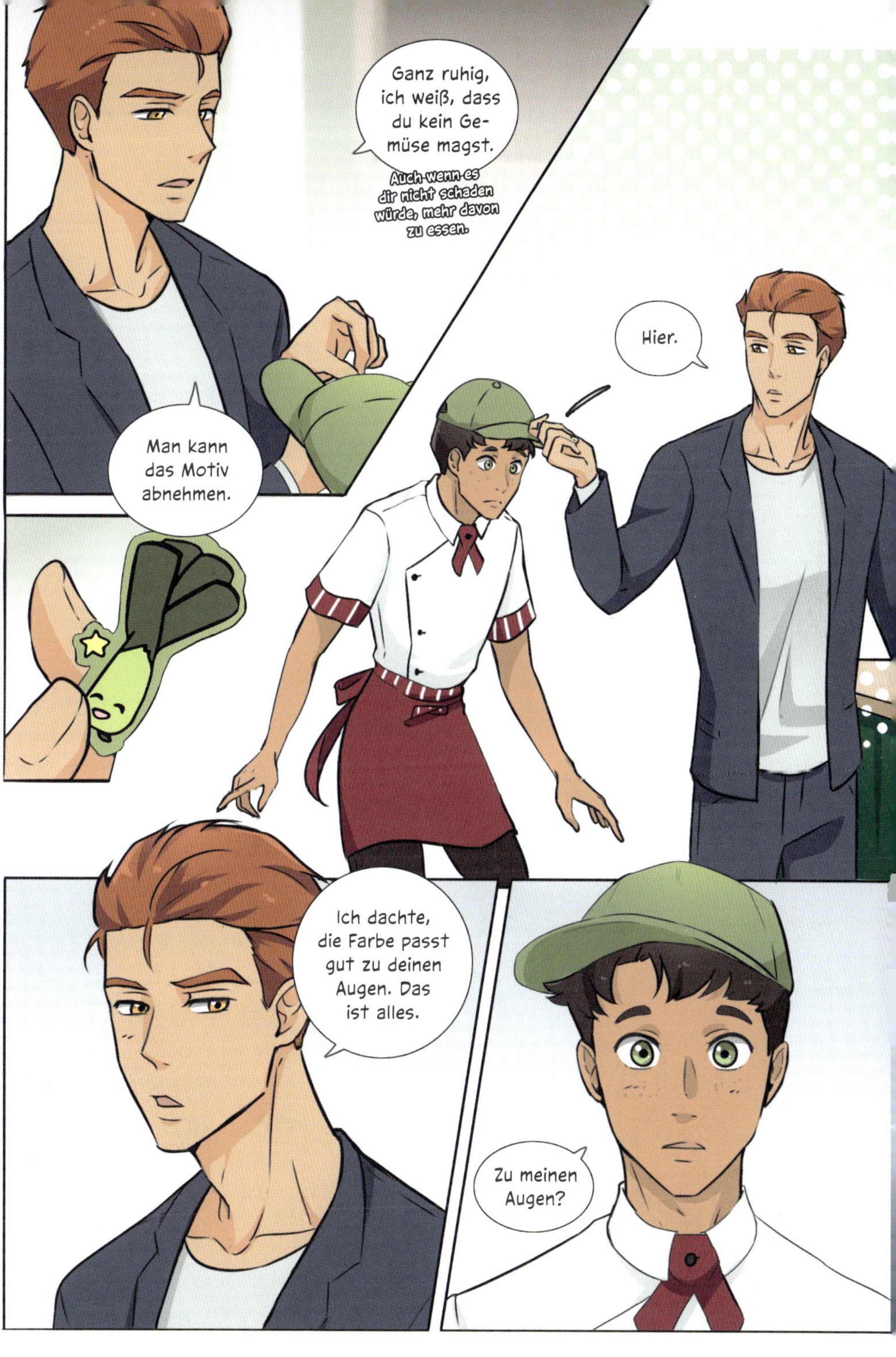
Ganz ruhig, ich weiß, dass du kein Gemüse magst.
Auch wenn es dir nicht schaden würde, mehr davon zu essen.
Man kann das Motiv abnehmen.
Hier.
Ich dachte, die Farbe passt gut zu deinen Augen. Das ist alles.
Zu meinen Augen?

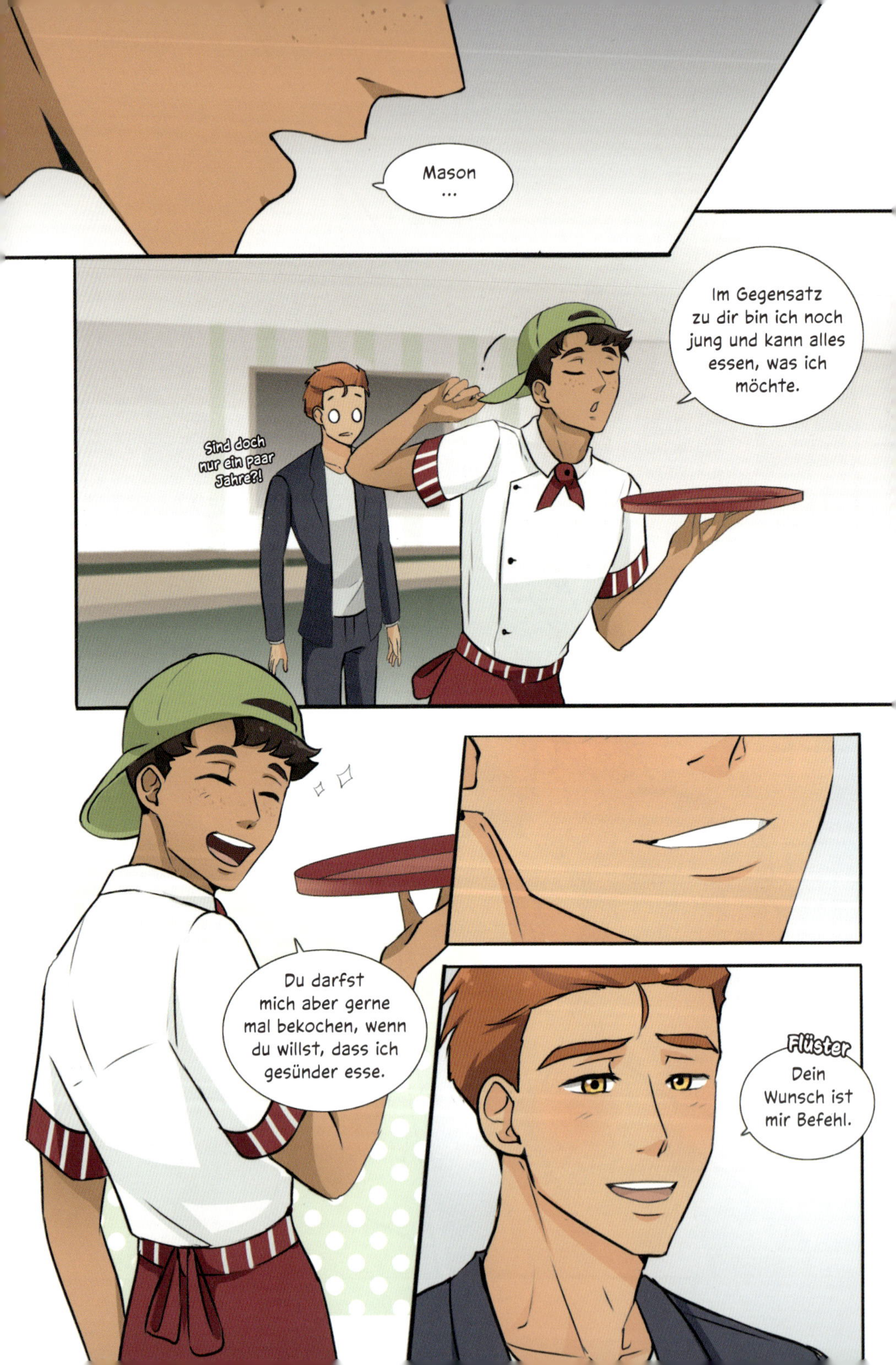
Mason ...
Im Gegensatz zu dir bin ich noch jung und kann alles essen, was ich möchte.
Sind doch nur ein paar Jahre?!
Du darfst mich aber gerne mal bekochen, wenn du willst, dass ich gesünder esse.
Flüster
Dein Wunsch ist mir Befehl.

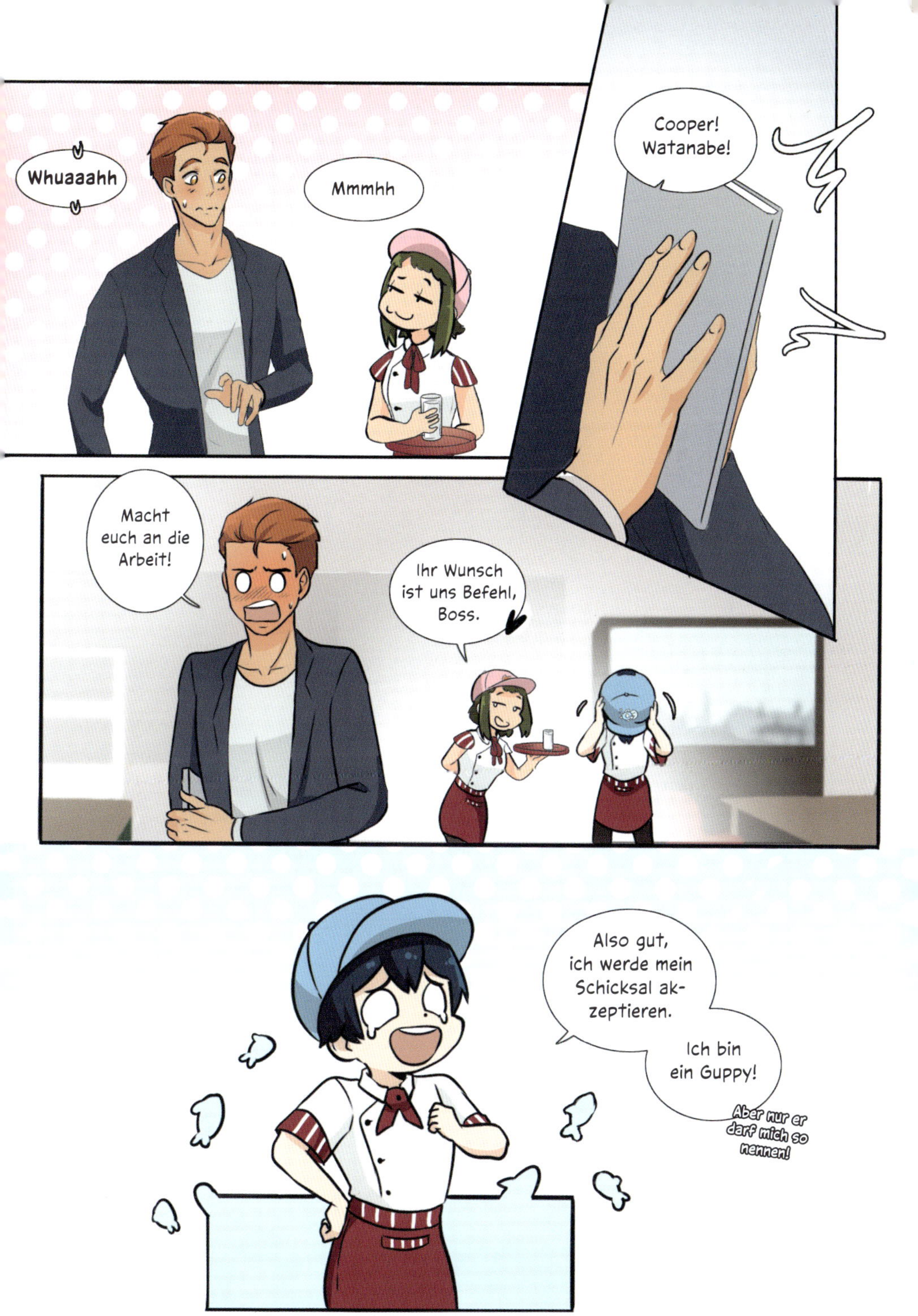
Whuaaahh
Mmmhh
Cooper! Watanabe!
Macht euch an die Arbeit!
Ihr Wunsch ist uns Befehl, Boss.
Also gut, ich werde mein Schicksal akzeptieren.
Ich bin ein Guppy!
Aber nur er darf mich so nennen!

LET'S CAST OFF

Die kleine Segelstunde

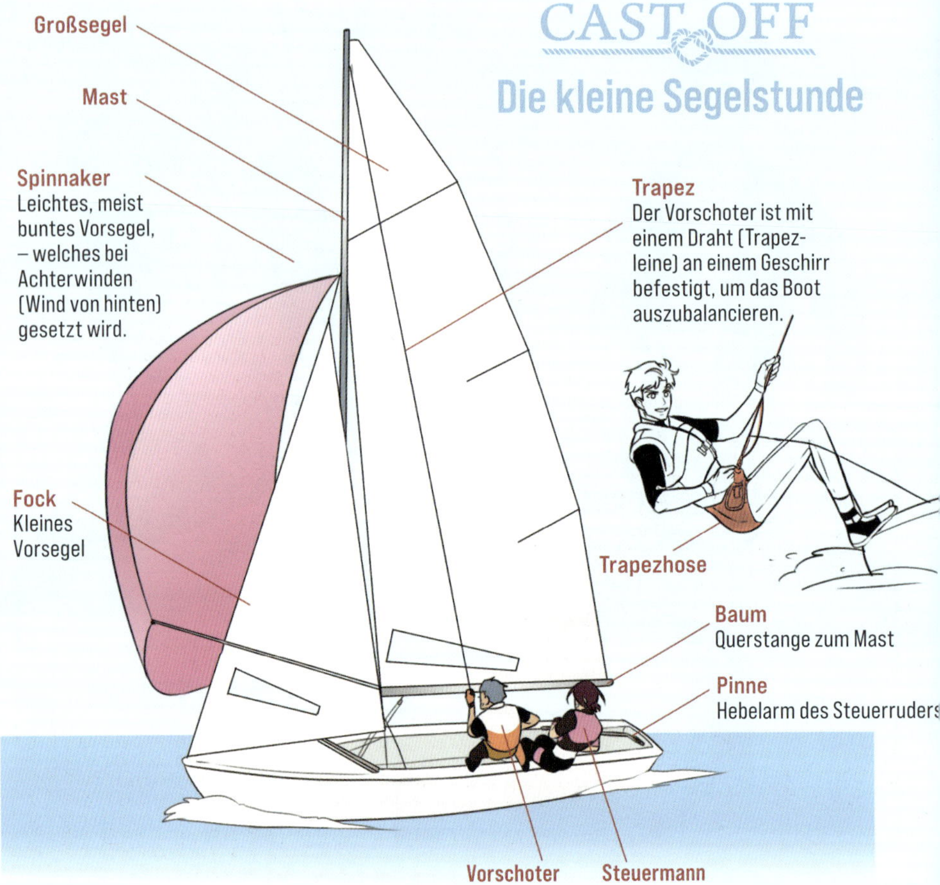

Takelage: Masten, Tauwerk und andere Teile auf einem Boot
Kentern: Umkippen des Bootes

Vorderer Teil des Bootes:	Bug
Hinterer Teil des Bootes:	Heck
Hinten:	Achtern
Rechts:	Steuerbord
Links:	Backbord
Windseite:	Luv
Windschattenseite:	Lee

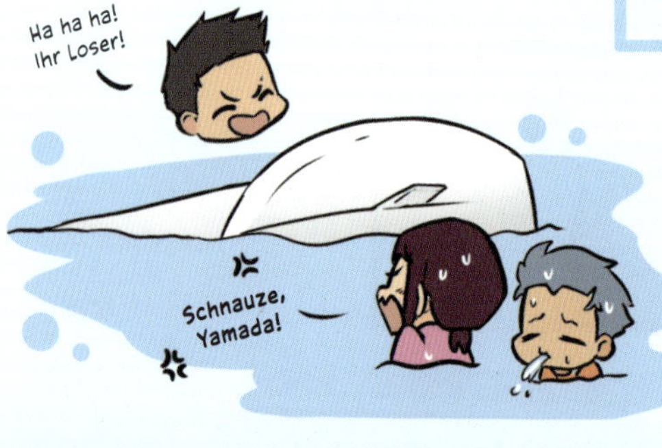

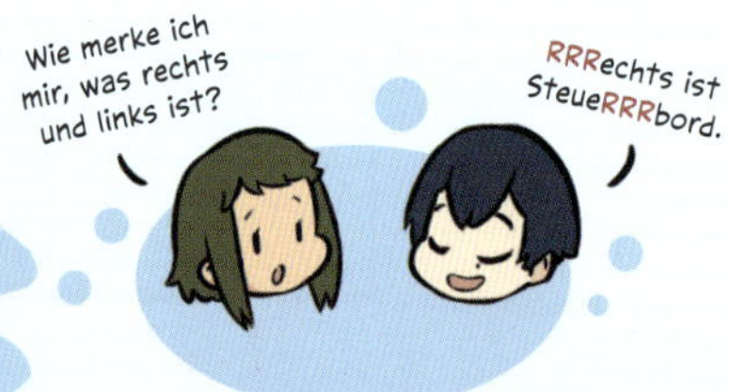

Übersetzung zu Seite 253

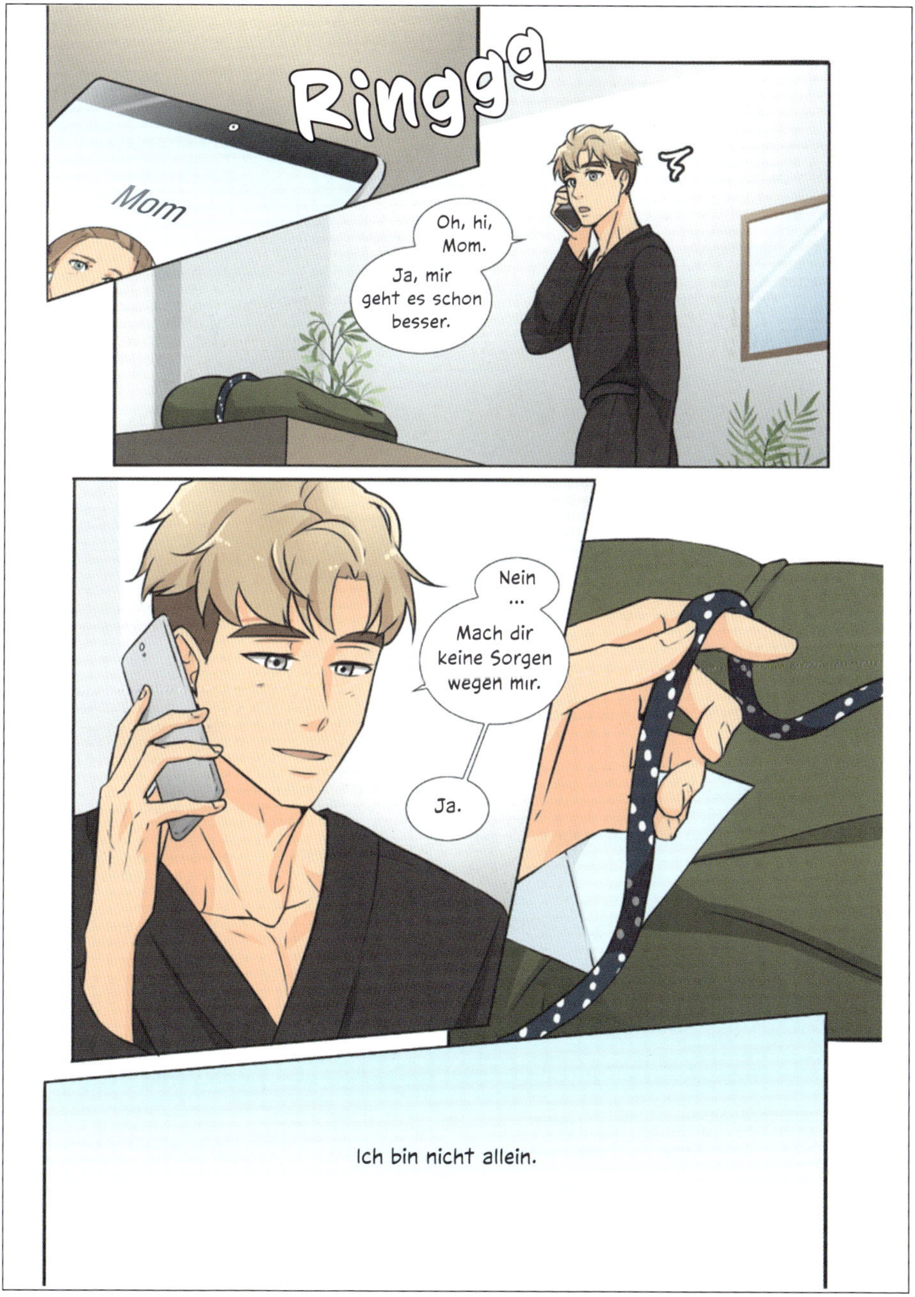

Charakterübersicht

Seglerpositionen

Helm | Helm/Crew

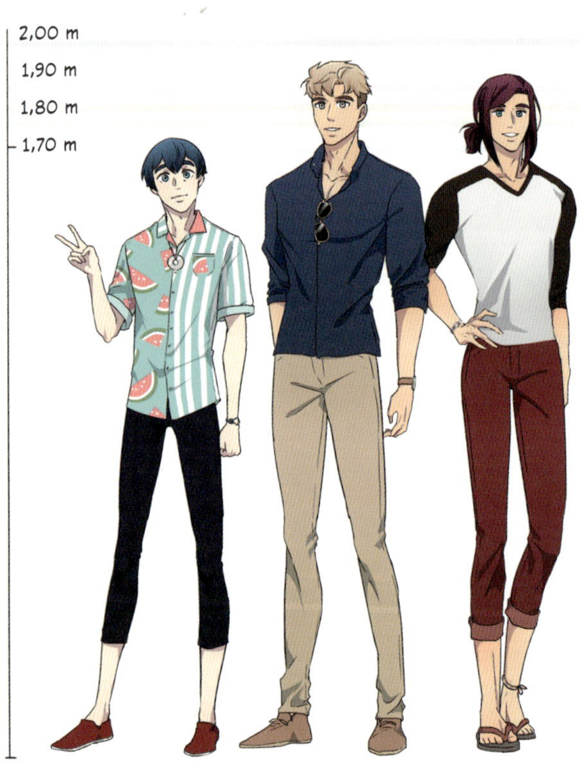

Haruki Watanabe	Kaito Asahi	Takeshi Watanabe
1,70 m 13. Juli	1,90 m 2. Februar	1,87 m 19. August

Helm: Steuermann
Crew: Vorschoter

Crew Helm Crew

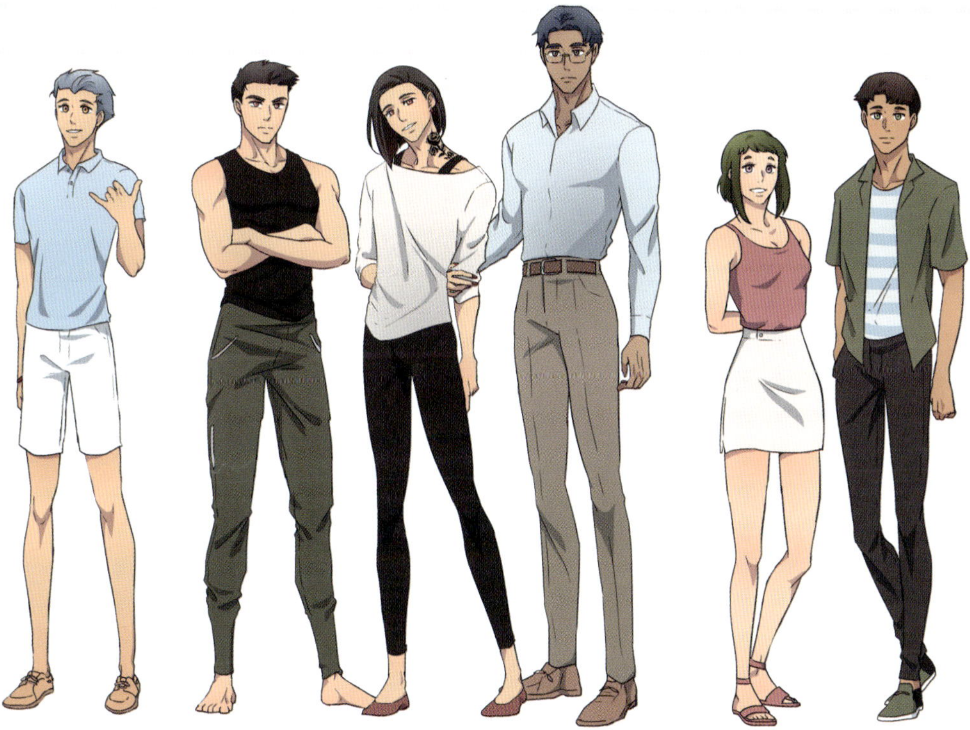

Cornelius Hale	Shinzo L. Yamada	Isao A. Yamada	William King	Caty Cooper	Connor Borell
1,79 m	1,82 m	1,82 m	2,00 m	1,62 m	1,77 m
10. Dezember	12. September	12. September	13. Mai	7. Mai	13. Februar

Originalausgabe
Altraverse GmbH – Hamburg 2023

Let's Cast Off 01

Redaktion: Denise Czinczoll
Herstellung: Michaela Müller
Lettering: Vibrant Publishing Studio

Druck: Print Best OÜ, Viljandi
Printed in Estonia

MIX
Papier aus verantwortungsvollen Quellen
FSC® C129413

ISBN 978-3-7539-1581-4 (reguläre Ausgabe)
ISBN 978-3-7539-1779-5 (Collectors Edition)
1. Auflage 2023

www.altraverse.de